密教仏神印明・象徴大全

藤巻一保
fujimaki kazubo

多種多様な幖幟（ひょうじ）の世界

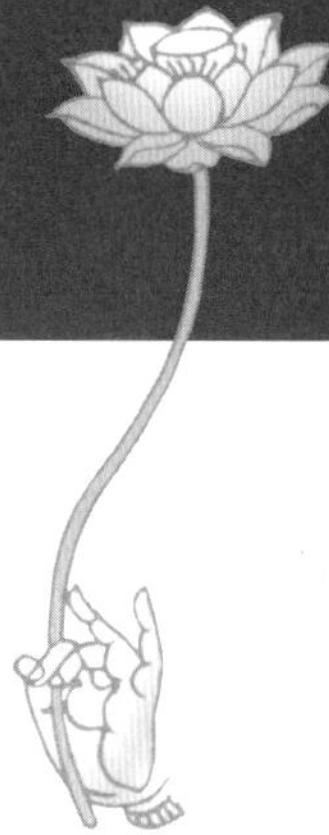

太玄社

密教仏神印明・象徴大全

目次

6章 仏教を護る神々(天部)と印明……241

7章 星神・道教神・和神と印明……307

序章

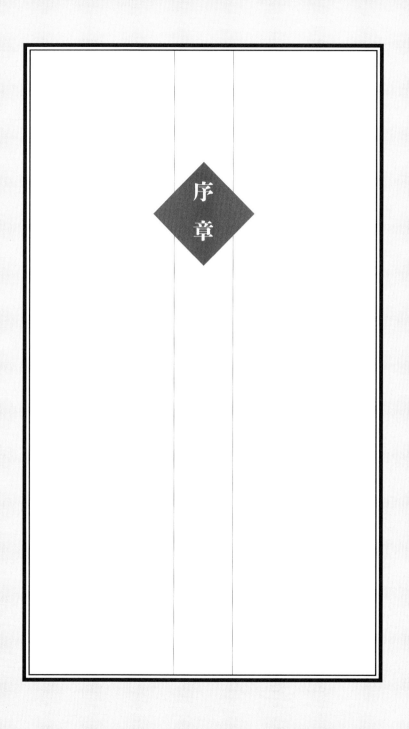

本書の構成

一般にはあまり耳慣れない言葉ですが、「幖幟」という、主に密教で使われている用語があります。仏（如来）や菩薩などによる衆生済度の誓願を本誓とか本願といいますが、その本誓や、仏菩薩が長い修行によって到達した悟り（内証）、諸尊が衆生を救いあげるにあたって駆使するとされる功徳の内容——たとえば自分の名を呼べばいついかなるときでも必ず浄土に導くとか、無上の宝を授けるとか、一切の罪を消除するとか、強力な法の縄でからめとって救済するなど——を、さまざまなシンボルを用いて表したものが幖幟です。

「幖」も「幟」も、元来は旗やのぼりを意味する漢字で、そこから「めじるし」という意味が生まれます。たとえば、観音菩薩といえば手にしている蓮華が連想されますし、不動明王といえば手にした降魔の剣や投げ縄（羂索）が思い浮かびます。蓮華は観音の幖幟（めじるし）であり、剣や投げ縄は不動明王の幖幟なのです。

密教は、ある面からみると壮大な幖幟の体系ということができます。みなさんよく御存知の手印、あれも仏菩薩や明王、天部の神々の幖幟の一種です。さまざまな手の形は、諸尊の本誓を表したり、悟りの内容を表しています。

また、諸尊は自分の働きを象徴するさまざまな持物を手にしています。先に挙げた蓮華や剣、縄のほか、輪宝、宝珠、塔、金剛杵など、数多くの持物が仏画や仏像に描かれています。この持物を印契とも三昧耶形とも呼んでいるのですが、それら持物も、それぞれの諸尊を象徴する幖幟で、やはり本誓や内証などを象徴しています。

さらに仏像や神像ごとに定められている描き方のルールも幖幟の一種です。この仏は身色が金色であるとか、赤色であるとか、緑色であるとかいった決まり事や、手の数、足の数、眼の数、身につけている装飾物などに関する決まり事は、その仏神の本誓や内証などと深く関連づけられているからこそ、表現に際してのルールがもうけられているのです。
また、諸尊の本誓や内証を一文字ないし数文字で象徴している種字（しゅじ）（種子字（しゅしじ）が正式な表現ですが、略して種字といい、種子とも表記します。本書では種字とします）というものがあります。今はアクセサリーになっているほど一般化していますが、これも諸尊を象徴する標幟の一種です。

　これらの標幟を理解すれば、密教諸尊の働きや功徳は、おのずと理解できるようになってきます。そこで本書は、諸尊の姿かたち、主要な経典に説かれている働きや功徳、縁起などに加えて、代表的な手印、三昧耶形、真言（しんごん）、種字を各尊ごとに紹介するという方針でまとめています。

手印のルーツとインド古典舞踊

　密教僧や修験の行者などが駆使する手印は、代表的な標幟のひとつです。非常に神秘的な印象を与えますが、手指や身体で何かをかたどったり、何らかのサインとすること自体は、はるか紀元前の昔から、世界中で行われてきました。ただ、インドでは、とくにこの印（ムドラー）の文化が高度に発達してきたのです。

　印のルーツは、仏教よりはるかに古くから行われてきたバラモン教にあります。バラモン教とは、神々への讃歌や祝詞、呪文などをまとめた『ヴェーダ』を聖典とする紀元前一五〇〇年ごろに生まれたインド・アーリア人の宗教で、神々の祭祀にあたっては、音楽や舞踊が非常に重要な役割を果たしていました。

　そもそも舞踊というものは、神と人との神秘的な交流（交感・神憑（がか）り）のわざにほかなりません。日本の巫女が神楽を踊ることによって神憑りしたように、インドにおいても、神殿に仕える巫女は踊ることによって神々と交流し、天界からのメッセージの仲立ちをしたり、太古の神話を再現したり、人間の祈りを神々にとりついだり、神々の怒りを鎮めるために慰撫したり、楽しんでもらうために行われたのです。

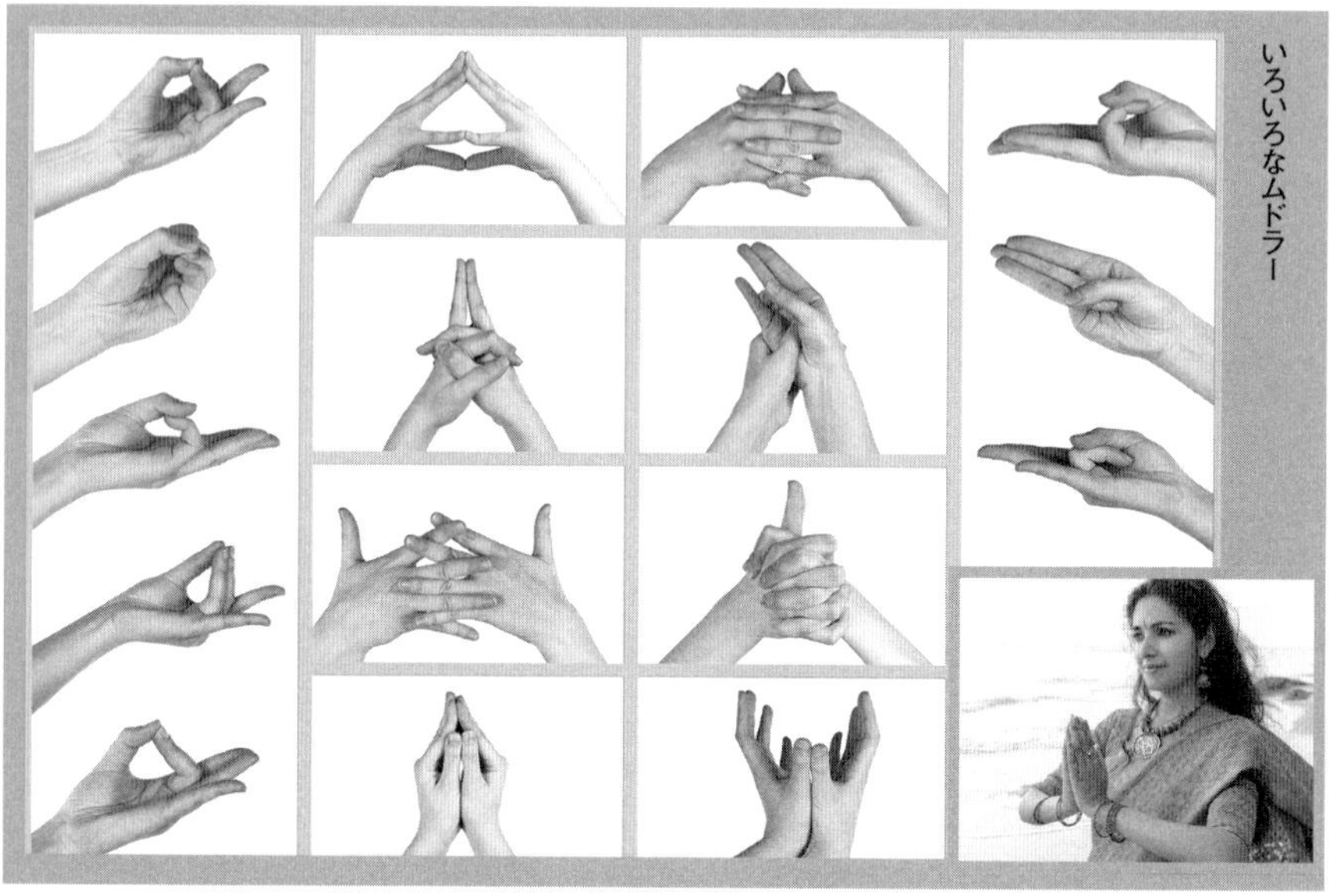

いろいろなムドラー

そうした宗教的な舞踊のなかで、最も重要な要素として時代とともに洗練されてきたのが、ものの形や、抽象的な概念、行為、感情、思想、願いなどを、手指などを使って表現するムドラー（ハスタともいいます）でした。

ムドラーは、長い時間をかけて熟成され、紀元二世紀頃に成立した演劇書『ナーティヤ・シャーストラ』で、はじめてその最初の体系がまとめあげられました。

この書は世界最古の舞踊と音楽の経典で、バラタ・ムニという伝説の仙人が、「踊る神」として知られるシヴァ神から教わった舞踊のわざをまとめあげたものと伝えられます。経典には一〇八種のシヴァ神の舞踊のポーズが、舞踊に欠かすことのできないムドラーの表現法と一緒に解説されています（バラタ・ムニのムニは釈迦牟尼（しゃかむに）の牟尼と同じで聖人を意味します）。

インド舞踊は「手がおもむくところに思考がおもむく」といわれます。つまり、身体の動作のなかでは手の動きが最も重要で、流れるように変化していくムドラーが、いわば舞踊全体をリードしていくのです。この古典舞踊のムドラーは、

①アサミュッタ・ムドラー　片手だけのムドラー
②サミュッタ・ムドラー　両手のムドラー（左右の手は同形）
③ミスラ・ムドラー　両手のムドラー（左右の手の形は別々）

の三種に分類されています。個々のムドラーを見ていくと、密教の手印とそっくり同じものが、数多く含まれています。手印によって物事を表現するというバラモン教やインド舞踊の伝統が、仏教、とりわけ密教に流れこんでいるのです。

ただし、手印と諸尊を結びつけてその本誓・内証・功徳の標幟とし、印を組むことで仏菩薩との一体化をはかるという思想は、密教独自のものです。もともとは舞踊の一表現手段だったムドラーが、密教においては修法の中核となるまでに深化を遂げたのです。そこに至るまでの過程を示すものとして、次に釈迦の五印を見ていきましょう。

釈迦の五印から密教の印へ

仏教の印で最も古いのは、釈迦像の印です。意外に思われるかもしれませんが、人間の姿そのもので表される釈迦像は、釈迦の入滅から四〇〇〜五〇〇年ものち、紀元後一世紀になって、はじめてつくられるようになりました。

それまで弟子たちは、「法に依りて人に依らざれ」（『涅槃経（ねはんぎょう）』）という師の教えに基づいて、釈迦が遺した仏教の教え（法）をもとに生きるように心がけ、信仰が釈迦個人への信仰に陥ることのないよう注意してきました。釈迦像を造るというのも、個人崇拝につながります。そのため仏像を造ることもなかったのです。

とはいえ、標幟は造られました。釈迦がその下で悟りを開いたとされる菩提樹（ぼだいじゅ）や、その上に乗って説法したために釈迦の足跡が残ったと伝えられる仏足（ぶっそく）石（せき）、釈迦の教えを象徴する法輪（ほうりん）（インド国旗の中央

に描かれている円盤型の輪＝チャクラが法輪です）などが釈迦のシンボルとなり、釈迦の遺骨とされる仏舎利を納めた仏塔も崇拝の対象とされました。この時代を、無仏像の時代といいます。

やがて東西文化の交流が起こると、アレクサンダー大王の支配下に入っていたガンダーラ地方や、東西交流の拠点のひとつとして栄えたマトゥーラ地方で、紀元後一〇〇年頃から、ヘレニズムやイラン文化の影響を受けた西方的な釈迦像が造られるようになり、無仏時代は終わりを迎えます。

このころの仏像が結んでいた印が、仏教では最古の印ということになるのですが、数は少なく、代表的な印は、①定印、②触地印、③説法印の三つです。いずれも釈迦伝の一シーンからとったもので、定印は釈迦が菩提樹下で瞑想に入り、悟りを開いたときに組んでいたとされる印、触地印は悟りを開いた釈迦を惑わそうとやってきた魔物を退けたときの印（降魔印ともいいます）、説法印は釈迦が最初に行った説法を象徴する印です（これらの印については、1章で詳しく解説します）。

さらに時代が進むと、釈迦の大いなる救済力の幖幟としての印が加わりました。④施無畏印、⑤与願印がそれです。施無畏印は、仏の威力によって何ものも畏れない力と安心を与えることを示した印、与願印は、人々の願いを聞き入れ、望むものを与えることを示した印で、やはり釈迦伝中に印と対応するエピソードが語られています。

以上の①から⑤までの「釈迦の五印」が、仏教における最古の印で、仏教全体の幖幟ともいうべき印となっています。

その後、釈迦以外にも、阿弥陀仏や薬師仏、観世音菩薩、弥勒菩薩など、さまざまな功徳をもった仏の像が造られるようになりましたが、それとともに印の種類も増加していったというわけではありません。釈迦以外の仏像も、多くは右の五印や、両手を合わせる合掌印など、かぎられた少数の印を結ぶ姿で造像されたのです。

ところが、六〜七世紀にインドで起こったタントリズムと呼ばれる民族宗教運動によって、状況は大きく変化していきます。

タントリズムは、インドの民俗宗教であるヒンドゥー教や仏教にも流れこみ、絶大な影響を及ぼしていきました。そのなかで、「仏教のタントリズム」とも呼ばれる密教が、大乗仏教のなかから興ります。

この密教が、インドの伝統文化であるムドラーを、さまざまな儀礼や修法に不可欠の要素として取りこみ、発展させていきました。発生の当初は仏（釈迦像）が組むだけのものだった手印を、密教僧が学び体得しなければならない必須の手技として発展させていき、数千ともいわれるほどの数にまで増やしていったのです。

なぜ印を組むのか

密教修行者はなぜ印を組むのでしょう。その秘密を解く鍵は、先に書いた舞踊にあります。

踊り手は、ムドラーによって神にも動物にも自在に変身していきます。「手がおもむくところに目がおもむき、目がおもむくところに思考がおもむく」といわれるインド舞踊では、ムドラーこそが、踊り手を変容へと導く秘密の鍵となっています。

同じように、密教行者も、この変身を実現するために法を修します。彼らは、自分自身が仏菩薩や天部と呼ばれる神々とひとつになり、諸尊そのものとなることで、さまざまな神秘を実現し、人々の願いに応えることをめざしたのです。

その際、行者が実修してきたのが、以下の三つの方法です。

①自分の身体と仏神の身体を重ね合わせる
②自分の言葉と仏神の言葉を重ね合わせる
③自分の心と仏神の心を重ね合わせる

これを三密（さんみつ）行と呼んでいます。具体的には、手に印を結ぶことによって、自分の身体と仏神の身体を重ね合わせ（①＝身密（しんみつ））、口に真言と呼ばれる呪文を唱えることによって、自分の言葉と仏神の言葉を重ね合わせ（②＝口密（くみつ））、瞑想などにより心の中に本尊を招き入れることによって、自分の心と仏神の心を重ね合わせる（③＝意密（いみつ））のです。この身密・口密・意密には、冒頭で書いた幖幟がフルに活用されます。

まず、手印は、諸尊の本誓（根本の誓い）・内証（悟り）・功徳そのものを、手の形や手ぶりなどによって表す幖幟です。

真言は梵語ではマントラといいますが、マンは思念・思惟、トラが器の意味で、〝仏神の思念が盛られた器〟というのが原義です。仏神の思念とは、衆生を救わずにはおかないという本誓や、そう思うに至った内証、衆生済度に際してその仏神が発揮する功徳の総体のことです。

それを一文字ないし数文字で表現したものが種字であり、真言も種字も、まさにその仏神の思念のエッセンスにほかなりません。

行者がその真言を唱えるということは、〝仏神の思念が盛られた器〟をわがものとし、仏神の真実語とわが言葉を不二（ふに）一体に重ね合わせる作業です。真言の内容は、おおむね非常にシンプルなもので、その仏神に帰命（きみょう）するという意味の帰命句（ナム、ノウマク、ナマク、ノウマク・サンマンダなど）と、真言の成就（じょうじゅ）を祈る成就句（ソワカなど）の間にはさまれた真言の本体部分が、一文字の種字のみという仏神も多数います。こうした真言は、まさに幖幟の究極的なエッセンスにほかならないのです。

意密においては、さらに幖幟が存分に駆使されています。修法に際して、心の中に仏神を迎え入れるための道場（どうじょう）を建立する瞑想法を、道場観といいます。この道場観では、たとえば種字が三昧耶形に変化し、三昧耶形が修法の本尊に変容するさまを、ありありと想起していきます。言葉を換えれば、幖幟を次から次へと変容させていくのです。

このように、空海が日本にもちこんだ三密行は、諸尊の幖幟をあますところなく活用することによって成立しています。なぜ幖幟を用いるかといえば、再三述べてきたとおり、それこそが諸尊の本誓・内証・功徳を凝縮させたシンボルそのものだからなのです。

多様な印の世界

印を説き表した最初の経典は、初期の密教経典（雑密経典）である『牟梨曼荼羅呪経』だといわれています。この経は、須弥山上の諸尊の住まい（宝楼閣）とその功徳を描いた宝楼閣曼荼羅のつくり方と供養の仕方を説いたもので、なかに十六種の印が説かれています。同じ経の別訳を『宝楼閣経』といいますが、この『宝楼閣経』は空海が唐から持ち帰っています。

その後、密教の発展とともに印の数は増大し、中国や日本でも独自の印がつくられるに至りました。その数は数千とも数万ともいわれますが、正確な数は不明です。

なお、印を結ぶのは密教だけではありません。ヒンドゥー教ではもちろんムドラーを用いますし、おなじみのヨーガにもムドラーの技法があり、今日まで継承されています。ヨーガの場合、ムドラーを用いて体内を流れるエネルギーの調整を行うなど、きわめて神秘的な技法となっています。

また、手によるムドラー（ハスタ・ムドラー）だけではなく、足のムドラー（ハーダ・ムドラー）、目のムドラー（チャクシュ・ムドラー）という、仏教にはない特殊なムドラーの体系もあります。

中国では、民俗宗教の道教と密教が深くまじりあった結果、数々の道教印がつくられました。今日でも道士は道教の印を組んで法を修し、祖霊祭祀などさまざまな祭を執り行っています。

日本では、修験道が最も多用してきたほか、朝廷に仕える陰陽師も印を活用しました。陰陽師が用いた印は、道教と密教双方の影響を受けて編み出されたものです。また、神道でも印を用います。とくに室町時代に吉田兼倶によって興された吉田神道（唯一宗源神道）では、種々の印を用いて祭祀を行っており、密教の影響が顕著です。

最後にひとつ注意を述べておきます。先に述べたように、手印や真言や瞑想は、自分と本尊をひとつに重ね合わせ、一体化するための技法ですが、印なら印、真言なら真言だけで仏神との一体化が達成できるというものではありません。本気で仏神との融合をはかりたいなら、しかるべき師について指導を受け、修行しなければならないのは、いうまでもないことと理解していただけると思います。この三密行を成就することが、空海のいう「即身成仏」にほかならないからです。

　こうした修行は密教専修者の行うべき作業で、通常、一般人が真似をしようと思っても無理なことです。とはいえ、本尊を心に思い描きながら印を結び、真言や種字を唱えることは、大いに意味のあることです。それら仏神に対する理解が深まりますし、場合によってはチャンネルを合わせることも不可能ではありません。また、心を統一する習慣が自然と身に付き、精神生活を豊かにする一助ともなります。

　印というと、どうしても秘教的で難しいイメージがつきまとっていますが、坐禅を組むときにへその前で両手を重ねる手の形も、印の一種の定印です。お墓や仏壇などに向かって手を合わせることは、だれでも自然に行っていますが、これも合掌印という印です。

　このように、印は日常でも用いられています。真言に関しても、最近はお堂の前に本尊の真言を掲げているお寺がたくさんあり、昔のような特殊なものではなくなっています。印や真言と比べると、標幟そのものである三昧耶形は、まだ一般的ななじみは薄いのですが、それを知ることで仏像に対する理解が大いに進むことは確実です。

　以下の各章では、具体的な印、代表的な真言と種字、仏尊のシンボルである三昧耶形を、諸尊ごとに説明していきます。1章と2章は、基本中の基本を述べていますが、3章以下はどこから読んでいただいてもよい形でまとめています。本書が仏教に関心を寄せておられる方々の理解の一助になることを願っています。

1章

印母・真言と釈迦五印

1 手印を形作る 十指の意味と働き

印が諸尊の内証本誓（ないしょうほんぜい）を表示したものだということは、序章に記したとおりですが、内証本誓を表示するにあたって主に用いられるのが、両手と十本の指です。ここで〝主に〟としたのは、印の中には足など身体の他の部分も動員して結ぶ印があるからですが、本書で紹介していくのは、手指によって結ぶ印、つまり手印です。

手印を結ぶことを結印（けついん）といいますが、結印でとくに重要なのが指使いです。密教の経軌（きょうき）（経典および諸尊の儀式・修法に必要な規則を説く儀軌（ぎき））には、結印の法が説かれていますが、その表記には独特の呼称や約束ごとに基づいた表現が用いられているため、一般の人がいきなり読んでも、まったく意味が通じません。

本書は、そうした特殊な用語は使わず、できるだけ平易な言葉で印の組み方を説明していきますが、以下に記していく必要最低限の呼称と決まり事だけは、ぜひ頭に入れておいてください。

❖左右の手が象徴するもの

左右の手には象徴的な意味があります。

右手は仏の世界（仏界）、左手はわれわれ諸生物の暮らす世界（衆生界（しゅじょうかい））です。密教は、究極的には仏界と衆生界に差別はなく、平等不二（ふに）だという立場にたっているので、左右の手に優劣はありません。

右がなければ左はなく、左がなければ右はないということです。

ただ、仏界は一切を成就した結果を象徴する手であり、衆生界はそこに向かって修行を積んでいく姿を現した手、悟りという仏果をめざして修行という因を積んでいることの象徴になるという違いはあります。

左右の手は、真言密教の世界を凝縮した金剛界と胎蔵界の両界曼荼羅の象徴ともなっています。この両界曼荼羅については、2章で詳しく書くので、両手と曼荼羅の関係だけを書くと、右手は金剛界曼荼羅の象徴、左手は胎蔵界曼荼羅の象徴とされています。

❖十指の呼称

本書では、十指は以下の呼び方で統一します。

＊親指→大指
＊人差指→頭指
＊中指→中指
＊薬指→無名指
＊小指→小指

経軌には、これ以外に多様な象徴を用いて十指を表現していますが、配当が必ずしも共通しているわけではないので、本書では用いないことにします。

次に、十指の基本的な異名とその意味も、簡単に説明しておきます。

【大指】

仏教では、万物は「地・水・火・風・空」の五種類の根本元素から成ると考え、これを五大と呼んでいます。大指は、この五大のうちの「空」のシンボルです。空とは、そこに万物を容れている大いなる虚空のことであり、空間のことを指します。

また、人間の精神と肉体をつくりあげている五つの集まりである「色・受・想・行・識」の五蘊では、「識」を象徴します。識とは、人間の心の働きのうちの認識する働きのことです。

このほか、左右の大指を別々の名で呼ぶこともあります。たとえば右の大指を智、左の大指を禅と呼ぶなどがそれですが、まったく逆に、右大指を禅、左大指を智とするものもあり、一定していません。大指のシンボルで重要なものは、先に述べた「空」と「識」だと覚えておけば十分でしょう。

【頭指】

頭指とは人差指のことです。親指とまちがえやすいので注意してください。

頭指は、五大では「風」のシンボルとなり、五蘊では「行」のシンボルになります。「風」は、物質の生成に必要な動きと成長をつかさどる働きを表し、「行」は人間の心の働きのうちの意志作用を意味しています。意志があって、はじめてアクション（行）がおこされるからです。

各印の説明のところで出てきますが、風を意味するこの頭指で、火を意味する中指の根元を押すことにより、風が火を煽る形とする印（火炎印）もあります。これなどは、指のシンボリズムを用いて印をつくっている例のひとつです。

【中指】

中指は、一般の呼称も仏教の呼称も同じです。結印では、大指からこの中指までの三指が頻繁に活用されます。

右手

大指……空……識

頭指……風……行

中指……火……想

無名指……水……受

小指……地……色

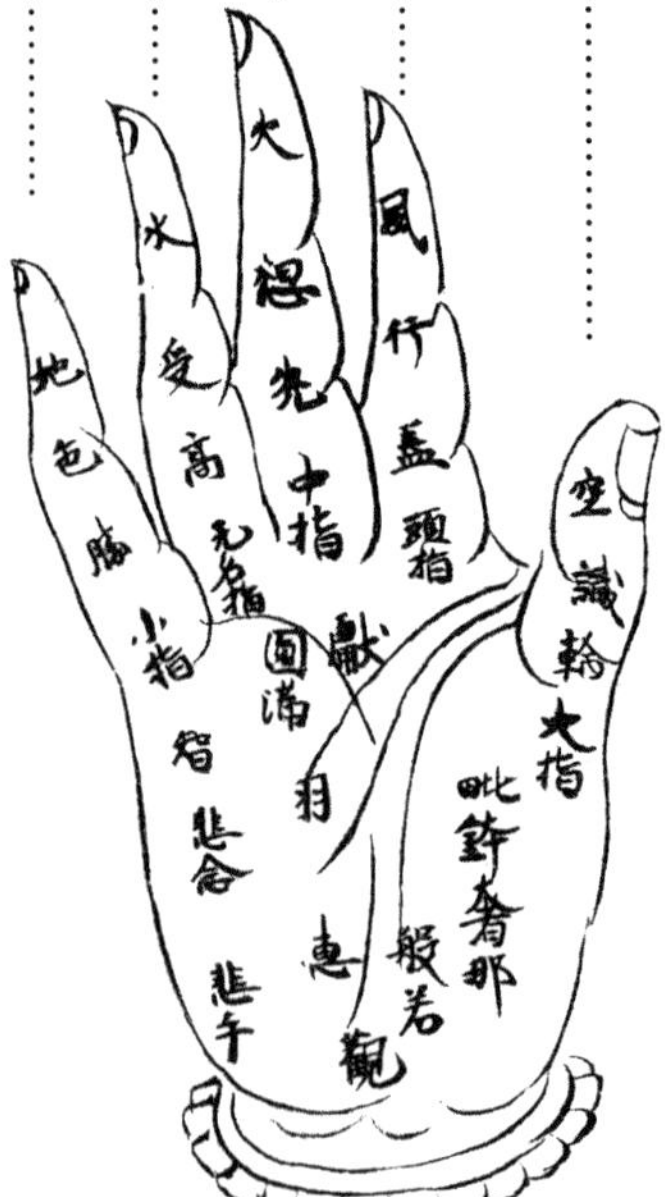

図像部』8巻「十指異名」京都高山寺蔵本）

この指は、五大では「火」のシンボルとなり、五蘊では「想」のシンボルです。「火」は、物質の生成に必要な熱や熟成をつかさどる働きを表し、「想」は人間の心の働きのうちの表象作用（イメージなどによって物事を思い描く働きや、記憶する働き）を意味しています。

【無名指】

無名指は、五大では「水」のシンボルとなり、五蘊では「受」のシンボルです。「水」は、物質の生成に必要な、ものを湿らしたり潤したりする働きや収集する働きを表し、「受」は人間の心の働きのうちの感受作用（目や耳や鼻や舌や皮膚で刺激を感じ取る感覚の働き）を意味しています。

【小指】

小指は、五大では「地」のシンボルとなり、五蘊では「色」のシンボルです。「地」は、物質の生成に必要な固さをもたらす働きや、保持する働きを表し、「色」は肉体をふくめた物質全般を意味します。『般若心経』（般若波羅蜜多心経）で有名な「色即是空、空即是色」の色は、この五蘊の色のことです。

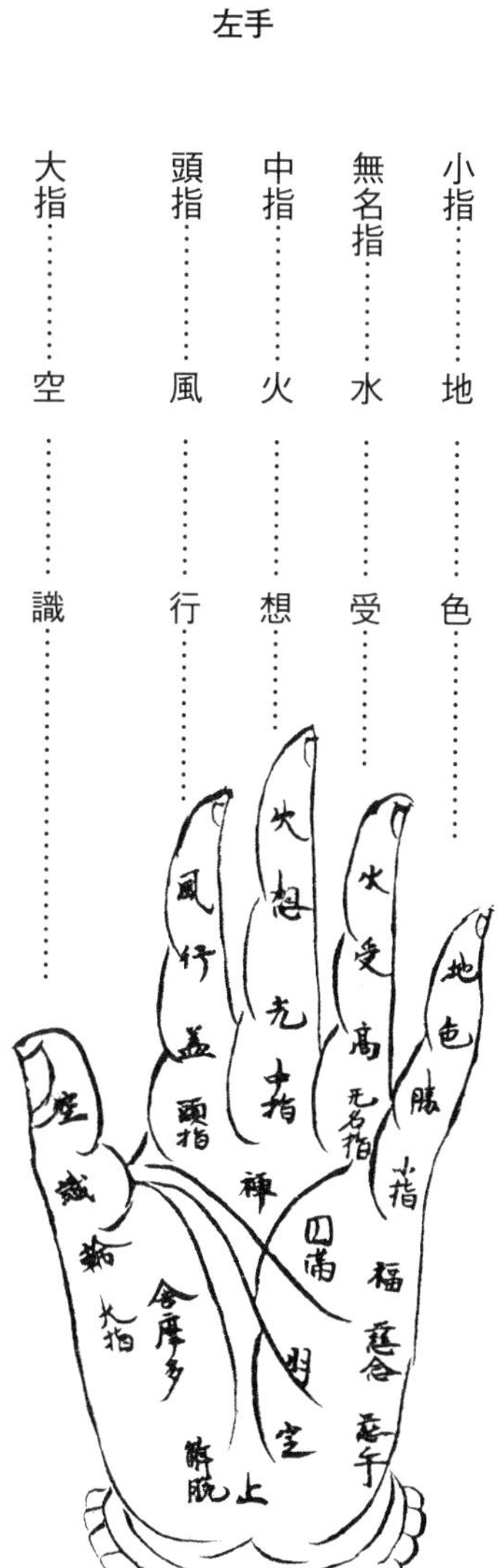

指の呼び方と象徴するもの
（『大正新脩大蔵経（以下、大正蔵と略）

2 成仏の相を表す十二合掌印

❖印母と十二合掌

印には、数千種ともいわれるほど膨大な種類があります。専門の阿闍梨や行者でも、そのすべてを知り尽くすのは、おそらく不可能でしょう。ただ、これを覚えておくと、さまざまな印を結ぶためのベースが確保できるという特別な印があります。諸印の母体の印という意味で、これを印母と呼んでいます。

印母は、十二合掌印と六種拳印に大別されます。まず、十二合掌印から説明します。

十二合掌印とは、以下の十二種の合掌印をいいます（合掌というと、手のひらと手のひらをぴったり合わせる形を連想しますが、密教でいう合掌印には、手のひらを合わせないものも含まれます）。

①堅実心合掌　②虚心合掌
③未敷蓮合掌　④初割蓮合掌
⑤顕露合掌　⑥持水合掌
⑦金剛合掌　⑧反叉合掌
⑨反背互相著合掌　⑩横拄指合掌
⑪覆手向下合掌　⑫覆手合掌

合掌は右手の仏界と左手の衆生界を重ね合わせる形です。そこで合掌印は、仏の五大（地・水・火・風・空）と衆生の五大がひとつに合わさる形、すなわち成仏の相だと、密教では説いています。最も基本的でありながら、最も重要な形でもあるのが、この合

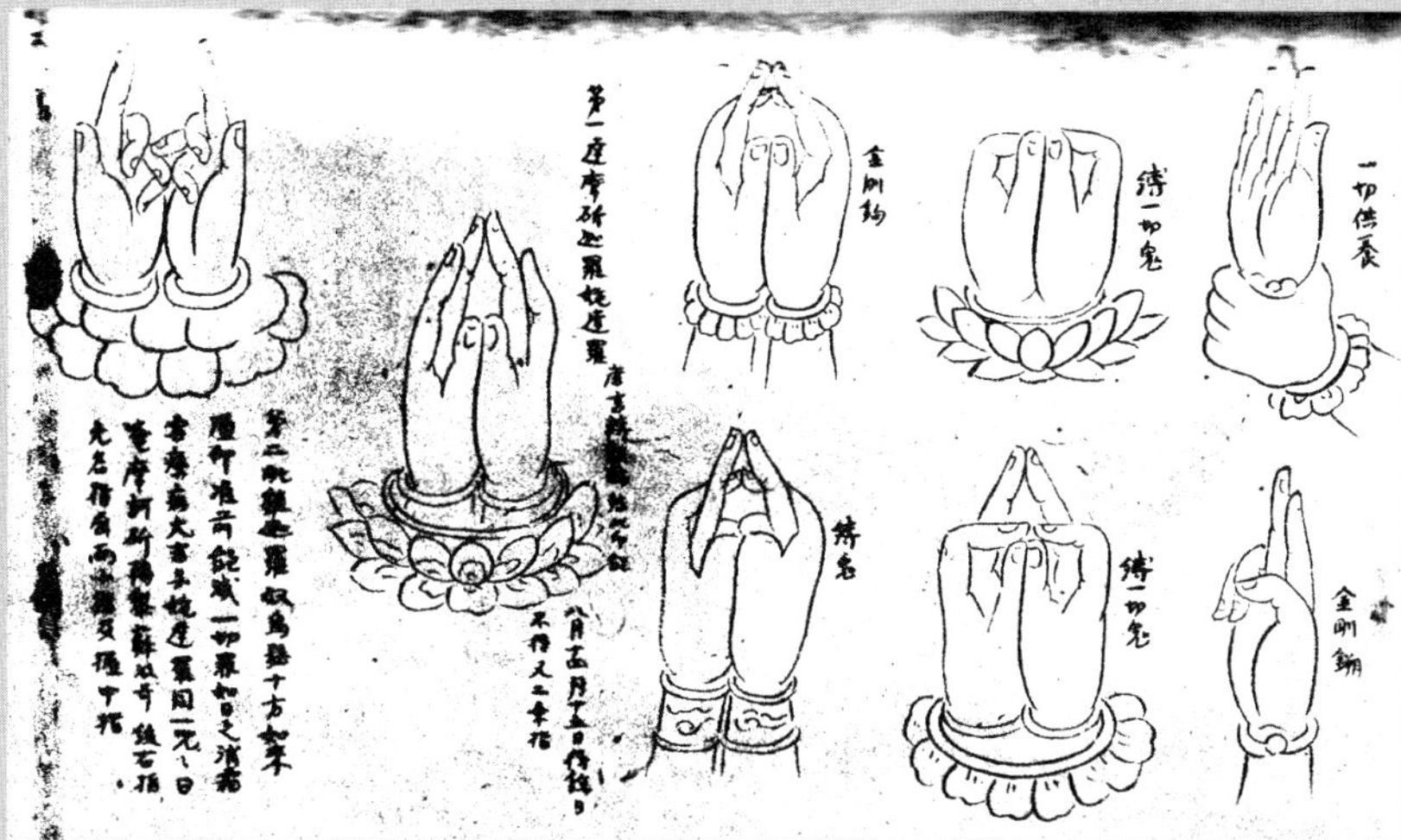

印図（『大正蔵図像部』8巻「印図」京都高山寺蔵本）

掌印なのです。

そのなかでも、とくに頻繁に用いられるのが、②虚心合掌、③未敷蓮合掌、⑦金剛合掌（帰命合掌ともいいます）の三種で、ほかに①の堅実心合掌も、仏像が実際に組んでいる印です。まずこれら四種の合掌印を説明し、残りの八種は概略のみを説明します。

なお、結印に先立って、専門家である密教僧は、必ず塗香を行う決まりになっています。塗香とは、香木から精製した身体に塗るためのお香です。これを口と手と胸（衣服の胸部分）に塗ることで三密（身と口と意）の穢れを浄化し、煩悩の熱苦を除くと観念するのです。

もともとは熱帯国インドにおける体臭消しのための行いだったとされていますが、密教の中で意味が深化され、行前の浄化の作法として取りこまれました。

一般人も、塗香とまではいかなくとも、結印の前にうがいで口、手洗いで身を浄め、心に浄化を思うことによって三密を浄めた上で、印を結ぶよう心掛けたいものです。これを行うだけで、仏神に向かう心持ちが大きく違ってきます。

❖ 堅実心合掌

両方の手のひらを、堅くしっかりと合わせる形の合掌で、堅実合掌ともいいます。

手のひらを隙間なく密着させると、指先は少し離れます。そのため、この印では指先が自然にやや開く形になります。堅く合わせた掌中が、印名の堅実心を表しています。

真言阿闍梨（あじゃり）で、大著『秘密辞林』の著者として知られた富田学純豊山（ぶざん）大学教授は、諸宗の特徴が合掌の仕方に現れているという興味深い観察をしています。

氏の『密教百話』（世相軒）によれば、堅実合掌は禅宗の合掌で、「掌と掌とを堅く合わせる所が、即ち内観に全勢力を注ぐ直指人心（じきしじんしん）・見性成仏（けんしょうじょうぶつ）の禅宗の教に尤（もっと）も相応（ふさわ）しい」というのです（他の宗派と合掌については該当する合掌のところで記します）。

❖ 虚心合掌

仏神の前で、われわれがごく自然に手を合わせるときの形にいちばん近いのが、この虚心合掌です。

堅実心合掌とは逆に、五指の先端をそろえて合わせ、手のひらは密着させずに、掌中に若干の空間をつくるようにして合掌します。この空間が、虚心を表します。虚心合、虚合、空心合掌、空中合掌なども呼ばれます。

前出の富田氏は、親鸞の浄土真宗では常に虚心合掌であり、法然の浄土宗は大指のみ金剛合掌（26ページ）で、残りの指は虚心合掌につくることがあるとして、こう述べています。

「虚心とは堅実心の反対で掌の中を空虚にするの意である、この空虚中に万法を蔵する形で衆生が仏性（ぶっしょう）を蔵する形ともなる、堅実心が衆生と仏の間に一髪も入れぬ形とせば、虚心は仏と衆生とはその間に階段があるとの形となる。吾々は阿弥陀如来の大悲の力で救わるるのであると（宗旨を）立つる浄土教は、虚心合掌がその意に契うて居る」

なお、密教では、この印を即身成仏の印としても用います。

❖ 未敷蓮合掌

虚心合掌の発展形です。組み方は虚心合掌と同じで、指先を合わせて掌中に空間をつくるのですが、

未敷蓮合掌

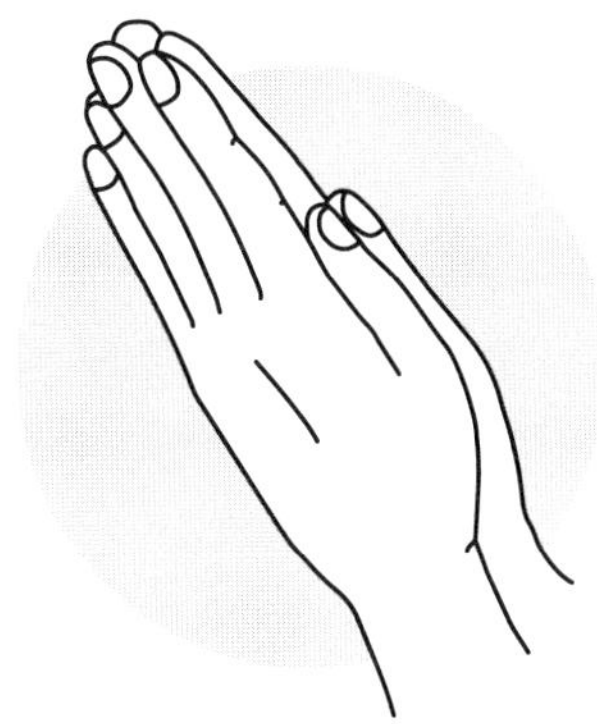
堅実心合掌

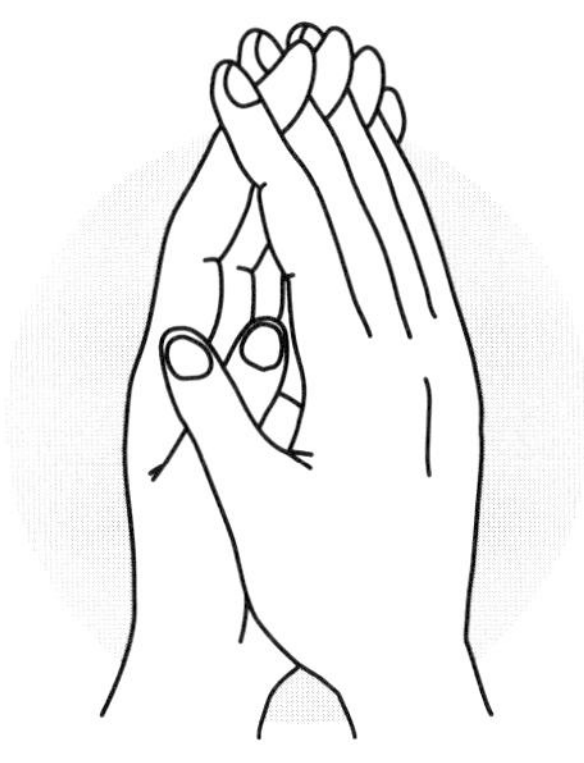
金剛合掌

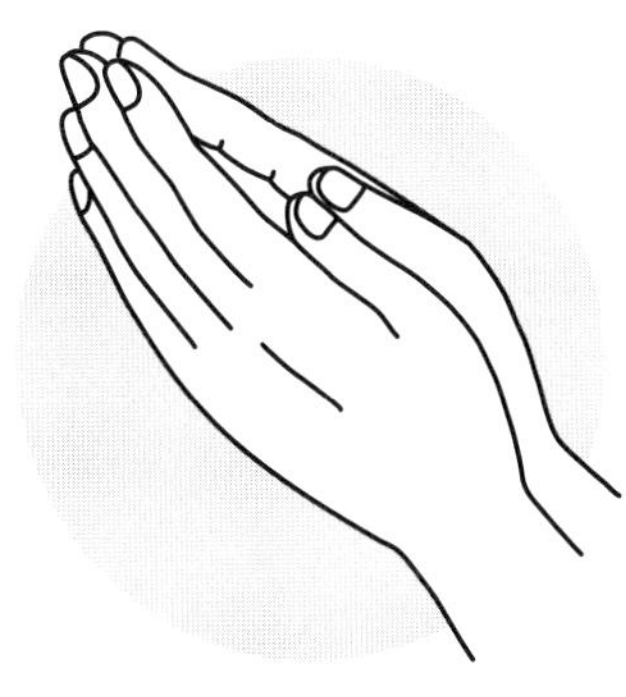
虚心合掌

掌中の空間を、より大きめの円にするようにするのです。

　この形は、まだ開花していない蓮華のつぼみの形なので、未敷蓮といいます。未敷蓮華合掌、未開蓮合掌などの異名があります。「敷」の字は「フ」と読みます。開敷、未敷など蓮華の状態を表すときに常用する文字で、開くことや咲くことを意味します。

　この印は未敷蓮華なので、つぼみになります。つぼみは、内に仏の性質を蔵していながら、凡夫の欲望や煩悩に囚われたままの、われわれ衆生の心の象徴でもあります。

　ただし、つぼみが開けば、それは悟りを得て仏となったこととイコールなので、未開のつぼみは無限の可能性のシンボルでもあります。

　なお、未敷蓮合掌は蓮華合掌と呼ばれることもあります。前出の富田氏によれば、天台宗および日蓮宗がこの合掌で、「妙法蓮華経を本経とするから蓮華合掌が適当である」としています。

❖金剛合掌

　十指を交差させる独特の合掌印です。

　結印では、左右の指先が浅く交差するようにして、両手を合わせます。指を交差させる際は、五指とも右が左の上にくるように組むのが決まりです。先に述べたとおり、右手は仏界、左手は衆生界なので、仏界を敬って右を上につくるのです（インドでは右手を清浄な手、左手を不浄な手と見なします）。

　ただし、本質において左右に価値の高下がないことは、前に書いたとおりです。仏界と衆生界は、上下や貴賤に分け隔てられた世界ではありません。たがいに交流しあい、ひとつになって働きあっています。そのことを表示しているのが左右の指の交差です。仏界と衆生界が交差し、ひとつになって働いていることを、この印は表しています。

　金剛合掌には、金合、帰命合掌、普印（ふいん）、普通印、一切供養最勝出生（しゅっしょう）印、一切仏三昧耶（さまや）印など、多くの異名があります。金剛合掌という言い方は、真言密教の両輪である金剛界と胎蔵界のうちの金剛界関連の経軌でよく用いられることに由来します。同じ印を、胎蔵界関連の経軌では帰命合掌と呼ぶことがあり、この呼称もよく用いられます（たとえば『大日経疏』）が、両者は同じ印です。印母中、最も多く用いられるとされているのが、この金剛合掌です。

異名中、普印や普通印という呼称は、この合掌が、一切の諸仏・諸菩薩を礼拝するとき、共通して用いてよいとされているところから付けられた名です。ただし、修法の場合は違います。金剛界法を修する場合の普印は金剛合掌ですが、胎蔵界法を修するときは蓮華合掌（未敷蓮合掌）が普印になります。

金剛合掌は、真言宗特有の合掌で、通常の合掌の際に用いられることはありません。

実際に仏像が組んでいる合掌印は以上の四種のみで、ほかは見当たりません。その他の八種の合掌印は、密教行者のための特殊な合掌印と考えればよいでしょう。次に、残り八種の合掌印についても、簡単に説明しておきます。

❖その他の合掌印

＊初割蓮合掌

未敷蓮合掌の形で合掌し、そこから頭指・中指・無名指の先端を少し開きます。蓮の花が割れて開きはじめた姿を表すので、初割蓮（華）といいます。

＊顕露合掌

両方の手のひらを仰向けにし、小指側をつけて並べます。両手をそろえて物を受け取るときの形です。掌中のものを、何ひとつ包み隠さずあらわに顕す形なので、顕露と名づけたものでしょう。

＊持水合掌

両手を仰向けにし、頭指以下の八指の指先をつけて、水をすくうような形にします。顕露合掌からの発展形です。

＊反叉合掌

普通は手のひらと手のひらを合わせたものを合掌

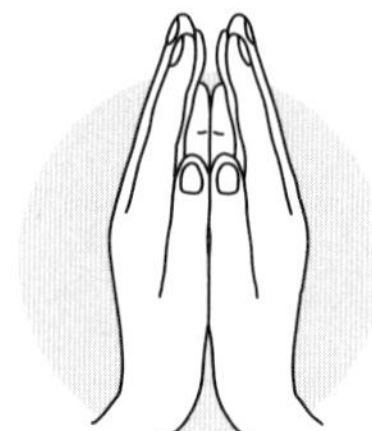

初割蓮合掌

持水合掌

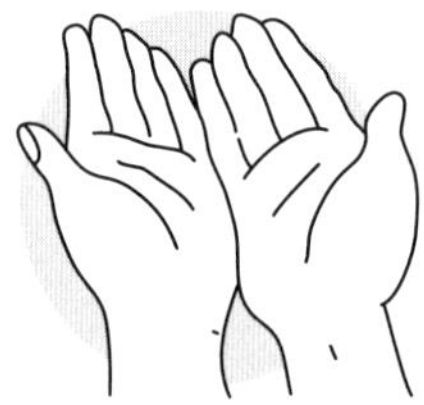

顕露合掌

反叉合掌

といいますが、この印は手の甲と甲を合わせ、両指を交差させるので、反叉の名がついています。指を交差させる際は、右指が左指の上にくるようにします。

＊反背互相著合掌

これも甲と甲を合わせる合掌印です。まず左手を伏せ、右手を仰向けて、両手の背を合わせるのです。

＊横拄指合掌

両手のひらを仰向けにして並べ、両方の中指の先だけをつけて（この作法を「拄える」といいます）、ほかの指はばらばらに伸ばします。

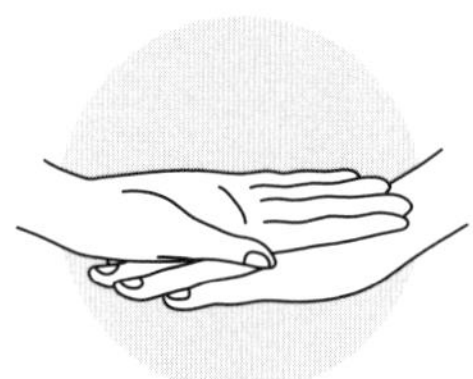

反背互相著合掌

覆手向下合掌

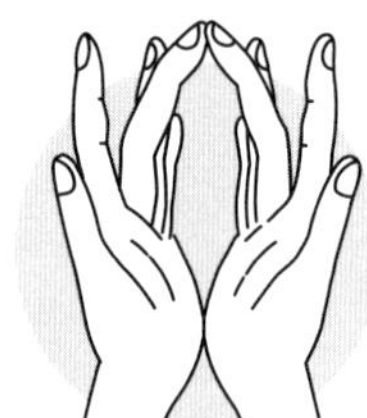

横拄指合掌

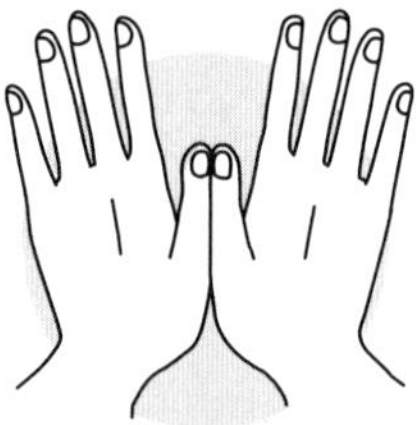

覆手合掌

＊覆手向下合掌

両手のひらを並べて伏せ、大指の横側と中指の先だけを接します。

＊覆手合掌

両手のひらを並べて伏せ、大指のみを接します。

3 密教独特の手印
六種拳印

拳を握った形、いわゆるゲンコツの印を拳印といいます。ゲンコツは片手で握りますが、両手を握り合わせてひとかたまりにする印なども拳印の仲間に入れています。

この拳印も、密教独特の手印をつくる上で欠かすことのできない印で、印母になっているものが六種あります。六種拳は以下のとおりです。

①蓮華拳
②金剛拳
③外縛拳（げばく）
④内縛拳（ないばく）
⑤忿怒拳（ふんぬ）
⑥如来拳

このうち、とくに重要なのが①から④までの四種の拳印で、密教の根本経典である『大日経疏（だいにちきょうしょ）』は、これを四種拳と呼んで、根本の拳印としています。それぞれの結び方は以下のとおりです。

❖蓮華拳印

ゲンコツに近い形ですが、大指で頭指の第二関節を押す形につくるので、ゲンコツとはやや違います。『大日経疏』では、大指以外の四指を握り、大指は外に出して立てるとしていますが、通常は図にも掲

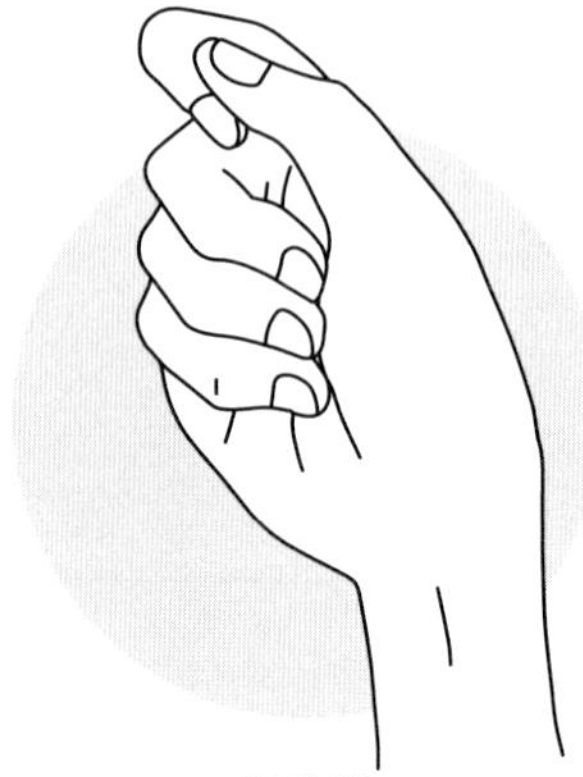
蓮華拳

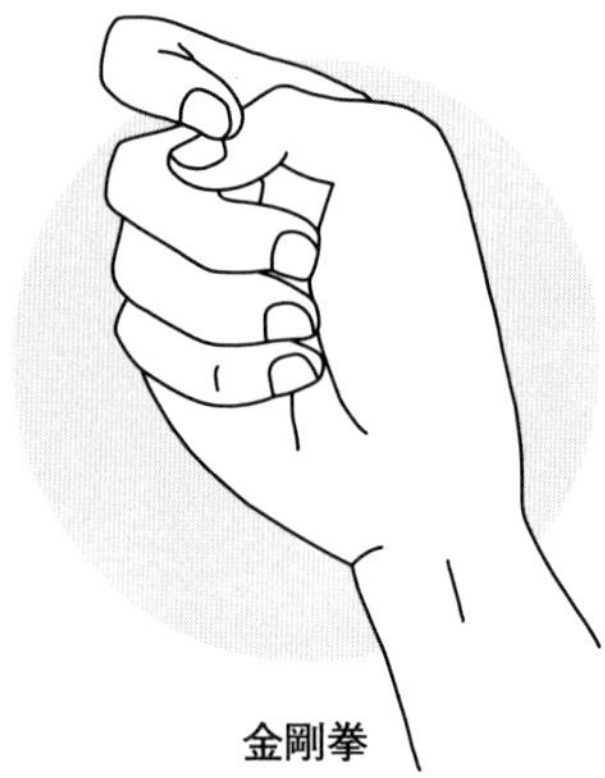
金剛拳

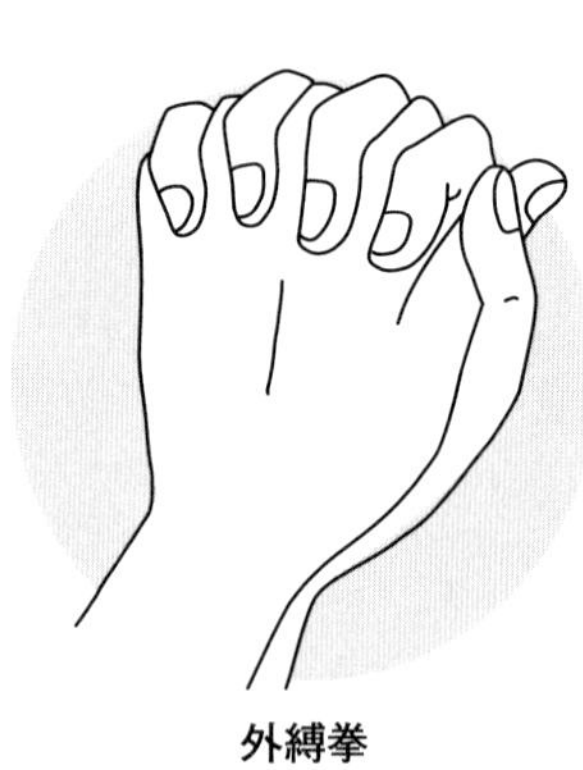
外縛拳

げた前者の形を蓮華拳と呼んでいます。この印は、両部曼荼羅世界のうちの胎蔵界の行法で常に用いられる印なので、胎蔵拳、胎拳なども呼ばれます。この蓮華拳と、次に記す金剛拳の二印は「金胎両部の本源にして最極秘要（さいごくひよう）」（『密教大辞典』法蔵館）と位置付けられている、きわめて重要な印です。

❖金剛拳印

『大日経疏』は、手のひらの内側に大指を入れて、四指で握りこむ形を金剛拳としていますが、今日よく用いられているのは、図に掲げた金剛拳です。『密教大辞典』は「異説あり」として、「流派に依りて師伝を異に」していると解説し、『大日経疏』と合わせて三種の金剛拳を挙げています。ここでは、そのうちの筆頭のものを紹介します。

図の金剛拳は、まず中指・無名指・小指の三指を握り、大指で中指の中節（第二関節）を押し、頭指で大指の第一関節の甲を押します。これは金剛界がつかさどる智の発生を象った印形だと説明されています。

さきの蓮華拳が胎蔵界を象徴する印だったように、金剛拳は金剛界を象徴する印として重んじられます。金剛界に関する行法には、常にこの金剛拳が用いられます。金拳、堅牢金剛拳、金剛如来拳などの異名があります。

❖外縛拳印

右が上になるようにして、左右の指を根元まで交差させ、がっちりと握りあって拳のかたまりにした形です。指が外側に出て縛る形なので、外縛と呼ばれます。

この外縛印と次の内縛印は、月輪（がちりん）の印とも呼ばれます。月輪とは仏心の象徴で、「仏心、満月のごとし」などと表現されます。外縛拳でつくられた円形が月輪（満月相）で、交差して組み合わせた八指が八葉蓮華の象徴になります。外縛印は、八葉蓮華が月輪をつくっている形ですが、これを「蓮華上に月輪がある」形とイメージするのです。

外縛拳は、さきの金剛拳とともに金剛界を象徴する拳となっています。金剛界に関する行法などで、単に「縛」とある場合は、この外縛拳のことを指しています。異名に、金剛縛印、指在外拳などがあります。

❖内縛拳印

外縛拳印とは逆で、指を手のひらの内側で交差させ、内に折り込んだ形で握りあって、一個の拳にします。指を内で縛るので、内縛と呼ばれます。指の重ね方は他の印母と同じで、右が上になります。次ページの図は、自分から見た内縛拳です。

外縛拳印のところで書いたとおり、この印も月輪の印です。八葉蓮華が円い掌中にある形なので、「月輪の中に蓮華がある」形と観じます。

内縛拳は、先の蓮華拳とともに胎蔵界を象徴する拳です。胎蔵界に関する行法などで、単に「縛」と

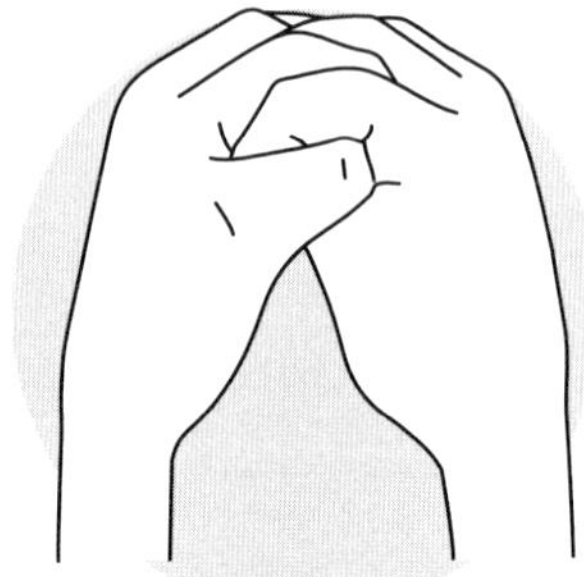

内縛拳

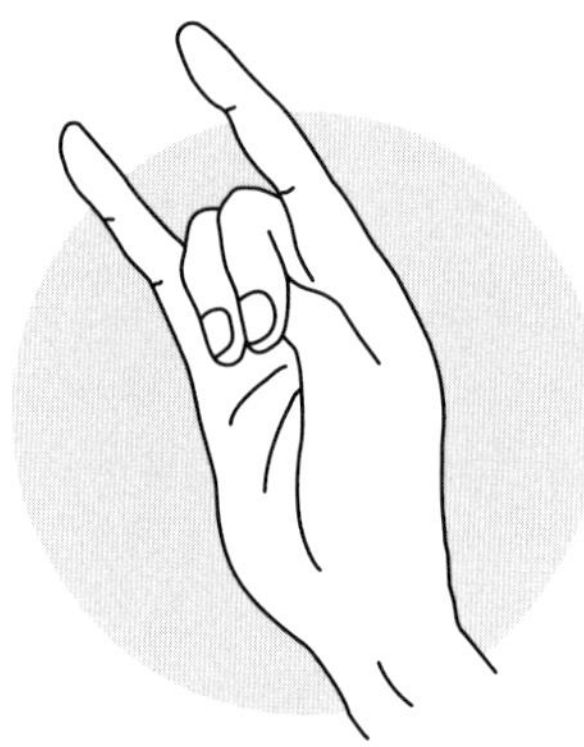

忿怒拳

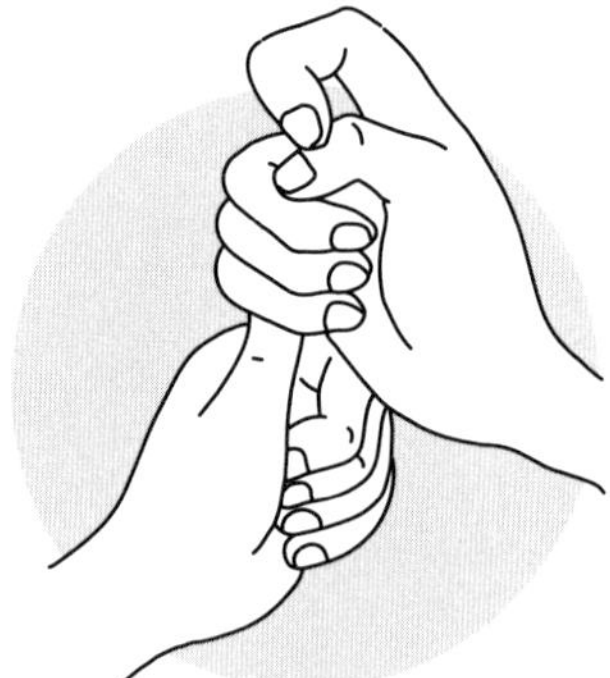

如来拳

ある場合は、内縛拳を意味します。二手拳、指向内相叉拳、合拳、内掌拳などともいいます。

❖忿怒拳印・如来拳印

この二種の拳印は、『大日経疏』が説く四種拳に、後からつけ加えられたものといわれており、由来などは、はっきりしていません。

まず忿怒拳ですが、この印は、大指を中指と無名指で握り、頭指と小指を立てて少し先を曲げた形です。金剛拳の変形ともいわれます。

如来拳は、まず左手で蓮華拳、右手で金剛拳をつくり、蓮華拳の大指を立てて、金剛拳のなかにさしこみます。自分の心に清浄な道場を観じるときに、真言「オン・ボク・ケン」を唱えてこの印を結ぶので、世界を浄土に変える印ともいわれており、浄土変印の異名もあります。真言中のボクは大地、ケンは虚空の意です。

4 仏教諸印の根源 釈迦の五印

❖定印

序章で説明したとおり、諸尊の印の中で最も古いものが、釈迦の結ぶ五つの印です。いずれも釈迦の伝説と結びついていますが、定印は、菩提樹下で深い瞑想に入った釈迦が組んでいたとされる印です。

瞑想状態のことを、仏教では三摩地とか三摩提、三昧などといいますが、これは瞑想状態を意味するサンスクリット語サマーディの音訳で、「定」とか「等持」と訳されます。そこでこの印は、定印とも等持印とも呼ばれます。禅宗で坐禅を組むときも、手は体の前で組み合わせますが、あれも定印（禅定印）です。

定印には五つの種類があります。金剛界曼荼羅の中央には大日如来が座し、四方を如来が取り囲んでいますが、大日如来をふくめた五仏にはそれぞれが率いる仏菩薩のグループがあり、大日如来グループを仏部、無量寿如来（阿弥陀如来）グループを蓮華部、阿閦如来グループを金剛部、宝生如来グループを宝部、不空成就如来グループを羯磨部と呼びます。これらの如来については、2章、3章でまた解説するので、ここでは金剛界曼荼羅には五つの仏菩薩グループがあるということだけ知っていただけば十分です（胎蔵界曼荼羅は仏部・蓮華部・金剛部の三部構成です）。

定印

菩提樹下で深い瞑想に入った釈迦が組んでいたとされる印。

さて、この五部には、以下のように、それぞれの定印があります。

＊仏部＝法界定印
＊蓮華部＝阿弥陀定印（弥陀定印）
＊金剛部＝金剛定印
＊宝部＝三弁宝珠定印
＊羯磨部＝大羯磨印

密教の阿闍梨や行者が五部別の法を修するときには、その部の定印を結ぶことになっていますが、すべての法に共通して用いてよいとされるのが仏部・大日如来の法界定印で、これは釈迦仏が菩提樹下で組んだ定印と同じものです。2章でも書きますが、胎蔵界曼荼羅の大日如来は、この定印（法界定印）を結んだ姿で描かれます。

◎定印の結び方◎

定印の結び方はシンプルです。膝の上、へその前で左手を仰向けにし、その上に仰向けの右手を重ねて、大指と大指の先をつけるのです。必ず右手を上にします。右ページの図は『哩多僧蘖囉五部心観（滋賀三井法明院蔵本）』（『大正蔵図像部』2巻、以下同）という図像集に描かれた金剛界曼荼羅の無量光（無量寿、阿弥陀）如来で、釈迦ではありませんが、膝上で組んでいるのは釈迦の定印と同じものです。仏像の下の枠の中央蓮華上に描かれている印契図（如来を象徴するシンボル図の一種）も同じ定印です。

❖触地印

釈迦が定印を組んでいる姿は、宇宙の真理、絶対的な叡知と一体となっている姿です。真理と一体となった状態を、仏教では「悟り」と呼んでいます。釈迦は、菩提樹下でついにこの悟りをつかんだので、「悟った人」（ブッダ＝覚者）と讃えられているのですが、すんなりと悟りの道に入れたわけではありません。天魔が、美女や雷や暴風など、ありとあらゆる障害を釈迦に送りつけ、どうにかして悟りを妨害しようとしたからです。

このとき地底から大地の神である地天（262ページ）が現れ、助勢を申し出ました。けれども釈迦は、「心配はいらない。私には魔物をはねのける秘密の力がある」と答えました。この言葉を聞いた天魔は怒りにふるえ、「だれがその証を立てるのか」と釈迦に詰め寄りました。すると釈迦は、手を垂れて地面を押す触地印を結び、「ここに証がある」と答えました。

このとき触地印に呼び覚まされて、無量数の地天が大地から涌き出しました。そして、釈迦の過去世からの福業は真実であると証を立てました。そこで釈迦を惑わすことをあきらめた天魔は退散したと伝えられています。

この伝説は、さまざまな経典に説かれる有名なエピソードで、このシーンを描いた数多くの仏像がつくられています。また、密教では、壇を築くときに地天を呼び出し、触地印と真言によって地天を加持する作法をおこないます（このとき呼び出す地天を驚発地天と呼んでいます）。

地面に向けて手を垂れる触地印は、天魔をはじめとする魔物を降伏させる印とされ、降魔印、破魔印、能摧伏印などとも呼ばれます。また、釈迦の福業がこの印契によって証明されたところから、証成印とも呼ばれ、驚発地天が証明したところから驚発地天印の異名もあります。

阿閦如来

触地印

天魔をはじめとする魔物を降伏させる印とされます。

大地は万物を生み出すところなので、悟りの心（菩提心）の象徴とも解されます。触地印は、その菩提心の働きを活性化させることの象徴であるとともに、菩提心が揺れ動いて修業の妨げにならないよう、しっかりと鎮める働きの象徴でもあります。

釈迦仏のほか、阿閦如来、天鼓雷音如来、弥勒菩薩など数多くの仏菩薩が、曼荼羅のなかでこの印を結んでいます。また、仏教の守護神である地天（地神）の印も、触地印の伝説に関連しています。

◎触地印の結び方◎

触地印は、右手をうつぶせにした状態で五指を伸ばし、地に触れるように自然に垂らします。地に向けて手を垂らせば触地印となるので、じかに地に触れなくても触地印と見なされます。左手は衣の角を握ります。これは魔軍を降伏させる義だと解釈されています。多くの仏尊はこの触地印で描かれますが、左手を触地印にしている図像もあります。参考に掲げた右ページの図は、金剛界の阿閦如来です。

❖施無畏印

人々の恐怖心や憂いや苦しみなどを取り除き、なにも畏れることはない（無畏）と教えているのが、この施無畏印です。仏教では、仏は四つの無畏（四無所畏）を成就していると説きます。あらゆる法を悟ったところから生まれる無畏（一切智無所畏）、あらゆる煩悩を断ち切ったところから生まれる無畏（漏尽無所畏）、修行の障害となるものはすでに説いたという絶対的な自信から生まれる無畏（説障道無所畏）、悟りに達する道を説いたという絶対的な自信から生まれる無畏（説尽苦道無所畏）の四つで、この印を結ぶのは、仏がこれら四つの無畏を成就して、その抜苦の功徳を人々にあまねく施すことを表しているのです。

施無畏印の威力を物語る説話が、釈迦伝の中に出てきます。釈迦の従兄弟で、弟子でもあった提婆達多という人物が、慢心を起こして叛旗をひるがえし、酔わせた象を釈迦にけしかけました。このとき釈迦が、象をめがけて右手を上げると五頭の獅子が印の中から現れ、たちまち象が降伏されたというのです。

このときの釈尊の手振りを写したとされるのが、この施無畏印です。そこで施無畏印には、仏手印という異名もあります。

なお、仏教では右と左では右が悟りを表し、左は迷いを表すとしているので、右手を上げて前に出すのは、悟りの功徳を施す形となります。先に見てき

不空成就如来

施無畏印

人々の恐怖心や憂いや苦しみなどを取り除き、畏れることはなにもないと教える印。

た定印が右手を上にしているのも、触地印が右手でつくることを基本としているのも、右を重んじるインドの伝統に則ったものです。

◎施無畏印の結び方◎

施無畏印は、右手の五指を伸ばし、手のひらを前に向けて開き、右胸の前に上げる形です。ちょうど向かってくる者にストップをかけるような仕草です。左手は、次に紹介する与願印にするケースが多いのですが、腰に当てたり、袈裟の両角をつかんでへそのあたりに当てる形もあります。この印も、多くの仏菩薩が結んでいます。参考に掲げた右図は、金剛界の不空成就如来で、左手は衣の角をつかんでいます。

❖与願印（説法印）

与願（よがん）印は人々の願うものを与えることを示す印

で、施願印、施与印、満願印ともいいます。

人間にはさまざまな願い事（所願）があります。病苦から抜けだしたい、貧困から脱したい、よい伴侶を得たい、満ち足りた衣食がほしい、出世したいなどの俗世の願いか修行を円満に成就したい、経文や真言をしっかり記憶したい、悟りに至りつきたいなどの出家の願いまで、所願はまさに人間の数だけあって、尽きることがありません。

この印は、そうした衆生の所願を満足せしめ、欲するものを与えるとされる印です。そこで、与願とも施願とも満願とも呼ばれているのです。

釈迦の場合、与願印は前項の施無畏印とセットで造形されることが一般的で、その場合には説法印と呼んでいます。施無畏印は「大悲抜苦」の功徳を、与願印は「大慈与楽」の功徳をもつとされる印なので、この両印の組み合わせにより、仏がもっている

宝生如来

与願印

人々の願うものを与えることを示す印です。

転法輪印

仏法の教えが、 法輪の転じるように人々の心に届けられていくことを象徴している印。釈迦牟尼仏（中尊）を、観世音菩薩（上段右）、虚空蔵菩薩（上段左）、無能勝金剛（下段右）、無能勝妃（下段左）が囲む。（『大正蔵図像部』1巻「大悲胎蔵大曼荼羅 仁和寺版」）

宏大無辺の慈悲――苦しみを抜き、安楽を与える働きが施されます。

釈迦はこの抜苦と与楽を、真理を説き示すという方法、つまり説法によって人々に示しました。そこでこの両印のセットが説法印になるのです。

説法印は、ほかにも種類があります。仏は法身（真理そのものの仏身）・報身（菩薩がその誓いを完成して得た仏身）・応身（人々を救うためにこの世に現れた仏身、釈迦がこれです）という三つの姿をとって生きとし生けるものを救済するとされていますが、この三身にはそれぞれの説法印があり、法身説法印、報身説法印、応身説法印などと呼んでいます。それらについては釈迦如来の項（90ページ）で紹介しますので、そちらを参照してください。

◎与願印・説法印の結び方◎

与願印は手のひらを前向きにし、伸ばした五指の先が下に向くようにして、膝のあたりに垂らします。手中のものを、どうぞと人に差し出す形です。仏の手中にはすべてが蔵されているので、あらゆる願いがかなうのです。

与願印を単独で結ぶ場合は、右手で印を結びますが、施無畏印と組み合わせて説法印をつくる場合は、右手が施無畏印、左手が与願印になります。ただし、右手が与願印、左手が施無畏印の形の像もあるので、絶対的な決まりというわけではありません。説法の主題が「大悲抜苦」にあるなら与願印が右手になり、「大慈与楽」にあるなら施無畏印が右手になると考えられます。参考に掲げた39ページの図は、金剛界の宝生如来です。

❖転法輪印

ガンダーラの古仏像の中には、転法輪印という印を結んだものがあり、これも古い説法印のひとつです。車輪が速やかにものを運んで進んでいく姿を釈迦の説法をたとえたもので、仏法の教えが、あたかも法輪の転じるように人々の心に届けられていくことを象徴しています。

法輪はもともとは古代インドの円形の武器で、

チャクラといいます。世界王である転輪聖王は、この武器（輪宝と呼びます）によって一切の敵を摧破するのですが、仏は教えによって煩悩惑障という魔を摧破するので、そうした説法の功徳の象徴として、転法輪印が用いられるのです。

以上の釈迦の五印（定印・触地印・施無畏印・与願印・説法印）に、「十二合掌印」（22ページ）で説明した合掌印を加えた六種の印が、密教より以前からある初期の印（仏像が組んでいる印）の代表です。

その後、大乗仏教からおこった密教が、民族宗教や舞踊などのムドラーをとりいれて、壮大な印の体系を築きあげていったことは、序章で述べたとおりです。2章以降で、その密教に由来する印のうち、代表的なものを説明していきます。

◎転法輪印の結び方◎

転法輪印は、左の手のひらを外側に向け、右の手のひらを内側に向けて、互いの甲を合わせます。つまり背中合わせの形にするのです。次に、頭指、中指、無名指、小指の四指を互いに交えてフックし、左の大指を右の手のひらを越えさせて、右大指の先端につけます。なぜこんなやっかいな形に手指をねじるのかというと、両方の大指で法輪の軸を、残りの八本の指で法輪のスポークを表すためです。法輪印、金剛輪印ともいい、密教では最勝仏頂転法輪印とも呼んでいます。この印は金剛薩埵を加持する際などにも用いられます。（転法輪印の結び方は右記のとおりですが、古い時代の仏像の転法輪印はこれとは異なります。右記の印契は密教の中で改編されたもので、転法輪印といえばこれを指すのが一般的です）。

40ページに参考に掲げた図は「大悲胎蔵大曼荼羅（仁和寺版）」の釈迦牟尼仏で、転法輪印を結んでいます。中尊の釈尊を、観世音菩薩（上段向かって右）、虚空蔵菩薩（同左）、無能勝金剛（下段向かって右）、無能勝妃（同左）が取り囲んでいます。

5 真言と三昧耶形

仏教シンボリズムのエッセンス

❖印明とは何か

密教では、印と真言を合わせて「印明（いんみょう）」と通称しています。その役割と働きを理解していただくには、あなたに何か願い事があり、その願いに応えてくれる可能性のあるお客さんが訪ねてくるという場面を想像していただくとわかりやすいと思います。

お客を迎えるにあたり、あなたは何をするでしょうか。迎接の眼目は、あなたの願い事（所願）を相手に話し、相談事に応えてもらうことですが、訪れたお客さんを家の中に招き入れもせず、いきなり玄関先で相談し始める人は、たぶんいないでしょう。できるだけ気持ちよく相談に乗ってもらえるよう、事前に玄関先から玄関内、廊下や客間に至るまで、きちんと掃除をして不快な思いを抱かせないようにするのは当然です。自分の身なりが見苦しく不潔に見えないよう、顔を洗い、口を漱ぎ、衣服などを整えることもするでしょう。もてなしのための茶菓や食事を用意し、季節の花を飾り、夏なら冷房、冬なら暖房の用意も、あらかじめしておくでしょう。そうしたもろもろの準備を整え、お客を招き入れて厚くお礼を述べ、もてなしをして、いよいよ本題である願い事の相談に移るでしょう。

密教の修法というのは、要するにこれら迎接・饗応などの一連の作業を、主に印と真言と観想によるイメージの操作によって行う儀式のことです。事前の掃除や身繕いなどの準備も、その後に行われる飲食などによる饗応も、いよいよお願いするときの言葉も、さらにはここが密教の特別に神秘的な眼目といってよい部分なのですが、訪れた賓客と自分の心身を一体化させて完全な共鳴状態をつくりあげ、一種の霊的な結合を成就することも、すべてが印明によって行われるのです。

この段取りは、大別して二つに分けられます。共通の部分と、相手に合わせて変えていかねばならない部分です。

たとえば、お客さんが、大日如来であっても、観音菩薩であっても、毘沙門天のような天界に属する天部（てんぶ）の神や、龍神などの地居天（じごてん）（龍・霊鳥・阿修羅など地上につながった須弥山（しゅみせん）世界の霊的生命体）であっても、迎接前に行う掃除や、あなた自身の身繕いなどの一連の作業は同じです。そこでこの部分に該当する印明は、対象諸尊のいかんにかかわらずおおむね共通になります。

一方、饗応の段取りでは、相手によって違いが出てきます。諸尊には、諸尊が喜ぶ饗応物があります。わざわざ相手が好まないものを出す人はいません。相手が喜ぶ飲食物を用意するでしょうし、迎える部屋をどこにするか、部屋の調度や花などの飾りはどうするか、お願いする上でどのような言葉を使い、どんな態度で接するかなど、相手によって変えなければならないものがいろいろと出てきます。この、相手によって変わる部分の印明も、密教はすべて用意しており、使う場面についての厳格なルールを定めています。そのルールの最大の〝虎の巻〟が、冒頭でも書いた経軌（きょうき）（経典と儀軌）なのです。

印明には、このような役割があります。しかも、諸事万端を印明を用いて象徴的に表現するので、数が膨大になります。

密教の経典に目を通した経験をお持ちの方なら、願いの筋によって、それぞれ異なった印と真言が次から次へと挙げられているのにお気づきでしょう。密教では、願いの筋別の分類をさまざま行っていますが、代表的な分類は四種法です。病気や災いなどを消除する息災法、健康長寿や福徳を祈る増益法、恋愛成就や夫婦和合、仏菩薩の加護などを祈る敬愛法、怨敵を倒すことを祈る調伏法です。これら各法によって、用いられる印明は異なります。たとえば主賓は愛染明王お一人だとしても、お願いする筋によって、饗応祈願の仕方、つまり用いる印明が、息災・増益・敬愛・調伏のそれぞれで違ってくるのです。

本書に紹介している印明は、調伏のような素人が手をだしてはいけないものは含んでいません。お招きした諸尊の徳を誉め讃え、敬い、その仏菩薩と気持ちを通い合わせるための代表的な印明を紹介しています。心にその仏を思い浮かべ、気持ちを合わせるための印明です。そのように理解した上で、読んでください。

❖真言陀羅尼とは何か

真言について簡単に説明しておきます。

真言は梵語でマントラといい、「思念する器物」の意味だと説明されています。起源は密教よりはるかに古く、ヴェーダの時代からバラモンが唱えていたもので、神々の功徳などを思念し、讃嘆するために用いられる、聖なる言葉(詩句・讃歌)です。器物というのは、この聖言そのものの中に、神々の功徳がまるごと盛り込まれているということでしょう。

密教では、真言は法身如来の説法の言葉だと説明しています。法身如来については2章で詳しく説明しますが、仏の本体そのものと思っていただけばよいでしょう。ただし、真言の保持者は仏(如来)だけではありません。菩薩が説いた真言、仏弟子の声聞および独自に悟りを開いた縁覚の真言、諸々の天上界の神々(天部)の真言、地居天(龍鳥修羅の類)の真言があるとされ、経典にそれらの真言がさまざま説かれていますが、一括して真言と総称されており、とくに区別はされません。

真言を指す言葉には、ほかにも陀羅尼、密語、呪(呪)、明などがあり、長いものは陀羅尼、短いもの

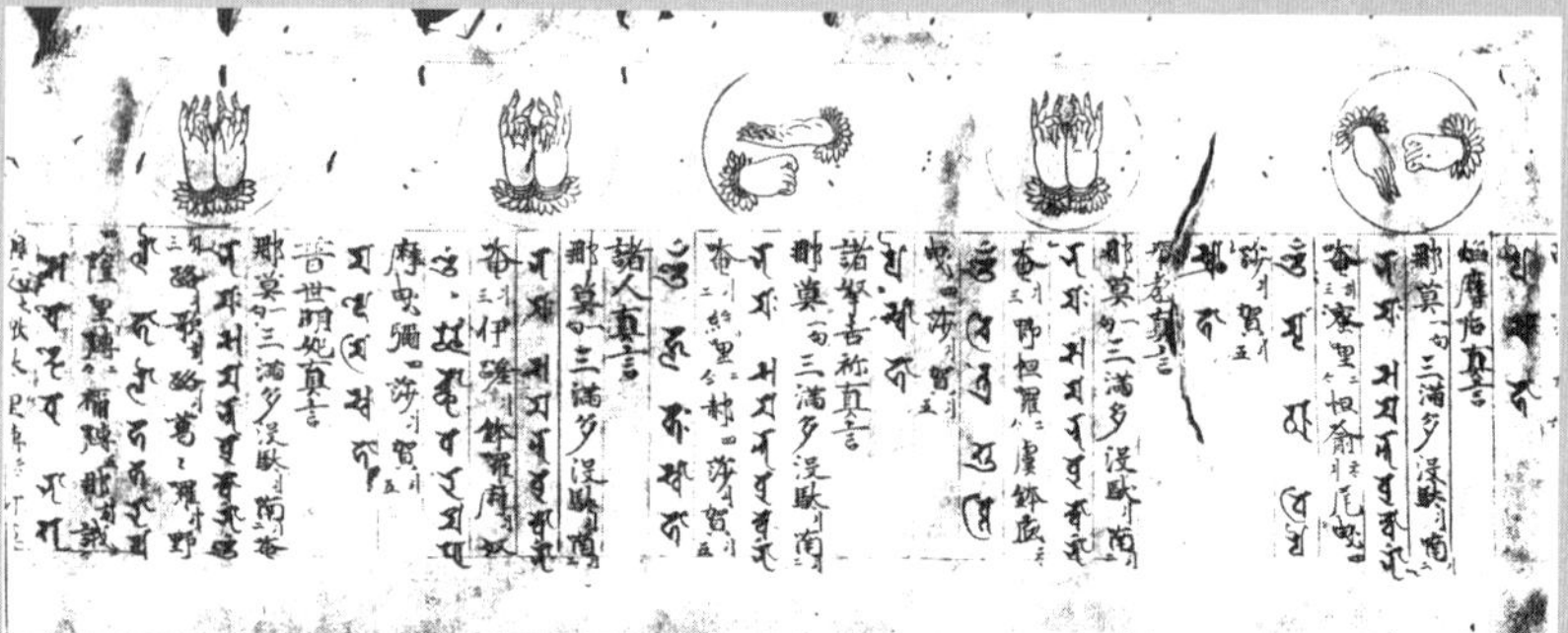

手印と真言（漢音による音写と梵文）を伝える儀軌の一種
（『大正蔵図像部』8巻「仏説大毘盧遮那成仏神変加持経修真言行大悲胎蔵生大曼拏羅王普通念誦儀軌」滋賀石山寺蔵本）

は真言ともいわれていますが、そうした区別のルールはありません。文脈に沿って、あるいは真言といい、あるいは陀羅尼、密語、明などと表現しているだけで、意義内容は同じだと思ってまちがいありません。

陀羅尼の漢訳語は「惣持（そうじ）」です。中村元氏の『仏教語大辞典』（東京書籍）は「すべてのものをおさめ保って忘れないものという意」だとし、密教学会編の『密教大辞典』は、「如来の言語は一字一文に能く無量の教法義理を惣攝任持（そうせつにんじ）するが故に陀羅尼と云う」と説明しています。その短句中に、一切が保持・包摂されているということです。『大日経疏』は、「陀羅尼を惣持と名づける所以は、一字の中に一切の法文を含蔵するからである。たとえていえば、大地が一切諸物を含んでいるようなものである」と説いています。

本書に掲げている真言は、おおむね真言宗の慣用音に従っていますが、一口に真言宗といっても、流派によって違いがあります。また、天台宗や禅宗とも読み方が異なる部分がありますが、それはご自身の信仰に合わせていただけばよいでしょう。

真言宗も含めた各宗の慣用音は、本来の梵音とはまったくかけはなれています。日本の場合、もともと異なった言語の音を漢字で音写した漢訳仏典の真言が原典で、それをさらに日本語の音に翻じて読んでいるのですから、訛るのは当然ですが、思いを仏心に合わせ、信じて唱えればそれでかまわないのです。

江戸後期の国学者・伴蒿蹊の随筆『閑田次筆』には、よろずの病気を真言で治している老婆の話が出てきます。その老婆が唱えていたという真言は、「アブラオケソワカ」（油桶ソワカ）でした。胎蔵界大日如来の真言「ア・ビ・ラ・ウン・ケン」を、彼女は「油桶」として覚え、それを用いて病気治しをし、霊験を得てきたのです。

❖ 三昧耶形とは何か

三昧耶はサンマヤもしくはサマヤと読み、平等・本誓・除障・驚覚の四つの意味があるとされます。仏菩薩の働きを分析的に述べたものですが、この四つの意義をひとつのシンボルとして表現したものが三昧耶形（略して三形ともいいます）で、具体的には諸尊がその手に持っている持物、あるいは手に結んでいる印などのことを指します。

たとえば観音菩薩は、いずれも手に蓮華を持っていますが、この蓮華に、観音の慈悲と救済の功徳が凝縮して表現されていると密教では教えるのです。

三昧耶の意義のうち、とくに重要なのが「本誓」です。本誓とは、仏菩薩が、菩薩の修行を行っているときに立てた救済の誓いのことで、最もよく知られているものに、阿弥陀仏の四十八願があります。

阿弥陀仏が成道して仏になる以前、法蔵と名乗っていた菩薩時代に立てたとされるのが四十八箇条の誓いで、その中に、人々が私の誓いを信じ、私の国土（西方極楽浄土のことです）に生まれたいと願って私の名を唱えたにもかかわらず、その願いが実現しないようなら、私は悟りを開くことはしない（すべての念仏者が極楽往生を果たすまで仏にならない）と誓った第十八願（念仏往生の願）が含まれています。念仏によって極楽往生がかなうという浄土宗の信仰は、仏のこの誓いを根拠に立てられているのです。

阿弥陀仏の三昧耶形は、開いた蓮華です。われわれの心は、仏教ではしばしば蓮華に喩えられます。まだ開いていないつぼみの状態の蓮華は、いまだ仏性に目覚めていない心、迷いの殻に閉じこもった心の姿を表し、みごとに開いた蓮華は、仏性に目覚めてわが心の本来清浄性を悟った状態を象徴するのですが、阿弥陀仏の本願は、衆生の心をこの開蓮華に導くことなので、これが三昧耶形になっているのです。

手印も三昧耶形です。前節で釈迦の五印を紹介しました。そこで書いた定印や施無畏印、与願印、説法印などは、いずれも修行（菩薩）時代の釈迦が立てた本誓を形に表したものです。ですから、手に印を組むということは、その仏菩薩と本願を共有し、その仏菩薩と同じ姿になることを意味します。

仏特有の身体的特徴（三十二相八十種好（しゅごう）といいます）も、三昧耶形として図像化されています。一例として石山寺に伝わる『大悲胎蔵三昧耶曼荼羅図』（『大正蔵図像部』2巻）を見ていきましょう。

①は施無畏印ですが、通常の手とは少し表現が違っています。手掌（しゅしょう）の中央に輪形の紋があり、大指と頭指の間に網のようなものが描かれているのです。これは仏の標幟である三十二相のうちの「手足千輻輪（せんぷくりん）相」と「手足指縵網（まんもう）相」を描いたものです。手足千輻輪相とは、仏の手掌や足裏にあるとされる輪形のマークのことで、釈迦五印のところで解説した転法輪、つまり仏の説法を象徴しています。

また、手足指縵網相は、手足の指と指の間にある水かきのような膜のことです。この縵網の手で、なにものも逃さず救済するという仏の徳を表現しているのです。さらに、手指が長く繊細なのも、三十二相のうちの「長指（ちょうし）相」にもとづいています。

②の如来頂印は、三十二相中の「頂髻（ちょうけ）相」を三昧耶形化したものです。仏の頭頂には隆起した肉塊が

①施無畏印

②如来頂印

③如来眼印

あり、髻(もとどり)の形になっています。女性の髪型のひとつにおだんごがありますが、仏の場合は、おだんごが隆起した肉でできているとされているのです。これを肉髻(にくけい)といいます。肉髻は、その仏が得ている悟りそのものの象徴であり、救済力そのものの象徴です。この肉髻を擬人化したものが、仏頂尊(ぶっちょうそん)と呼ばれる如来群です。仏頂尊については3章で解説します。

③は蓮華上に両眼が載せられた如来眼印(にょらいげん)です。三十二相中に「牛眼睫相(ぎゅうげんしょう)」があり、仏の眼は牛王のようで、まつげが長く整っているとされています。この独特の目は、インドで聖獣と見なされてきた牛の眼に由来します(釈迦の姓のゴータマも「聖なる牛」の意味です)。一切を見通す仏の智眼の象徴で、悲生眼、仏眼などともいいます。擬人化された仏に如来眼菩薩がいます。

④は蓮華上に口が載せられた如来口印(にょらいく)です。三十二相中の「四十歯相」、「歯斉相」、および「牙白相(げびゃく)」にもとづくもので、雪のように白く清潔な四十本の歯(一般人の歯数は三十二本)が整然と並んでおり、鋭利で堅牢な四本の牙があるとされる仏の口を描いています。この牙はあらゆる煩悩執着を噛み砕いて破砕することの象徴で、この功徳を擬人化した仏に如来牙菩薩がいます。また、如来の説法を象徴する如来語菩薩もグループです。

⑤は仏の舌を描いた如来舌印です。この舌は、三十二相中の「大舌相」に相当します。非常に長く広い舌で、外に出すと髪の生え際まで届くと説かれます。仏の類いない説法の力、雄弁、能弁などの象徴で、如来舌菩薩によって擬人化されています。

⑥は如来心印です。読んで字のごとく、如来の心を象徴しています。白い清浄な球で、月を象っているところから、月輪と呼んでいます。月輪は密教で最も重視しているシンボルの一つであり、生まれながらに衆生に具わっているとされる悟りの心（菩提心）の象徴です。この月輪を瞑想するのが、有名な月輪観です。擬人化された仏に、如来心菩薩があります。

⑦は如来毫印といいます。仏像を見ると、仏の額のやや上方に円い突起が付けられていますが、これは毛を表しています。白いところから白毫と呼ばれており、ふだんは絵のように小さく巻かれて収まっている状態ですが、伸ばすと一丈五尺（約四・五メートル）にもなるといい、仏が瞑想に入ると、この白毫から宇宙を照らすほどの光が放たれるといわれています。三十二相中の「白毫相」がこれで、擬人化の仏に如来白毫相菩薩がいます。

⑧は如来臍印です。インド神話では、ヴィシュヌの臍（へそ）に生えた蓮華からブラフマー（梵天）が生まれ、ブラフマーが宇宙を創造したと伝えています。つまり臍は、万物発生の根源の象徴です。おそらくこの印も、そこから着想されたものでしょう。擬人化された仏に如来臍菩薩がいます。

⑨は馬陰蔵印と推定されます。馬陰蔵とは仏の陰部のことですが、世間一般の男性と違い、ふだんは馬のように腹中に蔵されているので馬陰蔵と呼ばれています。性的な欲望は最もコントロールするのが困難な生命の根源的な衝動ですが、仏はそれすら自由自在にコントロールし、腹中から出すも収めるも自在だということを表しています。三十二相中にも「馬陰蔵相」が説かれています。

右に挙げた諸菩薩のほとんどは、胎蔵界曼荼羅の釈迦の区画である釈迦院に座しており、釈迦の功徳を擬人化したものだということがわかります。

他の三昧耶形も、これらと同じで、その仏菩薩や天部（仏教を守護する神々）の本誓、働き、功徳を端的に象徴するものが選ばれており、多くは仏像が手に持つ持物によって表現されるのです。

なお、三昧耶形を載せている台座には決まり事があります。仏菩薩（如来と菩薩）や明王の三昧耶形は、開蓮華の台＝「蓮華座」を所座とし、天部は蓮の葉の台＝「荷葉座（かしょうざ）」を所座とするのです。台座上の三昧耶形が同じでも、台座が蓮華座か荷葉座かによって、意味や意義が大きく違ってきます。

三昧耶形の台座は、ほぼ蓮華座と荷葉座で占めら

④如来口印

⑤如来舌印

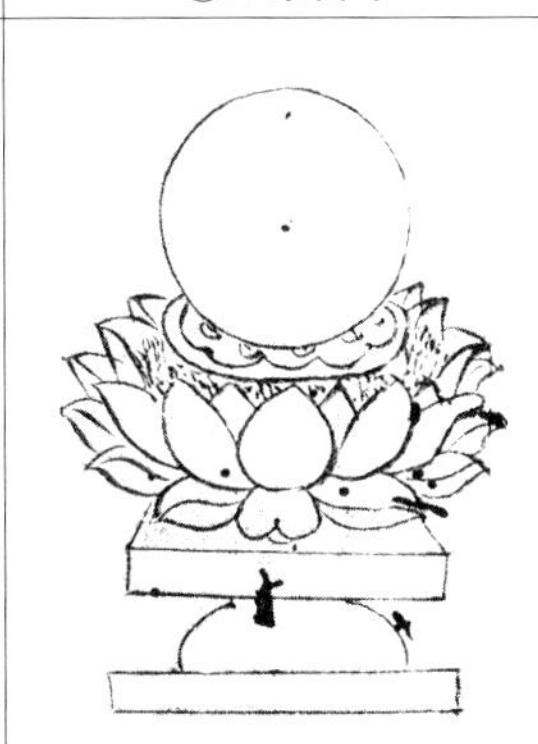
⑥如来心印

⑦如来毫印

⑧如来臍印

⑨馬陰蔵印

れていますが、彫刻や絵画などの仏尊像の台座は、ほかにも多くの種類があります。如来を代表する台座は「師子（獅子）座」です。獅子の彫刻を施したものなど、様々な様式があります。もともとは「人中の獅子」と称えられた釈尊の所座ですが、密教では大日如来の所座として知られています。

獅子以外の鳥獣の座を「禽獣（きんじゅう）座」といいます。34ページの無量光如来（阿弥陀）が座しているのは孔雀座、36ページの阿閦如来は象座、38ページの不空成就如来は迦楼羅（かるら）座、39ページの宝生如来は馬座の上に結跏趺（けっかふ）坐しています。この四如来に大日如来を合わせた五仏が、68ページ以降に述べる金剛界五智如来で、禽獣の割り当ても厳密に決まっており、それぞれに複雑な象徴体系がつくられています。

そのほか、不動明王の所座として知られる「磐石（ばんじゃく）座」、三昧耶形の台座で説明した仏菩薩の蓮華座、天部の荷葉座など、さまざまな台座が、密教の世界をより深遠なものにしているのです。

密教は象徴の体系です。すべてに象徴的な意味がありますが、とくに顕著なのが、ここで述べてきた印と真言（仏尊を一文字ないし数文字の合字で象徴した種字を含む）と三昧耶形です。

本書では、収録した仏神諸尊のほぼすべてについて、印・真言・三昧耶形の三者のうちの代表的なものを紹介しています。寺社に詣でたり、家にお祀りしている諸尊の画像や仏像の前に立つとき、以上のことを心にとどめて手を合わせれば、仏の世界は一気に広がるでしょう。

2章

大日如来と曼荼羅世界

1 大日如来

すべての仏神の根源仏

❖三身と大日如来

1章でも述べたとおり、仏教では、仏には①法身、②応身、③報身の三種の身体（現れ方の様式）があると説きます。

①の法身は、真理そのものの身体です。ほかの仏や神のような人格性はもたず、目には見えません。全宇宙にあまねく広がっている真理そのものを、法身と呼んでいます。

②の応身は、救おうとしている人々にあわせて仮につくりあげられた身体のことで、たとえば現世の人々を救うために肉体身をまとって誕生した歴史上の釈迦牟尼仏などが、応身仏にあたります。

③の報身とは、仏になるための行を積み、その報いとして得られた身体のことで、阿弥陀仏などがこれにあたります。釈迦同様、阿弥陀仏も、もともとは人間界の王でしたが、出家して法蔵菩薩となり、修行の末に万人救済の願いを成就して如来となり、自らがつくりだした西方極楽浄土で法を説き続けていると説かれています。

この三身のうち、応身仏と報身仏が説いた教えのことを、空海は「明らかに説かれた教え」という意味で、「顕教」と呼びました。人間釈迦が説いた仏教も顕教に属しており、相手の能力や性質にあわせて救われの道が教示されているため、方便を用いた仮の教えともいわれます。

　これに対し、真理そのものである法身仏が、みずから真理を味わうためにしめした究極の教えは、「秘密の教え」という意味で「密教」と呼ばれました。この秘密の教えを説いた法身仏、それが密教の教主であり、宇宙の真理そのもの、一切の仏菩薩や神々の根源と位置付けられている大日如来なのです。

❖太陽神と大日如来

　大日如来は「マハーヴァイローチャナ」（摩訶毘盧遮那）の訳語で、「偉大なる、あまねく照り輝くもの」といった意味を表します。大日如来のほかに、大遍照如来、遍照如来などとも訳され、無量無辺究竟如来、一切法自在牟尼、最高顕広明眼蔵如来などの異名もあります。

　密教で最も重んじられてきた経典のひとつに『大日経疏』があります。そこでも、「毘盧遮那という梵語は、日の別名である。即ち闇を取り除いてあまねく明るくするという意味である」と述べられています。

　ここに説かれているとおり、大日如来（毘盧遮那仏）は日が神格化されたもので、太陽の属性を帯びていますが、われわれが見ている物質としての太陽と同じものかというと、そうではありません。空に輝く太陽の化身としての神には、日天子などがおりますが、日天子は大日如来の一部であるに過ぎません。天体の太陽は日中だけ照り輝き、夜には光を失って闇に支配をまかせます。けれども大日如来の光（しばしば智慧の光と表現されます）は、昼夜の別なく全世界を照らします。そのような存在と考えられてきたのが大日如来なのです。とはいえ、太陽とは密接不可分の関係にあるので、日本では太陽神である天照大神と同一視され、天照大神の本地（本体）は大日如来であり、天照大神は大日如来の垂迹身（化身）であると見なされてきました。

　ところで日本神話では、天皇家のルーツは天照大神だとしています。そこで密教が社会の隅々にまで浸透した中世には、即位の際、新天皇が大日如来の

古園石仏

平安時代後期から鎌倉時代にかけて彫刻された国宝臼杵石仏（磨崖仏）の群の一つ。大日如来像を中心とする曼荼羅を構成している。通称古園十三仏。（大分県臼杵市大字深田）

印を結び、真言を唱える密教式の秘儀も生み出されました。これについては「大日如来と即位灌頂」（86〜88ページ）で説明します。

インドのヒンドゥー教においても、「ヴァイローチャナ」は太陽神をさしており、一説に、大日如来のルーツは古代イランのゾロアスター教の最高神である光明神アフラ・マズダーだともいわれています。この光明神が、同じ言語圏に属するインドではヒンドゥー教のアフラ（阿修羅）となり、仏教にとりこまれては転輪聖王や阿修羅族の王である太陽神ヴァイローチャナ、さらには『華厳経』の中心仏である毘盧遮那仏となり、ついには密教の窮極の仏である大日如来になったのではないかともいわれているのです。

❖両部曼荼羅

大日如来にはさまざまな所説がありますが、なかでも『大日経』と『金剛頂経』の両経は、弘法大師空海が開いた真言宗の根本経典になっています。

両経は、大日如来の徳がこの宇宙にどのように顕れ、展開されているかを、さまざまな仏・菩薩や神々との関係をとおして説くとともに、われわれが仏と一体となって悟りの道に入るための具体的な方法を説いています。

この両経に説かれている大日如来と諸尊との関係

を、目で見てわかるように描きだしたものが、密教文化のエッセンスともいうべき両部曼荼羅です。

『金剛頂経』にもとづく曼荼羅は金剛界曼荼羅、『大日経』にもとづく曼荼羅は胎蔵界曼荼羅といい、両曼荼羅を合わせて金胎両部の曼荼羅（略して両部曼荼羅）といいます。厳密にいうと、胎蔵界は「胎蔵」が正しく、『大日経』では「大悲胎蔵生曼荼羅」と表現していて「界」の字はつかないのですが、一般には金剛界との対で胎蔵界と呼んでいます。本書も慣例にしたがって胎蔵界で統一します。

❖如来と諸尊の関係

如来　真如から現れて来た者＝仏。すでに悟りを開き終え、自分の浄土を開いている超越者。

菩薩　未来に仏になることが確定しており、利他救済の行（菩薩行）に専心している聖。

明王　救済に際し、真言の威力で人々の煩悩や害心を打ち破る働きを掌る如来の化身。

天　仏教を守護すると誓った天上界の神々。インド古来の神が仏教に取り込まれたもの。

曼荼羅には非常に多くの種類があり、神々の曼荼羅もあるのですが、曼荼羅中の曼荼羅は空海が持ち帰った両界曼荼羅と信仰されており、この両界曼荼羅を原本として、そこに描かれた構成を踏襲して転写された曼荼羅のことを「現図曼荼羅」と呼んでいます。本書でも、この表現を使う部分があるので、現図曼荼羅と書かれていれば、空海請来の両部曼荼羅系列の曼荼羅のことと思ってください。

❖金剛界大日如来

金剛界曼荼羅の中心仏を金剛界大日、胎蔵界曼荼羅の中心仏を胎蔵界大日といいます。まず最初に、金剛界から説明します。

金剛界曼荼羅は、大日如来の智恵の働きを描きだした曼荼羅です。その智は金剛石（ダイヤモンド）のように堅固不動で、一切の煩悩や業障を砕くとされています。そこでこの智のことを「如来の一切智々」とも呼んでいます。

また、金剛界の界は、そうした最勝の智の体性（実体）を意味します。つまり、堅固不動の智の実体を図像化したものが金剛界曼荼羅ということです。そこでこの曼荼羅は、「智の曼荼羅」とも呼ばれます。

真理を掴むためには、智の働きが絶対に不可欠です。その智の働きを、九つの世界によって描き出し、如来の智が宇宙に遍満していることを示しているのが金剛界曼荼羅だと理解していただくとよいでしょう（ここでいう智とは、いわゆるお勉強ができるできないの智、知識の知ではありません。物事の本質をダイレクトに掴む智、物事の関係性などを直観的に、かつあますところなく掴みとる智、創造の源泉となっている智のことです）。

金剛界曼荼羅は九つの区画（九会といいます）から構成されていますが、九会中の八会は、図像の中心に大日如来が描かれています。唯一の例外は金剛薩埵を中尊とする理趣会ですが、金剛薩埵は大日如来と同体なので、事実上、すべての中尊が大日如来ということになります（金剛薩埵の項１６６ページ参照）。

このように描かれる金剛界大日如来は、始めも終わりもない常住三世の法身仏（智法身ともいいます）とするのが密教における通説ですが、菩薩時代を経て阿迦尼吒天（仏界を除く全世界の最高天、色究竟天ともいいます）で悟りを開き、仏となったと説いている経典もあります。

その姿は月のように浄い白色とされます。五如来の冠を戴き、きらびやかな瓔珞（珠や貴金属を編んだアクセサリー）と天衣（羽衣）をまとって印を結び、師子座と呼ばれる座の上で、静かに結跏趺坐しています。手印その他については後述します（62・63ページ）。

❖胎蔵界大日如来

金剛界曼荼羅における大日如来は、九会中に遍満していましたが、胎蔵界大日如来は、曼荼羅中央の中台八葉院（78ページ）と呼ばれる場所に座しています。

中台八葉院は悟りの世界の中心であり、ここから外周に向かって諸菩薩の世界が展開していき、如来や菩薩の働きを守護する最外縁の神々の世界（外金剛部院）に至ります。

先にも書いたとおり、胎蔵界曼荼羅は、正しくは「大悲胎蔵生曼荼羅」といいます。「大いなる慈悲の母胎から生じた曼荼羅」といった意味で、母親が胎児を慈しみ育てるように、大日如来が大いなる慈悲によって人々を悟りの世界に導くさまを描いています。胎蔵とは、端的には大日如来のことを指すのです。胎蔵界曼荼羅はまた、宇宙を形づくっている物質的要素（客観世界）の根源にある理法を図像化し、悟りへの道を示しているので、「理の曼荼羅」とも呼ばれます。理とは、宇宙を宇宙たらしめ、あらゆる生物を生物たらしめ、一切の世界を世界として存在せしめているところの根源的な法則のことで、真理や真如という一言で表す場合もあります。

物（現象界に存在するもの）の理を究める学問を物理学、心の理を究める学問を心理学と呼ぶように、それを成り立たせている法則を理と呼ぶのですが、密教でも、世界の一切は理によって存在していると考えます（物事を成り立たせている理法を直覚的・全体的に悟るのが金剛界の智の働きです）。

そこで、この理の方面から見た世界を「胎蔵」と呼び、〝理（真理）のボディ〟として描き出された中心仏を、理体の大日如来、理法身の大日如来と呼んでいるのです。

胎蔵界における大日如来の身色は、全宇宙をあまねく照り輝かせる黄金色です。胎蔵界大日は、金剛界大日のような宝冠はかぶらず、頭頂に束ねた髪を載せています。また、金剛界大日のような華麗な瓔珞で身を飾ってはおらず、そのシンプルな姿は、釈迦如来をほうふつとさせます。

全身から種々の色光を放つとされていますが、これは多種多様な現象世界を生みだし、一切を成り立たせていることの象徴で、色光は万象を表しています。座所は清浄な白蓮華です。

仏果の実相を描く
金剛界曼荼羅

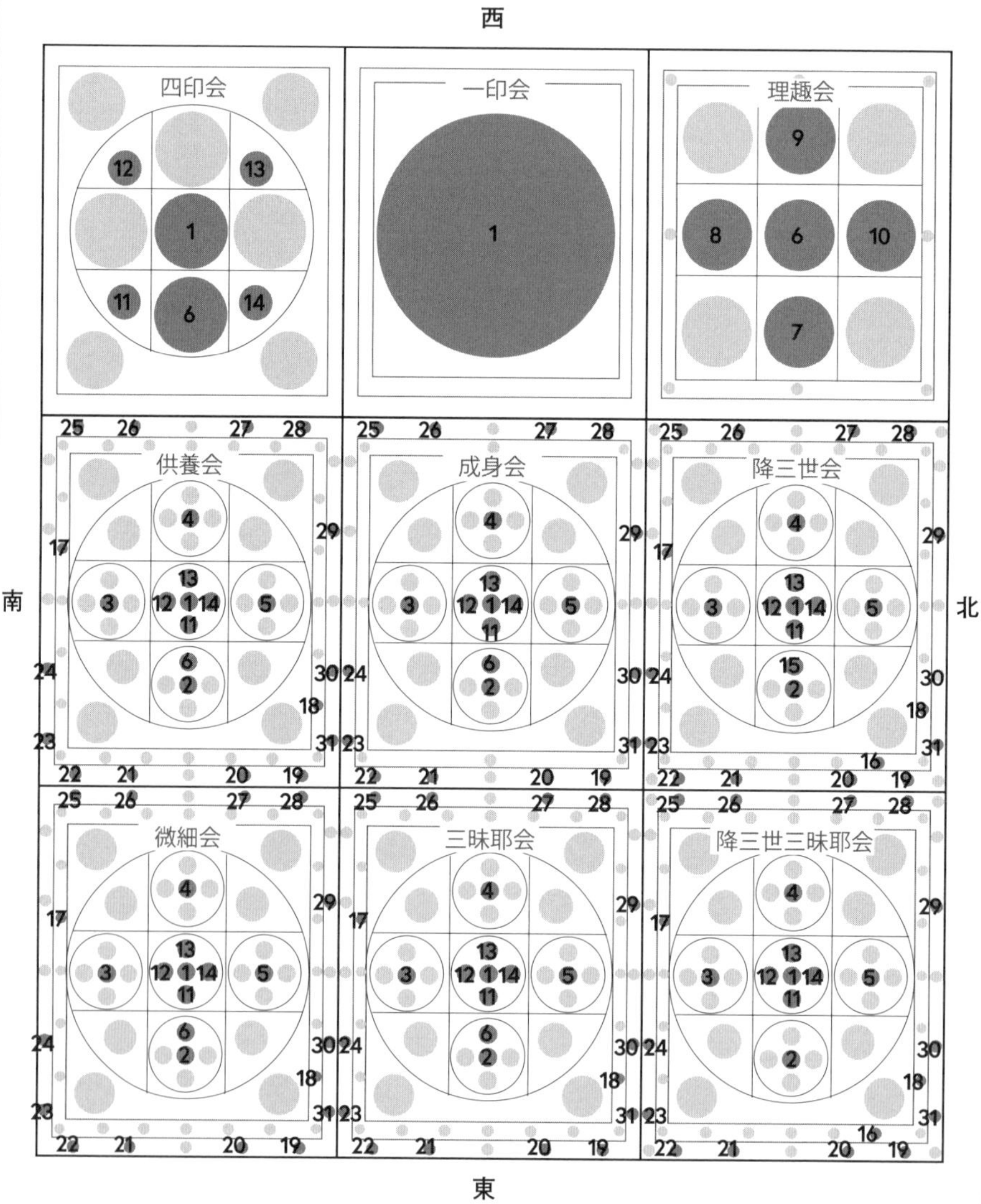

❖ 金剛界曼荼羅の構成

仏果の実相を描く金剛界曼荼羅は、A 成身会、B 三昧耶会、C 微細会、D 供養会、E 四印会、F 一印会、G 理趣会、H 降三世会、I 降三世三昧耶会の9つの世界（九会）からなります。

このうち、A～Fまでは大日如来の世界そのものの展開を描く大日曼荼羅、Gは大日如来が菩薩に姿を変えて正法を示す金剛薩埵曼荼羅、H、Iは金剛薩埵が分怒身の天部に姿を変えて障魔を断つ降三世曼荼羅になっています。

E四印会	F一印会	G理趣会
D供養会	A成身会	H降三世会
C微細会	B三昧耶会	I降三世三昧耶会

A	成身会	大日曼荼羅 大日如来の世界そのものの展開を描く
B	三昧耶会	
C	微細会	
D	供養会	
E	四印会	
F	一印会	
G	理趣会	金剛薩埵曼荼羅 大日如来が菩薩に姿を変えて正法を示す
H	降三世会	降三世曼荼羅 金剛薩埵が分怒身の天部に姿を変えて障魔を断つ
I	降三世三昧耶会	

❖ 本書で取り上げた仏尊の配置

1	金剛界大日如来	五智如来
2	阿閦如来	
3	宝生如来	
4	無量寿（阿弥陀）如来	
5	不空成就如来	
6	金剛薩埵菩薩	五秘密
7	欲金剛菩薩	
8	触金剛菩薩	
9	愛金剛菩薩	
10	慢金剛菩薩	

11	金剛波羅蜜	四波羅蜜
12	宝波羅蜜	
13	法波羅蜜	
14	業（羯磨）波羅蜜	
15	降三世明王（金剛薩埵）	
16	慈氏（弥勒）菩薩	
17	虚空蔵菩薩	
18	普賢菩薩	
19	那羅延天	
20	倶摩羅天	

21	梵天
22	帝釈天
23	日天
24	月天
25	羅刹天
26	風天
27	火天
28	毘沙門天
29	焔魔天
30	毘那夜迦天（聖天）
31	水天

種字

バン

金剛界大日如来

◉こんごうかいだいにちにょらい

手印

金剛界大日は智拳印(ちけん)を結んでいます。

まず、両手を金剛拳にします。次に左の頭指を伸ばし立て、右の小指で、立てた左頭指の第一関節を握るのです。

空海はこの智拳印を結んで即身成仏(そくしんじょうぶつ)したと伝えられており、密教の行者も、この印を結んで邪念を滅ぼし、金剛界大日との一体化を図ります。

この印には、「能(よ)く無明妄想を滅して仏智に入る」功徳があるとされており、即身成仏に欠かすことのできない最極秘印と位置付けられてきたのです。

智拳印における左右の手には、さまざまな意義づけがなされていますが、そのひとつに、右手を仏界、左手を衆生(しゅじょう)界として解釈する伝があります。

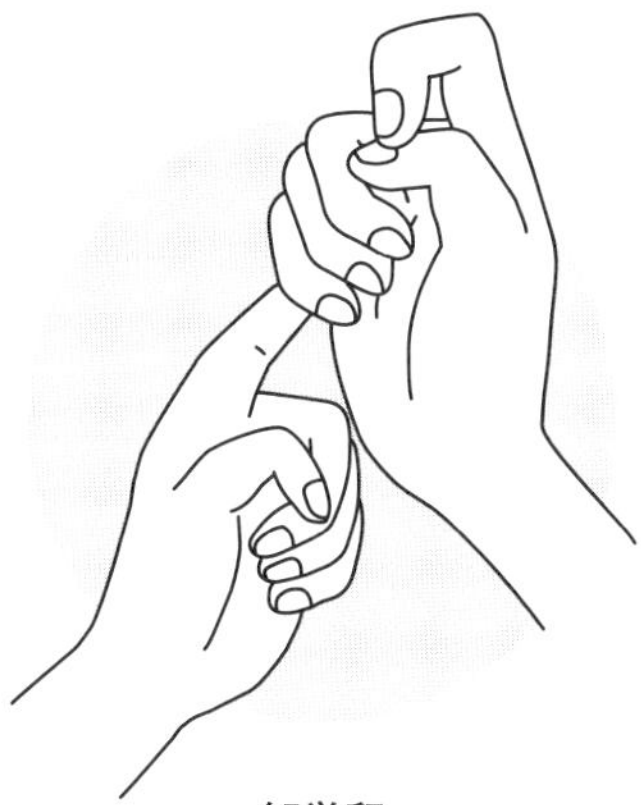

智拳印

衆生界に生きる全生物の命を表す左手の頭指を、仏界を象徴する右手で握りこむことで、仏と衆生をひとつにつなぎ合わせ、大日如来の智を衆生界に流入させて、迷いの輪廻世界から即身成仏の世界に導くというのです。

また、金剛界の五智五輪（五輪は地水火風空の五大のこと）を表す右手と、胎蔵界の五智五輪を表す左手をひとつに組み合わせることで、金胎の両部が不二（ふに）一体であることを表示しているとも、大日如来の三昧耶形である鑁一字塔（ばんいちじとう）（下図）を表したものとも伝えられています。

なお、頭指の握り方は流派によって違いがありますが、それは口伝になっています。

三昧耶形

一重屋根の塔。鑁一字塔ともいいます。

智拳印の秘義のひとつに、鑁一字塔の義があると手印のところで書きましたが、その場合は、左手が五大と塔を表し、右手が塔の上に立つ九輪（塔の上に立てられている九つの金属の輪、先端に宝珠（ほうじゅ）が置かれます）を表すとされています。

真言

オン・バジラ・ダド・バン

漢字では、唵（オン）・縛日羅（バジラ）・駄都（ダド）・鑁（バン）と表記されます。唵はア・ウ・ム（阿・汙・麼）の合成語で、発生・維持・終滅、つまり世界の始終を一語に約した神聖な声音とされ、呪句の最初に冠することで、帰命・供養・三身などを表すなどと意義づけられます。バジラは金剛、ダドは界で、あわせて金剛界です。最後のバン（𑖪𑖽）は、金剛界大日を梵字一字で象徴した種字で、地水火風空の五輪のうちの水の種字でもあります。金剛界大日の智は、あまねく世界にしみわたる大智水によって表象されるのですが、種字のバン（𑖪𑖽）にもその意義がこめられています。次項の胎蔵界大日の種字はア（𑖀）で、五輪では地にあたるので、胎蔵界ア字（𑖀）の大地に、金剛界バン字（𑖪𑖽）の大智水を注ぎ潤し、人々の仏種を育み育てるという意義があります。

真理の展開を描く
胎蔵界曼荼羅

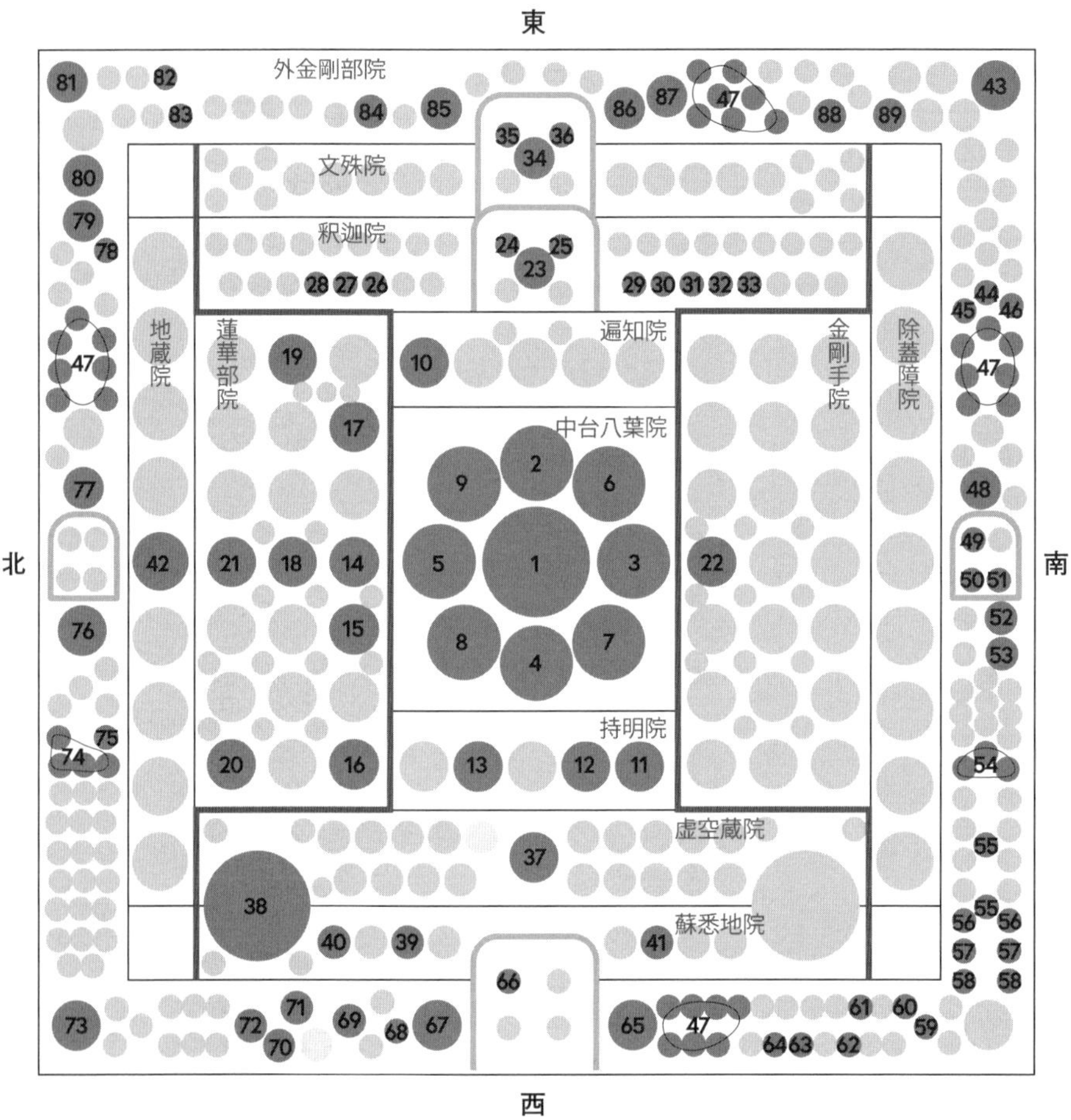

❖ 胎蔵界曼荼羅の構成

胎蔵界曼荼羅は、蓮の花の中央に胎蔵界大日如来、8枚の花びらに4体の如来と4体の菩薩を配したA中台八葉院を中心として、12の院（区画）に分かれています。中台八葉院の周りを、B遍知院、C持明院、D蓮華部院、E金剛手院、F釈迦院、G文殊院、H虚空蔵院、I蘇悉地院、J地蔵院、K除蓋障院が囲んでいます。さらに全体の外側を囲んでいるのがL外金剛部院です。

❖ 本書で取り上げた仏尊の配置

A中台八葉院		
1	胎蔵界大日如来	
2	四如来	宝幢如来
3	四如来	開敷華王如来
4	四如来	阿弥陀(無量寿)如来
5	四如来	天鼓雷音如来
6	四菩薩	普賢菩薩
7	四菩薩	文殊(文殊師利)菩薩
8	四菩薩	観音(観自在)菩薩
9	四菩薩	弥勒(慈氏)菩薩
B遍知院・C持明院		
10	准胝観音(七倶胝仏母)	
11	不動明王	
12	降三世明王	
13	大威徳明王	
D蓮華部(観音)院		
14	聖観音菩薩	
15	多羅菩薩	
16	馬頭観音菩薩	
17	大勢至菩薩	
18	如意輪観音菩薩	
19	大随求菩薩	
20	白衣観音(白処尊)菩薩	
21	不空羂索観音	
E金剛手院		
22	金剛薩埵	
F釈迦院		
23	釈迦如来	
24	虚空蔵菩薩	
25	観音(観自在)菩薩	
26	広生(大転輪)仏頂	
27	光聚仏頂	
28	無量声(無辺声)仏頂	
29	白傘蓋仏頂	
30	勝仏頂	

31	最勝仏頂
32	高(発生)仏頂
33	摧砕(除障)仏頂
G文殊院	
34	文殊(文殊師利)菩薩
35	観音(観自在)菩薩
36	普賢菩薩
H虚空蔵院・I蘇悉地院	
37	虚空蔵菩薩
38	千手千眼観音菩薩
39	孔雀明王
40	十一面観音
41	金剛軍荼利
J地蔵院・K除蓋障院	
42	地蔵菩薩
L外金剛部院	
43	火天
44	羅睺星
45	木曜(歳星)
46	火曜(熒惑星)
47	二十八宿〈計28体〉
48	増長天
49	難陀龍王
50	阿修羅衆
51	阿修羅衆
52	焔魔天
53	太山府君
54	荼枳尼衆〈3体〉
55	阿修羅王
56	迦楼羅(男女)
57	鳩槃荼(男女)
58	羅刹天(男女)
59	大自在天
60	烏摩妃
61	帝釈天

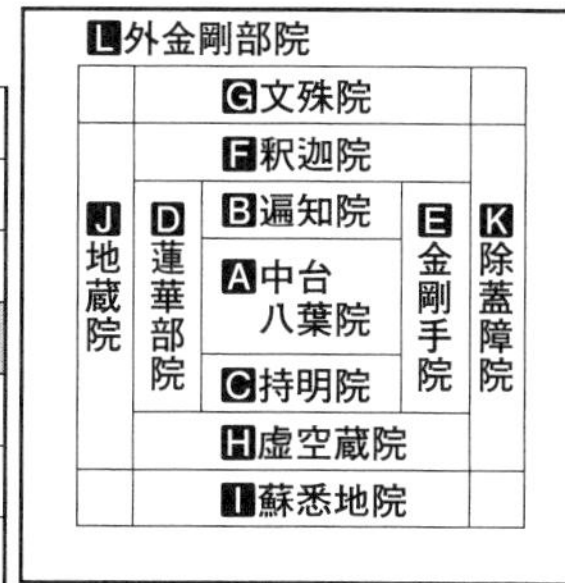

62	男天(水曜)
63	土曜
64	月曜
65	水天
66	難陀龍王
67	広目天(毘楼博叉)
68	水天
69	那羅延天
70	弁才天
71	倶摩羅天
72	月天
73	風天
74	摩睺羅伽衆〈4体〉
75	緊那羅衆
76	帝釈天
77	毘沙門天
78	金曜(太白)
79	毘那夜迦(聖天)
80	魔訶迦羅天(大黒天)
81	伊舎那天
82	地天后
83	地天(堅牢神)
84	日天
85	帝釈天
86	持国天
87	梵天
88	彗星(計都星)
89	日曜

種字 アーク

胎蔵界大日如来

◉たいぞうかいだいにちにょらい

手印 胎蔵界大日如来は、法界定印（ほっかいじょういん）という瞑想の印を結んでいます。

膝の上に左手を仰向けて置き、同じく仰向けた右手をその上に重ねます。そうして、両大指の先を軽くつけるのです。智拳印のところでも書きましたが、このときの右手は仏、左手はわれわれ衆生を表します。その両者をひとつに重ね合わせ、結び合わせることで、「生仏不二」の思想（仏と衆生は本来不二一体だとする思想）を表します。

釈迦が菩提樹下で悟りを開いたときの定印は、大日如来の法界定印と同じものです。すべての如来は、この印を組んで瞑想（入定）に入っています。上の胎蔵界大日如来像も、まさにその状態にあることを表しています。

一方、時空間の一切に遍満して働いてい

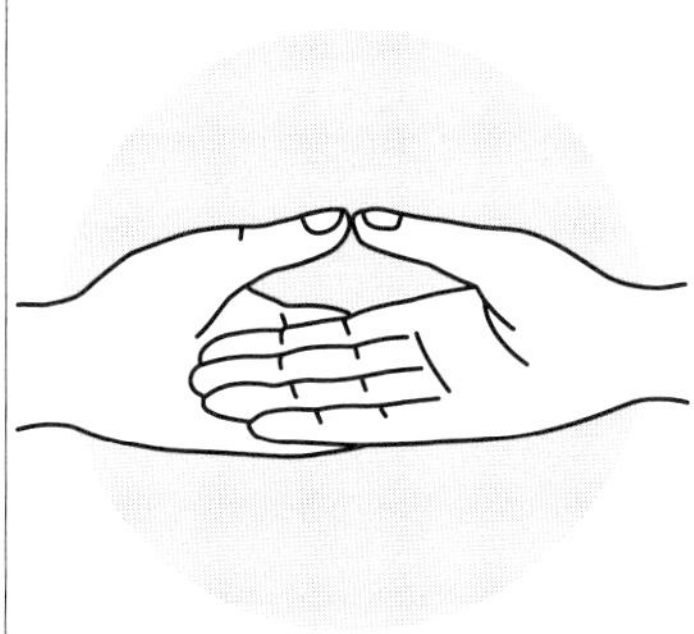
法界定印

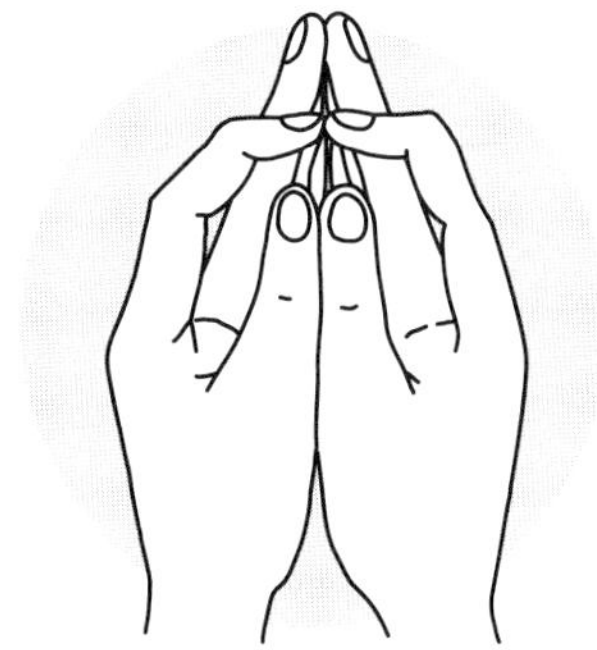
大卒塔婆印

る大日如来の功徳を表しているのが、毘盧遮那印、無所不至塔印、遍法界印などと呼ばれている大卒塔婆印です。

小指・無名指・中指の先を合わせ、両頭指を屈して指頭を合わせ、大指は中指に寄せるようにして立て合わせるのです（ただし印形には諸説があります）。

この印は、大日如来の功徳をシンボライズした卒塔婆（塔）の形とも、剣の形とも伝えられており、大日剣印の異名もあります。また、諸仏総印の異名もあります。一切の仏に通用する印の意です。

この印の働きの霊妙さを表現した異名に、如如如如印や如如如如智印があります。言語を超絶した功徳がみごとに表現された呼称です。真言宗ではこの印を多く灌頂の秘印に用いると『密教大辞典』は説明しています。

三昧耶形　五輪塔（卒塔婆）。金剛界大日は一重屋根の鍐一字塔ですが、胎蔵界大日は地水火風空の五大を象った五輪塔です。その中に大日の法身舎利（密教の教え）が納められています。また、如来の仏頂（104ページ）を象った仏頂印も、三昧耶形として用いられます。

仏頂印

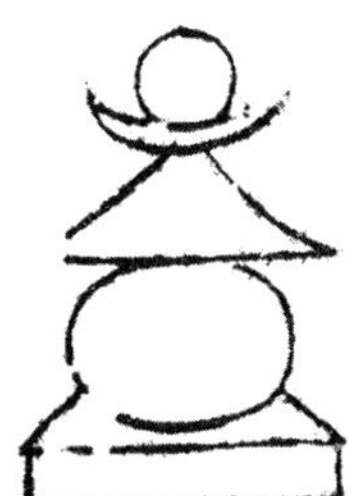
五輪塔（卒塔婆）

真言

ア・ビ・ラ・ウン・ケン

漢字では、阿・尾（味）・羅・吽・欠と表記し、五字明と称しています。この真言は、胎蔵界大日に限ったものではなく、一切の仏菩薩や神々に通用する真言です。極端なことをいえば、アビラウンケンのみを知っていれば、いかなる仏や神に祈るときにも通用するのです。そこでこの真言は、一切如来心真言とも呼ばれます。なお、胎蔵界大日の種字はア（𑖀）、もしくはアーク（𑖁𑖾）です。

2 金剛界曼荼羅の中心仏

五智如来

大日如来をふくむ五体の仏――大日・阿閦・宝生・阿弥陀（観自在王）・不空成就（釈迦牟尼）に分かって表現しているのが五智如来です。

大日如来を除く四如来は、究極的には大日如来一仏の働きに集約されます。他方、大日如来一仏は、四如来という形で展開していくことによってはじめて、その偉大な働きを世界の中で実現していくと考えられてきたのです。

四如来は、大日如来を中心として東西南北に配され、四つの知恵をつかさどります。配当は以下のとおりです。

中央＝大日如来 …………法界体性智（ほっかいたいしょうち）

東＝阿閦如来 …………大円鏡智（だいえんきょうち）

❖五智如来とは何か

金剛界曼荼羅は大日如来の智恵の働きを図像化したもので、そこに描かれている膨大な数の仏菩薩や神々は、一尊残らず大日如来の智の展開であり、さまざまな働きの象徴だと考えられているのですが、とりわけ重要なものが、金剛界曼荼羅の中心世界である成身会（じょうじんね）という区画に描かれている五智（ごち）如来（金剛界五仏）です。

大日如来の尽きることのない智と功徳は、世界に向けて放射・流出されて初めて、豊かな現象世界を生み出すと考えられています。この放射・流出を、

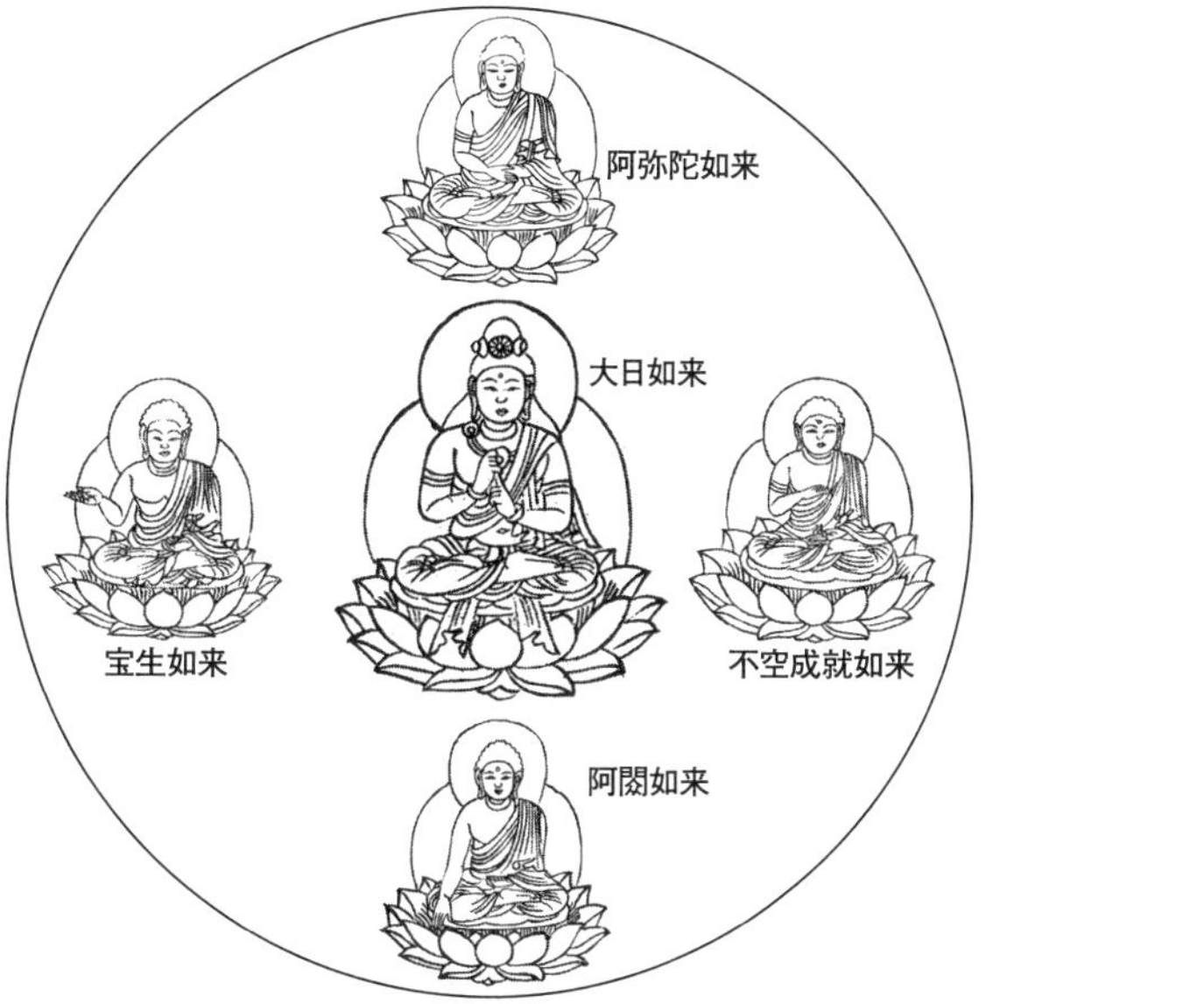

五智如来の配置
仁和寺の金剛界大曼荼羅の成身会から、中心仏である五智如来のみを取り出して再構成したもの。方位は上が西、下が東で、通常の方位とは異なるが、現図曼荼羅に従って配置した。実際の金剛界成身会は五智如来がそれぞれ四仏を従えた二十五尊で構成される。（『大正蔵図像部』1巻「金剛界九会大曼荼羅 仁和寺版」）

南＝宝生如来 …………平等性智（びょうどうしょうち）
西＝阿弥陀如来 ………妙観察智（みょうかんざっち）
北＝不空成就如来 ……成所作智（じょうしょさち）

大日如来を取り囲む四如来は、大日如来一仏の展開です。そこで、すべての根源である大日如来は、中央に置かれます。また、各如来がつかさどっている四つの知恵も、大日如来の知恵である法界体性智に集約されます。

法界体性智を詳細に見ていくと、大円鏡智・平等性智・妙観察智・成所作智の四智となるわけです。この五種に分類された智を五智といい、それぞれをつかさどる如来を五智如来と呼んでいます。

五智如来は、空海密教の根本道場である京都の東寺（とうじ）の講堂に立体曼荼羅として祭られているので、ごらんになった方も多いでしょう。

大日如来を除く各如来の働きと印を、順に紹介していきます。

❖ 阿閦如来――破魔の如来

阿閦は梵名アクショービヤの音写で、不動・無動・無瞋恚などと訳されます。不動や無動という訳語は、この如来の菩提心（悟りのなかにある心）が金剛石のように堅固で動揺することがないことに由来し、無瞋恚という訳語は、彼が修行時代に怒り怨む心（瞋恚）を断つという願を発してそれを成就し、ついに悟りを開いたところからきています。

東方・阿比羅提世界で仏となったと経典には説かれており、密教でも東方をつかさどる如来と位置付けられています。身色は東を象徴する青ですが、これは大日如来が窮極の瞑想状態に入ったとき、胸中から青色の光を放って東方無量世界を照らしたという経文と対応しています。

金剛界の法を説く『諸仏境界摂真実経』（摂真実経）という密教経典には、五智如来それぞれの三昧（瞑想）の法と結印、およびその功徳が、端的に表現されているので、順に紹介していきます。

まず阿閦如来については、こう説かれています。

「（阿閦如来を念じる行者は）破魔の印を結べ。右の手は五指を伸べて地を押すようにし、左の手は五指でもって衣の角を執るようにせよ。こうして東方不動（阿閦）如来の三昧に入り、ウン字（）の色と、自分の身体と、一切の東方世界と、それ以外の九方位に無限に展開している諸世界の諸仏・諸菩薩と、あらゆる衆生と、山川草木とが、ことごとく青色であると観想せよ。右手のひらの面をもって、地を押すようにせよ。この印は、よく諸魔鬼神一切の煩悩の動きや働きを止める功徳がある。これを能滅毘那夜迦、および諸悪魔鬼神の印と名づける」

経文中の破魔の印とは、釈迦の印で解説した触地印のことです。この印を能滅毘那夜迦および諸悪魔鬼神の印と呼んでいるのも、釈迦がこの印を結んだときの伝説（35ページ）を受けたもので、毘那夜迦とは一切の衆生に影のようにつきまとって障碍を加える鬼神の一種です。

種字

ウン

阿閦如来

◉あしゅくにょらい

手印

この仏は釈迦の触地印と同じ形の阿閦印（羯磨印）を結んでいます。左手は拳にしてへその前に置き（『攝真実経』は衣の角を執るよう指示していますが、へそ前に置く法も広く行われています）、右手は五指を伸ばして手のひらを膝の上にかぶせ、指先で地に触れる（押す）形につくるのです。

三昧耶形

五股杵。金剛界曼荼羅では、横たえた五股杵の上にもうひとつの五股杵を立てた形をもって如来のシンボルとしています。横たえた五股杵は仏と衆生には上下（縦）の関係はなく、平等（横）であるということを示します。

真言

オン・アキシュビヤ・ウン

アキシュビヤは如来名で、ウン（）は種字です。阿閦如来の堅固不動の菩提心の象徴であるとともに、魔を挫く怖魔の働きの象徴でもあります。

この如来の智を、大円鏡智といいます。大円鏡智は、鏡のようにすべてを差別なく映し出す智のことです。

❖宝生如来——施福の如来

宝生如来は梵名ラトナ・サンババの訳名で、ラトナが宝、サンババが生です。無量の宝を生み出す仏なので、この名があります。金剛界曼荼羅の南方に住し、胎蔵界曼荼羅の南方宝幢仏と同体とする説もあります。

人々の希求するものを分け隔てなく授ける福徳の如来であり、輪廻の舞台である三界（欲界・色界・無色界）の法王の位を授ける如来でもあるので、一切三界主如来の別名もあります。

仏教には、有形無形いっさいの宝を思いのままに生み出す如意宝珠という宝があります。この宝珠の一種である三弁宝珠が宝生如来のシンボルです。『守護国界主陀羅尼経』に説かれる宝生如来瞑想法では、行者自身の身が金色となり、頂上から金色の光が放たれると数限りない金色菩薩が現れ、その各々の手に如意宝珠がおかれているというように観ぜよと説かれています。この金色や無量の如意宝珠が、まさしく宝生如来の属性そのものであり、行者は宝生如来との一体化を果たすために、これらのイメージを能動的につくりだすのです。

阿閦如来のところでも引いた『諸仏境界攝真実経』では、宝生如来の三昧と結印、およびその功徳が、こう説かれています。

「（宝生如来を念じる行者は）施諸願の印を結べ。左手は不動如来（阿閦如来）と同じようにし（五指でもって衣の角を執る所作のこと）、右の五指は、伸ばして手のひらを仰向けるようにせよ。こうして南方宝生如来の三昧に入り、ジャ字（𑖕）の色と、自分の身体と、一切の南方世界と、それ以外の九方位に無限に展開している諸仏・諸菩薩と、あらゆる衆生と、山川草木とが、ことごとく金色であると観じ、さらに五本の指の間から如意宝珠が雨の

種字

タラク

宝生如来

◉ほうしょうにょらい

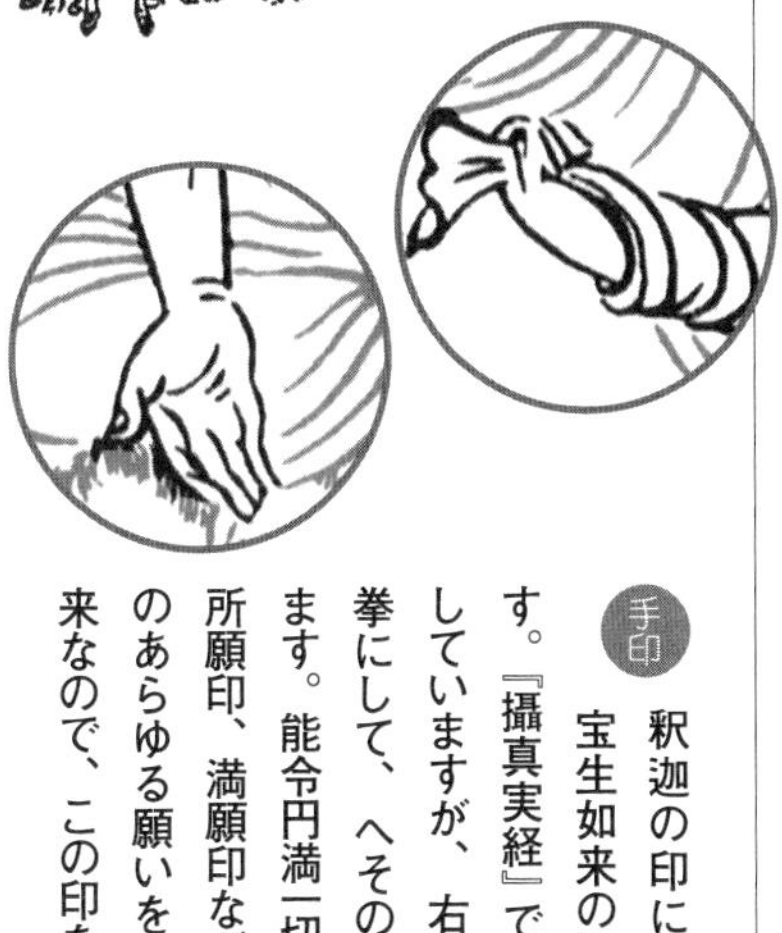

手印

釈迦の印に与願印がありましたが、宝生如来の施諸願印もそれと同じです。『摂真実経』では左手は衣の角を執るとしていますが、右手を与願印、左手を金剛拳にして、へその前に置く形も行われています。能令円満一切衆生所愛楽印のほか、授所願印、満願印などの異称もあります。人々のあらゆる願いをかなえてくれる福徳の如来なので、この印を結んでいるのです。

三昧耶形

五股杵上の三弁宝珠、または三弁宝珠（下図）。如意宝珠を三個重ねた施諸願のシンボルです。万宝を雨のように降らせる功徳を表します。

真言

オン・ラトナサンババ・タラク

ラトナサンババは如来名、タラク（　）はこの如来の種字です。『摂真実経』では「生」を意味するジャ字（　）を種字としています。

ように降り注いでいると観想せよ。この如意宝珠は、天の衣服、天の妙甘露、天の妙音楽、天の宝宮殿を降り注いで、衆生の一切の願いをすべて満たすに至る。この印を名づけて能令円満一切衆生所愛楽の印という。よ衆生の一切の願を満たすからである」

なお、右の観相で如来の種字をジャ字（）としているのは『摂真実経』の説ですが、一般にはタラク字（）を種字とします。

この如来の智を、平等性智といいます。自分も自分以外のものもすべて平等だということを証する智です。

❖阿弥陀如来——観自在の如来

阿弥陀如来は日本で最も広く信仰されてきた代表的な如来で、梵名アミターバの音写です。西方極楽浄土（阿弥陀浄土）の教主であり、金剛界曼荼羅でも西方に住します。

密教でも篤く信仰されてきた仏ですが、他宗でも阿弥陀仏信仰は非常にさかんで、とくに法然や親鸞の浄土宗系では、阿弥陀仏を唯一絶対の教主としています。阿弥陀如来については、3章「如来と印明」の項（94ページ）で詳しく解説するので、ここでは解説を略しますが、『諸仏境界摂真実経』の説く阿弥陀如来の三昧と結印、およびその功徳については、以下に訳出しておきます。

「（阿弥陀如来を念じる行者は）除散乱心の印を結べ。左手は五指を伸べてへその前に置き、右手の五指も伸べて左の手のひらの上に安置せよ。この印を結び終えたら、西方の無量寿如来の三昧に入り、エイ字（）の色と、自分の身体と、一切の西方世界と、それ以外の九方位に無限に展開している諸世界の諸仏・諸菩薩と、あらゆる衆生と、山川草木とが、ことごとく紅蓮華色になると観ぜよ。かく行じることで、よく行者と一切の衆生から散乱の心を除き、瞑想に入らしむるがゆえである」

なお、阿弥陀如来がつかさどる智は、妙観察智といいます。衆生を自在に観察して（観自在）、救いの世界に導くのです。仏の智は平等無差別ですが、平等のなかにも、それぞれの特性があることを証する智です。印は阿弥陀定印（除散乱心印）ですが、それについても別項で詳しく説明します。

❖不空成就如来――完成の如来

不空成就は梵名アモガシッデイの訳名で、アモガは〝空しくない（不空）〟ということを表し、シッデイは成就を意味します。

空しくないというのは、如来がまだ修行中の菩薩だった時代に、自分のために行った修行においても、人々の救済のために行った諸行においても、正しく的確に目的を達成して、空費徒労のたぐいが一切なかったということを表しています。

仏道修行は煩悩との戦いです。修行者は、しばしば心内・心外のもろもろの障魔に妨害され、多くは徒労や挫折、骨折り損のくたび儲けの連続となって、ひとつの生を終えます。煩悩がもたらす障碍は最強だからです。

輪廻世界が存在し、人々が再現なく生き替わり死に替わりをくりかえしているということは、アモガ（不空）がいかに困難な事業であるかを物語っています。この仏は、まさしくそのアモガの境地を完成した（シッデイ→シッジ→悉地）と伝えられます。それゆえ不空成就の名があるのです。

仏の身色は緑色で、金剛界曼荼羅の北方に住しています。釈迦牟尼仏と同体とされていますが、それは釈迦自身が不空（アモガ）を成就した仏と考えられているからです。

阿閦如来のところでも引いた『諸仏境界摂真実経』では、不空成就如来の三昧と結印、およびその功徳が、こう説かれています。

「（不空成就如来を念じる行者は）無畏怖の印を結べ。左手は不動如来（阿閦如来）と同じようにし（五指でもって衣の角を執る所作のこと）、右の五指は、伸ばして手のひらを外に向けよ。こうして北方不空成就如来の三昧に入り、サ字（𑖭）の色と、自分の身体と、一切の北方世界と、それ以外の九方位に無限に展開している諸世界の諸仏・諸菩薩と、あらゆる衆生と、山川大地と、草木叢林とが、ことごとく五色であると観ぜよ。この瞑想における印をなぜ無畏怖と名づけているのかといえば、一印が四つの義を具えているからである。

第一には、中央の毘盧遮那如来がよく無明の黒闇を滅して、無限の宇宙空間に般若波羅蜜（はんにゃはらみつ）（智慧）など衆生を彼岸に渡し切るための法を光明として発出している義がふくまれている。

第二には、東方の不動如来が、よく一切の毘那夜迦・悪魔・鬼神などを降伏して、ことごとく動けないようにする義がふくまれている。

第三には、南方の宝生如来がよく貧乏を除き、天の宮殿、天の飲食、天の衣服、天の音楽を施して、一切の願いを円満成就せしむる義がふくまれている。

第四には、西方の無量寿如来（阿弥陀）がよく行者に三昧の大楽を与える義がふくまれている。たとえば十方の虚空が無量無尽であるように、また衆生の数が無量無尽であるように、また煩悩が無量無尽であるように、行者が修して得る無量寿如来の三昧の大楽も無量無尽なのである。

このように、無畏怖の印には四つの意義が具足円満している。それゆえ、北方の不空成就如来はこれを行じる行者に告げて言う。『善男子よ、善女子よ、あなたたちは何も怖れることはないのだ』と。この義のゆえに、無畏怖の印と名づけるのである」

ここで説かれている「無畏怖の印」とは、釈迦の施無畏印（37ページ）のことです。釈迦如来については、釈迦如来の項（90ページ）でも詳しく解説するので、そちらも参照してください。

五智如来の一尊としての不空成就は、成所作智をつかさどります。あらゆるものをその完成に導く智で、眼耳鼻舌身（げんにびぜつしん）の五感に由来する感覚意識が転じて生じた智とされます。いかにもアモガシッデイにふさわしい智といえるでしょう。

種字 アク

不空成就如来

◉ふくうじょうじゅにょらい

手印

左手は金剛拳にしてへその前に置き、右手は「1章4 釈迦の五印」の項で見てきた施無畏印につくります。煩悩に脅かされながらも修行にとりくむすべて人々に勇気と力を与え、物事を成就に導くので、施無畏印を結ぶのです。なお、上図では左手は金剛拳ではなく、衣の角を執っています。

三昧耶形

五股杵上の羯磨杵。羯磨杵は三股杵を十字に組み合わせた形なので、十字股杵ともいいます。一切の事業を成就することのシンボルです。

真言

オン・アモガシッデイ・アク

アクは不空成就如来を表す種字で、涅槃（ねはん）の義です。煩悩から解き放たれた境地は涅槃と呼ばれます。修行者を一切の怖畏から解放して煩悩を除き去り、寂滅の境地に導くので、アクを唱えるのです。なお、『摂真実経』は諦（たい）（真理）の義であるサを種字としています。

3 中台八葉院の五仏

胎蔵界曼荼羅の中心仏

❖中台八葉院

胎蔵界曼荼羅の中心は、画面中央の中台八葉院と呼ばれる部分です。

八葉院は花弁八枚の赤色の蓮華を表しており、各花弁には仏尊が座しています。八葉院全体が仏の根本心の象徴であるとともに、われわれの心に本来的にそなわっている仏性が開花することの象徴でもあるとされています。

胎蔵界曼荼羅の意義を、『密教大辞典』はこう説明しています。

「胎（母胎）中に托生せし種子を育成して誕生せしむるが如く、大悲の万行によりて菩提心（悟りを求める心）を増長せしめ、摂化方便（教え導くための方策）を生ずるを大悲胎蔵生という」

ここに端的に表現されているとおり、この曼荼羅は、万人を悟りに導かずにはおかないという如来の大いなる慈悲と、そのための方法（摂化方便といいます）が描き出されています。と同時に、58ページで説明したとおり、宇宙を宇宙たらしめ、あらゆる生物を生物たらしめ、一切の世界を世界として存在せしめているところの根源的な法則――「理」の図像化でもあります。この慈悲と理の活動の発生源が、いまみている中台八葉院なのです。

蓮華の中心は、もちろん胎蔵界大日如来です。その大日如来を取り囲むようにして花弁に座している仏尊のうち、東西南北の四方に座っている四仏（四方四仏）は、すでに悟りを開いてみずからの浄土を主宰しているとされる如来で、四隅（東南・南西・西北・北東）に座っているのは、みずからが立てた誓願を成就するまでは、断じて仏にならないと誓って修業と救済の活動をつづけている四菩薩です。諸尊の配置は左のとおりです。

中央＝大日如来
東　＝宝幢（ほうどう）如来
東南＝普賢（ふげん）菩薩
南　＝開敷華王（かいふけおう）如来
南西＝文殊（もんじゅ）菩薩
西　＝無量寿（むりょうじゅ）如来（阿弥陀仏）
西北＝観自在（かんじざい）菩薩（観音菩薩）
北　＝天鼓雷音（てんくらいおん）如来（釈迦如来）
北東＝弥勒（みろく）菩薩

【南西】 文殊菩薩	【西】 無量寿如来 （阿弥陀仏）	【西北】 観自在菩薩 （観音菩薩）
【南】 開敷華王如来	【中央】 大日如来	【北】 天鼓雷音如来 （釈迦如来）
【東南】 普賢菩薩	【東】 宝幢如来	【北東】 弥勒菩薩

中台八葉院
（『大正蔵図像部』1巻「大悲胎蔵大曼荼羅（長谷寺版）」の一部）

四如来と四菩薩は、すべて中央の大日如来から流出しています。中台八葉院から、さらにその外輪へと流出はやむことなくつづき、全世界を覆い尽くしている――それが胎蔵界曼荼羅の世界なのです。

以下、諸尊の働きと印明をみていきますが、諸尊のうちの四菩薩は4章で詳細に書いていくので、ここでは四如来のみを概説します。

❖宝幢如来——発心の如来

この如来の梵名ラトナケートゥを訳して宝幢といいます。金剛界曼荼羅のところでみた宝生如来の梵名はラトナサンババでしたが、宝生・宝幢両尊の名にあるラトナはともに宝の意味で、宝生如来は「宝を生じる」如来、宝幢如来は「宝の幡（印）」を持す如来の意味になります。

『大日経疏』は、「宝幢は発菩提心（悟りを求める心を起こすこと）の義」だとし、たとえていえば、軍の指揮官が旗印をもって兵士らを統御し、よく戦勝を得るように、如来も自身の誓いを旗印として万行を統御し、四魔軍衆を降伏させるからだと説いています。

内なる仏性を開花させ、仏そのものになるためには、われわれはまず第一に、正しい目覚めに向かう心、すなわち菩提心をおこさなければならないと仏教は説きます。煩悩にまみれて汚れ曇っている心に、本来本然の輝きをとりもどすべく、勇猛心をふるいおこさなければならないということです。

菩提心を起こすことを「発菩提心」、略して「発心」といいますが、その発心のシンボルとされるのが宝幢如来なのです。

日の出、新たなスタート、物事のはじまり、生命の兆しなどをつかさどる〈東＝春〉に位置する宝幢如来に発心が充てられているのは、イメージからいっても理にかなっています。その身色も「朝日のように赤と白がともども輝く色」（『大日経疏』）とされています（ただし、他の身色を説く経典もあるので、固定的に考える必要はありません）。

なお、顕教では菩提心は修行の始まりですが、密教では悟りそのものと理解しています。真理を把持する知恵の心、行願の心（慈悲による衆生済度の行いを願う心）、三昧の心（仏と一体となる瞑想の心）の三心が、菩提心においてひとつになっていると見るからです。

種字

ラン

宝幢如来

◉ほうどうにょらい

手印

宝幢如来の印は、金剛界の宝生如来と同じです。右臂（ひ）を屈し、右手掌（うしゅしょう）を仰向け指頭を右に向けるようにして与願印とし、左手は衣の角を執ります。

三昧耶形

光焔。智火を象徴する三角形を中心に、四方を三角形が取り囲む形です（図①）。また、宝珠を乗せた宝幢（旗）も三昧耶形のひとつです（図②）。

図②

図①

真言

ノウマク・サマンダ・ボダナン・ラン・ラク・ソワカ

真言の実質部分であるラン・ラクは菩提心の智火を表しています。そこに仏に帰依するということを表す帰命句（ノウマク・サマンダ・ボダナン）と成就句（ソワカ）の定型句をつけたものです。なお、ラン（𑖨𑖽）は宝幢如来の種字ですが、ア（𑖀）も種字として用いられています。

❖開敷華王如来——修行の如来

梵名はサンクスミタ・ラージャ・インドラで、開敷華王とも開華王とも訳されています。

胎蔵界四方四仏のうち、とりあげられることが最も少なく、いろいろと不明な点の多い如来ですが、文殊菩薩の出身本国である浄土を主宰する王がこの開敷華王如来だといいますから、非常に重要な仏であることはまちがいありません。文殊との関係について、飯塚秀誉氏は『文殊師利根本儀軌経』をもとに、こう要約しています。

「浄居天上に居る釈迦牟尼世尊が、浄居天衆の求めに応じ、文殊の儀軌を説く。釈尊は清浄境界破暗光明と名く三昧地に住す。すると釈尊の眉間から光が発し、東北方の開華世界に入って、開華王如来の童子である文殊菩薩の頭頂に入る。このようにして文殊はこの光により、釈迦のところに行くことを願い、開華王如来は文殊の願いを許して、文殊の根本真言、内心真言、外心真言を授ける。そして娑婆世界浄居天上に到り広く是を解説せよと命ずるのである」（「密教経典に説かれる開敷華王如来について」豊山教学大会紀要32）

ここでは開敷華王の世界（開華世界）は東北と位置付けられていますが、『大日経』では南方に座する仏とされており、一般には大日如来の南方に位置する仏とみなします。右の引用分に明らかなように、文殊は開敷華王如来に仕える童子が素性で、そこから釈迦のもとを訪れ、衆生済度のために働いたことになっています。

また、飯塚氏の同論文によると、『金剛手灌頂タントラ』というお経では、瞑想状態で光を送って文殊を呼び寄せたのが釈迦ではなく大日如来で、そのとき文殊は南方の開敷華王如来のもとにいたことになっており、やはり開敷華王如来グループの一員であることがわかります。中台八葉院において文殊が開敷華王如来のとなりに描かれているのはそのためでしょう。

種字

𑖪𑖽 バン

開敷華王如来

◉かいふけおうにょらい

手印

金剛界の不空成就如来と同じく、右手を施無畏印につくり、左手は衣の角を執ります。

三昧耶形

図①の金剛不壊印（真言欄参照）を三昧耶形とする説のほか、円の四方に金剛杵を置くとする説、五股杵とする説など諸説があります。図②は円中に金剛杵（五股杵か）を置き、その四方を金剛杵が取り囲む形の三昧耶形です。

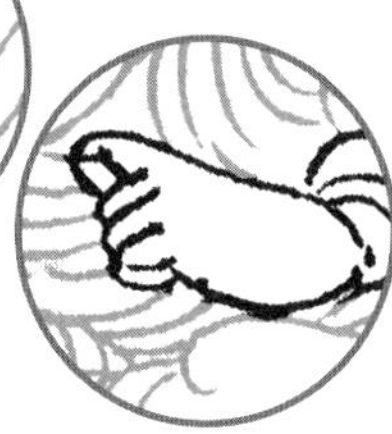

図①

図②

真言

ノウマク・サマンダ・ボダナン・バン・バク・ソワカ

真言の実質部分であるバン・バクは「大悲万行の水」を表します。そこに仏に帰依するということを表す帰命句（ノウマク・サマンダ・ボダナン）と、成就句（ソワカ）の定型句をつけたもので、金剛不壊真言ともいいます。バンは『大日経』の説く開敷華王仏の種字ですが、『大日経疏』はア字（𑖀）の音引きであるアー（𑖁）を種字としています。前の宝幢如来が「行」を掌るのに対し、その行が開花することを表示しているのが開敷華王なので、開花成就を表すアー（𑖁）を種字とするのだと説かれます。

この如来は金色の身色で金色の光明を四方に放つとされます。前の宝幢如来は発菩提心のシンボルでしたが、開敷華王如来は「修行」の徳のシンボルとされています。悟りを得ようと発心したら、次の段階は修行になります。仏性の開花をめざして一心不乱に行にとりくむ姿は、汗を流しながら激しく命を燃焼する〈南＝夏〉のイメージと重なります。その夏をつかさどる開敷華王が、修行という階梯をつかさどります。

❖無量寿如来――悟りの如来

無量寿は阿弥陀の異名です。仏性開花のプロセスでは、阿弥陀如来は「菩提」（悟り）をつかさどります。「発心」し、「修行」してきた行者は、物事の収穫をつかさどる〈西＝秋〉に浄土を開いている阿弥陀如来の段階へと進んでいき、ついに悟りへといたるのです。

阿弥陀如来については別項（94ページ）で詳しく解説するので、ここでは解説を略します。

❖天鼓雷音如来――涅槃の如来

梵名をディブヤ・ドンドビ・メーガニルゴーシャといい、天鼓雷音と訳されていますが、金剛界五智如来中の阿閦如来と同じアクショービヤとする説や、同じく金剛界五智如来中の不空成就（釈迦如来）と同じアモガシッデイとする説があり、通説では不空成就と同体異名としています。阿閦如来との同体説に関しては、『大日経』に天鼓雷音を「北方不動仏」と説いていることや、阿閦と天鼓雷音が同じ印（触地印）を結んでいることなどに由来しているようです。

この仏は、「涅槃（ねはん）」の徳に配当されます。前の無量寿仏の階梯で菩提を確かなものとしてつかんだ行者は、真理との完全なる一体化をめざして、さらに行を深化させていきます。そうしていきつく境地がこの「涅槃」（悟りの完成）です。そこで、生命の活動が熄（や）んで、白一色におおわれる寂滅の〈北＝冬〉に位置する天鼓雷音如来が、涅槃智のシンボルとなるのです。

種字 カン

天鼓雷音如来

◉てんくらいおんにょらい

手印

本文でも述べたとおり、金剛界の阿閦如来と同じ触地印を結びます。

三昧耶形

図①の万徳荘厳印（真言欄参照）を三昧耶形とする説のほか、半月中に万徳荘厳印を置き、圏点で囲んでいる図②も天鼓雷音仏の三昧耶形と説かれています（①と②の荘厳印は異なっていますが、これは典拠の違いによります）。圏点は空点といい、この仏の徳である涅槃を表象するとされます。

図①

図②

真言

ノウマク・サマンダ・ボダナン・カン・カク・ソワカ

真言の実質部分であるカン・カクは「化他（他者を教化すること）の事業自在無窮」の義とされます。そこに仏に帰依するという意味の帰命句（ノウマク・サマンダ・ボダナン）と、成就句（ソワカ）の定型句をつけたもので、

万徳荘厳真言ともいいます。カン字（ ）は『大日経』の説くこの如来の種字ですが、『大日経疏』は悟りの果報を表すアク字（ ）を種字とします。

印明こぼれ話

窮極の秘印・無所不至印
大日如来と即位灌頂

●最極深秘の秘印

大日如来の印は2章で書いた智拳印と法界定印ですが、このほかに「最極深秘の秘印」とされてきた印があります。無所不至印がそれです。

この印の功徳は空間的にも時間的にも無際限・無限定であり、そのパワーが行き渡らないところはどこにも存在しないという意味で「無所不至（至らざる所無し）」の名がつけられています。

ほかにも、大卒都婆印、毘盧遮那印、諸仏総印、大日剣印、大慧刀印、円塔印、遍法界印、遍法界無所不至印、三弁宝珠印、三密三弁宝印など、印の姿と意味から名づけられた異名が非常に数多くあります。

すべての印は、総印と別印に分けられます。別印というのは個々の仏神に相応した個別の印のことで、たとえば釈迦の定印、大日如来の智拳印など、特定の仏神と結びついている印はすべて別印です。

これに対し、総印はさまざまな仏神をひとくくりにして共通の印として用いることができる印のことで、いわばオールマイティの万能型の印をさします。無所不至印に「諸仏総印」の異名があるのは、この印がまさにそうしたオールマイティの総印で、いかなる仏を念じる場合も、この印を用いれば、個々の別印の代用とすることができるという意味です。

ただし『密教大辞典』によると、無所不至印の印相（印の姿・組み方）を説いた密教経典や儀軌（密教修法とかかわる各種の規則方法を文書化した修法における最も重要な規範）は存在しないということなので、日本で特別に重視されるようになった印といえるでしょう。

この印は密教の秘印中の秘印として重んじられてきましたが、歴史上、もうひとつの重要な役割を課せられてきました。即位灌頂がそれです。

手印

無所不至印の印契

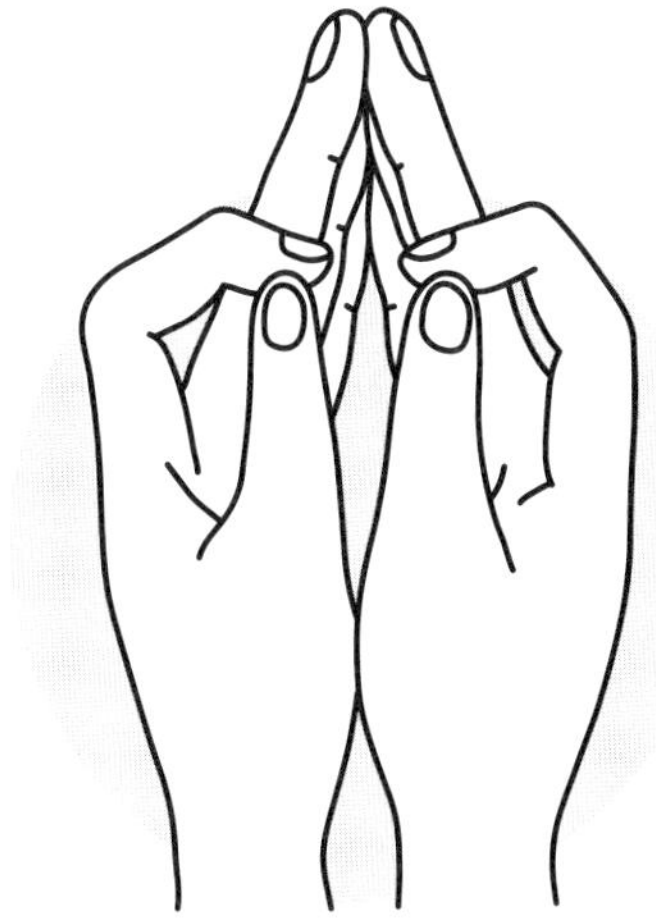

この印については諸説があり、流派によって印の形や結び方が異なります。図に掲げたのは、そのうちのひとつで、虚心合掌して二大指を並べ立て、折り曲げた二頭指を大指につけたものです。この形で大指の間を開いたものを開塔印、閉じたものを閉塔印といいます（上図は開塔印）。

いま、虚心合掌を印母として無所不至印をつくると書きましたが、金剛合掌を印母とする伝、未敷蓮華合掌を印母とする伝などがありますし、他の指についても流派によって微妙な違いがあり、それぞれに意味付けがなされています。

真言

ア・ビ・ラ・ウン・ケン

ア・ビ・ラ・ウン・ケンの五字明（ごじみょう）が最重要で、空海も主著『秘密曼荼羅十住心論（ひみつまんだらじゅうじゅうしんろん）』の冒頭、五字明を「最極大秘の法界体」と位置付けています。福田亮成氏はこの真言を「最大にして秘密のきわみなる真理の世界そのもの」と訳されています。

●即位灌頂

天皇が即位する際、密教の印を組み、真言を唱える即位灌頂という秘儀があります。平安時代後期の後三条天皇の即位の際（治暦四年＝一〇六八年）、「手を結び……拳印（智拳印）を持」したという記録が初出ですが、これは史実かどうか定かではなく、確実に行われたとみてまちがいないのは、鎌倉時代の伏見天皇の即位（正応元年＝一二八八年）のときからです。即位にあたり、関白二条師忠から秘印等を詳しく伝授されたと、伏見天皇自身が日記に記しているのです。

以後、天皇の即位に際しては、神道にもとづくさまざまな儀礼とは別に、密教の印と真言による即位の儀式が秘密裏に行われ、連綿と受け継がれてきました。途中、間断はありますが、驚くべきことに、明治天皇の父である孝明天皇まで、即位灌頂は継承されつづけています。

天皇家というと、神道一本のようなイメージがありますが、それは明治時代に時の為政者が政治的な意図をもってつくりあげた天皇のイメージにすぎません。実態は仏神をともに敬い、神道の儀式と仏教の儀式を並べて行いつづけてきた、いわば神仏習合の大旦那のような存在なのです。

即位灌頂で天皇に伝授されたとされる印は複数あり、真言宗と天台宗でも所伝が異なっています。ただ、最も重要な秘印として伝授されてきたのが、先に金剛界大日如来のところで紹介した智拳印と、ここで紹介する無所不至印です。

法験で知られた叡尊を流祖とする真言宗の西大寺流では、無所不至印および「ボロン」と「アビラウンケン」の二つの真言を、即位の秘印明としています。印明とは、印と明（真言）のことです。とくに胎蔵界大日如来の真言である「アビラウンケン」が重要で、この真言は無所不至真言とも呼ばれます。万能の真言という意味です。

また、同じく真言宗の勧流や金剛王院流などでは、金剛界大日如来の智拳印と、「ボロン」の一字明を即位灌頂の印明としています。ボロン（[梵字]）については110ページで解説します。

天台密教にはまた別種の所伝がありますが、真言宗でも天台宗でも、秘儀の意味合いは同じです。新たに即位する天皇が、大日如来＝天照大神と一体化し、その功徳を一身にまとって現実世界の統治者（王）となるということを、象徴的に表すことが目的です。

つまり無所不至印と智拳印は、天皇が現実世界の大日如来（現実世界の大日如来は仏教では金輪聖王と呼ぶため、即位灌頂は輪王灌頂ともいいます）となるための特別な秘印であり、即位灌頂はそのための秘密儀式だったのです。

3章

如来と印明

種字 バク

三十二相を具えた如来の原像

釈迦如来

◉しゃかにょらい

人間釈迦

釈迦如来と歴史上の人物である釈迦牟尼は、実はイコールではありません。

のちに「釈迦族の聖者（釈迦牟尼）」と呼ばれるようになったゴータマ・シッダッタ（シッダールタともいいます）は、今日のネパールに属するカピラヴァスツ（迦毘羅城）を治めていた釈迦族の浄飯王と摩耶夫人の皇太子として誕生しました。摩耶は六牙の白象が胎内に入ると夢見て釈迦を孕み、ルンビニー園で花を手折ろうとしてアショーカ樹（無憂樹）に手を伸ばしたとき、右脇から釈迦を生んだという有名な伝説があります。

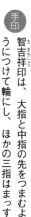

手印　智吉祥印(ちきちじょう)は、大指と中指の先をつまむようにつけて輪にし、ほかの三指はまっすぐに伸ばす形につくります。両手とも同じ形にして胸の前で手のひらを立てるのですが（左手は甲が前、右手は手のひらが前を向く）、左手を仰向けの形で胸の前に置き、右手でその左手を覆う形につくる伝もあります（右手と左手は付けない）。これを報身説法印といいます。同じような形ですが、大指と無名指で輪をつくる形を法身説法印、大指と頭指で輪をつくる形を応身説法印といいます。なお、左手は袈裟の端を掴み、右手だけで印を結ぶ形が本来です。智吉祥の智は智手の略で、智手は右手のことです。

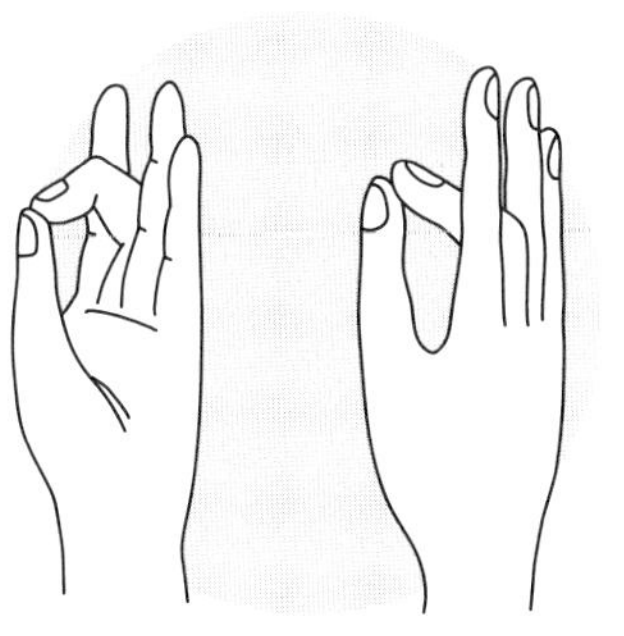

智吉祥印

皇太子として何不自由なく育った釈迦は、長じるにおよんで世の無常、人生の無常に深く苦しむようになり、ついに二十九歳で家も妻子も捨てて出家しました。

最初、釈迦は苦行にとりくみました。しかし、六年間の苦行生活の末、この方法では悟りは得られないと気づき、菩提樹の下に座して深い瞑想に入りました。そうして四十九日目の十二月八日未明、ついに大いなる覚りを開き、ブッダ（覚者）になったのです。その後、教団を率いて多くの弟子を育てあげた釈迦は、紀元前三八三年二月十五日（没年には諸説があります）、八十歳で入滅したと伝えられます。

かけがえのない師父を失った弟子たちは、やがて師への敬慕心から、また師の偉大さを広く伝えたいという気持ちから、人間釈迦を、人間を超えた釈迦、永遠の仏としての釈迦へとつくり変えていきました。

当初、仏教教団には、仏像をつくって拝む偶像崇拝の習慣はなく、ブッダの象徴として、41ページで述べた法輪(ほうりん)や、釈迦の遺骨を祀ったストゥーパ（卒塔婆(そとば)＝塔）、釈迦の足跡を刻んだ仏足石(ぶっそくせき)などを礼拝していました。

けれども西からヘレニズム文化が伝わってくると、その影響を受けて西方の神像に相当する仏像の製作が始まり、釈迦像や菩薩像など、さまざまな仏像がつくられるようになりました。これが有名なガンダーラやマトゥラーの仏教美術で、先に述べた釈迦五印などを結んだ仏像が多数遺されています。

手印 もうひとつの根本印は鉢印です。両手を仰向けにしてへその前で重ね（右手が上）、両大指の先をつけます。大指は丸くもちあげ、両手で鉢をもっているような形につくります。ちなみに鉢は、密教における釈迦如来のシンボル（三昧耶形）です。このふたつの印を組み合わせた印もあります。右手を智吉祥印にして胸前に置き、左手は手のひらを上向きにして（鉢印の片方）、へそ前に置くのです。これも応身の説法印と呼んでいます。

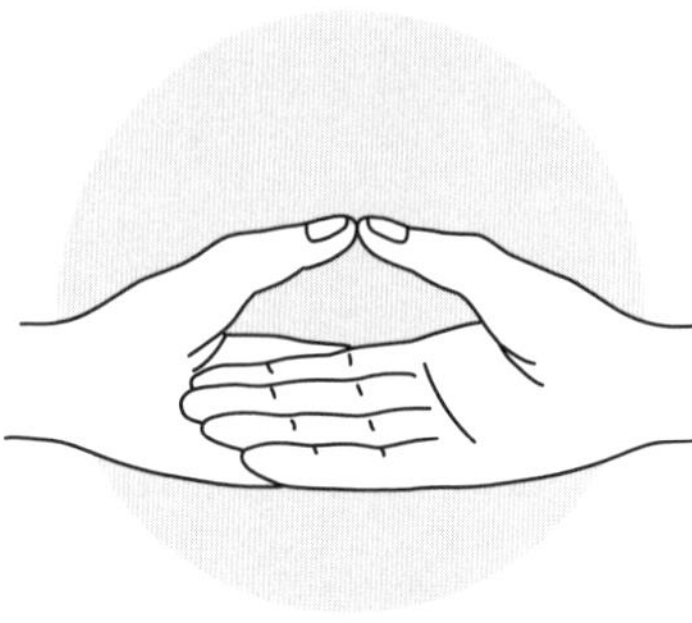

鉢印

仏教の教えそのものも、原始仏教から部派仏教、さらには大乗仏教へと進展していき、紀元前後のころから始まる大乗仏教の時代になると、バリエーション豊かな仏像が次から次へとつくられるようになります。その極めつけとして生まれてきたのが密教です。

密教の登場により、あらゆる仏と菩薩、そしてインド土着の神々（天部）は、大日如来を中心とする壮大なパンテオンにとりまとめられ、それまで無秩序だった仏神の世界が統一されたのです。

密教における釈迦如来

密教では、歴史上の生身の人間である釈迦を、超越者である釈迦如来の化身の一種と位置づけています。「如来(タターガタ)」とは、「真如(しんにょ)より現れて来た者」という意味の梵語の訳で、悟りを開いた者、つまり仏（ブッダ）のことです。

釈迦如来が、この世の人々を救うために仮に肉体をもって現れたのが人間ゴータマ・シッダッタであり、釈迦如来の本体（法身(ほっしん)の釈迦）は、ゴータマが生まれる以前から存在し、入滅した後も変わらず存在しつづけている永遠の仏だと考えるに至ったのです。

『大日経』や『大日経疏』によれば、釈迦如来は光り輝く金色の身体をしており、仏であることを示す三十二の特別な相（三十二相）を具え、袈裟をまとって白蓮華のうてなに座しているとされています（48ページ）。

三昧耶形

鉢。前述のとおり、鉢は釈迦の根本印でもあります。

特別な相とは、頭頂部の肉が髪のように盛りあがっている、指に水掻きがある、眉間に白い毛が生えているなどの瑞相のことで、金色の皮膚も三十二相のひとつです。

胎蔵界曼荼羅の中には、釈迦を主尊とする釈迦院という区画があり、古い図像では釈迦は施無畏印を結んでいます。空海が日本に持ち帰った金剛界・胎蔵界両部の曼荼羅と同じタイプの曼荼羅を現図曼荼羅と呼ぶことは前に書いたとおりですが、現図曼荼羅の釈迦如来は、施無畏印ではなく、説法印の一種である転法輪印（40ページ）を結んでいます。

この転法輪印が釈迦如来の根本印ですが、釈迦如来にはもうひとつ、常に用いられる印があります。食器の鉢の形を印相で表した鉢印がそれです。この鉢は、万物を無尽蔵に盛るうつわ、すなわち仏法の無限の功徳福徳の象徴です。地蔵菩薩や地天なども鉢印を用います。

真言

ノウマク・サンマンダ・ボダナン・バク

バク字（𑖥𑖾）は釈迦如来を象徴する種字で、真言は「バク（全世界を解脱に導く働き）に帰命す」という意味です。なお、この真言は、「諸仏に帰命す、一切煩悩を摧伏し一切法に自在を得て、無限に清浄無礙なること虚空に等しきものよ」という長い釈迦

真言の冒頭部分のみを切り取ったもので、本来の真言は、ノウマク・サンマンダ・ボダナン・バク・サラバキレイシャ・ニソダナウ・サラバタラマ・バシタ・ハラハタ・ギャギャナウ・サンマサンマ・ソワカです。

無限の時空間に徳を放射する救済仏
阿弥陀如来

◉あみだにょらい

無量寿と無量光の名義

阿弥陀如来は、サンスクリット語でアミターユスといい、またアミターバとも呼ばれます。アミターユスとアミターバは、どちらも阿弥陀如来のことですが、その徳によって二つの名があります。アミターユスは「阿弥陀庾」と書いて無量寿を表し、アミターバは「阿弥陀婆」と書いて無量光を表します。

無量寿の寿とは時間のことです。仏がもたらす利益には時間的な制約がなく、無限につづくということが、無量寿という仏名によって表されます。

また、無量光の光とは、光の行き渡る空間を

手印　阿弥陀如来とその浄土を念じる行者は、阿弥陀根本印を結びます。まず両手を外縛し、中指を立てて互いの指先を押すようにします。中指は本尊、組んだ8本の指は八葉蓮華を表します。

阿弥陀根本印

意味します。光の行き渡る空間が無量であるということは、阿弥陀の救済から漏れる場所などどこにも存在しないということです。そのことを、『阿弥陀経』は「仏の光明は無量であり、十方国を照らす」と説いています。十方国は全世界の意味です。

このことからおわかりのとおり、阿弥陀仏（アミターユスとアミターバ）は、時空間の縛りのない、時空間を超えた如来とされています。そのことは、日本浄土宗系の教団が根本経典としている浄土三部経（『無量寿経』『観無量寿経』『阿弥陀経』）にはっきり説かれていますし、密教経典も随所で阿弥陀仏の無量寿・無量光の功徳を説いています。

仏教では、時間の広がりを「竪」（縦）という言葉で表し、空間の広がりを「横」という言葉で表現します。竪（寿＝時間）にも横（光＝空間）にも限りがないというのが阿弥陀仏の偉大な功徳であり、この仏が人々にもたらす利益はまさに縦横無尽、竪にも横にも際限がないということを、アミターユスとアミターバの名によって表しているのです。

阿弥陀仏と弥陀三尊

阿弥陀仏は釈迦仏についで古い仏とされており、インドでは二世紀ごろから信仰されていたといいます。ルーツは定かではありませんが、紀元前一二〇〇年ころ、東北イランの地に起こったゾロアスター教の神が原型だと

三昧耶形　開敷蓮華と初割蓮華。

金剛界曼荼羅における阿弥陀如来は、横たえた五股杵の上に独鈷杵を立てて蓮の茎に見立て、その先端に開花した蓮華（開敷蓮）を置きます（図①）。開いた蓮華は、本来清浄な、われわれの心が悟りを成就した姿を表現しています。

一方、胎蔵界曼荼羅の阿弥陀如来は、五股杵上の独鈷杵までは同じですが、先端の蓮が開敷ではなく開きかけた蓮華（初割蓮華）になります（図②）。われわれが胎蔵界という因の世界から、悟りという果の世界に向かい、本来の清浄性を開いていくことを表しています。

なお、開いた蓮華を手印で表した開敷蓮華印（八葉印）も、阿弥陀仏の三昧耶形です（図③）。

図①

する説があります。

同教の創世神話によると、原初に存在したのはズルワーンという時間の神でした。このズルワーンが分裂して光の善神アフラ・マズダーと、闇の悪神アンラ・マンユとなり、世界は善悪二神の争闘の場となったというのですが、これらの神のうち、時間の神ズルワーンと、光の神アフラ・マズダーが、それぞれアミターユス（無量寿）とアミターバ（無量光）として仏教にとりこまれ、阿弥陀如来という統一神格になったというわけです。

一方、浄土経典は、阿弥陀仏を釈迦牟尼仏と同じく王族の生まれとしています。やがてその身分を捨てて出家し、出家後は法蔵と名を改め、そのときの仏である世自在王如来の教えを受けて、無限に等しい時間、修行を重ねました。なんと五劫もの間、成仏後に建立すべき国土（いわゆる浄土）をについて思惟しつづけたというのです（『無量寿経』）。

劫というのはインドの神話的な時間単位ですが、仏教では明確な定義がなされていません。ヒンドゥー教では、一劫は四十三億二千万年なので、かりにこれをあてはめると五劫は二百十六億年ということになります。もとより神話的な時間の話なので、何年になるかを計算しても意味はありません。とにかく果てしない時間を費やして考え抜いた末に、一切の人々を救うための四十八の願い（阿弥陀四十八願）を立てて成道し、四十八願が残らず成就している仏国土を開きました。それが西方極楽浄土なのです。

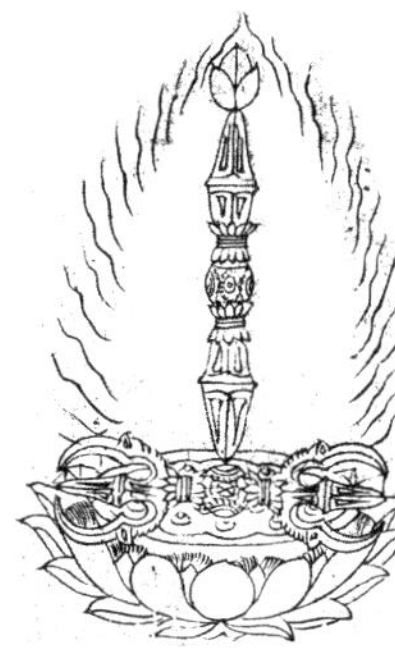
図②

図③

大乗経典には膨大な数の仏菩薩や神々が登場しますが、なかでもいちばん数多く登場するのは阿弥陀仏だといわれています。『密教大辞典』も「その説文の多きこと、蓋しこの仏に過ぎたるはなし」と断言しています。この仏は、インドや中国においてそれだけ絶大な信仰を集めてきたのですが、日本でも事情はまったく同じです。

極楽浄土に往生するための念仏行は、平安時代から比叡山の天台宗を中心に発展し、鎌倉時代に法然・親鸞が出て浄土門の教えを開くと、貴賤や老若男女を問わず、全国に爆発的に広まりました。

また、阿弥陀仏の救済の働きを補佐する脇侍の二菩薩、観音菩薩と大勢至菩薩への信仰もきわめて厚く（阿弥陀仏と観音・大勢至の組み合わせを「弥陀三尊」といいます）、とりわけ観音信仰は、今日でも阿弥陀信仰を超えるほどにさかんです。日本で最も厚く信仰されつづけてきた仏菩薩のグループ、それが阿弥陀如来を中心とする弥陀三尊なのです。

真言　オン・アミリタ・テイセイ・カラ・ウン

これを心真言といい、小呪ともいいます。アミリタ（159ページ参照）とは天の神々が不死を得るために飲む甘露のことで、阿弥陀の不滅の功徳の象徴です。この小呪のほか、大呪と呼ばれる阿弥陀の根本陀羅尼があり、一度唱えると一切の業障が消滅すると説かれていますが（『無量寿如来観行供養儀軌』）、大呪のほうはアミリタが十回もくりかえし現れます。そこで大呪は十甘露陀羅尼と呼ばれ、小呪と並んで密教行者間で常用されています。

なお、金剛界曼荼羅の成身会における阿弥陀如来（観自在王如来）の真言は、オン・ロケイジンバラ・ラジャ・キリクです。ロケイジンバラは世自在、ラジャは王で、キリク（[梵字]）は阿弥陀仏の種字です。この真言からラジャを外すと十一面観音菩薩の真言となります（キリク字の意味については137ページ参照）。

印明こぼれ話

阿弥陀仏
仏像の手印

仏像などになっている阿弥陀仏が結んでいる印は、①説法印、②定印、③来迎印の三種に大別されます。

①の説法印は、仏が教えを説いて人々を導いている状態を示した印で、転法輪印や施無畏印、与願印などがありますが、これらについては「1章4釈迦の五印」で詳しく説明しているので、そちらを参照してください。

②の定印は、釈迦が瞑想に入って悟りを開いたときの印と同じものです。

基本形は1章に詳しく説明していますが、阿弥陀仏の定印は少し形が違います。

まず、左右の手のひらを上に向け、左手の上に右手を重ねます。ついで、両方の頭指を立てて背を密着させ、その指先を大指の先で押して、輪の形にするのです。これを阿弥陀定印（弥陀定印）といいます。阿弥陀仏の座像の多くは、この印を結んでいます。

なお、阿弥陀定印の左右の手を離して胸前に置くと、阿弥陀説法印という、阿弥陀独特の説法印になります。

両手のひらを前向きにして胸の前に並べ、大指と頭指で輪をつくり、ほかの三指は立てて伸ばすのです。

ただし、阿弥陀如来の説法印はバリエーションが多く、大指と中指で輪をつくるパターン、大指と無名指で輪をつくるパターンもあります。これらは次に述べる③来迎印と同じものです。

③の来迎印は全部で九種類あります。

臨終の際、信者を浄土に導くために阿弥陀仏が二十五人の菩薩をともなって迎えにきてくれることを来迎といいます。この来迎のとき、阿弥陀仏が臨終者にしめすとされている印があり、それを九品来迎印というのです。

なぜ九品（九種類）かというと、臨終を迎えている人の生きざまや信仰の程度などによって、その人の往生のランクが上品・中品・下品の三種類に分かれ、各品はまた上生・中生・下生の三段階に分かれると説かれているからです。

上品は阿弥陀定印と同じ形で、両手をへその前で組みます。

中品は阿弥陀説法印と同じで、胸前で印を結びます。

最後の下品は、手の形は中品と同じですが、右手を上にあげ、左手を下に垂らすように組むのです。

また、各品の上中下の区別ですが、大指と頭指で輪をつくれば上生、大指と中指なら中生、大指と無名指なら下生になります。

最も低いランクである下品下生印は、どんな悪人・罪人でも往生させずにはおかないという、阿弥陀仏の大いなる救いの働きを端的にしめしています。そこで狭義には、この印を来迎印と呼ぶこともあります。

① 阿弥陀説法印

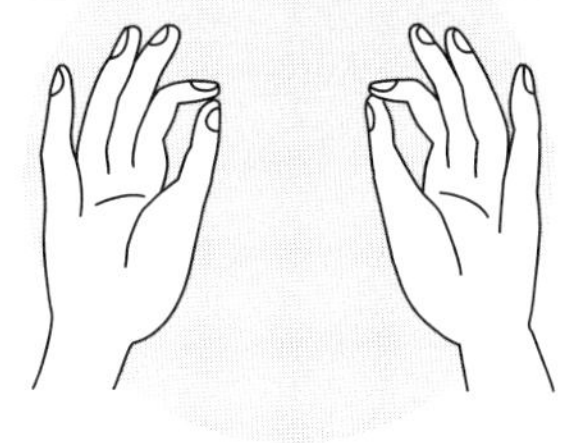

② 阿弥陀定印

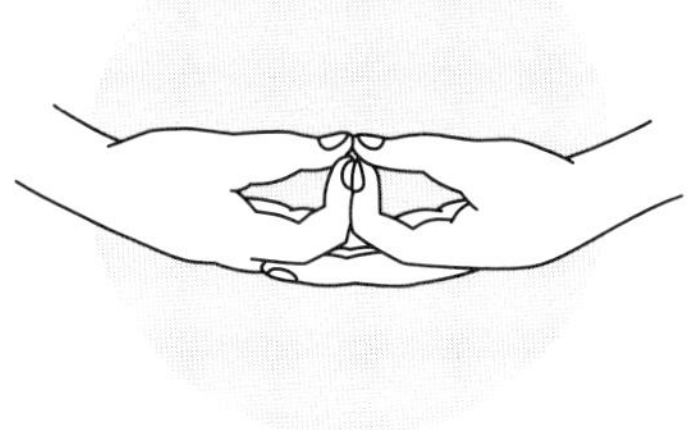

③ 阿弥陀来迎印

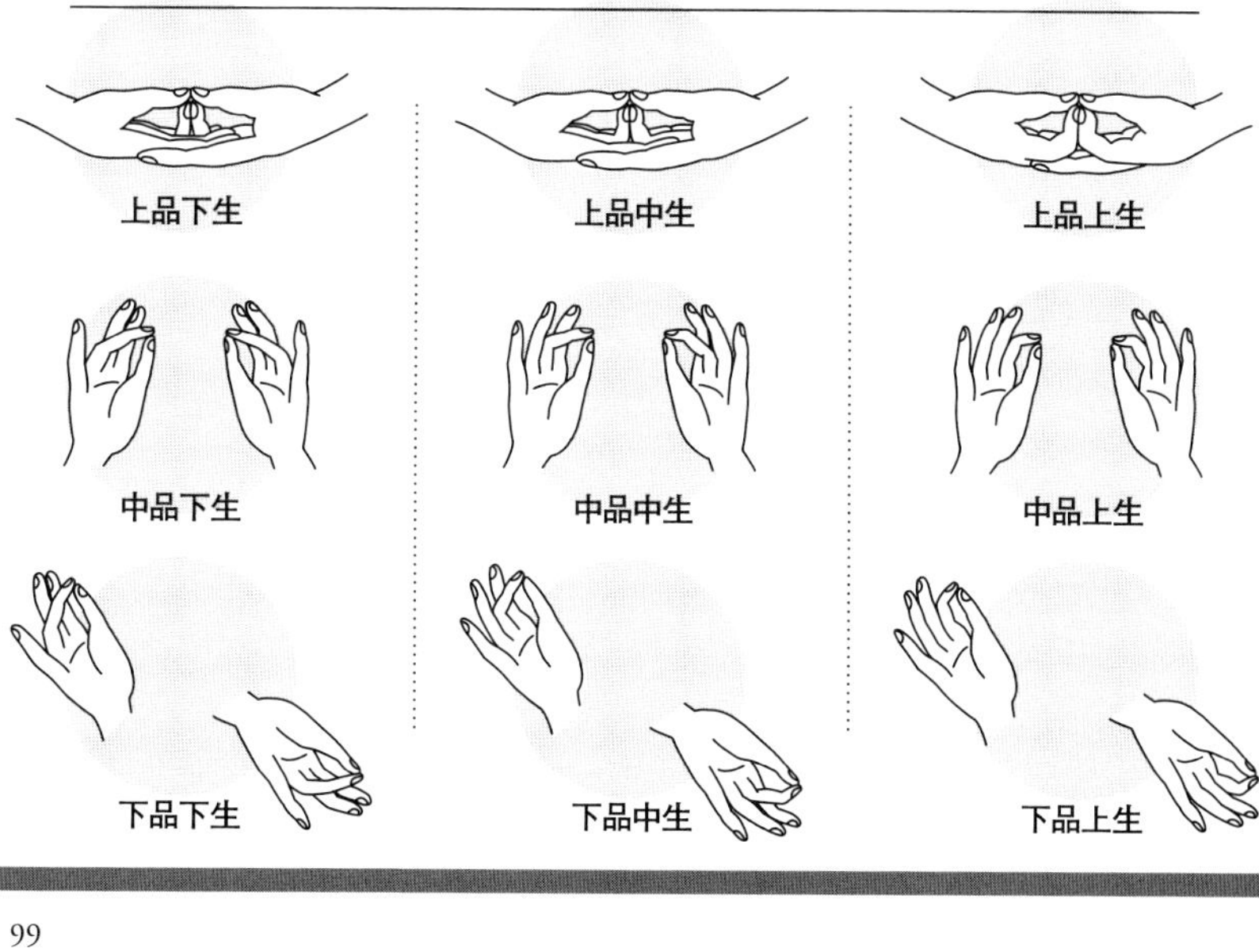

種字　ベイ

薬師如来◉やくしにょらい

治病など一切の現世利益をもたらす医王尊

薬師と東方浄瑠璃世界

意外な感がありますが、薬師如来はあれだけ膨大な仏菩薩と神々が網羅されている金胎両部の曼荼羅の中に描かれていません。

その理由は不明ですが、医薬・治病の仏としての信仰は非常に古く、皇室の尊崇も厚いものがありました。七世紀の天武天皇が、皇后（後の持統天皇）の病気平癒を祈って薬師如来像を発願して以降、多くの大寺院が薬師像を造像するようになったと伝えられており、その信仰は江戸時代まで連綿とつづけられてきました。江戸幕府が徳川家康を薬師如来の生まれ変わりとして神の列に加え、朝野の信仰を集めたことも

手印　薬師如来を念じる行者は、内縛して両大指を並べ立てる薬壺印（薬師印）を結びます。このとき、両大指を前後にくりかえし動かす（来去する）のですが、これは病を除く呪術的な所作を意味します。左手の四指は衆生界の四大（地・水・火・風＝現象界を成り立たせている元素で一切の病因）、右手の四指は仏界の清浄な四大です。衆生界と仏界の四大を組み合わせて接続し、衆生界の四大不調（病）を大指を来去することで薬壺に呼びこみ、病気の原因である四大不調を癒やすのです。

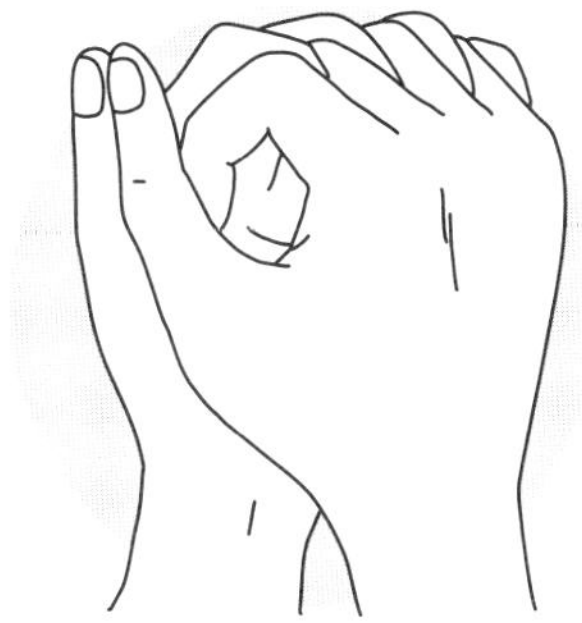

薬壺印

よく知られています。

薬師如来の梵名はバイシャジュヤグルといい、薬師瑠璃光王如来と訳されています。瑠璃光王というのは青玉（ラピスラズリ）の光の王のことで、東方で光り輝く王の象徴です。

仏教には、東西南北の四方世界に、各世界をつかさどる仏がおり、その仏によって生み出された浄土が開かれているという思想があります。これを四方仏の思想といいます。もっとも有名なのは、はるか西の彼方にあるとされる阿弥陀如来の西方極楽浄土ですが、これと対をなすのが薬師如来の東方浄瑠璃世界（瑠璃光世界）です。西方浄土が来世（死後の世界）をつかさどるのに対し、東方浄瑠璃世界の薬師如来は現世利益をつかさどるとされたため、飛鳥の時代から人々の熱烈な信仰を集めてきたのです。

医王尊の異名をもつ治病の仏

薬師如来のパワーは、如来がまだ菩薩だった時代に立てた十二の大願によく表れています。十二大願とは、以下のものです（『薬師瑠璃光如来本願功徳経』）。

①相好具足　衆生が仏と同じ相好を具足するよう導くこと

②光明照被　衆生を迷いの闇から悟りの光の世界へと導くこと

③所求満足　衆生の一切の所願を満足させること

手印 また、薬師法界定印は、膝の上に左手を仰向けに置き、その上に仰向けの右手を重ねて、大指の指先をつけます。胎蔵界大日如来の法界定印と同じ印ですが、薬師を念じる場合は、定印の上に薬壺があり、そのなかに十二の大願の妙薬を入れて衆生を救済するとイメージします。

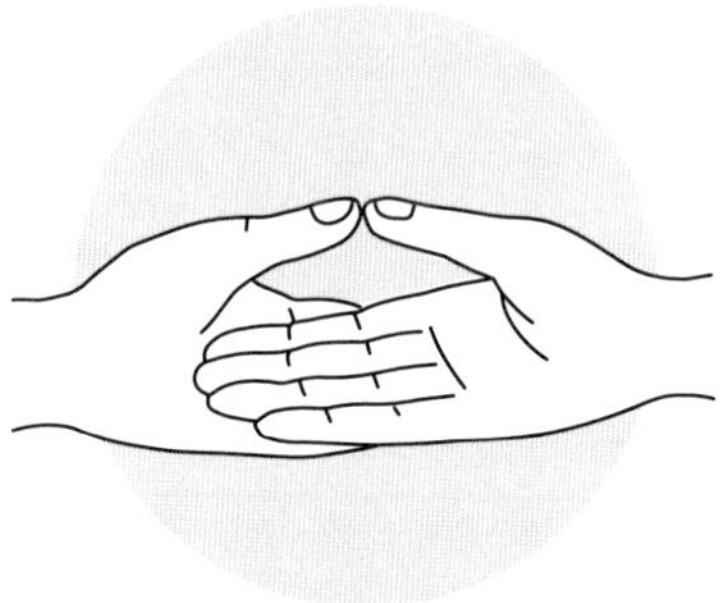

薬師法界定印

④安立大乗（あんりゅう）　衆生を大乗の境地に安住させること
⑤持戒清浄（じかいしょうじょう）　衆生が戒律を守り、善法を修し、利他行に務めるよう導くこと
⑥諸根完具（しょこんかんぐ）　衆生の五体満足を実現すること
⑦除病安楽　一切の病を除いて安楽に導くこと
⑧転女成男（てんにょじょうなん）　女性を男性に転生させること（女性の身では成仏できないとする古い信仰の名残の反映です）
⑨去邪趣正（きょじゃしゅしょう）　衆生から邪見を去らしめ、正見（しょうけん）に導くこと
⑩息災離苦（そくさいりく）　衆生を苦界（くがい）から脱却せしめて成仏させること
⑪飢渇飽満（きかつほうまん）　衆生を飢餓から解放し、よい食物をたっぷり得させること
⑫荘具（そうぐ）豊満　貧しい衣服に苦しむ衆生に豊かな衣服を与えること

大願のなかには、人々のすべての求めや願いを満たす所求満足や、一切の肉体的な欠陥をなくして完全な体にする諸根完具、病気を除いて心身を安らかにする除病安楽その他の現世利益が網羅されています。これらの大願を成就し、万人に利益を垂れるために薬師如来が開いたとされているのが、東方の浄瑠璃世界なのです。

薬師如来の働きのうち、もっとも多くの信仰を集めたのは、病気を癒し、法薬を授けてくれる医王としての働きです。この如来が手に薬壺（やっこ）をもった姿で描かれるのもそのためで、大医王仏、医王尊などの異名もあります。

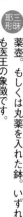

三昧耶形

薬壺。もしくは丸薬を入れた鉢。いずれも医王の象徴です。

そもそも薬師像は、古い時代は釈迦如来と同じ施無畏・与願印で造像されました。ところがのちに、左手に薬壺、右手に施無畏印の姿で造立されるようになったのも、大医王仏としての信仰に由来しています。

真言密教では、現図曼荼羅中にその姿がないこともあって、この如来をさほど重視していません。他方、古代から天皇家との結びつきが強く、多くの皇子を天台座主に迎えてきた天台宗には、東方浄土の教主である薬師と、東方扶桑国の王たる天皇を関連付ける思想もあって、薬師如来信仰がさかんに行われてきました。延暦寺の中心寺院である根本中堂（国宝）の中心に祀られている本尊は、最澄自作と伝えられる秘仏の薬師如来です。七体の薬師仏を並べて延命や息災などを祈る七仏薬師法も、天台で編み出された大がかりな密教修法で、台密の四箇大法のひとつに数えられています。

薬師には他の如来との同体説も複数立てられています。胎蔵界大日如来と同体とする説、薬師と同じく東方を掌ると信じられてきた阿閦如来との同体説、『法華経』に説かれる永遠世界の釈迦如来（久遠実成の釈迦仏）と同体とする説などがありますが、いずれも確たる根拠はないようです。

真言

オン・コロコロ・センダリ・マトウギ・ソワカ

『陀羅尼集経』などに説かれている薬師如来の小呪です。明王中の一尊である無能勝明王の真言もこれと同じで、無能勝明王は釈迦如来の化身とされるため、薬師・釈迦同体説の根拠のひとつになっています。

コロコロは速疾・速疾、センダリは暴悪相、マトウギは降伏相と解されており、病をきわめて速やかに降伏する効能が、この真言にこめられています。

仏頂尊(ぶっちょうそん)

仏智の神格化によって生じた仏

①白傘蓋(びゃくさんがい)仏頂

②勝(しょう)仏頂

③光聚(こうじゅ)仏頂

④最勝仏頂

仏頂尊とは何か

仏像の頭頂は、肉がポコンと隆起しています。この隆起部分は、仏に特有の相(三十二相)のひとつに数えられている肉髻(にくけい)というもので、ちょうど髪を束ねてまとめた髻(たぶさ)のように見えるところから、肉髻の名があります。

仏頂尊というのは、この肉髻によって象徴される仏の智恵を神格化したもので、頭頂におわす仏のエッセンスを表しています。

肉髻によって象徴される仏智は、仏が発揮するあらゆる功徳の中でも最も尊い悟りの実質そのものであり、衆生を悟りに導くために絶対に欠かすことのできない煩悩(ぼんのう)破砕の力でもありま

⑤摧砕仏頂

⑥広生仏頂

⑦高仏頂

⑧無量声仏頂

す。仏教の両輪を定・恵（瞑想と知恵）としているのもそのためです。そこで、智の象徴である肉髻部分だけを仏に見立てたのが、この仏頂尊なのです。

肉髻を本体とするとはいえ、礼拝対象になっている一尊なので、描くときはもちろん仏の全身像で表現します。『大日経疏』によれば、その姿は、釈迦如来が最も深い瞑想状態（三摩地）に入ったときに示す、世界の王たる転輪聖王の形だとされます。

転輪聖王は無比の徳によって世界を統治するとはいえ、出家者ではなく俗世に生きる人なので、きらびやかな衣装や装飾で身を飾っています。通常、転輪聖王に見られるような派手な装いは、仏になる前の菩薩がとるスタイルで、悟りを開いた仏（如来）は、一般には装飾の一切をこそげ落とした質素な姿で表現されます（奈良の大仏などを想起してください）。仏頂尊の姿はこれとは異なるきらびやかな姿ですが、仏

手印 仏頂尊を念じる行者は摩訶印（内三股印）を結びます。内縛して二中指を立て合わせ、二頭指をそれぞれ鉤のように屈して中指の背に付け、二大指は立て合わせるのです。三股杵の形とも、如意宝珠の形ともいわれています。

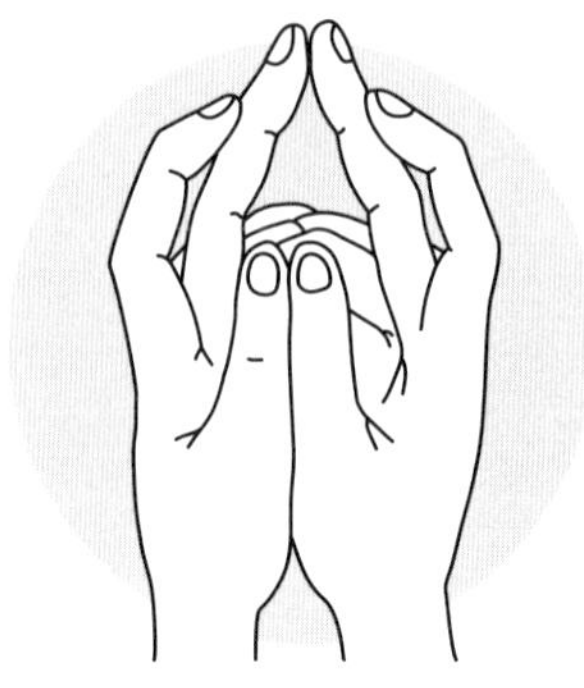

摩訶印

として扱います。

八仏頂尊

胎蔵界曼荼羅には、釈迦院と呼ばれる区画があります（65ページ）。仏頂尊は釈迦の眷属（けんぞく）として、この釈迦院に集められています。

現図曼荼羅では五体の仏頂尊が座しているところから五仏頂と呼ばれていますが、より古い曼荼羅では八体の仏頂尊が釈迦院に住しており、八仏頂と呼ばれています。

釈迦如来の仏智がいかに展開されているのか、どのように働いて衆生済度をおこなっているのかを、八尊の仏頂によって示したもので、以下の諸尊によって構成されています。

五仏頂

左から①白傘蓋仏頂、②勝仏頂、③最勝仏頂、④光聚仏頂、⑤摧砕（除障）仏頂

（『大正蔵図像部』2巻「叡山本胎蔵界曼荼羅」京都醍醐寺蔵本）

三昧耶形 各仏頂尊の三昧耶形は以下のとおりです。①白傘蓋仏頂＝蓮華上の白傘蓋、②勝仏頂＝慧刀、③光聚仏頂＝蓮華上の仏頂（頂髻）、④最勝仏頂＝蓮華上の金輪、⑤摧砕仏頂＝鉤、⑥広生仏頂＝金剛杵（五股杵）、⑦高仏頂＝開敷蓮華、⑧無量声仏頂＝商佉（法螺貝）。

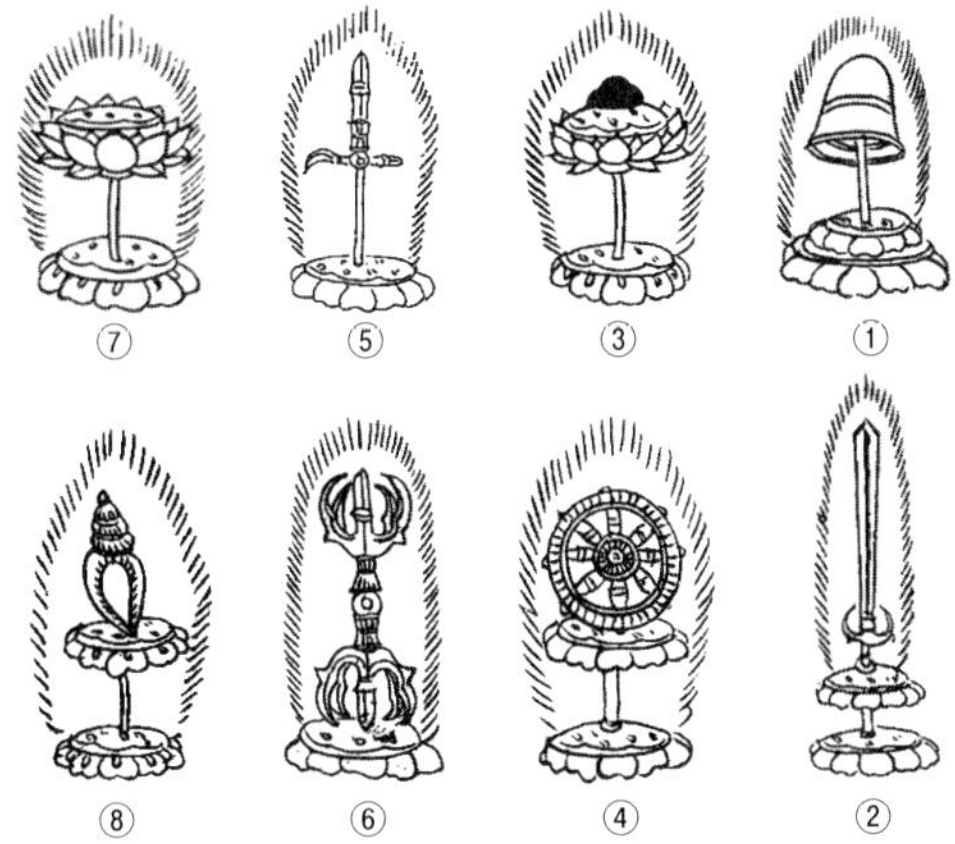

①白傘蓋仏頂　清浄な慈悲の傘（白傘蓋）で衆生を覆って救済にあたる。
②勝仏頂　煩悩無明の迷いの根を絶ち切って真実の涅槃の道を示す。
③光聚仏頂　比類ない仏智の光によって衆生の心の闇を除く。
④最勝仏頂　勝れた説法で衆生を漏れなく悟りに導く。
⑤摧砕仏頂　衆生の煩悩を摧き砕き、救いの鉤で引き寄せる。別称に除障仏頂など。
⑥広生仏頂　もろもろの障碍を打ち砕く。大転輪仏頂とも。
⑦高仏頂　衆生の菩提心を呼び覚ます。発生仏頂。
⑧無量声仏頂　説法の声をあらゆる世界に届ける。無辺声仏頂。

右の仏頂尊にはそれぞれに印があり、真言がありますが、一般的な信仰の世界とはほぼ無縁と思われるので、個々の印明は略します。106〜107ページに掲げた印明は、仏頂尊に共通の印明です。

真言 **ノウマク・サンマンダ・ボダナン・ウン・ウン**

帰命句のノウマク・サンマンダ・ボダナンと真言の実質のウン・ウンの組み合わせで、最初のウンは如来の行因（仏果をもたらす因としての行為）、あとのウンは仏果と説明されています。

種字　ボロン

五百由旬断壊の徳を具えた最勝仏
一字金輪仏頂
◉いちじきんりんぶっちょう

大日金輪

無敵の真言

釈迦の眷属である八仏頂については前項で書いたとおりですが、この一字金輪仏頂は真言宗では非常に重視されてきた仏で、真言もさまざまな局面で多用されています。諸仏頂のうちで最勝の仏頂尊とされており、一字金輪の法を修すれば、五百由旬内で修されている他の諸仏・諸菩薩の法はすべて無効となって成就しないと伝えられています。

由旬というのは古代インドの長さの単位で、諸説がありますが、『仏教語大辞典』（中村元著、東京書籍）は、一由旬を約七マイル（十一・二キロメートル）、または約九マイル（十四・五キロ

大仏頂曼荼羅
上が定印を組む釈迦金輪、下は智拳印を組む大日金輪。（『大正蔵図像部』4巻「醍醐本図像（仏眼等）」京都醍醐寺蔵本）

メートル）としています。これによって計算すると、五百由旬は五千六百キロメートルないし七千二百キロメートほどです。この範囲内の他尊の修法がすべて無効となり、僧俗を問わず唱えられた真言の効力もすべて失われるというのですから、一字金輪のパワーがいかにすさまじいものと考えられてきたか、おわかりいただけるでしょう。この威力を「五百由旬断壊（だんえ）の徳」といいます。

とはいえ、他を「断壊」するだけならただの迷惑な仏尊ということになりますが、もちろんプラスの作用ももたらしてくれます。他の法を修して験（しるし）が得られないとき、一字金輪の真言を唱えれば、仏の功徳によって法が成就し、験が得られるというのです。

そこで行者は、いかなる仏菩薩の修法であれ、行法中の散念誦（さんねんじゅ）と呼ばれるプロセスで、一字金輪の真言を唱えるのを常としています。どのような魔の妨害や障りがあっても、一字金輪が助勢して、法の成

一字金輪曼荼羅（『大正蔵図像部』9巻「阿娑縛抄」より）

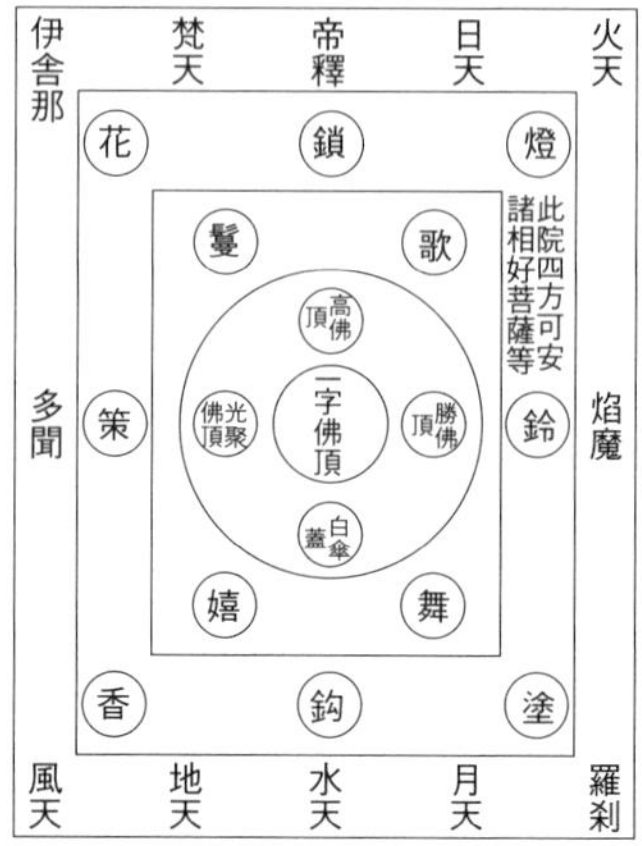

就に導いてくれると信じられたからです。

ただし、一字金輪そのものを本尊として行う法は、真言宗では最深秘の法とされ、昔は東寺（とうじ）の長者（真言宗全体のトップ）以外は修することが許されなかったといいます。

このように、真言宗内で特別な扱いを受けてきた一字金輪の無敵の真言は「ボロン」といいます。漢字では勃嚕唵（歩嚕唵）の三文字ですが、梵字では「[梵字]」の一字なので、尊名に一字と冠され、諸仏頂尊の中でも最勝の仏頂尊だということを表すために、四人いる転輪聖王（てんりんじょうおう）（金輪・銀輪・銅輪・鉄輪）の中でももっとも勝れているとされる金輪聖王になぞらえて、金輪の文字がつきます。この両者をあわせた尊名が、一字金輪仏頂なのです。

釈迦金輪

一字金輪には、二種の別があります。

大日如来の仏頂から派生した一字金輪を大日金輪、釈迦如来の仏頂から現れた一字金輪を釈迦金輪といいます。

時代的に古いとされるのは釈迦金輪で、雑密（ぞうみつ）時代から崇拝され、その法が修されてきました。雑密というのは、理論と実践が体系的に整えられる以前の、呪術をもっぱらとした初期の密教で、正式には雑部（ぞうぶ）密教といいます。この雑部密教が発展・整備されて純密（じゅんみつ）（正純密教）となり、空海はこの純密を

手印 一字金輪を念じる行者は、一字金輪印を結びます。内縛の形から、両方の中指を立て合わせ、第一関節を曲げて剣の形にします。両大指も並べて立て、折り曲げて爪先合わせした両頭指をその上に置くのです。

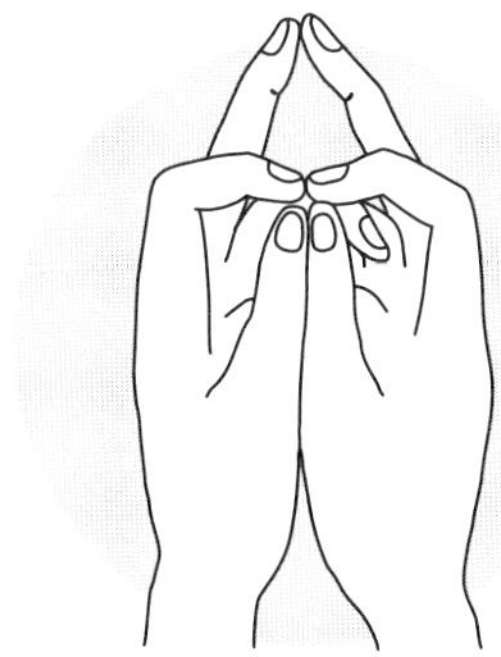

一字金輪印

唐国で学んで日本に持ち帰ったのです。

釈迦金輪については、雑密経典の『一字奇特仏頂経』に詳しく説かれています。それによると、蓮華蔵界に座して一切如来転輪王頂三昧という瞑想に入った釈迦が、自分を取り囲んで教えを待つ諸菩薩や明王、諸天衆らのために「大明王一字」を説きました。その真言は、「ノウマク・サンマンダ・ボダナン・ボロン・ウン」です。

このうち「ノウマク・サンマンダ（サマンダ）・ボダナン」は普き諸仏に帰命し奉るということを表す定型の帰命句で、最後の「ウン」は真言が成就することを表す成就句の一種なので（最もよく知られている成就句はソワカです）、真言の実質、経にいう「大明王一字」ではありません。真言の実質は、帰命句と成就句にはさまれた「ボロン」（同経では「歩林」）で、だからこそ、これを「大明王一字」と呼んでいるのです。大明王の「明」は真言のことです。真言の中でも最も偉大な呪というのが大明王の意味なのです。

図像で描かれるときには、釈迦金輪は定印（33ページ）を結び、世界の中心に聳えると信じられた須弥山に座しています。頭部は奈良の大仏などと同じ螺髪形（毛がくるくると巻いた状態の髪型）です。

大日金輪

一方、大日金輪は純密の仏で、空海以来、真言宗で最秘の仏として尊崇さ

三昧耶形 輪（チャクラ）。本文でも書いたとおり、輪は仏智の象徴です。この智輪が転じて金輪王遍照如来身になるとされます。転輪聖王も、このチャクラをもっています。金の輪宝をもつ金輪聖王以下、銀輪、銅輪、鉄輪の四種の聖王がいるとされています。

れてきました。

空海の著述のひとつに『請来目録』があります。朝廷に報告するために唐から持ち帰った経典等を列挙したものですが、わざわざ持ち帰ったにもかかわらず、あえて目録に載せずに秘した経典（録外請来経軌）のひとつに『金剛頂経一字頂輪王瑜伽一切時処念誦成仏儀軌』（通称『金輪時処軌』ないし『時処軌』）があります。これが大日金輪の経軌です。

なぜ官に報告しなかったのかというと、この経軌は即身成仏の深旨が説かれているので、朝廷の干渉から切り離しておかねばならないからだという趣旨の説明が、後世の弟子によって述べられています。即身成仏を大眼目とする空海密教の肝腎が、そこに説かれているということです。

事実、空海はその著『即身成仏義』の中で、一字金輪の三昧を修するものは、「現に仏菩提を証す」と記しています。仏菩提とは仏の悟りを意味するので、それを証した者は即身成仏の実現者にほかならないのです。

大日金輪は、像として描かれるときには五智の宝冠をかぶり、日輪に住した姿で、智拳印（62ページ）を結んでいます。太陽の強烈な陽光は他の星々の弱い光を打ち消します。それと同じく、大日金輪の威光は他の一切の0の光を覆って世界を陽光一色に染めあげるので、先に述べた「五百由旬断壊」ということも起こるのです。

真言宗内では、釈迦金輪と大日金輪の同体説が説かれており、それにまつわる種々の教義も立てられていますが、本書の範囲ではないのでそれについては略します。

前述のとおり、釈迦金輪も大日金輪も、仏智のシンボルである仏頂の化身にほかなりません。これら金輪仏頂が、数ある仏の中でも別格的な扱いを受けてきたのは当然のことなのです。

なお、天台宗では北極星を神格化した熾盛光如来の仏頂尊（熾盛光仏頂）を、もっともすぐれた仏頂尊としています。熾盛光如来は大日如来と同じともいわれていますが、熾盛光仏頂を本尊に据えて行われる除災法（熾盛光法）は、真言宗にはない天台独自の法で、原則的には天皇・上皇のためにのみ修される大秘法となっています。

真言

ボロン（ノウマク・サンマンダ・ボダナン・ボロン・ウン）

ボロンの梵字（ ）はバ・ラ・ウ・マの四字の合成であるとされ、バとウの組み合わせで応身、ラとウの組み合わせで報身、マは単独で法身を表しており、これを一字に合成したボロンによって大日如来（釈迦如来）の三身完備を表すと伝えられます。

行者がこの真言と印と瞑想によって一字金輪と一体になるということは、自身が窮極の三身と一体となることであり、まさしく即身成仏です。そのため真言ボロンは「即身成仏の真言」とも呼ばれるのです。なお、この真言は修験道の加持祈祷でもしばしば用いられています。

印明こぼれ話

駄都（仏舎利）

奇跡を起こす如来の分身

●仏舎利信仰

釈迦仏の遺骨（仏舎利）を駄都といい、駄都と如意宝珠は同体だとする秘伝が、真言宗にあります。駄都が宝珠に変じるというのです。

このことは数々の経典に文証があり、龍宮に秘蔵されているとか、ひとたび舎利の霊験が発動すると、世界の至るところに花々が降りそそぎ、その花々が金銀などの珍宝に変じて全世界を利益するなどと説かれています。

空海の『御遺告』第二十四条にも駄都の秘説が詳細に説かれており、製法に関する記載まであります。それによると、如意宝珠の実体は「自然道理の釈迦如来の分身」にほかならず、製造するにあたっては、仏舎利に砂金や種々の香木など八種の材料を加えて練り合わせ、併せて秘密の修法を間断なくおこなうなどの次第が説かれています。そうすれば、万宝を雨降らせる如意宝珠が百日目の夜に成就するというのです。

この『御遺告』は、空海ではなく後世の弟子が書いたものと考えるのが至当ですが、信仰上は空海の遺言と見なされており、舎利（如意宝珠）の秘密は真言密教の最秘の肝腎とされてきた歴史があります。

●駄都法

釈迦如来の項（90ページ）でも書きましたが、初期の仏教の崇拝対象のひとつにストゥーパ（日本では卒塔婆）があります。釈迦の遺骨を納めるためにつくられた仏塔のことで、分骨を重ねてアジア各地に仏塔がつくられました。インドでは土饅頭型だったものが、日本ではお寺に付属する三重塔や五重塔などの形に変化しました。あれもインド起源のストゥーパの一種です。

実際のところ、世界中に分骨できるほど大量の舎利があるわけはなく、玉石などで代用しているのですが、信仰

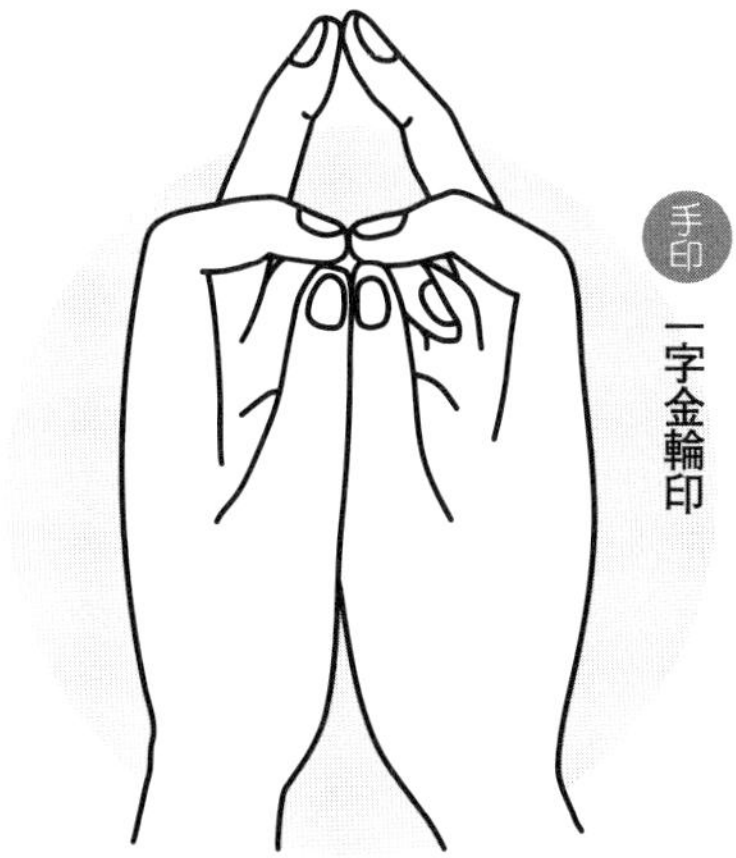

手印

一字金輪印

印母は内縛です。内縛して両手の中指を立て合わせ、剣の形にします。両方の大指も並べて立て合わせ、両手の頭指の先を付け合わせます。いわゆる一字金輪印（108ページ）です。

また、真言宗の中院流では、虚心合掌（24ページ）、無所不至印（86ページ）、定印（33ページ）の三印を、駄都三輯の印として伝承しています。

真言

ノウマク・サンマンダ・ボダナン・ボロン

ノウマクからボダナンまでは帰命を意味する定型句なので、真言の実質はボロン一字です。これを一字金輪真言といいます。駄都の種字もボロン（[illegible]）です。なお、ボロン（[illegible]）には特別な意義づけがあります。一字金輪仏頂（108ページ）を参照してください。

上は釈迦の舎利で、日本の僧が中国から持ち帰ったり、渡来僧が日本に運んできました。唐招提寺の鑑真和尚も、三千粒の舎利を携えて渡日したと伝えられています。

また、舎利は人々の信心に応じて虚空から湧き出たり、壺の中でいつのまにか増えたり減ったりするとも信じられており、膨大な数の舎利が今日に伝えられてきました。

中でも空海が唐から持ち帰った舎利は至宝中の至宝で、国家の運命と連動して増減すると信じられました。後醍醐天皇が空海請来の舎利に異常な執着をみせ、国家の管理下に置いたことはよく知られています。

この舎利を密教では梵語の駄都で呼び、如来そのものとして信仰するとともに、駄都を本尊として行う秘密修法をつくりあげてきました。その法を駄都法といいます。駄都法は流派によって違いがあります。115ページに掲げたのは同法の代表的な印明です。

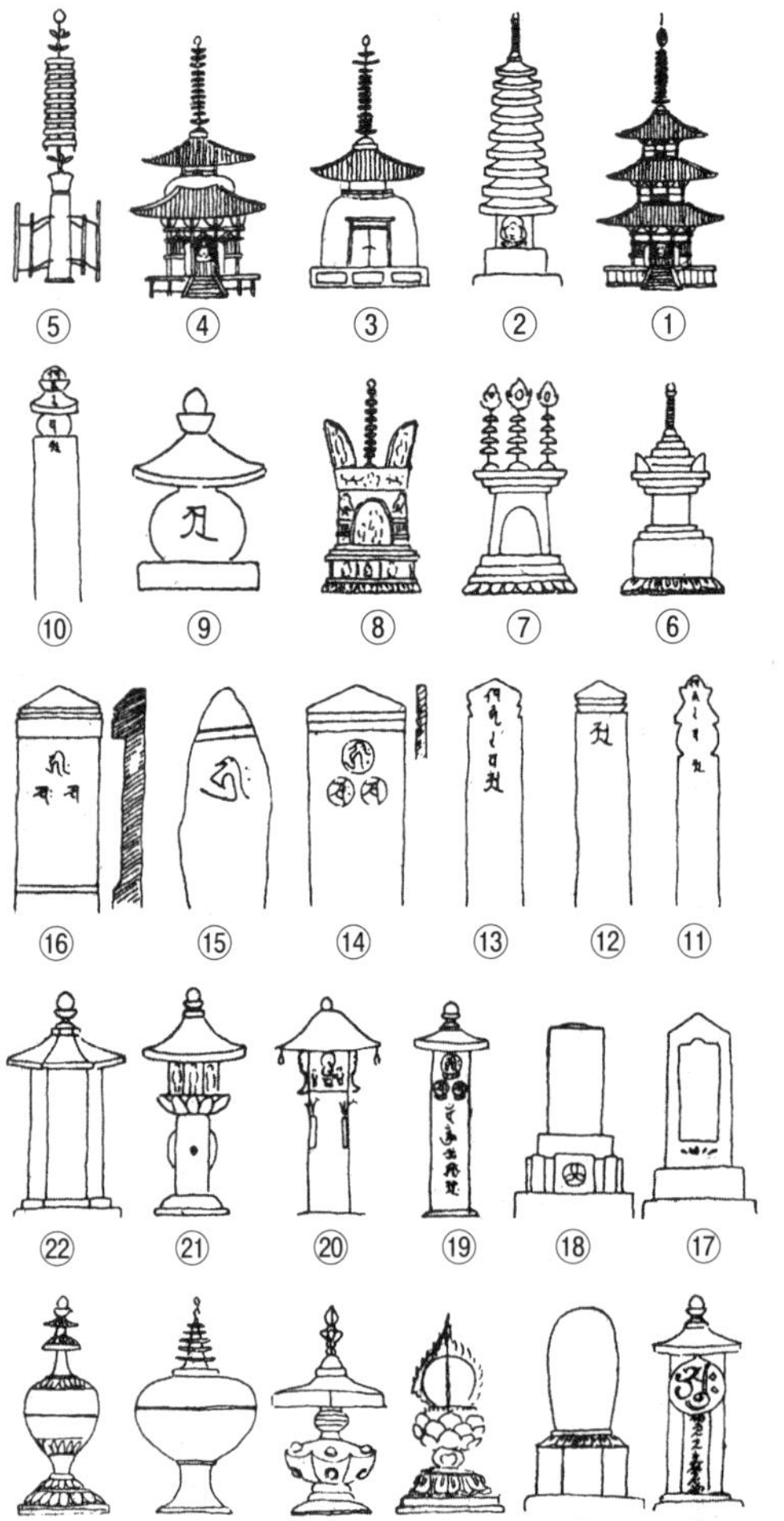

釈迦の遺骨を納めたストゥーパから発展した日本の各種塔婆。

①多重塔、②多層塔、③宝塔、④多宝塔、⑤相輪塔、⑥宝篋印塔、⑦原始宝篋印塔、⑧銭弘俶八万四千基塔、⑨五輪塔、⑩五輪塔婆、⑪五輪平塔婆、⑫角塔婆、⑬板石塔婆、（板碑）、⑭板塔婆、⑮自然石塔婆、⑯碑伝、⑰圭頭碑、⑱方柱碑、⑲傘塔婆、⑳仏龕塔婆、㉑六地蔵塔、㉒六面幢、㉓摩尼輪塔、㉔無縫塔、㉕宝珠塔、㉖宝瓶塔、㉗鉢塔、㉘能作塔　（『塔婆之研究』佐伯啓造著、鵤故郷舎）

4章

菩薩と印明

種字　ア

文殊菩薩

知恵第一の童真法王子

◉もんじゅぼさつ

五字文殊

知恵第一の菩薩

釈迦の弟子のなかでも「知恵第一」と称えられるのが文殊菩薩です。梵名をマンジュシュリーといい、梵音を写して文殊師利、略して文殊と通称します。

マンジュシュリーは妙吉祥、妙音、妙徳、妙楽などと訳されており、いずれも「妙」の字がついていますが、この妙は「仏の無上の知恵」を意味しています（『大日経疏』）。

仏教では、人を悟りに導くのは、ほんものの知恵（知識ではありません）、正しい認識だと考え、行と並んで知恵を最重要視してきました。あらゆる仏の根源である大日如来の働きが、五つの智の如来（五智如来）によって表現されていることからも、それがわかります。そうした仏の知恵を代表するのがこの菩薩なので、文殊は「三世諸仏の母」とも称えられているのです。

通常、文殊は「菩薩」グループの一尊とされていますが、経典中には如来とするものも多数あります。『理趣経』にいう一切無戯論如来や、『首楞厳経』にいう龍種王如来などの異名がそれです。如来というのは、修行時代に立てた本願を成就して菩薩時代を了え、真理に到達した完成者を指すので、この点でも文殊は特別に尊崇された仏だということがわかります。

また文殊は、しばしば少年の心をもった菩薩と呼ばれます。童真菩薩、童真法王子、施願金剛童子などの異名をもち、童子の姿で描かれることも珍しくありません。それらの文殊は、稚児文殊と呼ばれています。

文殊がなぜ童子や王子の名で呼ばれ、少年の姿で造像されてきたのか、その理由について、『密教大辞典』は「童子の無我無執なるが如く、この尊の大空智の明瞭無礙なるを童真と名け、法性より化生し仏法王の種を嗣ぎて絶えざらしむる故に法王子と名く」と説明しています。純粋で明らかで自由自

●五字文殊

手印 文殊菩薩（五字文殊）を念じる行者は、文殊剣印を結びます。外縛して両中指を立て、第一関節を曲げて指先をつけることで、文殊のもつ知恵の宝剣をかたどるのです。

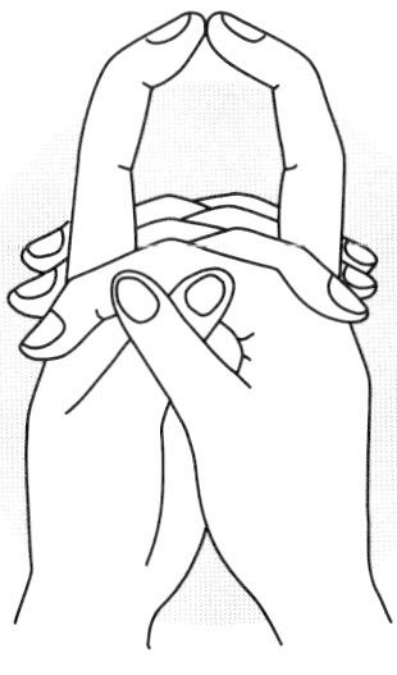

文殊剣印

三昧耶形 青蓮華上金剛杵。青蓮華の上に金剛杵が乗っている形です。青蓮華は五字文殊が左手に持っている標章で、何物にも汚されない清浄な心を表し、金剛杵は仏智の光が遍く世界を照らしていることを象徴しています。

真言 五字文殊　**オン・ア・ラ・ハ・シャ・ノウ**

ア・ラ・ハ・シャ・ノウの五字明が根本の真言なので、五字文殊と通称します。五字明の意義については諸説ありますが、一説にアは毘盧遮那如来（大日如来）、ラは阿閦如来、ハは宝生如来、シャは観自在王如来（阿弥陀如来）、ノウは不空成就如来（釈迦如来）の金剛界五智如来を表し、五智の功徳を一身に体現しているのが文殊菩薩だといいます。五字文殊の種字は、ア字（𑖀）です。また、マン字（𑖦𑖽）も種字の一種です。

一字文殊

手印 一字文殊の八葉印は、虚心合掌を印母として大指と小指以外の指を離し、花びらが開いた形につくります。多く用いられる印で、観音菩薩を代表する印でもあります。

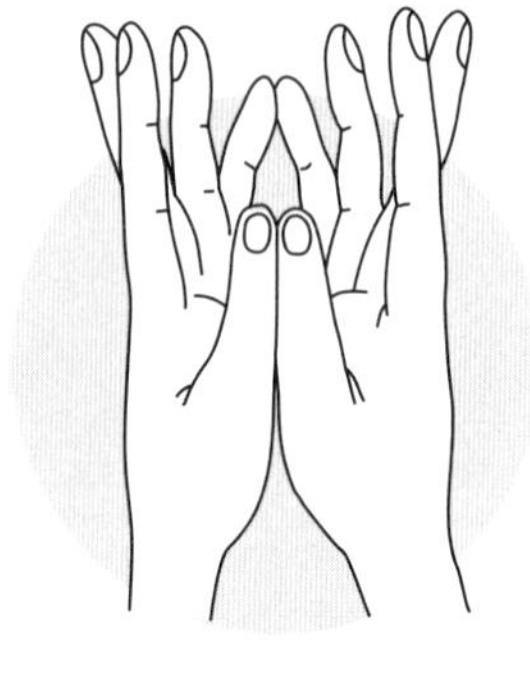

八葉印

三昧耶形 青蓮華上宝珠（一字文殊の三昧耶形）。青蓮華の上に宝珠が乗っている形です。青蓮華の意味は前ページの五字文殊を参照してください。宝珠はこの菩薩の増益の徳の象徴です。

在な知恵の働きを、無垢でとらわれのない童子に喩えているのです。童真とは、少年もしくは出家前のまだ髪を剃っていない沙弥のことで、稚児と呼ばれた少年たちがこれにあたります。

文殊菩薩は、舎衛国の梵徳というバラモン（神官）の家に生まれ、修行遍歴を重ねたのちに釈迦のもとで出家し、釈迦亡きあとはその衣鉢を継いで、仏典の編集にもたずさわった実在人物だとする説もあります。釈迦とのつながりの深さは、普賢菩薩とともに釈迦如来の脇侍（如来の左右に侍して救いの働きを助ける菩薩）をつとめている釈迦三尊像からも見てとることができます（なお、実在の弟子の迦葉と阿難からなる釈迦三尊像や、梵天と帝釈天を従えた釈迦三尊像も多数造像されています）。

文殊単独の像もさまざまにつくられており、知恵を象徴する経典と宝剣を手にして獅子に乗る単身像、童子姿の稚児文殊像、僧侶姿の僧形文殊像、獅子に乗って善財童子・優填王・仏陀波利三蔵・最勝老人（大聖老人）の四従者をしたがえた渡海文殊像など、数多くのバリエーションがあります。

種々の文殊菩薩

密教修法で本尊に用いられる文殊は、唱えられる真言の数によって、一字文殊、五字文殊、六字文殊、八字文殊の別があり、像ではまげ（髻）の数によって区別されます。まげが一個なら一字（一髻）文殊、五個なら五字（五髻）文殊といった具合です。

各文殊は、増益（幸福の増進・長寿・延命＝一字文殊）、敬愛（和合・親睦＝五字文殊）、調伏（敵への攻撃・破砕＝六字文殊）、息災（災障の除去＝八字文殊）の本尊となって、衆生の願いに応えるのです。

これら各種の文殊のうち、われわれが通常、文殊菩薩として拝んでいるのは五字文殊です。真言がア・ラ・ハ・シャ・ノウの五字から成っているので五字文殊といい、それを象徴するために五髻の姿で造形されます。以下、五字文殊以外の文殊についても簡単に触れておきましょう。

＊一字文殊菩薩

一字文殊はまげが一個の文殊で、金色の童子形によって造形されます。右手は与願印を示し、左手に宝珠を載せた青蓮華を持

一字文殊

真言

一字文殊

オン・サマナ・シリ・ソワカ

シリ（＝吉祥）が一字文殊の種字で、この尊を表しています。ほかに、オン・シリや、オン・シロキエンなどの小呪も用いられます。名の由来である一字の真言とは、オン・シロキエン、ないしはオン・シリを指します。シロキエン（）を一字というのは納得がいかないでしょうが、梵字四字を合成して一字に表すので一字真言となるのです。この真言は、あらゆる災いや悪夢、怨敵、呪詛などを消除して、一切の善事を成就に導くとされています。

●六字文殊

手印 六字文殊は青蓮華印を結びます。典拠とする経軌によって違いがあるようですが、八葉印の指頭を少し屈した形というのが一般的です。

六字文殊印
（青蓮華印）

三昧耶形 梵篋（葉に書かれた経典）。もしくは青蓮華上五股杵。参考図は梵篋です。

梵篋

つ姿で描かれます。文殊菩薩が増益の瞑想境に入っているときの姿とされ、増益を祈るときに一字文殊法を修します。一切の善事を速やかに成就させると儀軌に説かれています。

一字文殊を念じる行者は、八葉印を組み、印上に宝珠があるとイメージするのです。

＊六字文殊菩薩

六字文殊は調伏や滅罪のときの本尊です。一字文殊と同じく黄金色の童子形で、右手を説法印にし、左手を仰向けて胸にあてた姿で描かれます。まげは六個のはずですが、五個の姿で描かれることもあり、まげの数だけでは判断が困難なケースがあります。『覚禅抄』によれば、毎日、六字文殊の真言を七回唱え続ければ、罪業がことごとく除滅され、一〇八回唱え続ければ臨終のときに菩薩が眼前に現れるといいます。

六字文殊を念じる行者は青蓮華印を結びます。この印は空海口伝と伝えられます。

＊八字文殊菩薩

八字文殊は八個のまげを結い、獅子に乗った姿で描かれ

六字文殊

●八字文殊

手印　八字文殊は獅子口印（大精進印）を結びます。両手を内縛して二大指を並べ立て、少し屈して二頭指に押し着けます。内縛ではなく外縛で組む習いもあり、諸説があるうちの常の組み方です。

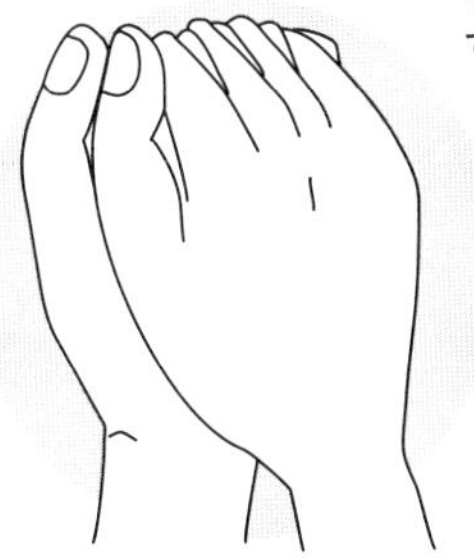

獅子口印

三昧耶形　剣。八字文殊が手にしている剣で、知恵の象徴です。

ます。この尊の八髻は、胎蔵界曼荼羅の中核である中台八葉院の仏菩薩（78ページ）の象徴とも、八仏頂（104ページ）の象徴ともいわれ、胎蔵界大日如来との同体説も唱えられています。災障を除く息災法の本尊で、右手は剣を握り、左手には青蓮華を持っています。

八字文殊を念ずる行者は獅子口印を結びます。

日本では菩薩扱いの文殊ですが、文殊信仰が盛んなチベットやネパールでは大日如来と同格の「法界語自在」（真理の世界の言葉に自在なもの）という名の如来として崇められており、文殊が約二二〇体もの仏菩薩などにとり囲まれている法界曼荼羅も多数つくられています。

八字文殊

真言

六字文殊　オン・バ・ケ・ダ・ナ・マ

八字文殊　オン・アク・ビ・ラ・ウン・キャ・シャ・ラク

六字文殊の真言は六音六字です。八田幸雄氏は「オーム。弁舌尊よ、布施尊よ、帰命し奉る」と訳しています。種字はダン（𑖟𑖽）、もしくはバン（𑖪𑖽）です。

八字文殊のアク・ビ・ラ・ウン・キャは、胎蔵界大日の真言と同じ梵語なので、ア・ビ・ラ・ウン・ケンとも唱えられています。その場合の慣用音は、オン・ア・ビ・ラ・ウン・ケン・シャク・ラク・ダンです。八字文殊を胎蔵界大日と同体とする説を本文に書きましたが、真言にもそれが表れています。種字はマン（𑖦𑖽）、もしくはダン（𑖟𑖽）です。

種字 ウン

三世諸仏の総体
普賢菩薩
●ふげんぼさつ

普賢と金剛薩埵

文殊菩薩とともに、釈迦三尊の脇侍(きょうじ)をつとめることの多いのが、この普賢菩薩です。文殊は獅子に乗っていますが、普賢は白い象に乗った姿で描かれます。普賢を本尊として法を修する者や、深く帰依する修行者の前に、白い象に乗った普賢が姿を現したという話が、古来さまざまに伝えられてきました。

仏菩薩による人々の救済は、知恵の働きと実践行が両輪になりますが、釈迦三尊の場合、知恵は文殊が担当し、行(ぎょう)は普賢が担当します。諸菩薩のなかでもとくに行において勝れているとされ、「知恵の文殊、行の普賢」と称えられ

普賢菩薩

手印　普賢菩薩を念じる行者は、外縛して中指を合わせ立てる普賢三昧耶印を結びます。これが普賢菩薩の根本印です。

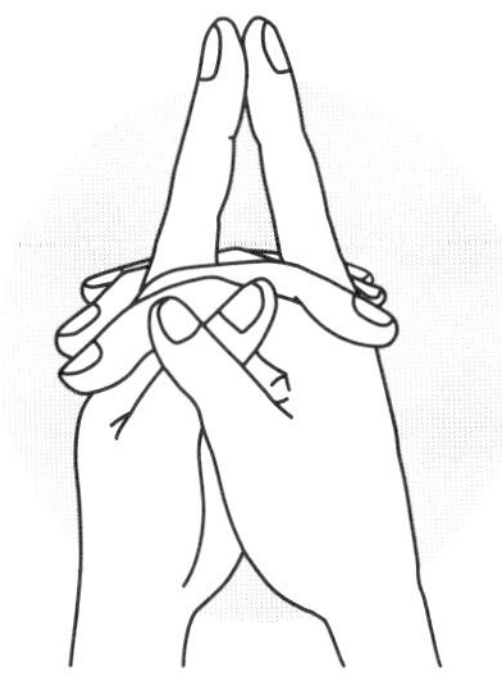

普賢三昧耶印

三昧耶形　五股杵。ほかに剣、または蓮華上の剣も三昧耶形として用いられます。

五股杵

剣

ます。また、普賢が『法華経』のなかで「仏教行者を守護する」と誓っているところから、行者の守護尊としても崇敬されています。

古来、普賢菩薩と金剛薩埵は同体だと説かれてきました。金剛薩埵は166ページで詳述しますが、密教の教えにとっては非常に重要な菩薩です。というのも、大日如来の教えを受け継いだ最初の聖者が、この金剛薩埵だと伝えられているからです。

空海によると、釈迦が説かなかった秘密の教えは、①大日如来から②金剛薩埵へと伝えられたのち、③龍猛、④龍智、⑤金剛智三蔵、⑥不空三蔵、⑦恵果へと付法され、膨大な数の弟子を擁していた恵果が、次なる付法の弟子として選び出した留学僧の⑧空海に、金剛薩埵以来の教えのすべてを漏れなく伝授したとされるからです（空海『秘密曼荼羅教付法伝』）。これが密教の正系で、大日如来から空海に至る八人の祖を「付法の八祖」といいます。

今日、密教が人間世界に伝えられているのは、最初に大日如来から教えを受けた金剛薩埵のおかげだと考えられており、そこからこの菩薩は、大日如来と衆生（一切生物）をつなぐ特別な存在として崇敬を集め、行者の理想像と崇められてきました。その金剛薩埵と同体の菩薩とされてきたのが、普賢菩薩なのです。

密教の師匠たちの口伝を集めた鎌倉時代の『白宝口鈔』という本は、普賢が大日如来から灌頂を受け、金剛杵を授かって以後、「金剛薩埵と号した」

●普賢延命菩薩

手印 普賢延命菩薩を念じる行者は、普賢延命印を結びます。左右の金剛拳の頭指をフック状にからめて、左右に引くのです。頭指には風の意義があり（20ページ）、風は生命（仏教では命根といいます）そのものの象徴です。右手の頭指を本尊普賢延命菩薩の命根、左手の頭指を衆生の命根と見立て、両頭指をからめて引くことで、菩薩が衆生の命根を引き延ばす姿を表しているのです。

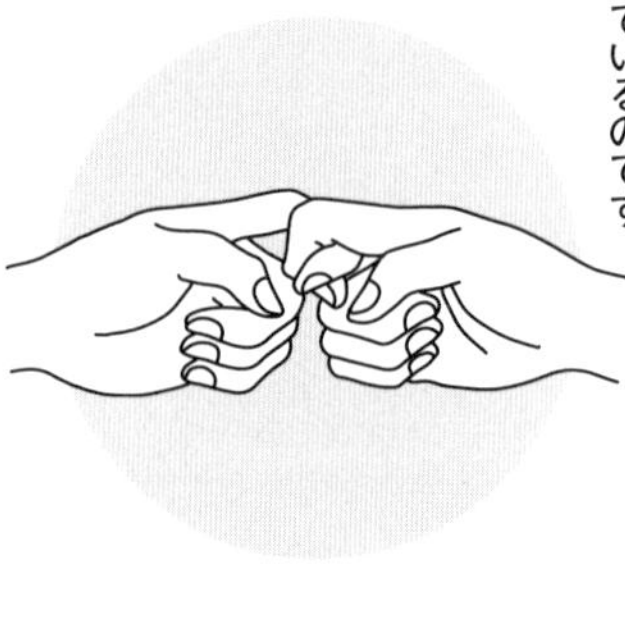

普賢延命印

三昧耶形 甲冑。また、金剛薩埵の三昧耶形と同じ五股杵も用いられます。

甲冑

と述べています。また、『五秘密儀軌』という経典は、「金剛薩埵は普賢菩薩である。すなわち、一切の如来のあとを嗣ぐ長男（原文は長子）であり、一切の如来の菩提心である」と説いています。

菩提心は、一般的には悟りを求める心を意味しますが、密教では知恵と慈悲と瞑想の三つの心がひとつになった悟りそのものと解釈します。その菩提心の総体が、普賢菩薩＝金剛薩埵だというのです。そこで普賢は、「三世諸仏の総体」とも称えられています。

日本の仏教では、普賢はあくまで菩薩に位置づけられていますが、チベット密教では、大日如来を超える「本初仏」と位置づけられています。本初仏とは、一切の仏の父母にあたる根源仏のことです。

本初仏としての普賢は、法身普賢と呼ばれます。まさに「三世諸仏の総体」であり、根源の仏といってよいわけです。

普賢延命菩薩

通常の普賢菩薩は腕が二本の二臂像として描かれますが、二十本もの腕を持った、特殊な普賢菩薩が存在します。この普賢菩薩を普賢延命菩薩といい、東密（真言宗）はもちろんですが、台密（天台宗の密教）ではとくに重んじてきました。

台密の諸法のうち、特別に重要で大がかりな修法に位置付けられてきたたも

普賢延命菩薩

のに四箇大法があります。安鎮法、熾盛光法、七仏薬師法および普賢延命法の四法で、普賢延命法は増益延命のために修されるのですが、この大法の本尊が、二十臂の普賢延命菩薩なのです（東密の流派にも普賢延命法を大法に数えているものが多数あります）。

伝説によれば、降三世明王が神々を仏教に帰依させるために、力をもって調伏しました。けれども大自在天（シヴァ神）のみは、その強大な威勢を誇って従わなかったため、明王に踏み殺されてしまいました。それを知った普賢延命菩薩は、大自在天を哀れんで金剛寿命の印と真言を結誦しました。すると大自在天が蘇生したというのです（『金剛寿命陀羅尼念誦法』）。

このように、普賢延命菩薩の印明には、殺された神々まで生き返らせる力があると信じられました。そこで、天皇をはじめとする貴顕の増益延命をはかるために、くりかえし修されてきた長い歴史があるのです。

真言

普賢　**オン・サンマヤ（サマヤ）・サトバン**

普賢延命　**オン・バザラ・ユセイ・ソワカ**

普賢真言（普賢三昧耶印言）のサンマヤは平等、サトバンは衆生と仏の本質は同じだという意味で、行者と金剛薩埵が一体化した世界に住することを表現しています（密教ではこれを入我我入といいます）。本文に記したとおり、普賢は金剛薩埵と同体と見なされてきました。

次の普賢延命の真言のバザラ・ユセイは金剛の寿命を表します。同菩薩の種字はユ（[梵字]）ないしユク（[梵字]）です。

種字 サ

三十三身に化身する慈悲尊
観音（観自在）菩薩
◉かんのん（かんじざい）ぼさつ

観音と観自在

日本でもっとも人気があり、古代からあまたの信仰を集めてきたのが、この観音菩薩です。事情は古代インドや中国でも同じだったようで、インドでは菩薩像の中で観音の人気がもっとも高く、古来、非常に多くの単独像がつくられてきました。

梵名はアヴァローキテーシュヴァラです。鳩摩羅什（くまらじゅう）（四世紀半ばから五世紀初頭にかけて活躍した西域出身の学僧・翻訳僧）による旧訳では「観世音（かんぜおん）」とされていますが、玄奘三蔵（げんじょうさんぞう）（『西遊記』の三蔵法師のモデルとなった七世紀の唐の学僧・翻訳僧）による新訳は「観自在（かんじざい）」で、こちらのほう

手印　観音を念じる行者は、八葉印もしくは蓮華部心印を結びます。八葉印は、まず両手を虚心合掌し、大指と小指以外の指は開いた状態で離します。慈悲の心や悟りを求める心の象徴である蓮華の姿をかたどったこの印は、ほかの観音を念じる際にも用いられます。
蓮華部心印は、まず六種拳のうちの内縛拳の形に手を組み、右手の大指だけを立てて伸ばします。組んだ手を、胎蔵界曼荼羅の中心世界である中台八葉院に見立てるのです。

八葉印

が正確な訳とされています。アヴァローキタが「観」、イーシュバラが「自在」を意味し、両語を合わせると、世間を自在に観じるといった意味のアヴァローキテーシュヴァラとなるからです。

ただ、日本では、観自在より観世音の略形である観音の名のほうがはるかに深く浸透しており、一般に観音菩薩と呼ばれてきたので、本書でも観音という呼称で統一することにします。

尊名についてもう少し書いておくと、イーシュヴァラとは自在天のことで、仏教にとりこまれる以前の名はシヴァです。

大慈大悲の観音と、猛悪面を具えた破壊の大神シヴァでは、イメージがかけ離れているように思われますが、それは日本での観音信仰がもっぱら慈悲救済の面に注目してきたからで、インドではシヴァとのつながりが深く意識されていました。１３４ページから述べる変化観音の中には、シヴァ神のイメージを受け継ぐ観音が数多く出てきます。

三十三観音と六観音

日本で観音の名が広く浸透したのは、鳩摩羅什訳の『法華経』の影響が大です。同経によると、「南無観世音菩薩と観音の名を呼んで助けを求めれば、菩薩はその音声を観じて、いかなる者でも助けにやってくる」といい、しかも救いを求める者の身分や境遇などに合わせて、三十三の変化身（三十三応

三昧耶形 蓮華。胎蔵界曼荼羅の観音院を蓮華院と呼ぶことからもわかるとおり、蓮華は観音グループ全体の三昧耶形です。蓮はもともとインドが原産で、仏教以前から生命の産出や多産などのシンボルとして用いられてきました。蓮への信仰は仏教にも取りこまれており、三昧耶形でも数多くの蓮が用いられています。白描で単純化された三昧耶形図では違いがわかりませんが、仏典を読むと、仏菩薩によって異なった種類の蓮が用いられていることがわかります。代表的なものをいくつか挙げると、分陀利迦（プンダリーカ）は白蓮華、鉢頭摩（パドマ）は紅蓮華、優鉢羅華（ウトパラ）は青蓮華と呼ばれる種類です。優鉢羅華は厳密にはハス科ではなく、スイレン科に属する植物ですが、通常は蓮と一緒に扱われています。観音の蓮は分陀利迦（白蓮華）で、なにものにも穢されることのない無染着性などを表示しています。（真言欄参照）『法華経』の説く蓮も分陀利迦で、大白蓮華と呼ばれます。青蓮華（睡蓮）をシンボルとしている菩薩には、文殊や多羅があります。

化身、または三十三観音）をとると説かれています。

変化身とは、①仏身、②辟支仏身（独力で悟りを開いた仏、縁覚）、③声聞身（釈迦の教えを聞いて悟りを開いた仏弟子）、④梵王身（梵天）、⑤帝釈身（帝釈天）、⑥自在天身（第六天所属の天魔）、⑦大自在天身（第六天王のシヴァ神）、⑧天大将軍身（天上の大将軍神）、⑨毘沙門身（毘沙門天）、⑩小王身（人間界の王）、⑪長者身、⑫居士身（在家の仏教信者）、⑬宰官身、⑭婆羅門身、⑮比丘身（男性仏教修行者）、⑯比丘尼身（女性仏教修行者）、⑰優婆塞身（浄行を実践している在家の男性仏教信者）、⑱優婆夷身（同、女性仏教信者）、⑲長者婦女身、⑳居士婦女身、㉑宰官婦女身、㉒婆羅門婦女身、㉓童男身、㉔童女身、㉕天身（天人）、㉖龍身、㉗夜叉身、㉘乾闥婆身、㉙阿修羅身、㉚迦楼羅身、㉛緊那羅身、㉜摩睺羅伽身、㉝執金剛身（夜叉の一種で仁王と通称される神）です（㉖〜㉝は6章参照）。

ごらんのとおり、仏や神々の姿から、女性や子ども、魔物や怪物にいたるまで、ありとあらゆる姿がふくまれていますから、その救いの手から漏れる衆生はないのです。

観音のこの功徳は、『法華経』の「普門品」（観世音菩薩普門品第二十五）と呼ばれる章に説かれています。この章だけを独立させたものが『観音経』です。人々の悩みは尽きることがありません。その悩みをよく観じ（観じるというのは眼で観るという意味のほかに、知恵と慈悲の眼によって観るというふたつの意味があります）、どこにいても救済にかけつけてくれる菩薩ということで、観音は絶大な信仰を受けつづけてきました。

この三十三観音と同じような発想から生まれた信仰に、六観音があります。人間が輪廻してまわる世界を六道といいますが、そのそれぞれに担当の観音がいて、そこにやってきた人々の一切を救済してくれるという信仰です。

六観音のメンバーは、真言宗と天台宗では人間界のみが異なっていますが、他は同じで、以下のようになっています。①地獄界＝聖観音、②餓鬼界＝千手観音、③畜生界＝馬頭観音、④修羅界＝十一面観音、⑤人間界＝准胝観音（真言宗）、もしくは不空羂索観音（天台宗）、⑥天界＝如意輪観音。

この六観音は、いずれも日本で厚く信仰されてきた、もっとも重要な菩薩です。以下、それぞれの特徴とご利益、印と真言を解説し、他にいくつかの著名な観音についても紹介していきます。

真言

オン・アロリキャ・ソワカ

アロリキャは無染着者と訳されます。救いを求める衆生は、輪廻世界で生死をくりかえす中、つねに煩悩の深い泥海でもがき苦しんでいます。観音はその泥海に進んで入りこみ、人々を救うために働くのですが、どれほど濁りきった泥中にあっても、泥中から茎を伸ばして美しく咲く蓮華のように、観音が泥に染まるということはありません。その観音を指して、無染着者と称えているのです。

なお、観音の働きはすべての観音に共通しています。そこで、オン・アロリキャ・ソワカは、すべての観音の通呪（共通の真言）として用いられます。観音を拝するときには、いかなる観音であれ、この真言を唱えればよいのです。種字はサ字（स）。これもすべての観音に共通して用いられる通種字です。

種字

サ

全観音の中心尊
聖観音菩薩

◉しょうかんのんぼさつ

最もよく親しまれている、人間と同じ顔がひとつで手が二本の観音を、聖観音（正観音）菩薩と呼びます。他の観音は、顔や手を複数もつ異形の変化(へんげ)観音ですが、聖観音だけは人間と同じ姿です。たんに観音といった場合は、この聖観音を意味します。

聖観音は顕教(けんぎょう)でも厚く信仰されてきた菩薩ですが、密教でもその活躍はめざましく、曼荼羅中に多くの活動場所をもっています。

まず胎蔵界曼荼羅では、胎蔵界の中心世界である中台八葉院(ちゅうだいはちよういん)に座を占める観音が聖観音であるほか、自らが主尊となって観音院（蓮華部院）という区画を統治しています。観音院には計三十六尊の部属の菩薩等が描かれており、その中には馬頭観音や如意輪観音、不空羂索観音など著名な観音の名も見えますが、中心は聖観音です。さらに釈迦院にも描かれて釈迦如来の脇の座を占め、文殊がつかさどる文殊院でも主尊である文殊の脇に住しています。

金剛界曼荼羅にも、もちろん観音は描かれています。金剛界曼荼羅の中心は金剛界大日を中尊とする五智如来ですが、その五智如来のうち、西方をつかさどるのが無量寿如来（阿弥陀仏）で、無量寿如来の徳を四種に分類して菩薩で表した四尊のうちの一尊、金剛法菩薩が聖観音なのです。無量寿如来が菩薩の姿をとって活動するときには、この金剛法菩薩になります。

天台宗で重く用いられてきた聖観音関連の経に、『請観世音菩薩消伏毒害陀羅尼経』という雑密経典があります。毘舎離国の人民がすべて「大悪病」に罹り、体のそこかしこから膿血を流すなど悲惨な状況に陥って釈迦に救いを求めたところ、釈迦が自らの威神力によって無量寿仏（阿弥陀）と観音・大勢至の三尊を出現せしめ、救済にあたらせたという内容です。

このとき聖観音は「消伏毒害陀羅尼」を説き、人々は観音の名を唱え陀羅尼を誦して救われるのですが、この経文を受けて、天台では疫病除けに請観音法を修してきました。観音の現世利益の功徳がよく表れています。

手印

前項の観音と同じ八葉印です。請観音法では蓮華部心印を結びます。

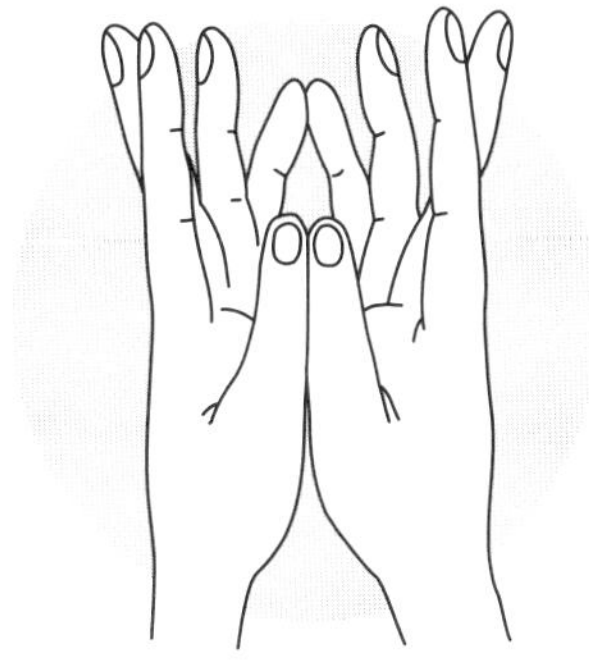

八葉印

三昧耶形

初割蓮華。ほころび始めた蓮華です。凡夫の仏心は蕾の蓮華（未敷蓮華）のように固く閉じており、まだ開いていません。その蕾を、観音が開敷（開花）に導くのです。

真言

オン・アロリキャ・ソワカ

前項の観音菩薩の通呪と同じです。なお、『請観音（陀羅尼）経』の説く観音の称名は「南無仏、南無法、南無僧。南無観世音菩薩摩訶薩、大悲大名称救護苦厄者」です。観音を念じるときは、これを三度唱えよと経は説いています。

種字 キリク

千手千眼観音菩薩

地獄から至高天までを救済する聖観音の化身

◉せんじゅせんげんかんのんぼさつ

千手千眼観音のルーツ

千本の手（臂）と千個の眼をもつとされるのが千手千眼観音です。十一面千手千眼観音、千手観音、蓮華王などとも呼ばれます。

密教における根本経典は『千手千眼観世音菩薩広大円満無礙大悲心陀羅尼経』（『千手経』）で、同経には聖観音が千手千眼観音になった因縁が説かれています。

それによると、釈尊が観音の霊場である補陀落迦山の観世音宮殿に滞在していたとき、蝟集していた諸菩薩・諸神らの前で、観音が全世界を金色に染めあげ、須弥山をふくむ世界のことごとくを震動させ、一切の星の光を消すという

手印 千手観音を念じる行者は、八葉印（120ページ）、もしくは千手根本印を結びます。根本印は、まず両手を金剛合掌し、手の背を少し曲げて離し、両の中指をつけます。大指・小指は図のように開き、まっすぐに立て、残りの指は交差させるのです。この印には、蓮華五鈷印、九山八海印、補陀落九峰印（補陀落は観音の浄土）、五峰八柱宝楼閣印などの異名があります。

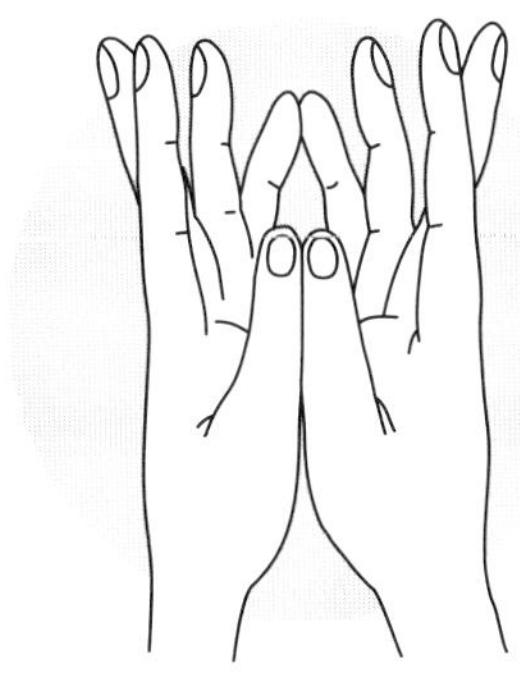
八葉印

千手根本印

大神変を顕しました。

諸衆は驚嘆し、この神通力をいかにして獲得したのか尋ねました。すると観音は大悲心陀羅尼の威力であることを説き、その因縁を語ったのです。

それは無量億劫の過去世、千光王静住如来という仏が活動していた時代のことです。如来のもとで修行していた観音は、未来の悪世の一切衆生を救済利益するための陀羅尼を、如来から授かりました。

歓喜感動した観音は、如来から授かった使命を自分が果たせるのなら、いまただちにわが身に千手千眼を具足せしめよと発願しました。すると、たちまち千手千眼が具わったというのです。

千手千眼について、密教ではこのような物語をつくりあげ、さまざまな教学的な意義づけをおこなっていますが、ルーツはヒンドゥーの神々のようです。「千の腕を持つ者」というシヴァ神の形容辞と、「千の眼を持つ者」というインドラ神（仏教でいう帝釈天で、ヒンドゥーの主神）の形容辞を合わせると、まさにこの千手千眼になるのです。

千手と千眼の働き

仏教美術史学者の宮治昭氏によると、インドでは千手千眼観音の作例は仏像・絵像ともに見当たらないようですが（「弥勒菩薩と観音菩薩」龍谷大学アジア仏教文化研究センター２０１２年度研究報告書）、中国や日本では大い

三昧耶形 開敷蓮華。衆生の仏心を開かせ、あらゆる願い事を満足せしむる千手千眼の徳を表しています。
また、蓮上宝珠（蓮華の上に宝珠を載せた形）も千手観音の三昧耶形のひとつです。千本の手を駆使して衆生の願いに応える菩薩の働きを、万宝を雨降らせる宝珠によって象徴するのです。

開敷蓮華

蓮上宝珠

に信仰され、仏像なども数多く造られてきました。大阪の葛井寺は、実際に千本を超える手をもつ国宝の千手観音を本尊としています。八世紀半ばの奈良天平仏ですが、まるで巨大な鳥の翼のように菩薩の背後に広がる手の迫力は圧倒的で、観音の巨大な救済力が、みごとに造形されています。

千手千眼観音とも呼ばれるのは、菩薩の手のひらに一個ずつ眼がついているからです。一切の願望を成就してくれる観音とされ、万能の救済力を象徴する千本の腕と、全世界を見通すことを象徴する千個の眼によって、観音の働きそのものが具象化されています（葛井寺には「慈眼視衆生」と題された千手観音のお札があります。観音の手形を模したものですが、その中央にも縦長の涼やかな菩薩の一眼があります）。

ただし、一般的な千手観音像の手は、四十二本です。胸の前で合掌する二本を除くと四十本ですが、一本の手が三界（欲界・色界・無色界）を構成している二十五の世界、つまり全世界を救うとされているため、四十本で千本分の働きがあることになるのです。

二十五有の救済

仏教では、衆生が輪廻してまわる世界の全体を二十五種に分類します。これを二十五有と呼んでいます。

煩悩が渦巻く欲界の四悪道（地獄・餓鬼・畜生・修羅）、人間などが暮らしている海に浮かんだ四つの大陸世界（弗婆提・瞿陀尼・鬱単越・閻浮提）、須弥山の山頂から上空までを占める神々の住まいである六欲天（四王天・忉利天・夜摩天・兜率天・楽変化天・他化自在天）、煩悩を脱した清浄で高次の神人が住む色界七天（初禅天・大梵天・二禅天・三禅天・四禅天・無想天・五浄居天）、肉体的・物質的な束縛から完全に脱却して、精神のみの存在となった聖者が住む無色界（空無辺処・識無辺処・無処有処・非想非非想処）の二十五種です。

千手千眼観音は、これら二十五有のすべてを千眼によって観じ切り、千手という無限の救いの手をさしのべているとされるのです。

多いのは手と眼だけではありません。面も二十七の多数にのぼります。

このうち、小さな二十五面は、それぞれが右に述べた二十五有を担当します。それに加えて、正面の本面、観音の本体である阿弥陀如来の面の二面を足すと二十七面になります。ただし、経典によって面の数は異なります。一面から五百面まであり、多くは十一面ですが、現図曼荼羅は二十七面です。

真言

オン・バザラ・ダルマ・キリク

金剛（バザラ）の法（ダルマ）であるキリク（キリーク）に帰命する（オン）、という意味の小呪です。キリク（[梵字]）は千手観音の種字で、カ（[梵字]＝痴）・ラ（[梵字]＝貪）・イ（[梵字]＝瞋）・アク（[梵字]＝涅槃）の合字とされます。衆生の根本的な煩悩とされるのが貪瞋痴（貪りと怒りと愚痴の心）の三毒ですが、

千手観音はこの三毒を浄化して絶対的な安心の境地である涅槃（アク）へと導きます。その働きを一字で表したものがキリク（[梵字]）なのです。なお、諸観音の本体ともいうべき阿弥陀如来もキリク（[梵字]）を種字としています（97ページ参照）。

種字 カン

断煩悩の忿怒観音
馬頭観音菩薩

◉ばとうかんのんぼさつ

観音部中の明王

異形の姿をもつ変化(へんげ)観音のなかでも、とりわけ観音らしからぬ恐ろしい姿をしているのが馬頭観音です。明王のように怒りを露わにした忿(ふん)怒(ぬ)相で、頭上には馬頭が載せられています。

その姿や、いかにも恐ろしげな表情に表されているとおり、この観音は、聖観音が主尊となっている観音部（蓮華部）の中で、衆生の煩悩を明王の威力によって断ち切る「断煩悩(だんぼんのう)」の徳をつかさどります。そこで忿怒持(じ)明王とも呼ばれています。インドでは、そのものずばりの馬頭人身の神で、もともとは天地創造の主神であるヴィシュヌ神の化身でした。それが仏教にとり

手印 馬頭観音を念じる行者は馬頭観音印（馬頭印）を結びます。まず虚心合掌、ないしは蓮華合掌し、両頭指と無名指を折り曲げて、第二関節部分を背合わせするようにします。小指と中指は立てて合わせ、大指は頭指の手前でそろえます（大指と頭指はつけません）。これは馬の顔を表しています。すなわち、小指が耳、無名指が目、中指が鼻、頭指と大指の間の隙間が口腔です。

一切の煩悩を喰い尽くす馬頭観音の働きそのものを表す摂一切諸毒印という印もあります。内縛して二大指を並べ立て、上の関節部分を屈するのです。大指は頭指には着けません。大指と頭指の間に空間ができますが、これが馬の口で、一切諸毒を喰らい尽くすと観じるのです。

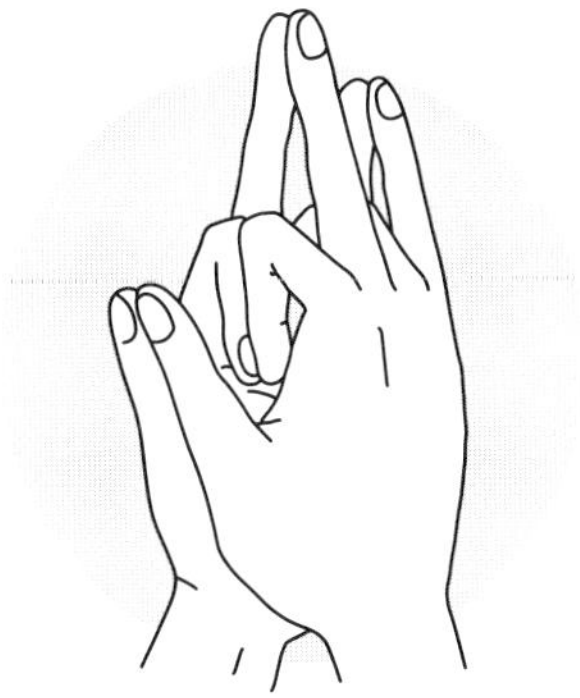

馬頭観音印

こまれて、観音の変化身のひとつになったのです。

日本に入ってきたのは奈良時代です。平安時代になると、仏教界はほぼ密教一色に染めあげられていきますが、その密教では、馬頭観音を菩薩グループではなく明王グループとして扱うことが少なくなく、馬頭明王、馬頭金剛明王、馬頭威怒王などの異名もあります。

馬頭の姿で描かれるのは、この観音の功徳を表すためです。馬は獣のなかでもとくに草を求める性向が強いと見なされてきましたが、それと同様、この観音も人々の迷いや煩悩などを馬のように貪り食べ、それによって衆生を救済するので馬頭で表すのだと説明されています。

賀野紇哩縛大威怒王念誦儀

馬頭観音の諸法を詳細に記している雑密経典『聖賀野紇哩縛大威怒王立成大神験供養念誦儀軌』（賀野紇哩縛は馬頭観音の梵名ハヤグリーヴァの音訳）によれば、馬頭観音は大慈大悲の本願のゆえに解脱の境地に住むことはせず、「一切苦の根源である無明の世界に常住して、種々の悪趣を断尽し、六道世界に生きるすべての生き物（四生）の生老病死の苦しみを滅尽する」といい、この尊を念じる行者の住むところから四十里以内には、「魔事および諸鬼神等は存在しえない」とも説かれています。

参考までに、同儀軌の説く馬頭観音勧請の瞑想の概略を記しておきます。

三昧耶形

白馬頭。大悲深重の義とされ、断煩悩を象徴します。

行者は正座・閉目して深い瞑想に入り、自身の胸間に円満清涼潔白の満月があると観じます。満月上に八葉蓮華があり、その蓮華が次第に大きくなって一切世界に遍満し、六道衆生のすべての苦悩を滅除し、安楽悦喜を与えると観じます。次に、蓮華が縮小してわが身と等しくなると観じ、空中の一切如来が蓮華中に入って一体となり、蓮華が観音菩薩に変じると観じます。

ついでカン、バン、ラ、ケツなどの種字が大日如来などに変容していくさまを観じていき、金剛峯宝楼閣のヴィジョンに至ります。楼閣中に蓮華があり、中にキリ字（𑖮𑖿𑖨𑖱𑖾）があります。そのキリ字（𑖮𑖿𑖨𑖱𑖾）から大光明が流出して無辺の仏界に広がっていき、一切の受苦の衆生を解脱に導くと観じます。この大光明の中に、馬頭大威怒王が涌出すると観じるのです。

馬頭観音の三摩地（瞑想の境地）は凄まじく、一切の仏国土をその火光によって焼き尽くし、すべての大海を涸れさせ灰燼に帰せしめると説かれています。この威力を揮って「断煩悩」のために働く姿は、まさに飢えた馬が一心に草を食みつづける姿と変わりがないというのです。

眷属の二十八鬼神

馬頭観音には二十八人の鬼神の使者がおり、壇を設けて祭祀し、その名を呼べば、来たって願いをかなえてくれると同儀軌は説いています。鬼神の名と、主に現世利益にかかわる功徳は以下のとおりです。

馬からの連想からか、日本では家畜などに関係した「畜生界」の担当とされ、とくに家畜の守護神として厚く信仰されました。今日では競馬場近くによく祭られています。

使者名	勧請・供養する時
①読誦使者	広く経論を読誦したい時
②論議使者	仏教における論議上手になりたい時
③聡明多智使者	聡明多智を求める時
④伏蔵使者	地中の宝を求める時
⑤前当法使者	入山修行して仙人の法を求めたい時
⑥龍宮使者	龍宮の宝を求めたい時
⑦隠形使者	隠形・昇天・変化の法を求めたい時
⑧禁呪使者	鬼神を呪禁し、水火を禁ずる法を求める時
⑨奇方使者	飲食・銭財・衣食を得たい時
⑩博識使者	博識を欲する時
⑪勝方使者	勝利を欲する時
⑫生利使者	衆生の利益を求める時
⑬奇方使者	種田を求める時
⑭高官位使者	官位を求める時

使者名	勧請・供養する時
⑮右司命使者	富貴を求める時
⑯左司命使者	人の生死を知りたい時
⑰北斗使者	鎮宅・攘災などを欲する時
⑱五官使者	地獄の文案の吉凶を知りたい時
⑲太山使者	長生不老を欲する時
⑳金剛使者	山を移し海を抜きたい時
㉑神通使者	他者や鬼神の心を知りたい時
㉒坐神使者	水火・刀箭・毒薬の害を除けたい時
㉓多魅使者	人々から愛され喜びを得たい時
㉔神山使者	偉大な医者になりたい時
㉕香王使者	身を香気で包みたい時
㉖自在使者	神通により十方を自在に飛行したい時
㉗大力使者	悪魔を降伏したい時
㉘持斎使者	怨家を破りたい時

真言 **オン・アミリト・ドハンバ・ウン・ハッタ（・ソワカ）**

アミリトは甘露です。甘露を発生させて、一切の障碍を破壊するという意味の真言です。

種字 キャ

最古の変化観音
十一面観音

◉じゅういちめんかんのん

十種勝利と四種功徳

　多くの顔と手をもつ変化観音のなかでも、もっとも古くから信仰されたとされるのが、この十一面観音です。梵名はエーカダシャ・ムカ。十一の顔の意で、ムカが顔です。

　この観音も、バラモン教を代表する破壊神シヴァ、ないしシヴァの化身とされる十一の顔をもつ荒神(エーカダシャ・ルドラ=十一面荒神)がルーツといわれていることからもわかるように、インドの荒ぶる破壊神が仏教にとりこまれて観音の変化身のひとつとなり、中国・日本へと伝えられたもので、聖観音に次いで漢訳経典に現れたという、最古に属する観音です。

手印

この観音を念じる行者は、26ページに記した金剛合掌を結び、十指は深く交差します。その上で、自分の頭上に掲げるのです。これは、十指を十面に、自分の顔を本面に見立てて、自身を十一面観音そのものと観じるためです。この印を十一面根本印と呼んでいます。

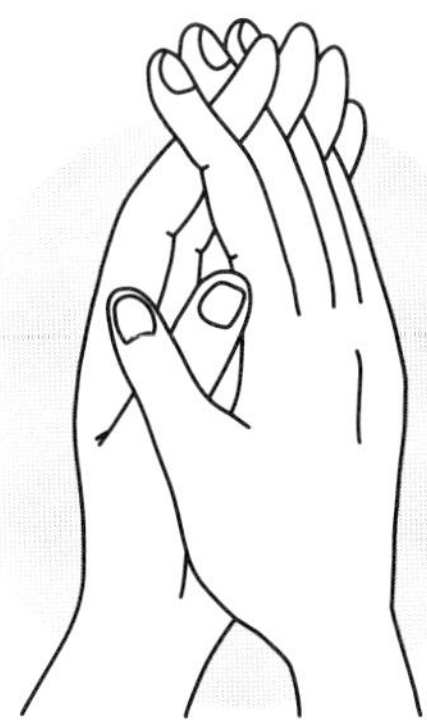

十一面根本印

菩薩の功徳と祭祀供養などの諸法は『十一面観自在菩薩心密言念誦儀軌経』に詳説されており、それによると、釈迦如来が補陀落山の観自在宮殿に滞在していたとき、観音菩薩が「十一面」という名の心密語（根本陀羅尼の肝腎を説いている真言）について宣説したことが説かれています。観音が仙人として修行していたとき、当時の世界を教化していた百蓮花眼髻無障礙無染力光王という如来から授かったのが十一面心密言（十一面真言）で、その真言には、以下の「現世得十種勝利」と「四種功徳」があるというのです。

まず十種勝利とは、現世にかかわる十種の功徳をいいます。

(1)離諸疾病　病気とは無縁になる。
(2)一切如来攝受　すべての如来が慈悲をもって教え導いてくれる。
(3)任運獲得金銀財宝諸穀麦等　財物も食物も思うがままに手に入る。
(4)一切怨敵不能沮壊　いかなる怨敵からも害されない。
(5)国王・王子在於王宮先言慰問　王宮で国王・王子からもてなしを受ける。
(6)不被毒薬蠱毒・寒熱等病皆不著身　毒薬・呪術・寒熱諸病に害されない。
(7)一切刀杖所不能害　いかなる武器にも傷害されない。
(8)水不能溺　溺死することはない。
(9)火不能焼　焼け死ぬことはない。
(10)不非命中夭　事故や災害で夭逝することはない。

次の四種功徳は来世にかかわる功徳です。

三昧耶形 澡瓶。澡瓶は飲料水を入れる水瓶（水差し）のことです。十一面観音の澡瓶には大悲の甘露が入っており、この甘露によって煩悩の熱悩を除くのです。また、観音に共通の開敷蓮華も三昧耶形として用いられます。

澡瓶

開敷蓮華

(1)臨命終時得見如来　臨終に際して如来の来迎をじかに見ることができる。
(2)不生於悪趣　地獄・餓鬼・畜生の三悪道に転生しない。
(3)不非命終　不慮の事故や災難などで横死することはない。
(4)従此世界得極楽国土　極楽浄土に生まれ変わる。

十一面の構成

十一面観音は日本でも篤く信仰されました。中でも有名なのが、旧暦二月に行われる東大寺の正月行事「お水取り」で、正式には「十一面悔過法要」といいます。これは東大寺二月堂の本尊である十一面観音に過去の罪過を懺悔して、国家安泰や五穀豊穣などの利益を祈るものです。

十一面の由来については諸説があって、定説はありません。顔の配置にも諸説がありますが、多くは慈悲面、瞋怒（怒り）面、牙（犬歯）を上方に剥きだした白牙面（浄行者を誉め讃えて仏道を勧める相）、悪行や汚穢を大笑によって滅する大笑面の四種面と、頭頂部の如来面、それに正面の本面で構成されています。面数は十一ですが、本面をふくめて十一面の像もあれば、本面とは別に十一面がある像もあります。ただし、十ないし十一の面によって、観音の慈悲による救済と、悪を打ち負かす圧倒的なパワーによる救済、最終的に導くべき世界（阿弥陀浄土）が表現されている点は同じです。

①

②

③

④

十一面の種々相

①は正面の本面上に十面を載せて十一面としていますが、②は本面上に十一面を載せており、本面を加えると十二面になるパターンです（いずれも『覚禅抄』巻四十四）。これ以外にも種々のバリエーションがあり、③は十面が輪状に並び、頭上に仏面一面を載せる異形の造形です（『別尊雑記』巻二十）。また④は本面の上に七面、その上に結跏趺坐した化仏と立像の仏がタワーのように重なっています（『覚禅抄』前同）。十一面観音の密号は「変異金剛」といいますが、その名にふさわしく変化に富んだ姿で造形されています。

真言

オン・マカキャロニキャ・ソワカ

これは『十一面観世音神咒経』の説く十一面根本陀羅尼（オン・ダラ・ダラ・ジリ・ジリから始まる長文の真言）の末尾の句を採って小咒としたものです。ほかにオン・ロケイジンバラ・キリクも用いられます。キリク（𑖮𑖿𑖨𑖱𑖾）については千手千眼観音菩薩（134ページ）を参照してください。

種字 ポ

不空羂索観音

藤原氏の栄華を支えた守護尊

◉ふくうけんじゃくかんのん

藤原氏が独占した観音

不空羂索観音は、前項の十一面観音についで古い信仰の歴史をもつ観音です。通常は一面三目八臂（三つ目で八本腕）の姿で造形されますが、十一面三十二臂などの像もあります。

梵名はアモーガパーシャ。このアモーガ（アモガ）は75ページに記したアモガシッデイ（不空成就如来）のアモガと同じで、「空しからず」を意味し、パーシャが羂索です。

羂索というのは、上掲の尊像の一手が手にしている紐の一種で、漁で用いられる網と紐（綸）のことども、狩猟や戦闘などで用いられる投げ縄のことども説かれており、不空羂索

手印

不空羂索観音を念じる行者は、蓮華羂索印（不空羂索印）を結びます。

まず未敷蓮合掌（25ページ）をつくり、両の頭指と大指を外縛します。その際、右の大指は左の大指と頭指の間に入れるのです。外縛した四指は、獲物をとらえる縄（索）を表します。また、残る六指は索につながれた蓮華です。蓮華は観音に共通するシンボルですが、不空羂索の場合は衆生を引き寄せる「餌」とされます。妙法蓮華の餌を生死海に下して、引き寄せられた衆生を救済するというのです。この印の大指・頭指を除く六指が、索につながれた蓮華だと説明されているのは、この理によります。

蓮華羂索印

観音のシンボル（三昧耶形）ともなっています。この網もしくは縄を投じて、生死の苦界をあてもなく漂っている獲物（迷える衆生）をからめとり、漏らすことなく救いあげるのが不空羂索観音の大慈悲の働きであり、狙って仕損じがないことをさして「不空（空しからず）」というのです。

天台宗では、この不空羂索観音をもって、六道のなかの「人道」（人間世界＝娑婆）を担当する観音としています。人間界担当だけに、本来ならもっとも厚く信仰されてきておかしくないのですが、意外なことに、この観音の像はごくわずかしかつくられていません。また、信仰も、ほとんど広まっていないのです。その理由は、この観音が平安時代の事実上の支配者である藤原氏によって、ほぼ独占されていたからだと考えられています。

鹿皮衣の因縁

不空羂索観音は一目でそれとわかる特異な姿をしています。右ページの図でも明らかなとおり、鹿皮の衣、ないしは鹿皮の袈裟を着ているのです。そのため鹿皮衣観音という変わった異名もあります。

この鹿皮衣というスタイルも、ヒンドゥーの神々を取りこんだ名残と考えられており（創造神ブラフマー、仙人、ヒンドゥー行者、司法神ヴァルナなどが鹿皮をまといます）、その姿は「摩醯首羅天（シヴァ）のごとし」とも説かれています（『不空羂索呪経』）。またしてもシヴァ神が出てきました。観音

三昧耶形 羂索、もしくは開蓮華。羂索は「慈悲の索」と伝えられています。参考に掲げた三昧耶形は、開蓮華の上に羂索を載せて両者を組み合わせたものです。

開蓮華上の羂索

グループの総説のところで、観音とシヴァ神のつながりについて記しましたが、不空羂索観音もやはりそうした中の一尊なのです。この観音に不空奮怒（ふんぬ）（忿怒）王や不空大可畏（だいかい）明王などの異名があり、「はなはだ怖畏すべき」菩薩とされるのも、シヴァ神のもつ性格の反映とみてよいでしょう。

『不空羂索呪経』は典型的な呪術経典で、現世で得ることのできる二十種の功徳と、臨終に際して得られる八種の功徳が説かれています。観音の真言を唱えれば、五逆重罪と諸業障（ごうしょう）は取り除かれ、感熱病、腫瘍の類、眼病、耳の病、鬼類によってもたらされる霊的な病など、一切の病が消えて癒えるなどの現世利益のほか、呪詛（じゅそ）の法も説かれています。呪詛したい相手の人形像を、麺もしくは泥もしくは蠟でつくり、刀で段々に切り裂くというのです。また、虚空を飛ぶ、姿を消すなどの超常能力も得られるとしています。

藤原一族の守護仏

先に、不空羂索は鹿皮をまとうと書き、藤原氏とは特別なつながりがあったと書きました。その理由は、鹿が藤原氏の氏神である春日大社の神獣と見なされていたからです。そこで藤原氏は、鹿皮をまとった不空羂索観音を一族の守護仏とし、政敵である源氏に対する呪いなどを、この仏に祈願しました。こうした経緯から、不空絹索観音は藤原氏が使う呪詛神としての性格を帯び、その結果、人々に恐れられた不空羂索観音への信仰は、狭い範囲にとどまることとなったと考えられているのです。

天台宗もこの観音を重んじ、六道中の人道の担当に当てています。天皇家と密接不可分の関係のもとに発展してきた天台宗は、天皇家の外戚として権勢を誇った藤原氏との関係もただならぬものがありました。とくに中世以降は、藤原氏出身の天台座主(ざす)が頻出しています。

延暦寺は一個の都市国家のようなもので、金融から商工業、自前の武力までを備え、膨大な荘園を保持する巨大な権力機構となっていました。そのトップである天台座主が多く藤原氏出身で、皇族から出家して天台座主になった者も、母方が藤原氏出身の女性というケースが少なくなかったのです。

藤原氏が政治の実権を握ってきたことと、不空羂索観音が人間世界(人道)を担当していることには深いつながりがあるのだろうと、筆者は想像しています。ちなみに真言宗は、人道に次項の准胝(じゅんでい)観音をあてています(ただし、真言宗でも小野流は六観音法に准胝ではなく不空羂索を用いることを秘法にしており、藤原氏出身の真言僧・寛信(かんしん)が宇治の長者・藤原忠実(ただざね)のために修した六観音法でも不空羂索が用いられています)。

真言　オン・アモキャ・ビジャヤ・ウン・ハッタ

アモキャはアモガ(不空)、ビジャヤは最勝、ウン・ハッタは満願・破壊の意で、「不空尊よ、勝伏したまえ、ウン・ハッタ」と訳されています。なお、天台宗ではオン・アモキャ・ハラチカタ・ウンウン・ハッタ・ソワカをこの尊の真言としているようです。

種字 ポ

准胝観音

◉じゅんでいかんのん

一切諸仏の母とされる観音

地母神から生まれた観音

観音は通常は男尊ですが、准胝観音は女尊です。「清浄」などを意味するチュンダーの音訳が准胝です。従来はチュンディーの音写とされてきましたが、仏教学者の田中公明氏によれば、原典はチュンダーで、チュンディーという読み方は誤りのようです。（「オリッサ発現の曼荼羅的構造をもったチュンダー（准提）像について」東京大学東洋文化研究所紀要170）

准胝のルーツははっきりしていませんが、シヴァ神の妃で戦争の女神として畏敬されてきたドゥルガーが前身だろうと考えられています。

ドゥルガーは、さらにさかのぼると、世界の

手印 この観音を念じる行者は、准胝観音印（三股印）を結びます。小指と無名指を内縛し、両中指をまっすぐに立てて指先をつけます。両頭指は立てて中指の上節の側につけ、両大指も立てて頭指の側につけるのです。

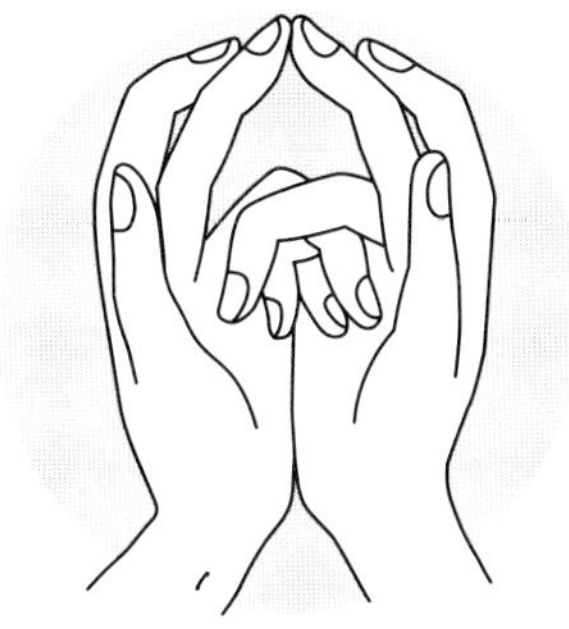

准胝観音印

どの古代文明圏にも存在する偉大なる大地の母、地母神にいきつきます。おそらくこの母なる女神が仏教にとりこまれて、すべての仏の母胎である仏母となり、准胝仏母、七倶胝仏母（七倶胝は七十万ないし無数のことで、この菩薩が数限りない諸尊の母だということを表しています）と呼ばれるようになったのでしょう。

この尊の陀羅尼を説いた雑密経典に『七倶胝仏母所説准提陀羅尼経』がありますが、そこでも准胝は観音とはされていません。釈尊が准提三摩地（清らかな瞑想の境地か）に入って説いた陀羅尼の出所が七倶胝仏（一切如来）であり、その母が七倶胝仏母なのです。

准胝陀羅尼の功徳

このように、チュンダーはインドでは仏を生じる仏母と見なされており、日本のように菩薩とはされていません。けれども真言宗の小野流では、変化観音の一種と見なし、人道を受け持つ六観音のうちの一尊としました。

同じ真言宗でも、小野流と並ぶ大きな流派である広沢流の中には、天台宗の見解と同じように、准胝ではなく不空羂索を人道に配当する流派もあります。理由も天台側と同じで、准胝は観音ではなく仏部に属する仏母だからというのです。ただし、これは真言宗内では少数意見のようです。

准胝陀羅尼の功徳について、先の経典はこう説いています。

三昧耶形

尊像が手に持っている賢瓶（左手第八手）、甲冑、五股杵、蓮華、法螺貝など。

甲冑

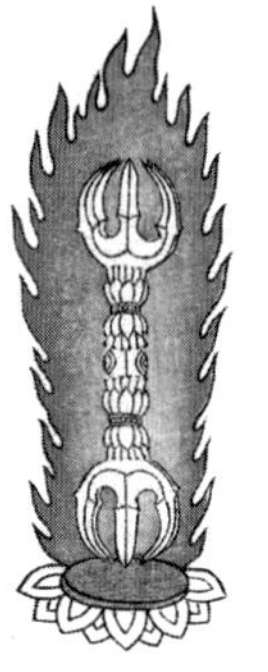

五股杵

法螺貝

「もし真言の行を修する出家や在家の修行者がこの陀羅尼を誦持し、九十万回を満たせば、無限の数を積み重ねてきた十悪四重五無間罪はことごとく消滅し、どのような世界に生まれようともそこで必ず諸仏・諸菩薩と出会い、豊穣の財宝があって、常に出家することができる。もし在家の修行者ならば、戒行を修持し、……常に天界に生まれ、人間界に生じた場合は必ず国王となり、地獄・餓鬼・畜生の三悪道に堕ちることはなく、親しく聖賢に接し、諸天から愛護を受けてその功徳をさずかることができる」

同経には、仏教における降霊法も説かれています。修法の小壇をつくり、霊媒として用いる福徳の童子の体を沐浴で浄め、新しい清浄な衣服を着せます。その上で、行者が准胝陀羅尼によって加持するのです。

まず香を童子の手に塗って浄め、加持した花を童子の手に持たせ、童子の顔を布で蔽って修法壇に立たせます。また別の花をとって真言を誦し、加持してから、童子の手の甲を打つこと二十一回。行者の知りたいと思うことを尋ねれば、すべて答えるようになるといいます。

このほか、『七倶胝仏母所説准提陀羅尼経』には、治病や鬼魅の類いの障碍の消除、毒虫毒蛇などの毒除け、得財、恋愛成就など、種々雑多な現世利益の法がふんだんに説かれています。

皇子をもたらした観音

准胝観音は、日本では、ルーツである仏母からの連想でしょうが、子宝を授けるために修される求児法の本尊とされてきました。九世紀末から十世紀にかけて在位した醍醐天皇の后の中宮・藤原隠子が、子を求めて准胝観音に祈ったところ、みごとに皇胤を授かったと伝えられています。のちの朱雀天皇と村上天皇が、その授かり子だというのです。

また、准胝観音は祈雨法の本尊としても用いられますが、それはこの観音の台座を支えるのが、水界を支配する難陀・跋難陀の二大龍王だからです（難陀と跋難陀については267～268ページ参照）。

多くは一面三目十八臂（三つ目で十八本腕）の姿で造像されていますが、腕の数のバリエーションは多く、二臂から八十四臂までが説かれています。修する法によって、本尊とする観音の腕の数が異なり、不二法門を求めて修するときは二臂、四無量（瞑想時に保つべき四つの心のあり方、慈・憐・喜・平静）を求めて修するときは四臂、六神通を求めて修するときは六臂など、細目が『七倶胝仏母准提大明陀羅尼経』に説かれています。

真言

オン・シャ・レイ・シュ・レイ・ジュン・テイ・ソワ・カ

右の真言の前に、ノウマ・サタナン・サンミャク・サンボダ・クチナンタニャータを付けるのが経典に説かれた正式な准胝陀羅尼ですが、常には冒頭に掲げたオン以下の真言を唱えます。

全部で九つの梵字からなるこの九字真言は、本尊である准胝観音の円形の曼荼羅に布置されるもので、各字に仏菩薩等が配されます。すなわち、

オン（大日如来）、シャ（大輪明王）、レイ（不動明王）、シュ（観音菩薩）、レイ（不空羂索観音）、ジュン（准胝観音）、テイ（金剛手菩薩）、ソワ（伊迦惹吒菩薩）、カ（縛日羅曩契菩薩）です。また、この九字は観法中の行者の身体にも布置されます。オン（頭頂）、シャ（両眼）、レイ（頸）、シュ（心臓）、レイ（両肩）、ジュン（へそ）、テイ（両股）、ソワ（両脛）、カ（両足裏）です。

種字 キリク

無限の富貴財物を授ける観音
如意輪観音菩薩

◉にょいりんかんのんぼさつ

如意宝珠の徳

「諸宝の王」と讃えられる如意宝珠（にょいほうじゅ）を手にし、俗世の人々には財宝や富貴、健康長寿などあらゆる福徳を、俗世を捨てた出家者には真実を観じる知恵や豊かな慈悲心、人々から愛され敬われる徳性などの宗教的・精神的な財宝を施してくれると信じられてきたのが如意輪観音です。

梵名をチンターマニ・チャクラといい、チンターが思惟、マニが宝珠で、チャクラは人間の愚かさや迷い心、悩みなどの一切の煩悩を打ち砕き、真実の知恵をもたらす法輪（もともとは投じて敵を倒す円形の武器）を意味します。

この尊が深い瞑想に住して法輪を回転させ、

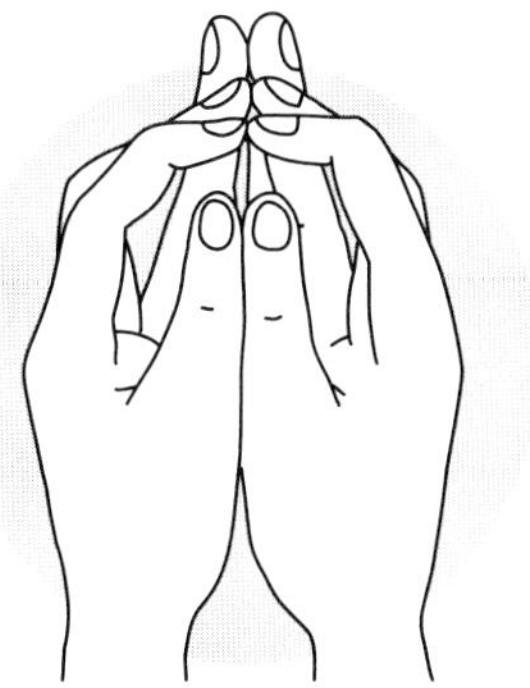

如意輪根本印

手印 この観音を念じる行者は、如意輪根本印を結びます。まず虚心合掌して両の頭指と中指を折り曲げ、指先を合わせます。残る大指、無名指、小指は立て合わせるのです。この形は、幢の上に蓮華があり、蓮華の上に如意宝珠が載っている形を象徴しています。

手にしたチンターマニ（如意宝珠）から思いのままに財宝を雨降らせることで、在家・出家を問わずあらゆる人々の願いを成就させる姿が、如意輪観音という尊名となっているのです。正確に表現するなら如意珠法輪観音ですが、如意輪観音の名が定着しています。

『大日経疏』は、「この宝（如意宝珠）は諸宝の王であり、ありとあらゆる宝を雨のように降らせる」と讃えており、龍王の脳中から採れるとか、巨大な摩羯魚（体長二十八万里などといわれる想像上の神魚）の脳中にあるとか、鳳凰の肝から出るなど、さまざまな伝承があります。

駄都のコラム（114ページ）で書いたように、仏舎利こそが如意宝珠だという説も広く行われていますが、空海はその遺言（『御遺告』）の中で、龍王や大魚などの産出説を「大虚言」として一蹴し、如意宝珠は「自然道理の如来の分身」だと断言しています。「自然道理の如来の分身」については、また諸説があるのですが、われわれがほんらい具えている仏心（浄菩提心）こそが如意宝珠だという解釈が、もっとも理にかなっています。密教では、われわれはほんらい如来の分身だと説きます。そうでなければ、だれもが即身成仏できるという空海の主張は虚言になるからです。

ほんらい如来の分身であるなら、如意宝珠は万人に宿っており、そのことに気づいて宝珠を開顕すれば、われわれの浄菩提心そのものがおのずと仏性を開花させ、究極の願い（解脱）を成就することになります。まさしく自然

三昧耶形 如意宝珠。三顆（三個）の宝珠が火炎に包まれてひとかたまりになっているので、三弁宝珠とも呼ばれます（弁はひとかたまりになっていること）。如意輪観音は如意宝珠が尊名になっていますが、宝生如来や虚空蔵菩薩などもこれを三昧耶形としています。一顆の宝珠も広く用いられています。よく知られているのは稲荷神眷属の霊狐で、宝珠をくわえた像が日本各地で祀られています。

如意宝珠

道理といえるでしょう。そのことを教えているのが如意輪観音なのです。

如意輪陀羅尼の功徳

如意輪観音の功徳と法は、『如意輪陀羅尼経』に詳説されています。その中で観音（聖観音）は、「私は大蓮華峯金剛祕密無障礙如意輪陀羅尼明（略して如意輪陀羅尼）を有している」といい、その陀羅尼には、行った事柄の一切を成功に導き、欲するもののすべてを思い通りに成就せしめる（能於一切勝福事業、所求皆得如意成就）功徳があると宣説します。さらに、一切有情の幸福のためにこの陀羅尼を説くことをお許しくださいと願い出、釈尊の許しを得て、如意輪陀羅尼の法を説くのです。

この陀羅尼によって衆生にもたらされる利益は、「ありとあらゆる宝を雨のように降らせる」如意宝珠の利益です。

観音が陀羅尼を説き始めると、天地はどよめいて震動し、鬼神魔族は脅えてすくみあがり、すべての地獄の門が開きます。陀羅尼は在家の者も出家者も均しく利益し、陀羅尼を持誦する在家には富貴・資財・勢力・威徳をもたらし、出家者には福徳・知恵・荘厳（国土・仏閣・我が身などを飾ること）を与えて尽きるということがありません。「富貴・福樂・資財・穀帛・奴婢・象馬など一切の楽具（生活に必要なもの）を思いのままに増長せしめる」功徳が、誦持者にかかわるすべての世界を覆うのです。

如意輪観音を祭る古刹

先の十一面観音の中身が十一面陀羅尼だったように、如意輪観音の中身も如意輪陀羅尼で、ともに真言の名です。関係経典によれば、それらの真言を菩薩として立てたものが十一面観音や如意輪観音などであって、肝腎の真言を持誦しているのは聖観音です。聖観音がすべての観音の中心だということが、これでおわかりいただけると思います。

如意輪観音は、多くは坐像か片膝を立てて座っている半跏（はんか）像です。二臂（ひ）、四臂、六臂、十臂、十二臂の像があり、腕が増えるごとにさまざまなものを持ちますが、いずれの像も蓮華と如意宝珠は必ず手にしているので、如意輪観音を見分けるポイントになります。

飛鳥の岡寺（おかでら）には、奈良時代の巨大な如意輪観音が本尊として祭られており、この観音の信仰の古さがうかがわれます。ほかにも、滋賀の石山寺、奈良の空海ゆかりの室生寺（むろうじ）、滋賀の園城寺（おんじょうじ）（三井寺）、京都の醍醐寺（だいごじ）、大阪の観心寺（かんしんじ）など、名だたる古刹で如意輪観音が祭られています。

真言

オン・ハドマ・シンダマニ・ジバラ・ウン

ハドマは正しくはパドマで、蓮華の意味ですが、ここでは蓮華尊すなわち如意輪観音を表します。シンダマニは如意宝珠、ジバラは光明、末尾のウンは摧破（さいは）、つまり如意輪のもつ法輪を象徴しています。これらの句は如意輪観音の長い根本陀羅尼（如意輪陀羅尼明）でも唱えられています。

種字 キリク

青頸観音

シヴァ神をルーツとする異形の観音

◉しょうきょうかんのん

乳海攪拌

青頸とは変わった名前ですが、読んで字のごとく頸（くび）が青いところからこの名があります。梵名はニーラカンタ（青い頸）。シヴァ神の数ある異名のひとつで、『マハーバーラタ』などに描かれる「乳海攪拌（にゅうかいかくはん）」というヒンドゥー教の天地創造神話に由来します。この神話では、シヴァ神が毒を飲んで頸が青く変色したことになっています。それが仏教に取りこまれて、青頸観音になっているのです。神話は、以下のようなストーリーです。

インドラ神の礼を失したふるまいに激怒したリシ（神仙）が、神々に呪いをかけます。その

手印　この観音を念じる行者は、まずゆったりと合掌し、立て合わせた二大指を屈して掌中に入れ、両方の頭指を大指の爪に当てるように押さえます。

青頸観音印

呪いで力を失った神々は、かつての力をとりもどすために「アムリタ」（甘露。日本密教ではアミリタと読み習わしています）の創成に乗り出します。アムリタというのは、阿弥陀如来の真言のところでも説明した、神々に不死をもたらす聖なる飲料です。

　アムリタを造り出すため、創造神ヴィシュヌは、神とは敵対関係にあってそのときも交戦中だったアスラ（阿修羅）に休戦を申し入れ、アムリタが完成したら神族と阿修羅族で分け合うという約束のもと、いっしょに製造にとりかかりました。

　アムリタは、海中に動植物などさまざまな原料を混ぜ込み、猛烈に攪拌することで造られます。そこでヴィシュヌは、まず巨大なマンダラ山を海中に突き出させ、龍王ヴァースキ（仏教における八大龍王中の一神の婆素鶏、日本の九頭龍権現のルーツとされます）を巻きつけました。龍王の頭部と尾部を、それぞれアスラたち魔族の一統と神々とが交互に引くことで山を回転させ、海を激しく攪拌したのです。

　海はさまざまなもののエキスが渾然と混じりあい、やがてどろどろの乳状の海（乳海）となっていきましたが、その間の苛酷な作業に苦しんだ龍王ヴァースキは、ハラーハラという猛毒を吐き出しました。

　毒が混じれば、アムリタどころか世界が破滅します。そこでシヴァ神がヴァースキの毒を一手に引き受け、残らず呑み干しました。おかげで作業は

三昧耶形 開敷蓮華、もしくは初割蓮華。参考図は開敷蓮華です。また、青頸観音が手にしている商佉（法螺貝）や、先に宝珠をつけた棒（宝棒）も三昧耶形とされます。158ページの尊像をご覧ください。

宝珠をつけた棒

商佉（法螺貝）

開敷蓮華

順調に進みましたが、シヴァ神の喉は毒に冒されて青黒く変色し、〝ニーラカンタ（青頸）〟になりました。こうして一千年間の攪拌の末、乳海から太陽や月をはじめ、天地を構成するさまざまな事物や神々が生み出され、最後にアムリタを手にした天界の医神が生み出されたというのです。

異形の形像

このあともアムリタをめぐる壮大な物語がつづきますが、そちらは本稿には関係がないので略します。

このアムリタ創成にあたり、自ら毒を飲むという大慈大悲の行を実践したシヴァを、観音の化身とみて仏教にとりこんだのが青頸観音です。真言宗の口決（『覚禅抄』）に聖観音と同体という説があり、また阿弥陀如来の別号ともいわれますが、定かではありません。

青頸観音の功徳は『青頸観自在菩薩心陀羅尼経』などの雑密経典に説かれています。釈尊が毘沙門天宮に滞在していたとき、聖観音が往昔の因縁を語ったという説話です。観照観察という名の、無限ともいうべき過去世の如来が、悟りを開いて二十七日間の説法を行い、いよいよ涅槃に入るというとき、ある真言を越那羅延力という名の天子の求めに応じて授けました。それが、衆生を一切の苦から解放し、最上の悟りと解脱に導く青頸観自在菩薩心真言だというのです。

この観音を瞑想する際は、まず大地が瑠璃(るり)でできた安楽世界だと観じます。ついで乳海を思い描き、その中にキリク字（）があると観じます。そのキリク字が開敷(かいふ)蓮華に変化し、その蓮華の中に青頸観音が座していると観じるのです。

シヴァの異相である青頸観音は、身は白色で三面四臂(ひ)。三面は、正面が慈悲面、右が獅子面、左が猪面で、名のとおりの青頸です。頭の宝冠には無量寿(むりょうじゅ)仏（阿弥陀如来）の化仏(けぶつ)があります。虎皮の腰衣を着け、黒い鹿皮を左肩にかけ、黒蛇で身を飾るなど、菩薩とは思えない形像ですが、これはヒンドゥーの神々の姿を受け継いでいるのです。

日本では青頸観音信仰は行われていませんが、シヴァ神信仰が極めて盛んな東アジアでは、大いに信仰されてきた観音です。『不空羂索神変真言経(ふくうけんじゃくじんぺんしんごんきょう)』には、「青頸は観音の種字族の母」であると説かれています。

真言

オン・ハンドメイ・ニラケンセイジ・ワラ・ボロボロ・ウン

ハンドメイはパドマで、蓮華のこと。ニラケンセイジは右に述べてきたニーラカンタですが、日本で行われている慣用音は訛りがひどく、このように変化しています。印・真言ともに『不空羂索神変真言経』中の真言で、ここに出るニーラカンタは孔雀明王を指すといいますが、青頸観音も、多くはこの印明を用いると『密教大辞典』は述べています。

なぜ青頸観音と孔雀明王の真言が共通なのか不明ですが、孔雀明王がよく毒草や毒虫、毒蛇を食して毒を甘露（アムリタ）に変えると信仰されてきたためかもしれません。

種字 ハン

星宿の部主
白衣観音菩薩

◉びゃくえかんのんぼさつ

観音グループの部母（ぶも）（そのグループ内の菩薩等を生み出す働きをになう女尊）とされる女性の観音菩薩で、慈母の徳をそなえています。

著名な白衣観音といえば、戦後に造像された新しい仏像ですが、群馬県高崎市の巨大な白衣観音が思い浮かびます。戦没者慰霊のために立てられた観音像で、頭部から白い布をかぶった姿で造形されており、正式名称を高崎白衣大観音といいます。

この観音は、白衣のほか、白衣母、白衣観自在母、白処尊などの異名があります。梵名はパーンダラヴァーシニー。パーンダラヴァーシニーには白衣と白処、両方の意味があるため、白衣観音とも白処観音とも呼ばれるのですが、いず

手印

この観音を念じる行者は、虚心合掌から両方の無名指を屈して掌中に入れ、大指も並べ屈して掌中に入れて、無名指に着けるようにします。無名指は、万物を発育させる水を象徴します。その水に、大指によって象徴される自在の働きを加えることで、蓮華（他の六本の指）を育てる形にするのです。これは観音部の部母である白衣観音が、他の諸尊を生じる義とされます。

白衣観音印

三昧耶形

開敷蓮華。

れも同じ観音を指しています。『大日経疏』によれば、白衣のほうは純白の衣をまとっていることに由来し、白処は常に白蓮華中に座すところからきているといいます。

胎蔵界曼荼羅では大明白身菩薩の名で観音院に住しています。名は白衣尊とは異なっていますが、その像容が『胎蔵図像』（胎蔵界曼荼羅の最も古い形を伝えている鎌倉時代に転写された重文史料）で説かれる白衣観自在母と一致しているところから、石田尚豊氏はこちらを白衣観音とし、同じく観音院の隅に描かれている白処尊は、白衣観音とは別尊だとしています。

白衣観音はまた諸星をつかさどる星宿の部主とされているため（『七曜攘災決』）、星によって告げられる天変や兵乱などの際の修法では「大息災観音」として祀られ、法が修されました。平将門・藤原純友が起こした天慶の乱の際には、白衣観音の法が修されたと伝えられています。

なお、白衣は日本では清浄の色として重んじますが、インドでは俗人が用いる服であり、中国でも賤しい身分の者が用いる服とされ、僧侶がまとうことはありませんでした。白衣をあえてまとっているところに、この観音の高貴な慈悲の心が端的に表されているのです。

真言

ノウマク・サンマンダ・ボダナン・タタギャタ・ビシャヤ・サンバンベイ・ハンドマ・マリニ・ソワカ

種字 サク

弥陀三尊の右脇侍
大勢至菩薩

◉だいせいしぼさつ

梵語でマハースターマプラープタといい、「偉大な威力を獲得したもの」という意味です。そこから、大勢至、得大勢（とくだいせい）、得大勢至などと訳されます。勢至は略称です。その威勢は非常に巨大で、足のひと踏みで全宇宙が揺り動かされると伝えられます。

浄土三部経の一つである『観無量寿経（かんむりょうじゅきょう）』や『無量寿経』に、観音とともに阿弥陀如来の脇侍（きょうじ）を務めると説かれている重要な菩薩ですが、観音のように単独で信仰されることはまれで、もっぱら阿弥陀仏を補佐する脇侍の菩薩として信仰されてきました。密教においても、やはり観音とは不即不離の菩薩で、胎蔵界曼荼羅では観音院に配されています。

手印 この菩薩を念じる行者は、大勢至菩薩印（未割蓮華印）を結びます。まず虚心合掌し、両中指を大きめに開いて、大きくほころびかけてはいるけれど、まだ開花していない未敷蓮合掌の形にするのです。

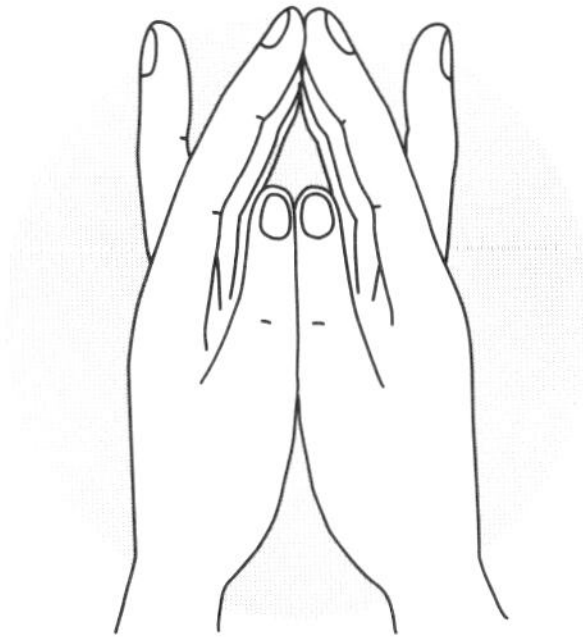

大勢至菩薩印

三昧耶形 未敷蓮華。

弥陀三尊の配置については諸説があります。浄土経典の『観無量寿経』によれば、中尊の阿弥陀から見て左側（拝観者から見て右側）が観音、右側が大勢至です。これは観音が慈悲、大勢至が知恵をつかさどるところからきた配当です。結印においても、右手は知恵の手であり、マンダラでいえば金剛界。左は慈悲や理（普遍の真理）の手であり、マンダラでいえば胎蔵界にあたります。そこで三尊形式では、左観音・右勢至となるのです。ただし、密教のほうでは観音を知恵、大勢至を理の菩薩に配当する解釈もあり（『陀羅尼集経』『最勝心明王経』など）、それにもとづいて右観音・左勢至とする形式もあるようです。とはいえ、大勢至の信仰といえば浄土系の影響力が圧倒的なので、左観音・右勢至の理解でよいと思います。かの法然（親鸞の師で日本浄土宗の開祖）は、幼名を勢至丸といい、勢至菩薩の生まれ変わりと信じられました。彼が「知恵第一の法然坊」と称えられたことはよく知られていますが、その背景にも知恵をつかさどると信じられた大勢至の存在があったからでしょう。

形像は一面二臂。身色は肌色で、左手に蓮華を持ち（開敷蓮華と未敷蓮華の両様あり）、赤蓮華に座しています。

真言 **ノウマク・サンマンダ・ボダナン・ザン・ザン・サク・ソワカ**

ノウマク・サンマンダ・ボダナンは、普き諸仏に帰命するという意味で真言の頭に唱えられる帰命句。つづくザン・ザンは、本来障碍を生むものは存在しないという意味を表しており（最初のザンは煩悩障、次のザンは所知障で、これらはみな不生であると説かれます）、それに続くサク（𑖭𑖾）が大勢至の種子です。また、オン・サン・ザン・ザン・ソワカとも唱えます。

サン（𑖭𑖽）も種子のひとつです。

種字  ウン

あらゆる如来の長子
金剛薩埵
◉こんごうさった

金剛薩埵と大日如来

密教の思想が最も端的に表現されているのが、この金剛薩埵です。大日如来とともに重要な菩薩なので、この尊についてはやや詳しく書いていきます。

金剛薩埵がいかに重要なポジションに置かれてきたかは、空海請来の現図曼荼羅（げんずまんだら）を見れば一目瞭然です。金剛界曼荼羅では、理趣会（りしゅえ）（煩悩（ぼんのう）がそのまま悟りであることを教える煩悩即菩提（ぼだい）思想を表現した区画）の主尊（その区画を統括・代表する中心尊格のこと）として中央に描かれていますが、理趣会以外の他の八区画は、すべて大日如来が中央で、理趣会だけが例外になっ

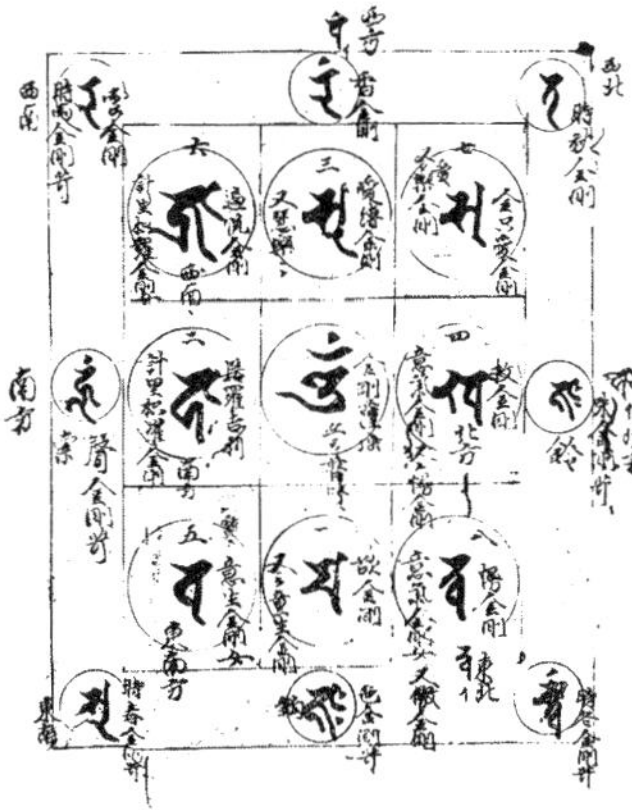

金剛界理趣会の十七尊種子曼荼羅
この曼荼羅では『理趣釈』の説に従って金剛薩埵の種字をオン（）で表していますが（中央部）、この尊にはほかにもア（）、アー（）、アク（）、バク（）、バン（）など数多くの種字が立てられています。（『大正蔵図像部』1巻「胎蔵界大曼荼羅図　複金剛界大曼荼羅図」滋賀石山寺）

ているのです。

また、胎蔵界曼荼羅では金剛の武器を持って煩悩を打ち砕き、菩提に導く役割を担った金剛手院（金剛部院）の主尊として中央に座しています。

密教の教えは、大日如来から伝えられたことになっています。大日如来は、悟りを開いたもの、つまり諸仏の総体です。釈迦如来や阿弥陀如来など、さまざまな如来が経典に説かれていますが、それらの如来は、究極的には大日如来一尊に収斂し、東西南北天地十方の仏の世界も、究極すれば大日如来一尊の世界にまとめられるわけです。

一方、その大日如来から教えを受けた者の代表が、相承の系譜（血脈）で真言密教の第二祖と位置付けられている金剛薩埵です。金剛薩埵は仏の悟りを求めるすべての仏ならざる者の代表、煩悩の世界をさまようわれわれ凡夫の総体です。そうした迷える者の代表として、金剛薩埵は大日如来から仏の悟りの内実（密教）を授かりました。そこでそれを龍猛菩薩に伝え、以後、龍智菩薩—金剛智—不空—恵果と相承されて、真言第八祖の空海に至ったというのが、真言密教の最根幹をなす血脈なのです

梵我一如

右の系譜からも明らかなように、信仰の世界では、金剛薩埵が現れたおかげで、密教が人類に伝えられたと考えられています。他方、大日如来の側か

手印 金剛薩埵を念じる行者は、金剛薩埵印（大印、大智印）を結びます。両手を軽く握って金剛拳にし、大指の爪の上に頭指の爪の先端を乗せます。その上で、右拳は手のひらを顔に向けるようにして右の胸前に置き、左拳は伏せて左の腰にあてるのです。これは金剛界における金剛薩埵の印です。

一方、胎蔵界における金剛薩埵は内五股印（金剛薩埵鈴智杵印）を結びます。合掌して無名指を手のひらの内に入れ、中指と小指を印図のように交差させます。頭指は伸ばして横たえ、大指を立てます。

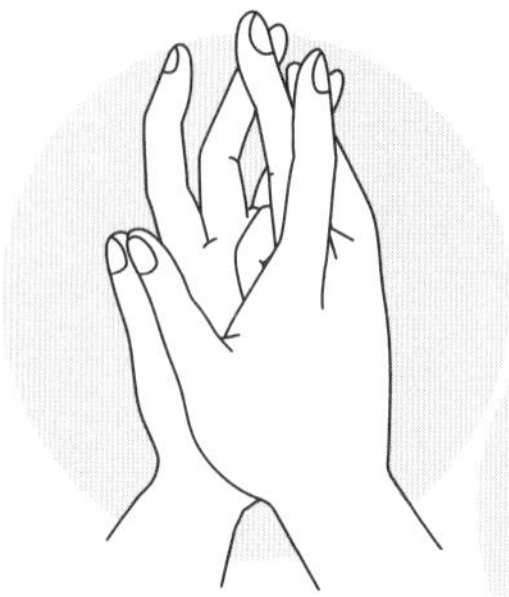
内五股印

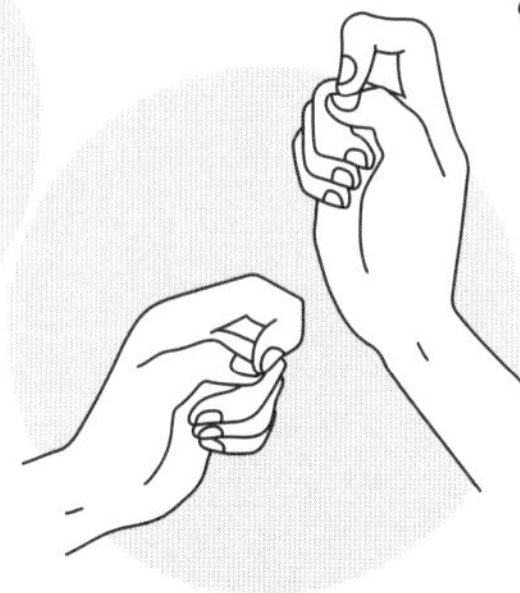
金剛薩埵印

らいえば、金剛薩埵という存在があるがゆえに、大日如来は真理そのものである現象世界を表現することができるという関係になるのです。

これはインドの古典的な哲学思想である「梵我一如」と同じ考え方です。梵（ブラフマン）とは大宇宙そのものであり、我（アートマン）は小宇宙たるわれわれです。この両者は同じものだと古代インドの哲学者は観たわけですが、密教も大日如来と金剛薩埵は一体のものだとし、そこに生仏不二（衆生と仏は同じものということ）の根源的な形をみとめました。

空海が密教の究極の眼目として即身成仏を説いたのも同じことで、即身成仏とは衆生と大日如来はほんらいひとつのものなのだから、この身このままで仏と成ることができる――宇宙と一体化できるという教えなのです。

金剛薩埵が煩悩即菩提のシンボルとなっているのも、まったく同じ理由からです。

煩悩とは、われわれ衆生のことです。衆生の生きざま、心、輪廻転生の総体が煩悩です。一方、菩提とは、輪廻から脱却した仏の悟りです。その両者が同じものだということを、煩悩即菩提という言葉で表現しているのです。その金剛薩埵に関する深い教えが説かれている『五秘密儀軌』（『金剛頂瑜伽金剛薩埵五秘密修行念誦儀軌』）の一節を、普賢菩薩のところで引きましたが、ここでもう一度引いておきましょう。

「金剛薩埵は……一切の如来の長子である。一切の如来の菩提心である。一切の如来の祖師である」

なぜ金剛薩埵は一切如来の長子で、菩提心で、祖師なのか。それは金剛薩埵が、大日如来そのものだからなのです。

金剛薩埵のルーツ

金剛薩埵の梵名はバジュラ（バジラ）・サットバで、バジュラとは金剛や金剛杵（しょ）のことです。もともとはインドラ神が駆使して阿修羅（あしゅら）を倒したとされる、雷電を象った武器の一種ですが、密教にとりこまれて煩悩を打ち砕き菩提に導く法具となったもので、大日如来が金剛薩埵に秘密灌頂を授けたとき、そのしるしとしてバジュラを与えたと伝えられます。

バジュラの後につづくサットバは、勇猛や有情（うじょう）（一切衆生）を意味します。金剛薩埵の薩埵は、サットバの音写なので、尊名は訳語と音写の組み合わせということになります。

金剛薩埵のルーツは、釈尊につきしたがって守護にあたった下級の鬼神で、さらに遡るとギリシアのヘラクレスに原型があると考えられています。左手にヴァジュラをもっているところから、ヴァジュラパーニ（執金剛神（しゅうこんごう））と呼ばれました。この鬼神が密教のなかで昇格して、ヴァジュラパーニ・グヒヤパティ（金剛手秘密主）、すなわち金剛薩埵となったのです。執金剛や金剛手はいずれも金剛薩埵の別名です。金剛蔵とも呼ばれます。

三昧耶形　**五股杵または三股杵。**

五股杵は両端が五峯（五本の鉤）になった金剛杵です。五峯は両部曼荼羅の五仏や五智の義とされ、上の五峯は金剛界、下の五峯は胎蔵界と位置付けられ、五股杵一本のうちに金胎両部の曼荼羅を観るという解釈も行われています。本文にも書いたとおり、大日如来が金剛薩埵に秘密灌頂を施したときに授けた法器が五股杵であり、密教で最も重要な伝法儀式である伝法灌頂の際、伝法印可のしるしとして新生阿闍梨に授けるのも五股杵です。金剛薩埵のほか、大随求菩薩や降三世明王などが五股杵を三昧耶形としています。

三股杵は両端が三峯の金剛杵です。三峯は身口意三密の象徴とも、仏部・蓮華部・金剛部の三部の象徴ともいわれます。五股も三股も仏菩薩の智の徳を表した法器です。

五股杵

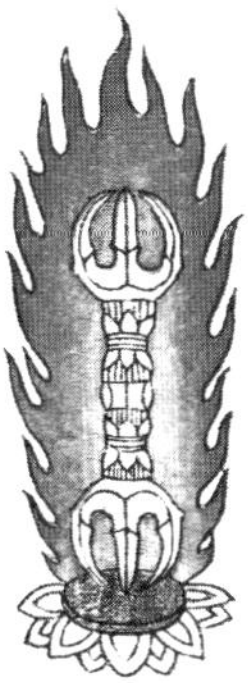
三股杵

一面二臂で、身色は白月色ないし青色。五仏の宝冠をいただき、右手は胸前で金剛杵（五股杵ないし三股杵）を握り、左手は金剛拳、もしくは金剛鈴を持って、蓮華上に跏坐した姿で描かれます。金剛杵は如来の五智（68〜69ページ）の象徴、金剛鈴は説法（法音）の象徴です。

煩悩即菩提と五秘密尊

金剛薩埵を主尊とする理趣会には、煩悩即菩提を具象化した四人の金剛菩薩が金剛薩埵の眷属として四方に鎮座しています。欲金剛菩薩・触金剛菩薩・愛金剛菩薩・慢金剛菩薩の四尊です。この欲・触・愛・慢に、主尊である金剛薩埵を加えた五尊を総称して、五秘密といいます。

欲金剛は、愛欲の発動です。この菩薩が手に持つ花の矢は、インド神話のカーマ（愛）神やギリシア神話のクピド（キューピッド）が放つ猛烈な恋の矢と同じものです。

触金剛は、金剛杵を胸前で抱く姿などで描かれます。金剛杵は金剛薩埵のシンボルなので、金剛薩埵が抱かれている姿のシンボリックな表現ということになります。触れ合い、抱き合う愛の姿そのものの菩薩です。

愛金剛は、相手のすべてを喰らい尽くさずにはおかないという愛欲の激しさを象徴しており、愛縛、愛楽とも呼ばれます。その貪欲を象徴するために、貪食の大魚・磨羯（マカラ）を載せた幢を手にしています。

五秘密

慢金剛は、思いを果たし尽くして満足を誇る姿、両手を金剛拳にして腰にあてる傲慢・慢心の相で描かれます。すでに愛欲を成就しているのです。

この欲・触・愛・慢は、まさしく煩悩の極地ですが、金剛薩埵と一体となることで、欲は一個の対象に囚われている小欲から、世界に向けて開かれた菩提を求める大欲に変わり、触は金剛不壊の真理を求める菩提心そのものへのアクセスとなり、愛は一切衆生への大愛に変化し、慢はいかなる障碍（しょうげ）も排し尽くして進む大勇猛心へと昇華します。そのすべてを一身に体現しているのが金剛薩埵であり、その境地のことを煩悩即菩提といい、その秘密を五秘密というのです。

仏の総体である大日如来と、迷者凡夫の総体である金剛薩埵が不二一如であるという理が、この五秘密によって実にみごとに表現されています。この教えを説いているのが、密教で最重要・最深秘の経典と考えられてきた『理趣経』なのです。

真言

大印　**オン・バサラ・サトバ・アク**

内五股印　**ノウマク・サンマンダ（ボダナン）・バザラダン・センダンマーカロシャダ（センダマカロシャダ）・ウン**

前者は金剛界における金剛薩埵の真言で、印は大印です。バサラ・サトバはバジュラ・サットバすなわち金剛薩埵の尊名で、最後のアク（）が種字です。行者は大印を結び、この真言を唱えて、自身が金剛薩埵そのものになったと観じるのです。

後者は胎蔵界における金剛薩埵の真言で、印は内五股印です。センダンマーカロシャダは「暴悪なる大忿怒者」の意で、金剛薩埵（金剛手）を指しています。この句は不動明王などの真言にも出てきます。また、語尾のウン（）は金剛薩埵の種字です。

種字 ア

弥勒菩薩

未来成仏が約束された菩薩の上首

◉みろくぼさつ

一生補処の菩薩

弥勒菩薩は、釈迦如来の救済から漏れた人々を救うために、釈迦の入滅から五十六億七千万年後にこの世に生まれ出ることが予言されている未来仏です。すでにあと一回の人生を過ごすだけで仏（如来）になりうる位に達しており、次の人生では釈尊の次の仏として衆生救済にあたることが決まっているところから、「一生補処（いっしょうふしょ）の菩薩」とも呼ばれます。

一生補処とは、この一生だけ生死の迷いの世界に縛られるけれど、次の世には仏となることが約束された菩薩の位を指します。

菩薩には修行の進捗度合いに応じたさまざま

手印 弥勒菩薩を念じる行者は、弥勒菩薩印を結びます。虚心合掌し、両頭指を屈して第一関節の背を合わせ、両大指を伸ばすのです。この印は、弥勒のシンボルのひとつである水瓶を象っており、大指が注ぎ口にあたります。また、86ページの無所不至印（開塔印）も弥勒印として用いられることがあります。弥勒のもうひとつのシンボルが卒塔婆なので、卒塔婆を象った無所不至印が用いられるのです。

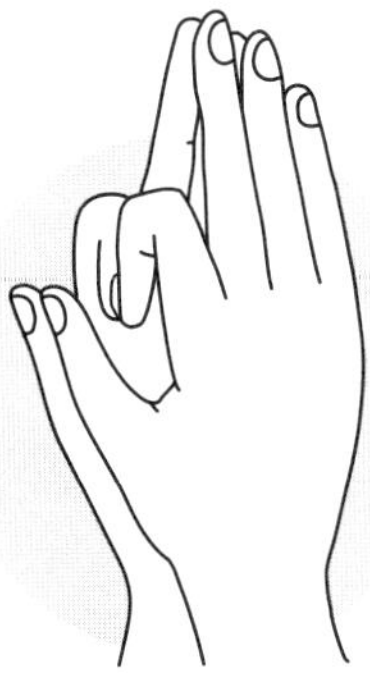
弥勒菩薩印

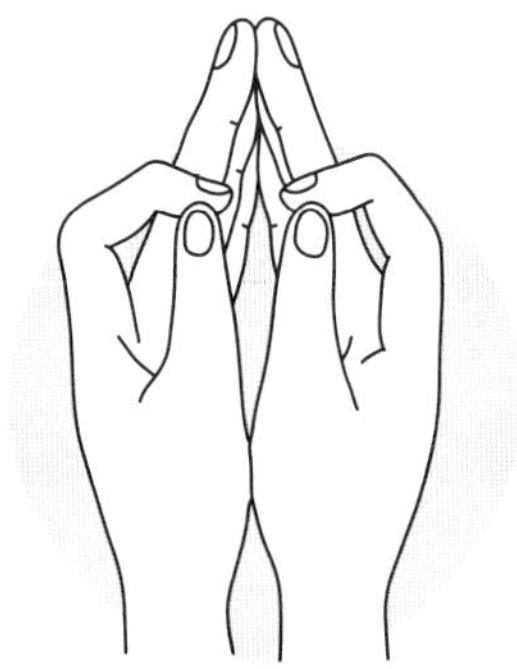
開塔印

な階梯がありますが、一生補処は最上の位とされるもので、現在、天界のひとつである兜率天（弥勒浄土）の説法院で過ごしている弥勒が次にこの世に生まれ出るときは、必ず仏になることが約束されていると仏教では考えます。

　未来仏としての弥勒を説いているのは、弥勒三部経と呼ばれている『観弥勒菩薩上生兜率天経』（以下『弥勒上生経』）、『弥勒下生経』、『弥勒大成仏経』です（これらは顕教のお経で、密教経典ではありません）。そこにいかなることが説かれているのかを、ざっと紹介しましょう。

上生と下生

　『弥勒上生経』によると、弥勒は、傍目にはあまり優秀とはいえない仏弟子の一人として、釈尊のもとで修行に励んでいました。あるとき釈尊が弥勒を指して、「この人は今より十二年後に命終し、必ず兜率天上に往生するだろう。そのとき兜率天には五百万億の天子が住しているが、弥勒が一生補処の菩薩であるがゆえに、彼を供養するだろう」と予言するのです。

　釈尊の予言はさらに詳細を極めます。弥勒の寂滅は十二年後の二月十五日であり、そのとき彼は結跏趺坐して入滅する。その遺体からは、百千日のあいだ紫金色の光明が放たれつづけ、遺骨（身舎利）はまるで鋳金像のように、不動不揺の状態を保つというのです。

　天人が弥勒の舎利を妙塔中に奉安供養すると、兜率天の七宝でできた摩尼

三昧耶形 卒塔婆、または蓮華上の澡瓶。この塔は、一切如来の法舎利を安置する塔とされます。

卒塔婆

蓮華上の澡瓶

殿の師子床座に、弥勒が忽然と化生(けしょう)します。化生した弥勒は、すでに肉髻(にくけい)など三十二相八十種好(ごう)（仏にのみ現れる肉体的特徴）を具えているというのですから、菩薩とはいえ、すでに仏と変わりがありません。

この兜率天上の宮殿で、弥勒は昼夜六時、説法をしつづけ、天人を成道させていきます。そうして、地上世界の時間でいう五十六億年後、ふたたびこの地上に下生すると『弥勒上生経』は説くのです。

また、下生したあとの弥勒については『仏説弥勒下生経』が詳しく説いています。遙か未来世の地上は山河も石壁もみな消滅し、海水も減じて、鏡のように平準清明になっています。食物は地に満ちあふれ、財宝もありあまるほどになっていて、人の世の穢れも消えています。季節の巡りは乱れることなく、人を苦しめてきた百八病も、もはや存在しません。

下界がそんな時代を迎えたとき、弥勒はちょうどよい年格好の父母を選び、下生して母の右脇から生まれ出ます。経の中で釈尊は自分の出生と同じだと述べています（釈迦は摩耶夫人の右脇から生まれたという伝説があります）。かくして下生した弥勒は、龍華(りゅうげ)という名の巨大樹の下に座し、無上の悟りを開いて法を転じ、衆生済度にあたるのです。

空海の弥勒信仰

弥勒信仰は、インドはもちろん、中国でも日本でもきわめてさかんで、非常に多くの経典にその名が登場します。

死後は弥勒の住む兜率天に生まれ変わりたいという上生信仰や、弥勒がこの世に出現するときが迫っているとして激しい社会変革運動に走る終末論的な下生信仰が、歴史上、何度もくりかえされています。

空海も熱心な弥勒信仰者で、弥勒とともに下生し、龍華樹の説法の場に同席すると遺言しています。そこで、高野山の大師の廟所（奥院）を兜率天とする信仰も生まれています。

弥勒という尊名は、梵語で「慈（友愛）の教師」を意味するマイトレーヤの音写です。そこで漢訳経典では、慈氏、慈尊とも訳されます。ルーツについては、古代イランやインドで信仰されたミスラ（ミトラ）神が仏教にとりこまれ、ミスラが転じてマイトレーヤになったという説があります。

密教では胎蔵界曼荼羅の中台八葉院の東北に座し、金剛界曼荼羅では羯磨会、三昧耶会、供養会、降三世会の外郭の十六大菩薩のうちの一尊として、シンボル（三昧耶形）によって描かれます。単独像は一面二臂が一般的ですが、二十臂像もあります。宝冠中の卒塔婆（仏舎利を納める塔）が特徴です。

真言

オン・マイタレイヤ・ソワカ

マイタレイヤはマイトレーヤです。無所不至印を用いたときの真言はこれとは別で、ノウマク・サンマンダ・ボダナン・アジタンジャヤ・サラバサットバ・シャヤヌギャタ・ソワカと唱えます。

八田幸雄氏の訳は「帰命、普き諸仏に。未降伏者を降伏するものよ、一切有情の意楽に随順するものよ、スヴァーハー」です。なお、ア字（𑖀）のほかにユ字（𑖧𑖳）、ヤ字（𑖧）も種字として用いられています。

種字 タラク

宇宙の情報を包蔵する菩薩
虚空蔵菩薩

●こくうぞうぼさつ

アーカーシャと世界記憶

虚空蔵菩薩は、梵名をアーカーシャ・ガルバといいます。アーカーシャは虚空、ガルバは母胎や子宮の意味で、仏の知恵と福徳を無尽蔵の虚空のように蔵する菩薩という意味です。真言で唱えるときはアキャシャ・ギャラバヤと読んでいます。密教では、虚空蔵の「蔵」には、能蔵と所蔵と能生の三つの意義があると考えます。「世出世間（在家と出家）の福徳を包含する故に能蔵、衆生は福徳を覆蔽して感得すること能わざる故に所蔵、菩薩の大悲能く法界の庫蔵を開きて福智の珍宝を衆生に施すは能生」（『密教大辞典』）です。要するに、この菩薩が無尽蔵の福

手印　虚空蔵菩薩を念じる行者は虚空蔵宝珠印を結びます。虚心合掌して両大指を掌中に入れ、両頭指を屈して大指の甲を押さえるのです。こうすると頭指とその背後の指の部分に三角形の空間ができ、大指と頭指の間にも、二つの空間ができます。これを三弁宝珠に見立てます。また、この印は虚空蔵の種字の一種であるイ字（𑖂）の象徴とも見立てられます（通常、虚空蔵の種字はタラク字（𑖝𑖿𑖨𑖯𑖾）ですが、それ以外の諸説があります）。「自在」を意味するイ字（𑖂）の印形によって、虚空蔵の無礙自在の徳が表象されるのです。このほか図の虚空蔵三昧耶印も用います。

虚空蔵宝珠印

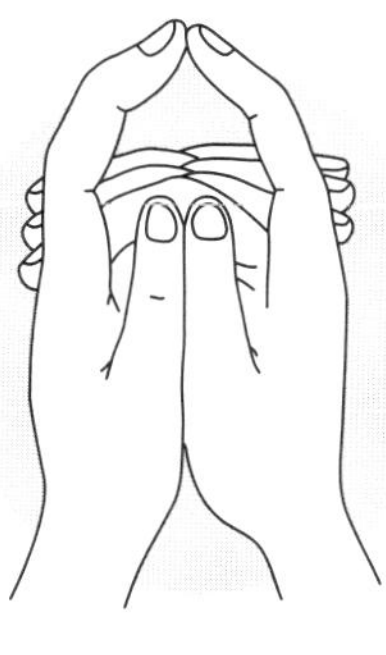
虚空蔵三昧耶印

徳の保有者であり、管理者であり、供給者だということが、虚空蔵という尊名にこめられているというのです。

神智学創設者のブラバッキー夫人や、神智学を発展的に継承したルドルフ・シュタイナーは、始原から今日にいたるまでのすべての事象が記憶されているアーカシャーという記録層領域が宇宙に存在しているとして、そこに蔵されている情報をアカシック・レコード（世界記憶）と呼びました。彼ら神智学徒のいうアーカシャーとは、虚空蔵菩薩のアーカーシャです。神智学流に解釈すれば、虚空蔵菩薩は、無尽蔵の世界記憶の保有者であり、管理者であり、供給者ということになるのです。尊名に「蔵（ガルバ）」という言葉のつく菩薩というと、虚空蔵のほかに地蔵菩薩（クシティ・ガルバ）が思い起こされます。実際、地蔵菩薩もガルバの菩薩です。そこで虚空蔵を天・金剛界の大日如来、地蔵菩薩を地・胎蔵界の大日如来とする説もあります。

『虚空蔵求聞持法』

虚空蔵の功徳としては、罪障消滅や現世利益など、他の諸菩薩と共通の功徳も説かれていますが、なんといっても著名なのは知恵の獲得です。『虚空蔵菩薩能満諸願最勝心陀羅尼求聞持法』（『虚空蔵求聞持法』『求聞持法』）には、虚空蔵の法を成就すれば「ただちに聞持を得る」「ひとたび耳目にふれれば文義を倶に解する」「心に銘記して長く忘れない」と説かれています。

三昧耶形 宝剣。なお、常用の虚空蔵印を三弁宝珠に見立てていることからもわかるように、三弁宝珠も三昧耶形として用いられます。これは虚空蔵と同体とされる金剛宝菩薩の三昧耶形です。

左に掲げた図は蓮上緑珠。蓮華の上に緑珠を載せた三昧耶形で、胎蔵界曼荼羅・釈迦院における虚空蔵菩薩の持物です。

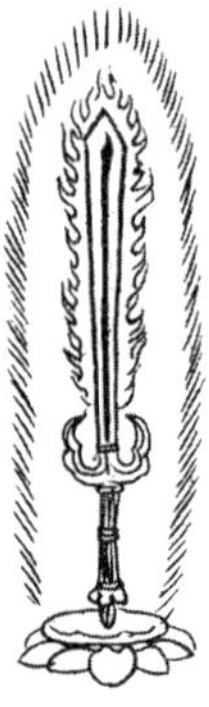

宝剣

蓮上緑珠

耳目に触れた情報は、いかなるものであれ瞬時に理解し、記憶しつづけるというのです。このように、虚空蔵菩薩を本尊とする『虚空蔵求聞持法』を成就すると、無限の仏智と絶大な記憶力を手に入ると信じられた結果、奈良時代の昔から、多くの修行者がこの法にチャレンジしてきました。

若き日の空海も、『求聞持法』を成就するために阿波の大瀧嶽や土佐の室戸岬に籠ったことが、その著『三教指帰』の序に記されていますし、日蓮も仏道を志した少年時代、『求聞持法』にとりくんでいます。この法を修するにあたっては、道場の東の壁に窓を設けることになっています。これは修行中、虚空蔵の化身とされる明けの明星（金星）の光を道場に招き入れるためです（『虚空蔵菩薩神呪経』）。この菩薩は星と非常に深いつながりをもっており、日月星の一切を虚空蔵の所変とする説もあります。唐の大阿闍梨で天文学者でもあった一行に、『宿曜儀軌』という著作があります。まず冒頭で虚空蔵の印明が明かされ、「もし人が福智を求めたいなら、この菩薩（虚空蔵）に帰依しなければならない。日月星は、みな虚空蔵菩薩の所変である」と説いているのです。

ちなみに、日と月を合わせると明の字になり、明の字と星を合わせると、虚空蔵菩薩のシンボルである明星になります。空海は『求聞持法』の成就を、明星が自分の口中に飛び入るというビジョンによって掴んだのです。

五大虚空蔵

虚空蔵菩薩は胎蔵界曼荼羅の虚空蔵院の主尊となっているほか、金剛界曼荼羅にも登場します。虚空蔵院では右手に宝剣、左手に如意宝珠を載せた蓮華を持つ姿で描かれます。また、『求聞持法』の本尊として用いるときは、五仏を載せた宝冠をかぶり、右手は与願印、左手は如意宝珠を載せた蓮華を持つ姿の像を祀ります。虚空蔵は五智如来の五つの智をすべてそなえているとされますが、その智を五仏によって表したのが五大虚空蔵です。尊名にはいくつかの説がありますが、著名なのは、法界虚空蔵（中央・白色）、金剛虚空蔵（東方・黄色）、宝光虚空蔵（南方・青色）、蓮華虚空蔵（西方・赤色）、業用虚空蔵（北方・黒紫色）の五尊です。五尊は、バン（𑖪𑖽）・ウン（𑖮𑖳𑖽）・タラク（𑖝𑖿𑖨𑖯𑖾）・キリク（𑖮𑖿𑖨𑖱𑖾）・アク（𑖀𑖾）の金剛界五智如来の種字を自らの種字としています。

なお、五智如来にはユニークな秘密修法があります。古来、革命の年として警戒されてきた辛酉年に、革命の災いが生じないよう五大虚空蔵の法を修することが行われてきたのです。これも虚空蔵と日月星の深い結びつきから発想された修法だと思います。この法を金門鳥敏法といいます。

真言

ノウマク・サンマンタ・ボダナン・アキャシャ・サンマンタ・ヌギャタ・ビシツタランバラ・ダラ・ソワカ

ヌギャタ・ビシツタランバラ・ダラは「雑色を持つもの」の意で、一切を収めるアーカシャー（真言ではアキャシャ）のゆえに、一切の色（物質）もそこに含んでいるという意味になるとされています。『大日経』密印品に説かれる真言です。また、『求聞持法』の真言は、ナム・アキャシャギャラバヤ・オン・マリ（アリ）・カマリ（キャマリ）・ボリ・ソワカです。本文に引いた『求聞持法』や『宿曜儀軌』に説かれる真言です。

種字 ハラ

観音院に住する施福尊
大随求菩薩

◉だいずいぐぼさつ

大随求菩薩は、菩薩としての信仰はあまりさかんではなく、本尊として祀る寺院も京都・清水寺の随求堂が有名なくらいで、他にはほとんど見当たりません。にもかかわらず「大随求」の名が著名なのは、衆生の求めるところに随って、願いを自在にかなえてくれる真言（陀羅尼）を授けてくれる菩薩という信仰が、今に至るまで受け継がれてきているからです。

その真言を、大随求陀羅尼とも随求即得自在大陀羅尼ともいいます。また、真言を明とも表現するところから、大随求菩薩には随求大明王の異名もあります。ここでいう明王は、不動明王など如来の教令輪身（忿怒の形相で力によって衆生を教化教導する如来の化身）として

手印　この菩薩を念じる行者は梵篋印を結びます。五指を伸ばした左手を仰向けて胸に当て、右手も同じように五指を伸ばして左手に重ね合わせます。

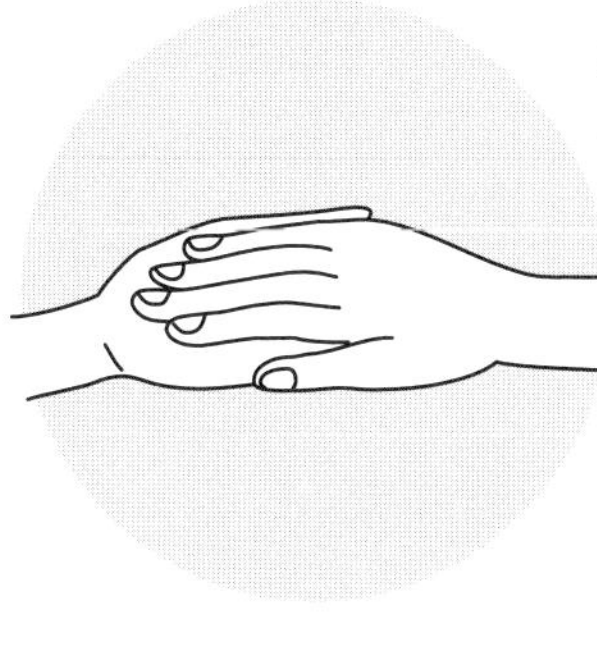

梵篋印

三昧耶形　梵篋。紙が発明される以前の、葉に書いて束ねて綴じた経典です。右ページの尊像図の左手の一手にある札束のように見えるものが梵篋です。

の明王という意味ではなく、真言陀羅尼（明）の王という意味の明王です。梵名はマハー・プラティサラー。マハーは大（よく摩訶という漢字が充てられます）、プラティサラーは法術・護符・護衛・僕婢などの意味ですが、意義をとって随求と訳されています。法術や護符は、自分を念ずる者の願いをかなえてやるための呪法の一種ですし、護衛や僕婢も主人の命に随って忠実に仕える者を表しているところから、求めに随うという意味で随求の名がついたのでしょう。

大随求陀羅尼は、息災や滅罪、子授け・安産などのために修されましたが、とくに産婦のために多く修され、この陀羅尼と本尊を書いた護符を身に帯びることが行われたといいます。本尊として護符の中央に描かれるのは、大随求菩薩のほか、観音菩薩や執金剛神、大黒天、蓮華を手にし花鉢を持つ童女などです。

胎蔵界曼荼羅では観音院に所属し、一面八臂、黄色の身色で描かれます。この菩薩を聖観音と同体とする説がありますが、別尊です。随求陀羅尼を説いた経典には、『仏説随求即得大自在陀羅尼神呪経』『普遍光明焔鬘清浄熾盛如意宝印心無能勝大明王随求陀羅尼経』などがあります。

真言　**一切如来随心真言**

オン・バラ・バラ・サンバラ・サンバラ・インヂリヤ・ビシュダニー・ウンウン・ローロー・シャレイ・ソワカ

種字 ター

多羅菩薩

◉たらぼさつ

聖観音の涙から生じた女尊

多羅菩薩は観音菩薩の眼中の光から生じたとも、涙から生まれたとも説かれる女尊です。『観自在授記経（かんじざいじゅききょう）』によると、観音が衆生済度を発願して「普光明多羅三昧（ふこうみょうたらざんまい）」という瞑想に入り、その三昧力をもって右眼から大光明を放ったところ、光明から多羅菩薩が出現したといいます。

また、チベットの密教教典『度母（ども）本源記』には、観音が「自分はいくら修行をしても、衆生は苦しみから逃れられないだろう」と悲しんで二粒の涙を流したところ、右眼の涙から白い多羅が、左眼の涙から緑の多羅が生まれたと説かれており、チベットでは今に至るまで熱心に信仰されている女尊です。

観音と深い因縁でつながれている多羅菩薩

手印 この女尊を念じる行者は、多羅尊印を結びます。内縛して両頭指をまっすぐ立て合わせ、両大指を頭指につけるのです。

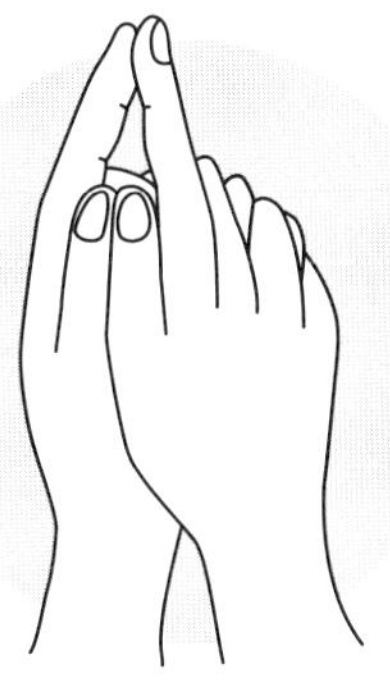

多羅尊印

三昧耶形 青蓮華已開却合。図だけではどういう蓮華か判断がつきませんが、その名から、開花後にふたたび花弁を閉じ合わせた状態（開却合）を描いたものだとわかります。青蓮華は分け隔てなく慈悲をそそぐ菩薩の功徳を表しています（青蓮華については130ページ参照）。

は、多羅観音とも呼ばれており、胎蔵界曼荼羅では観音院の主尊である聖観音の右隣に座しています。尊名はターラーの音写で、眼睛、光輝、救度（衆生を救って観音浄土に度すこと）などと訳されますが、日本では眼睛の義をとった信仰が中心で、眼病関係の祈祷の本尊とされています。

真言密教における多羅尊は、降伏を象徴する青色と、大いなる慈悲を象徴する白色をシンボルカラーとしており、曼荼羅では、老けすぎでも若すぎでもない「中年の女人」（『大日経』）の姿で描かれます。降伏の青は、多羅菩薩が昼夜を問わず悪魔を降伏して衆生の苦しみを除いている働きを表し、白色は女尊の大願である衆生済度を象徴します。

多羅尊はまた仏母としても信仰されており、「一切の菩薩のうち、多羅尊の子でないものは一人もいない」などと説かれます（『大方広曼殊室利経』）。そのため、眼病のほかに安産祈願の本尊ともなっています。

出自は明らかではありませんが、古代エーゲ海からインドに伝わった女神が原住民の母神と習合して生まれた尊格と考えられており、シヴァ神の妃であるドゥルガーやパールヴァティをルーツとする説も出されています。

真言 **ノウマク・サンマンダ・ボダナン・キャロダ・ドバンベイ・タレイ・タリニ・ソワカ**

真言中のタレイが多羅尊、タリニは（衆生を観音浄土に）渡す者の意で、これも多羅尊を指しており、度母とも漢訳されています（度は渡すという意味です）。タレイ・タリニのタ（त）ないしタラ（त्र）が種字です。

種字
カ

観音と並ぶ代受苦の菩薩
地蔵菩薩 ◉じぞうぼさつ

現人類の救済仏

釈迦の入滅から、次の仏である弥勒菩薩がこの世に現れるまでの五十六億七千万年間、人間はいうなれば仏不在の空白期間になります。そこで弥勒下生までの間、六道（地獄・餓鬼・畜生・修羅・人・天の六つの輪廻世界）をめぐって人々の救済にあたり、人々の願いを残らず聞き届けるまでは菩薩界にもどらず成仏しないと大願を発して、いまも六道遍歴の旅をつづけていると信仰されてきたのが地蔵菩薩です。

頭を丸めて錫杖と宝珠を手にした出家姿（比丘形といいます）の地蔵尊は、日本ではもっとも広く親しまれてきたスタイルですが、これは『地蔵菩薩念誦儀軌』の説く形像で、ほかにもさまざまな菩薩形の地蔵尊が描かれています。

この菩薩は胎蔵界曼荼羅・地蔵院の主尊ですが、そこでの姿も比丘形ではなく菩薩形で、日輪と蓮華を持っています。また、虚空蔵菩薩にそっくりの、

手印　地蔵菩薩を念じる行者は、地蔵院印（地蔵根本印）を結びます。まず内縛し、両方の中指をまっすぐに立てる印です。二本の中指は、地蔵がつかさどる福と智を表すとされています。

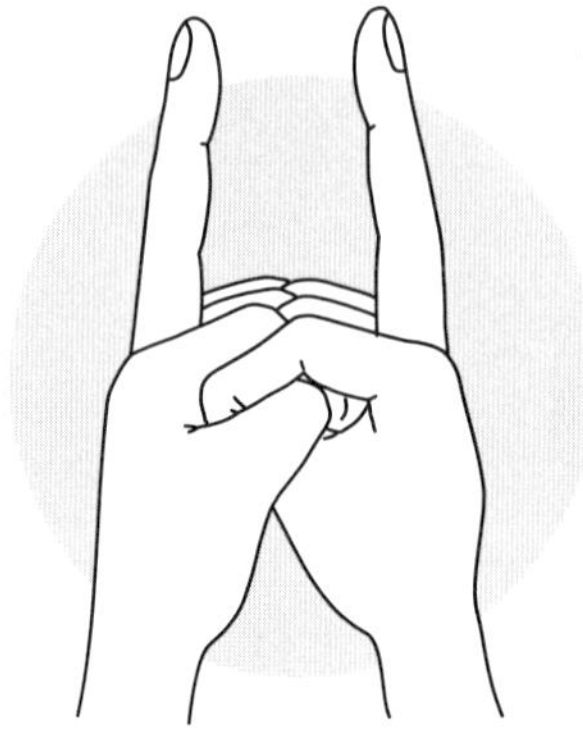

地蔵院印

左手に宝珠、右手に剣をもった地蔵像もあります。

梵名はクシティ・ガルバ。クシティは大地、ガルバは母胎・子宮で、アーカーシャ・ガルバ（虚空蔵菩薩）のガルバと同じ意味です。虚空蔵が仏智や功徳を無尽蔵の虚空（アカーシャ）のように蔵しているのに対し、地蔵は無尽蔵の救済力を、母なる大地（クシティ）のように蔵しているのです。

救済にかける信念は大地のように、またダイヤモンド（金剛）のように「極堅固」だとされ、さながら九山八海を下支えする金剛地輪のようだと称えられます（『大日経疏』）。そこで、その常住する境地も「金剛不可壊行境三昧」と呼ばれているのです。

代受苦の菩薩

地蔵菩薩は、日本では平安時代から盛んに信仰され、六道の各界を担当する六地蔵信仰も生まれました。六地蔵には諸説があって定まっていないのですが、『仏説地蔵菩薩発心因縁十王経』では、釈迦が未来の衆生のために六種の地蔵の名字を授記（予言）したとして、以下の六尊名を挙げています。

①預天賀地蔵　天界担当。左手に如意宝珠を持ち、右手は説法印です。

②放光王地蔵　人間界担当。左手に錫杖を持ち、右手は与願印です。

③金剛幢地蔵　修羅界担当。左手に金剛幢（旗）を持ち、右手は施無畏印です。

三昧耶形 宝珠、幢（旗）、または鉢。宝珠は地に蔵された無限の財宝であるとともに、この尊の無限の救済力を象徴しています。錫杖がシンボルとなっている場合、錫杖は六道を漏れなく巡って菩提心を呼び覚ます働きの象徴です。参考に掲げた三昧耶形は、宝珠を先端につけた幢、および鉢です。

竿の先端に彩色布でつくった旗をつけたものを幢といいます。

また、もうひとつの三昧耶形である鉢は、無限の功徳を蔵していることを表します。

宝珠をつけた幢

鉢

④金剛悲地蔵　畜生界担当。左手に錫杖を持ち、右手は引攝印です。

⑤金剛宝地蔵　餓鬼界担当。左手に宝珠を持ち、右手は甘露印です。

⑥金剛願地蔵　地獄界担当。左手に閻魔幢を持ち、右手は成弁印です。

六道を救済する六観音と同じように、地蔵もさまざまな姿をとって六道を救済して回るのですが、とくに広く信仰されてきたのは地獄や餓鬼における働きで、賽の河原の石積みで知られる幼子の霊や、餓鬼の救済仏として知られます。冥府の裁判官である閻魔王は地蔵菩薩の化身だという中国で生まれた地蔵観も、広く深く浸透していました。

地蔵と地獄の因縁はたしかに深く、顕教の根本経典として知られる『地蔵菩薩本願経』には、さまざまな地獄が大量に紹介されています。

この経は、釈尊が忉利天宮で母のために説法を行うシーンから始まり、地蔵およびその分身（地蔵には観音の三十三身と双璧の変化身があり、膨大数の分身が過去・現在・未来の三世、あらゆる世界で活動していると説かれます）の救済がさまざまな角度から物語られていますが、第五章にあたる「地獄名号品第五」で、地獄の詳細な描写が行われています。

普賢菩薩の求めに応じて答えるという形式で地蔵尊が数えあげた地獄の名号は、極無間・大阿鼻・四角・飛刀・火箭・夾山・通槍・鉄車・鉄床・鉄牛・鉄衣・千刃・鉄驢・洋銅・抱柱・流火・耕舌・剉首（剉は切ること）・焼脚・啗眼・鉄丸・諍論・鉄斧・多瞋で、これらが須弥山を囲む九山八海の最外輪の鉄囲山（てっちせん）に設けられているといいます。

さらに、叫喚（きょうかん）・抜舌（ばつぜつ）・糞尿・銅鎖・火象・火狗（かく）・火馬・火牛・火山・火石・火床・火梁・火鷹（かよう）・鋸牙（きょが）・剥皮・飲血（おんけつ）・焼手・焼脚・倒刺・火屋・鉄屋・火狼などの地獄があって、各地獄中にまた小地獄があるというのです。

悪道に堕した衆生の救い主として最も庶民に親しまれてきた菩薩だけに、縛られ地蔵、釘抜き地蔵、子育て地蔵、腹帯地蔵、飴買い地蔵、汗かき地蔵、田植え地蔵、いぼ地蔵、歯痛地蔵など、多種多様な〝身代わり地蔵〟信仰が、日本各地に根づいています。

また、鎧・兜の武将姿で軍馬にまたがる勝軍（しょうぐん）地蔵は、坂上田村麻呂が東征の際に戦勝を祈って戦果をあげたということから、武士たちの間で信仰を集めました。

このように多様な信仰を集めた地蔵尊は、観音同様、一切衆生に替わって苦を受けてくれる「代受苦（だいじゅく）」の菩薩と信じられてきたのです。

六地蔵

地蔵菩薩の姿は地獄界担当以外は同じですが、持物が異なります。①地獄界＝蓮華上幢（左手）と月輪（右手）、②餓鬼界＝蓮華上三股・宝珠、③畜生界＝蓮華上輪宝、④修羅界＝蓮華上鈎、⑤人界＝赤蓮華、⑥天界＝蓮華上羯磨（左手）と輪宝（右手）（『大正蔵図像部』6巻「六地蔵」京都東寺観智院蔵本）

真言 オン・カカカ・ビサンマエイ・ソワカ

帰命（オン）のあとにくりかえされているカ（𑖎）は地蔵の種字、ビサンマエイは希有（けう）な功徳です。この真言を誦持すれば、たとえ女犯（にょぼん）しても地獄・餓鬼・畜生の三悪道に落ちることはないと『地蔵菩薩念誦儀軌』は説いています。また、六地蔵のすべてに共通して用いられる真言もあります。オン・カカカ・ビサンマエイ・アビラウンケン・ソワカです。地蔵真言に大日如来の五字明を加えるのです。

仏母と四波羅蜜菩薩

五智如来の仏母

◉ぶつもとしはらみつぼさつ

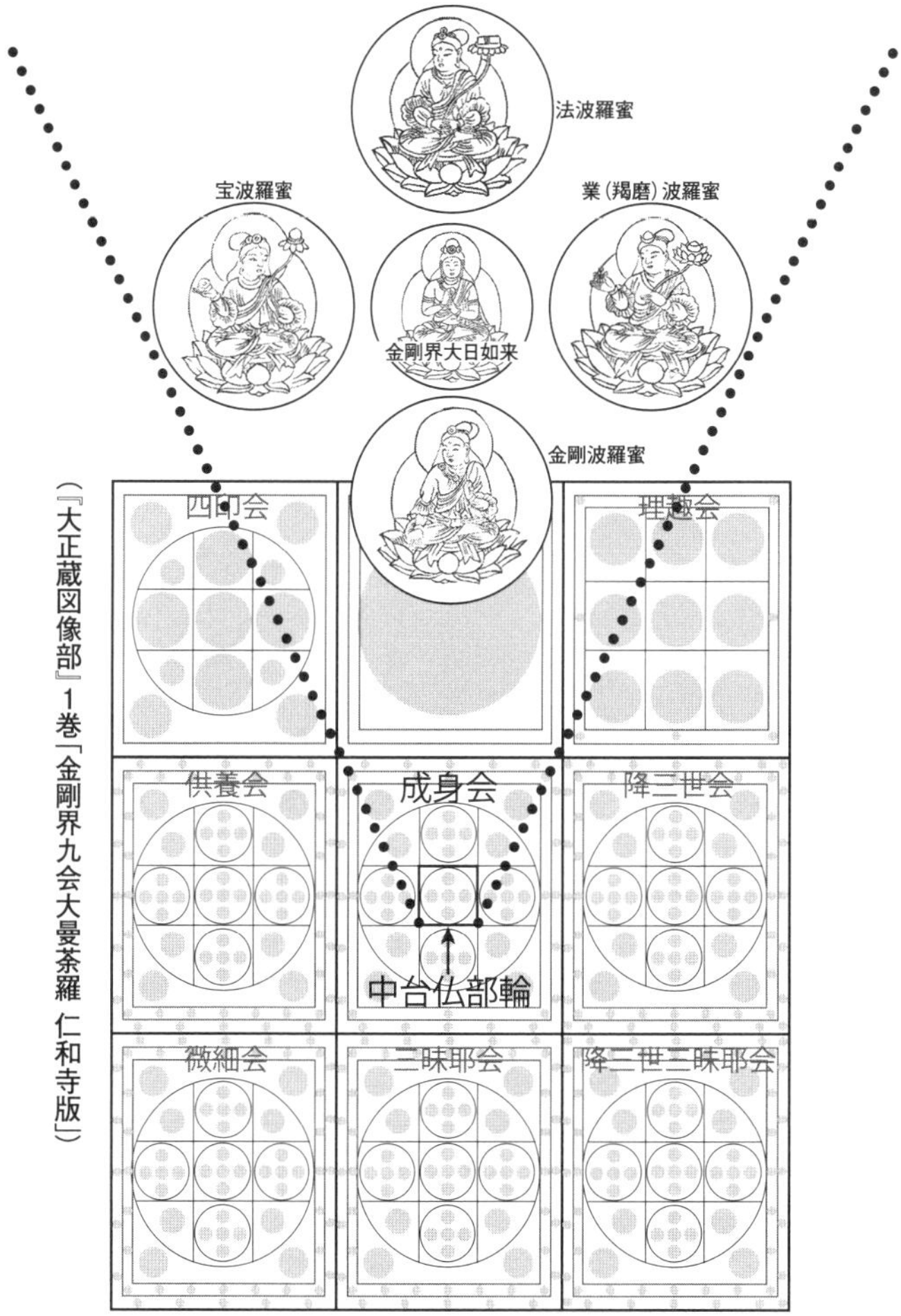

（『大正蔵図像部』1巻「金剛界九会大曼荼羅 仁和寺版」）

金剛界曼荼羅の成身会（じょうじんね）は根本成身会とも呼ばれており、金剛界曼荼羅の一切が凝集されている区画です。その成身会の中心に置かれているのが上図の中台仏部輪（ちゅうだいぶつぶりん）で、中央に座す金剛界大日如来の周囲を仏母（ぶつも）である四波羅蜜菩薩が取り囲んでいます。この一角が金剛界における全世界・全仏神の発生源なのです。

上図で、大日如来の上（西）に位置するのが法波（ほう）

金剛波羅蜜菩薩 ウン

宝波羅蜜菩薩 タラーク

五股杵

蓮上宝珠

羅蜜、向かって右(北)が業波羅蜜(羯磨波羅蜜)、左(南)が宝波羅蜜、下(東)が金剛波羅蜜です。

大日如来を供養する仏母

仏母とは「仏菩薩の母」のことをさしています。ただしこの母は、実際に妊娠出産する生物学的な意味での母ではなく、象徴的な意味での母です。諺に「必要は発明の母」「失敗は成功の母」などといいますが、仏母の母もこれら諺の母と同じで、ある行為や結果などを生みだしている根源的な成因を意味しています。

では、仏や菩薩などの超越者を生みだしている根源的な成因とは何か。真理や法則を意味する「法」(ダルマ)がそれです。釈迦は法を悟って仏陀(覚者)となりました。ほかの仏菩薩もみな同じです。法こそが仏母なのです。

とはいえ、法という概念はあまりにも抽象的で、信仰の対象とするには難しすぎます。そこで具体的な菩薩像として、女尊の姿を借りて描

業（羯磨）波羅蜜菩薩

法波羅蜜菩薩

羯磨杵

未敷紅蓮華をつけた独鈷杵

き出したもの、それが仏母尊なのです。

成身会で大日如来を取り囲んでいる四波羅蜜菩薩は、中央の大日如来から発出・展開した四如来（阿閦・宝生・無量寿・不空成就）の母です。中央の大日如来は無形・無際限・無始無終の法そのもの（法身）ですが、そこから金剛・宝・法・業（羯磨）の四波羅蜜という仏母が生まれ、仏母から四如来が生まれて全宇宙に展開していくという関係になります。

仏母はいずれも波羅蜜という言葉で表されています。波羅蜜はパーラミターの音写で、悟りを得て解脱すること（訳語は到彼岸、度など）、またそのための修行を表します。解脱に必要とされる代表的な修行は、布施・持戒・忍辱・精進・禅定・知恵の六波羅蜜ですが、とくにすべての修行の根幹をなす知恵（プラジュニャー）が重視されており、それを説いた『般若波羅蜜多心経』が、諸経の中で最も広く知られた経となっているのはご存じの通りです。

四波羅蜜の構成

四波羅蜜菩薩は、以下の四尊によって構成されています。

＊金剛波羅蜜……阿閦如来の仏母で、大日如来の東方に位置します。身色は青。

＊宝波羅蜜……宝生如来の仏母で、大日如来の南方に位置します。身色は白黄。

＊法波羅蜜……観自在王（阿弥陀）如来の仏母で、大日如来の西方に位置します。身色は紅蓮。

＊業（羯磨）波羅蜜……不空成就（釈迦）如来の仏母で、大日如来の北方に位置します。身色は緑。

四波羅蜜菩薩は、単独で信仰される対象ではなく、自分の子にあたる如来と一体となって活動していると考えられています。そのため、印も四如来と同じなので、五智如来の印（68ページ〜）を参照してください。

真言

オン・サトバ・バジリ・ウン

いずれの波羅蜜菩薩の真言も、尊名もしくは密号（別号）と種字から成っています。

金剛波羅蜜の真言は、オン・サトバ・バジリ・ウン。バジリ（バジュラ＝金剛杵）が尊名で、ウン（[梵字]）が種字です。

宝波羅蜜の真言は、オン・ラトナ・バジリ・タラク。ラトナ（＝宝）が尊名で、タラク（[梵字]）が種字です。

法波羅蜜の真言は、オン・タラマ・バジリ・キリク。タラマ（ダルマ＝法）が尊名で、キリク（[梵字]）が種字です。

業波羅蜜の真言は、オン・キャラマ・バジリ・アク。キャラマ（カルマ＝業）が尊名で、アク（[梵字]）が種字です。

5章

明王と印明

種字 カンマン

奴僕三昧の大日教令輪身
不動明王

◉ふどうみょうおう

三輪身説と不動明王

密教では、仏はどんな階層、性質、能力の者でも残らず教化し、救済するために、以下の三つの異なった姿をとると説いています。これを三輪身説といいます。

①自性輪身……真理そのもの、悟りの境地そのものの姿（如来の姿）

②正法輪身……正法を説き、人々を導き救済している姿（菩薩の姿）

③教令輪身……仏法に従わない者や仏法に敵対する者に対し、調伏など激しい威力をもって教化する姿（明王の姿）

輪身の「輪」は、輪宝の輪（チャクラ）です。

手印　多数にのぼるので201ページ以降に掲載します。

輪宝は伝説の世界王である転輪聖王が持つとされる至宝のひとつで、投じて敵をなぎ倒す輪型の武器を指します。一方、仏は煩悩という一切衆生の根本の敵を摧破するために、説法という武器を用います。そこで説法を輪宝に見立て、法を説くことを転法輪と名づけ（釈尊の根本印の一つが転法輪印と呼ばれるのはそのためです）、相手に応じて姿を変えて法を説くときの姿を、輪を転じる姿の意で輪身としたのです。

●三輪身表１（『仁王経儀軌』にもとづく）

輪身＼方位	中央	東	南	西	北
自性輪身（如来）	大日如来	阿閦如来	宝生如来	阿弥陀如来	不空成就如来
正法輪身（菩薩）	金剛波羅密（転法輪菩薩）	金剛手菩薩（普賢菩薩）	金剛宝菩薩（虚空蔵菩薩）	金剛利菩薩（文殊菩薩）	金剛薬叉菩薩（摧一切魔）
教令輪身（明王）	不動明王	降三世明王	軍荼利明王	大威徳明王	金剛夜叉明王

●三輪身表２（『摂無礙経』などにもとづく）

輪身＼方位	中央	東	南	西	北
自性輪身（如来）	大日如来	阿閦如来	宝生如来	無量寿如来（阿弥陀如来）	不空成就如来
正法輪身（菩薩）	般若菩薩	金剛薩埵	金剛蔵王菩薩	文殊菩薩	金剛牙菩薩 金剛業菩薩
教令輪身（明王）	不動明王	降三世明王	軍荼利明王	大威徳明王	金剛夜叉明王 烏枢沙摩明王

三昧耶形 羂索、倶利迦羅剣、剣。

図①の羂索は、四股杵の鉤に羂索をかけた珍しい形です（不動羂索）。羂索は白赤黄青黒の五色の糸を縒り合わせてつくった縄（ロープ）をいいます。この索で仏の教えを頑固に拒絶している者を捕縛し、その者を迷わせている根本原因の四魔（五蘊魔・煩悩魔・死魔・天魔）を明王の威力によって降伏するのです。

図②は剣に黒龍が巻きついた倶利迦羅剣。龍が羂索の象徴になっています。

図③は両刃の剣です。

図①

図②

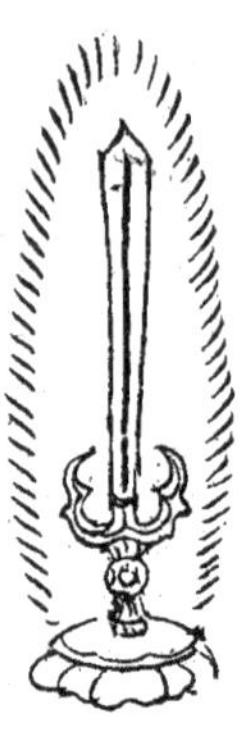
図③

密教では、如来はみなこの三輪身をもって活動していると考えます。

たとえば、金剛界五智如来の一尊である「阿閦如来」は、菩薩の姿（正法輪身）で活動するときは「金剛薩埵」となり、明王の姿（教令輪身）で活動するときは「降三世明王」の姿をとるとされます。つまり、阿閦如来と金剛薩埵と降三世明王は、姿かたちや表面的な働き、衆生教化の方法は別々でも、本体はひとつの尊格だということなのです。

では、すべての如来の中心であり、発生の源である大日如来はどうでしょう。大日如来の正法輪身は、菩薩の章の最後のところで紹介した仏母・四波羅蜜菩薩中の金剛波羅蜜、あるいは般若菩薩です。これらの菩薩は一般にはあまりなじみがないでしょうが、大日如来の教令輪身は非常によく知られています。密教の行者はもちろん、修験者や民間巫覡にいたるまで、膨大な数の宗教者が祈りを捧げ、修法の本尊としてきた不動明王がそれなのです。

奴僕三昧

不動明王は、梵名をアチャラ・ナータといいます。アチャラは不動、ナータは守護する者のことで、もともとはヒンドゥー教の主神の一柱であるシヴァ神の異名です。他に無動尊、大威猛王聖者無動、無量力神通無動使者、大猛不動大力者などとも呼ばれます。

シヴァ神は破壊力では宇宙随一であり、性エネルギーによって万物を創造し、活性化させる偉大な創造神としても信仰されてきました。その絶大なパワーから、仏教にもさまざまな異名でとりこまれていますが（4章などを参照）、シヴァ神をルーツとする仏で最強最大の存在が、この不動明王なのです。

不動尊が大日如来の教令輪身だということは先に書いたとおりですが、その成り立ちと働きについては、『大日経疏』にこう説かれています。

「この尊は大日如来の華台に住し、成仏してすでに久しい。自身が深い瞑想の境地において立てた本誓の故に、……如来の僮僕給仕（少年の召使い）となって諸務を執りおこなっている」

この文によると、不動明王はすでに成仏している、つまり菩薩の段階を完了して如来となっているというのですから、菩薩よりはるかに高次元の存在ということになります。

仏（如来）となれば、阿弥陀如来における西方極楽浄土や、薬師如来における東方瑠璃光浄土のように、自身が菩薩時代に立てた本願を具現化した浄土を開き、その浄土の教主となってそこに住するのが通例ですが、不動明王は自らの浄土は開いていません。

大日如来の教令輪身という姿をとって、成仏後も迷界の衆生のために働いており、しかもその働きが「僮僕給仕」だというのですから、他の仏菩薩と比べると、明らかに異質の存在です。ほんらいこのような働きをするのは、まだ修行の途中で、仏となる前の菩薩の仕事だからです。

密教における「明王」という存在の特殊性が、不動明王にはよく現れています。顕教の場合、衆生のために働いているとされるのは、もっぱら菩薩か天部の神々なので、明王という存在は呪術を中核とする密教の在り方をもっともよく体現した仏ということができます。そもそも明王の「明」そのものが、彼らの護持する如来の印明――印と真言を指しているのです。

僮僕給仕という表現は、奉仕者としての不動明王の特徴をみごとに言い表していいます。自己をあたうるかぎり低いところにおいて、如来や諸菩薩のためのみならず、不動を念じるすべての行者のために働くということが、この言葉にはこめられています。これを「奴僕三昧」といいます。奴僕三昧こそが、不動明王の本誓であり、最大の徳なのです。

奴僕三昧のゆえに、不動尊は惜しみなく僮僕給仕となって働き、行者が食べ残した残飯を受けるとまで説かれています。「残食を喫するのは、一切衆生の悪業・煩悩の重い障りを喰らい、余すところなく滅尽させる」（『底哩三昧耶経』）ためなのです。

不動十九相観

不動明王像は、もっとも数多くつくられ、供養されてきた仏像のひとつです。さまざまなバリエーションがありますが、多くは一面二臂で忿怒の童子形、身色は赤黄もしくは青黒で、右手に魔や煩悩を断ち切る降魔の刀（両刃

不動御頭
頭頂部の七髻、左の弁髪、額の水波など、不動十九相観に用いられる特徴の一部が描かれています。右眼を見開き左眼を細めて、両の黒目を斜視にするのも、不動尊によく見られる像容です。（『大正蔵図像部』6巻「醍醐本不動明王図像」京都醍醐寺蔵本）

の剣）を持ち、左手には魔を縛り、迷える者を救いあげるための羂索（投げ縄）を握っています。

童子形は、この尊が僮僕給仕を自分に課していることを象徴します。この童子形もふくめて、不動尊の形像には共通の特徴があります。それを順番に観相していく不動十九相観という観法が日本で編み出されており、不動尊との一体化をめざす行者によって実践されてきました。十九相観のうち、不動尊の図像的な特徴を示しているものが十五あるので列挙します。

①童子形で、身なりは卑しく、肥満している。
②頭頂に七つの髻がある。
③左に一本の弁髪が垂れている。
④額に水波のような皺がある。
⑤左目を閉じ、右眼を開いている。
⑥下の歯で上の右唇を噛み、下の左唇を外に返して出している。
⑦口を堅く閉ざしている。
⑧右手に剣を執る。
⑨左手に羂索を持す。
⑩大きな岩に座す。
⑪身色は醜く青黒である。
⑫奮迅忿怒の形相である。

仏菩薩の座所の多くは蓮華を様式化した蓮華座ですが（51ページ）、不動尊は上図のような磐石座（『大正蔵図像部』6巻「醍醐本不動明王図像」不動明王）や、石材を井桁に重ねた瑟瑟座（194ページ図）に乗った姿で描かれます。

⑬全身を迦楼羅焰（火の鳥ガルダの焰）が取り巻いている。
⑭不動尊が変じて倶利迦羅大龍となり、剣にからみつく。
⑮不動尊が変じて二人の童子となり、行者に給仕する。

なお、すべての不動明王がこのような姿で造像されているわけではなく、時代によって変化しています。現代の不動明王などはかなりモダンな姿に変化しており、明王の最大の徳である奴僕三昧が完全に忘れ去られているものも多々あるのは残念なことです。

迦楼羅、倶利迦羅については6章でとりあげているので、そちらを参照してください。倶利迦羅大龍が剣にからみつく姿は、剣に羂索が巻き付いている姿で、不動尊そのものを表しています。

真言

ノウマク・サンマンダ・バザラダン・カン

不動明王の真言は、主要なものが三種あります。小呪、慈救呪（中呪）、火界呪（大呪）です。『密教大辞典』は、多く用いられる印明として、根本印（201ページ）と火界呪、剣印（203ページ）と慈救呪のセットを挙げていますが、寺院などで不動尊を拝し、念じるときは小呪もしくは慈救呪でよいでしょう。

広く行われている真言なので、三種とも挙げておきます。

①小呪――ノウマク・サンマンダ・バザラダン・カン。

②慈救呪――ノウマク・サンマンダ・バサラダン・センダンマカロシャダヤ・ソハタヤ・ウンタラタ・カンマン。

八田幸雄氏の訳は「帰命、普き諸金剛に。暴悪なる大忿怒者よ、破壊せよ、フーム、トラット（怒りの聖語）、ハーム、マーム」。センダンマカロシャダヤは、センダが暴悪な、マカロシャナが大忿怒者の意で、ソハタヤが破壊です。また真言末のカンマン（[illegible]）は不動尊の種字です。

③火界呪――ノウマク・サラバ・タタギャテイ・ビャク・サラバ・ボッケイビャク・サラバ・タタラタ・センダン・マーカロシャダ・ケン・ギャキ・ギャキ・サラバ・ビギナン・ウンタラタ・カンマン。

手印

不動明王十四根本印

不動明王の印は通称を「不動十四根本印」といい、14種の印で構成されています。仏菩薩の根本印はいずれも一印なので、不動尊が14種もの根本印をもつのは異例ですが、古来からの慣例に従って根本印と総称されています。『不動立印軌』（『金剛手光明灌頂経最勝立印聖無動尊大威怒王念誦儀軌品』）、『不動使者陀羅尼秘密法』などが印の典拠です。

①不動根本印
内縛して両方の頭指を立て合わせ、両大指で無名指の甲を押します。

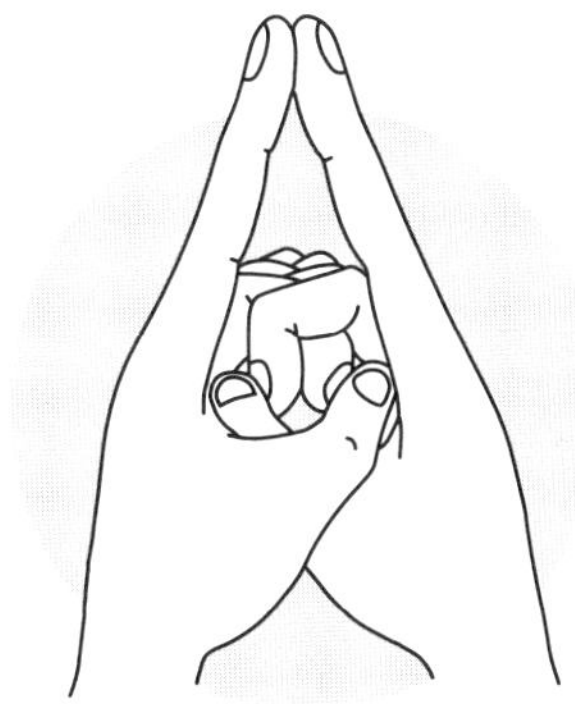

不動根本印

②宝山印
両手を内縛して、両大指を掌中に入れます。これは不動明王が座している盤石の座を表しており、「動かず」という意義を示しています。

宝山印

③頭印
両手を金剛拳にし、右の拳を仰向けにし、左拳を覆うようにその上にかぶせます。不動明王の結髪の形と伝えられています。

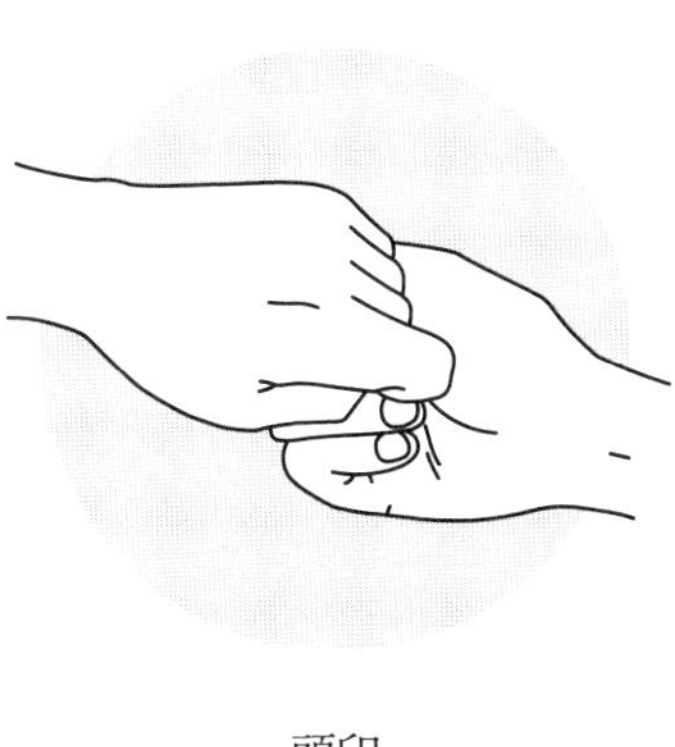

頭印

④眼（げん）印
内縛して両方の大指を掌中に入れ、両方の頭指を立て合わせます。不動明王の眼と眉間を表す印とされます（髪が額に垂れた形ともいわれます）。

眼印

⑤口印

中指を立て並べて指先をつけ、両方の無名指は内にはさんだ小指を押します。頭指は中指の甲を押し、両大指は密着させた状態で、無名指の甲につけるのです。左右の大指は不動明王の下唇、頭指と中指は上唇で、その間が口を表しているとされます。

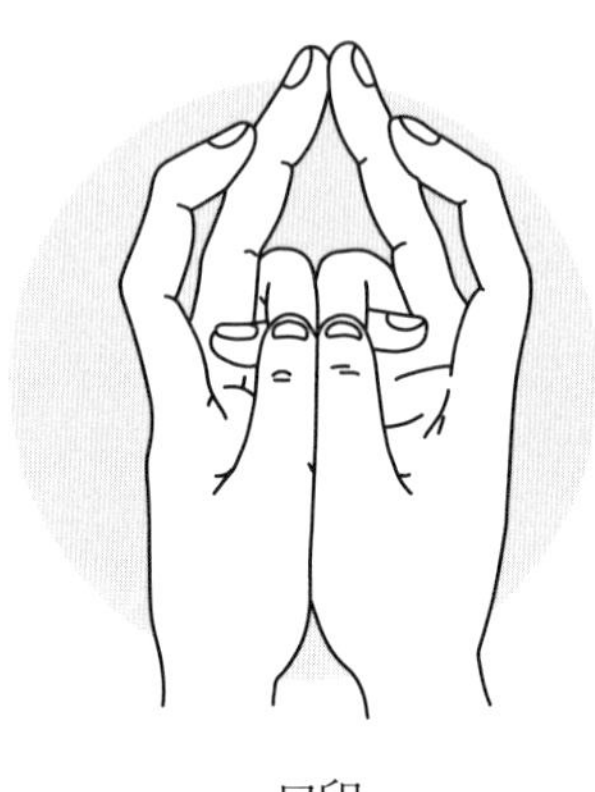

口印

⑥心印

虚心合掌し、両方の大指と頭指で輪をつくります。不動明王の心臓をかたどったもので、不動十四根本印中、最極秘印とされています。③頭印から⑥心印までの四印で不動明王の全身が表現されます。

心印

⑦甲印（四処加持印）

虚心合掌の状態から、無名指以外の指を離して開きます。両中指は幢のように立て、両無名指をつけて宝珠のような形にするのです。この印を用いて行者の胸部、両肩、喉の四カ所を加持し、不動明王に化身すると観じるので、四処加持印ともいいます。

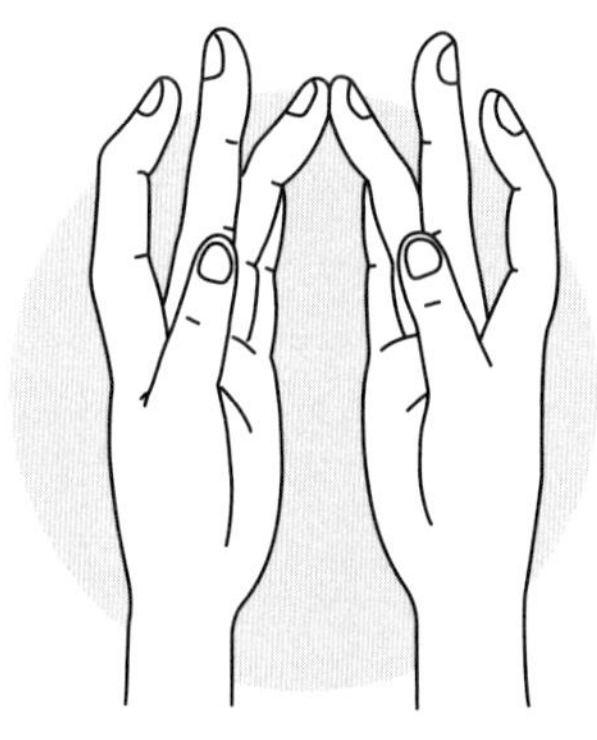

甲印（四処加持印）

⑧師子奮迅印

⑦の甲印のまま、右の頭指を開いて立て、揺り動かします。師子（獅子）は悟りを求める心（菩提心）の象徴です。

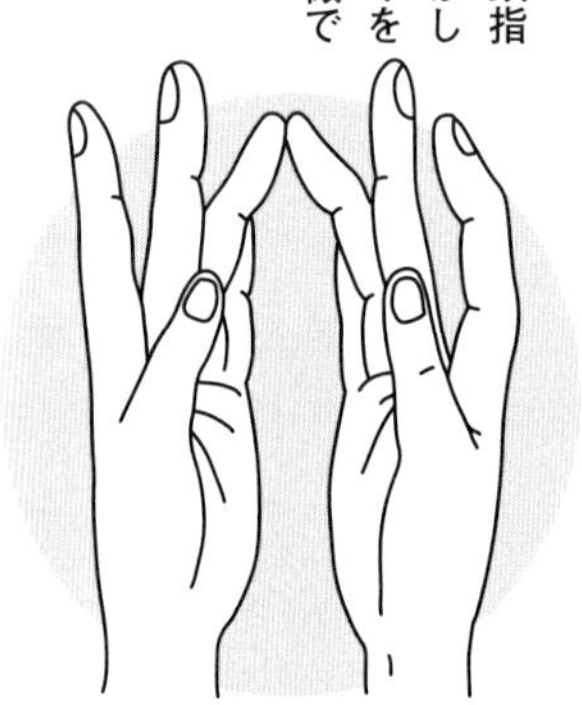

師子奮迅印

⑨火炎印

右手を図のように指さしの形にし、立てた頭指で左手の中指の付け根を押します。大指は風を、中指は火をつかさどります。そこでこの印は、仏が大悲の風を送りつけることにより、知恵の火を燃え上がらせることを表しています。

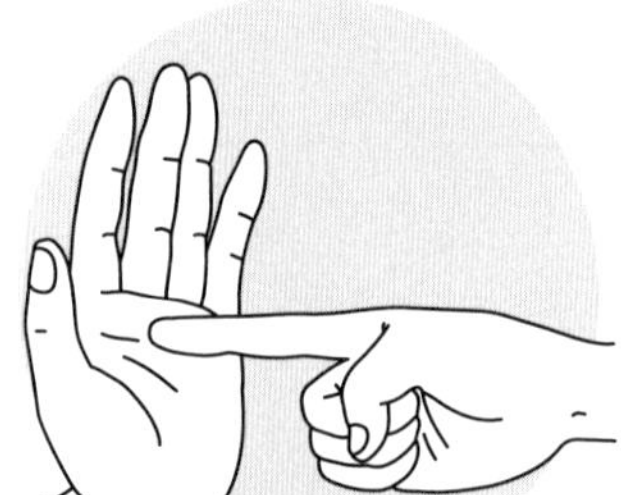

火炎印

⑩火炎輪止印（制火印、遮火印）

左右とも拳につくり、大指を頭指と中指の間から出して、両拳を背中合わせにします。風をつかさどる頭指と、火をつかさどる中指の間に、空をつかさどる大指をさしはさむことで、煩悩の火を消し止めるのです。

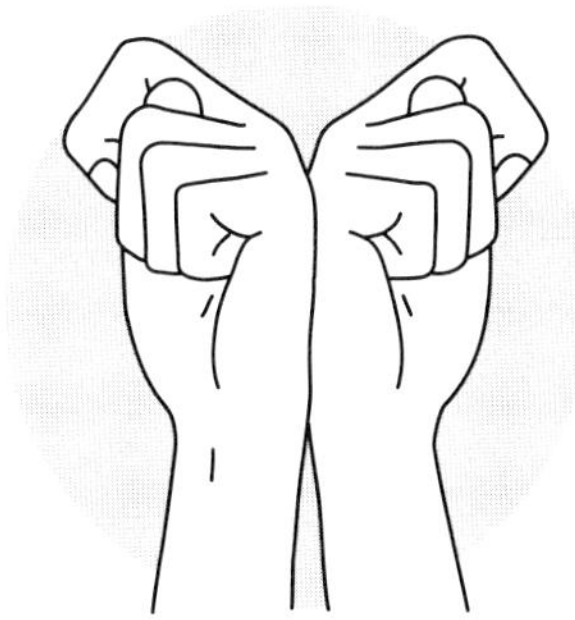

火炎輪止印（制火印、遮火印）

⑪法螺印

左右の大指を無名指と小指に添えつけ、中指を立て合わせます。頭指は、右は中指の背につけ、左は開いて立てます。説法を象徴する法螺貝をかたどった印です。

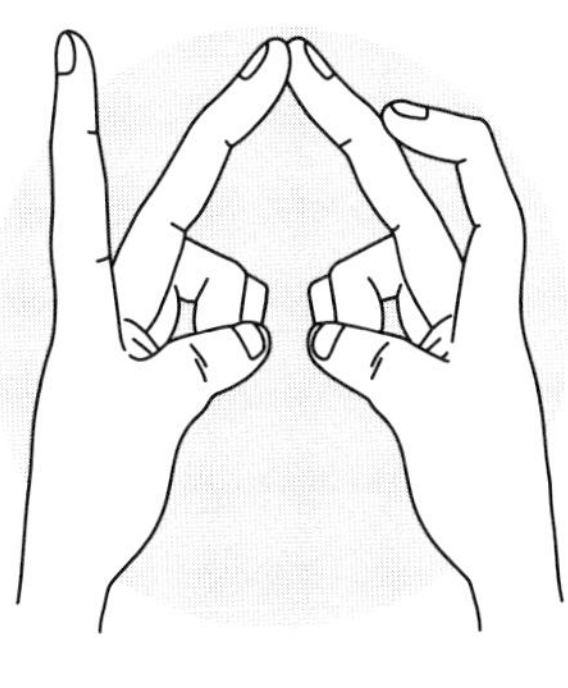

法螺印

⑫剣印

両手とも大指・無名指・小指を内に曲げ、頭指と中指をまっすぐに立て並べます。その上で、刀に見立てた右手の頭指・中指を、鞘に見立てた左手に収めるのです。不動明王がもつ剣の象徴であり、魔や煩悩を断ち切る霊威があります。

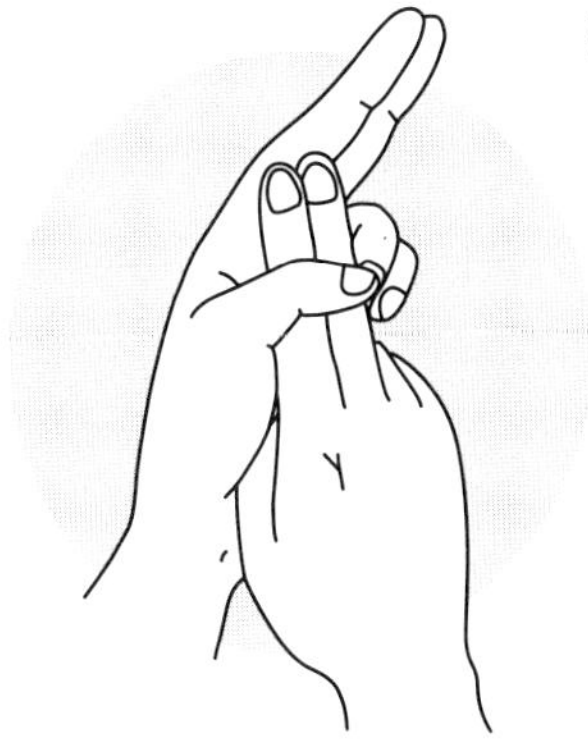

剣印

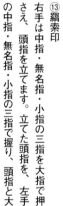

⑬羂索印

右手は中指・無名指・小指の三指を大指で押さえ、頭指を立てます。立てた頭指を、左手の中指・無名指・小指の三指で握り、頭指と大指は丸めて指先をつけ、輪のようにします。これは不動明王がもつ羂索（投げ縄）の形を表しています。

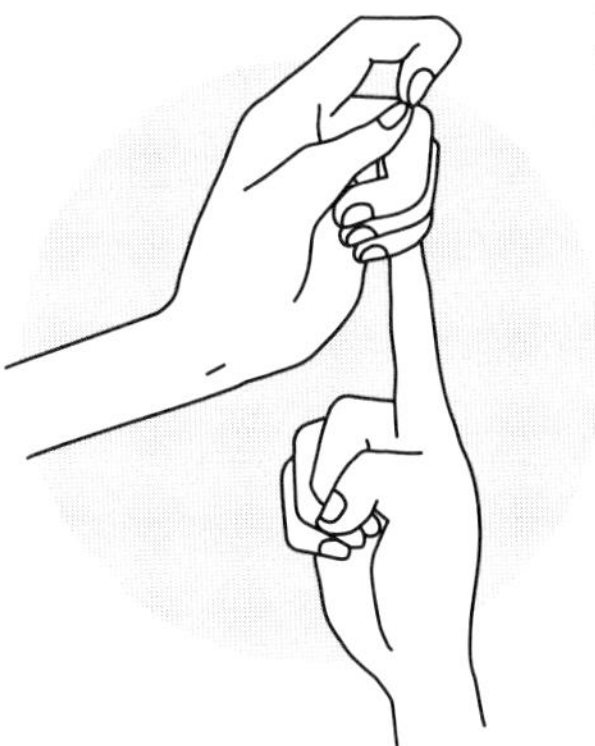

羂索印

⑭三鈷金剛印（不動三鈷印）

右の大指を頭指につけ、残り三本を立てて三鈷をかたどります。

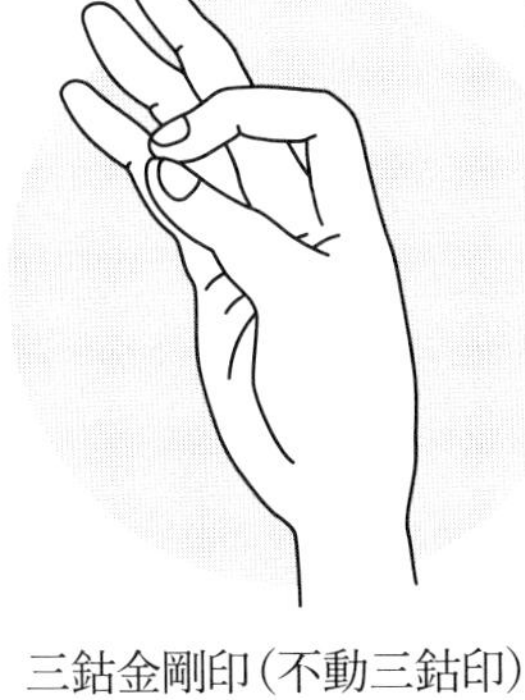

三鈷金剛印（不動三鈷印）

以上の根本十四印のうち、多用されるのは①根本印、⑫剣印、⑭三鈷金剛印です。また、もっとも深い意義を秘めているとされる秘印は⑥の心印です。

種字

矜羯羅童子 タラ 

制吒迦童子 タ 

不動明王に仕える童子
矜羯羅童子・制吒迦童子

◉こんがらどうじ せいたかどうじ

制吒迦童子　　矜羯羅童子

不動明王には、八童子、三十六童子など、数多くの童子が仕えているとされますが、中でも著名なのが矜羯羅童子と制吒迦童子です。

不動尊を中心に、尊から見て右に制吒迦、左に矜羯羅を配した不動三尊の像や画幅は、よく見かけるものです。

矜羯羅は日本ではコンガラと読びならわしていますが、梵名はキンカラです。

不動法を説いた雑密経典『不動使者陀羅尼秘密法』(『不動使者法』)によると、キンは「問うこと」、カラは「駆使」の意味(「矜は問事也。羯邏は駆使也」)ということなので、事を為すにあたって一々主人に何をなすべきかを問い、主人の命ずるままに駆使される者、つまり奴僕の義になると解されます。

不動尊自身が前項で見たとおりの「僮僕給仕（どうぼくきゅうじ）」の明王ですが、その特性をさらに抽出したのが矜羯羅童子で、不動尊の慈悲の化現だとされます。『不動使者法』は「恭敬小心者」とも形容しています。

もう一人の童子の制吒迦は、梵名チュータカの音写で、こちらも奴僕の意味とされます。ただ、矜羯羅が素直に主人の命に従う「恭敬小心者」なのに対し、制吒迦は「共に語り難い悪性者」であるといい、性悪（しょうあく）の人間が他者の言うことを聞かず、過ちが多いことになぞらえています。

つまりこちらの童子は、罪悪甚重、煩悩まみれで仏の教えに従わないわれわれ凡夫の鏡としての役割を負っているわけです。そこで『密教大辞典』は、「(制吒迦は)不動尊の業波羅蜜（ごうはらみつ）即方便心行を主る、故に性悪瞋形（しんぎょう）を現ずるこれ方便なり」と解説しています。制吒迦の悪性は、不動尊の慈悲の発現なのです。両童子は、いずれも単独で信仰されることはなく、不動尊の使者として供養を受けています。

手印

矜羯羅童子の印は蓮華合掌（未敷蓮合掌　25ページ）、制吒迦童子は外五股印を結びます。二手を外縛して、大指・中指・小指をまっすぐに立て合わせ、二頭指を図のように屈して開くのです。

矜羯羅童子

未敷蓮合掌

制吒迦童子

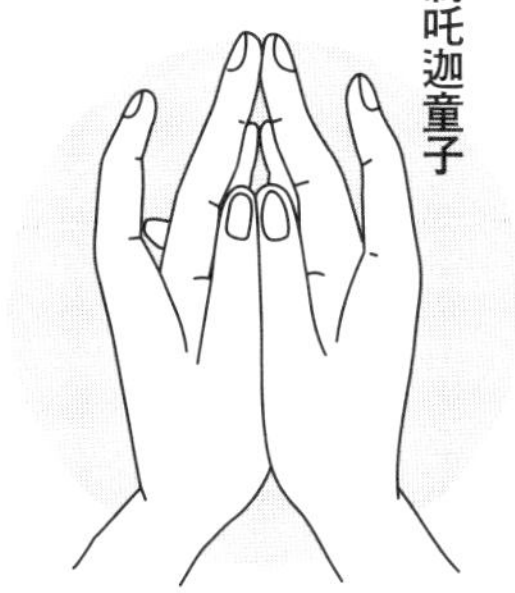

外五股印

真言

矜羯羅童子　**オン・ダラマ・コンガラ・チシュタ・ジラ**

制吒迦童子　**オン・カラマ・セイタカ・ウン・ウン・ハッタ・ナン**

矜羯羅真言のダラマ（ダルマ）は法、チシュタは発起の意味で、ジラ（ ）は不動尊に帰命することを表す矜羯羅の種字です。また、制吒迦真言のカラマは事業、ウン・ウン・ハッタは恐るべき破壊力を表し、最後のナン（ ）は不動尊に帰命することを表す制吒迦の種字です。『密教大辞典』はこのジラ（ ）とナン（ ）を両童子の種字としていますが、不動三尊として一般に用いられているのは矜羯羅のタラ（ ）と制吒迦のタ（ ）です。

種字 ウーン

降三世明王

不動と一対で働く明王の代表

●ごうざんぜみょうおう

不動尊と一対の明王の代表

如来には智徳・断徳・恩徳という三つの徳があるとされます。

①一切を見通す智徳、②煩悩を断ち切る断徳、③普く慈悲の恵みを施す恩徳の三徳ですが、降魔の猛威をもつ明王は、このうちの断徳をつかさどります。そして、密教では不動明王を断徳の始め(因)、降三世明王を断徳の終わり(果)と位置付け、不動明王を胎蔵界の教令輪身、降三世明王を金剛界の教令輪身とするのです。

このように、降三世明王は不動明王と一対の働きをする極めて重要な明王ですが、それは金剛界曼荼羅に明瞭に表れています。

手印 降三世の像を見ると、中央の二手で降三世明王印（大印、三界威力契勝契とも）を組んでいますが、この明王を念じる行者も同じ印を結びます。

両手を伏せて交差させ、小指をからめます。頭指は立てて第一関節を軽く折り、両中指と無名指を内側に丸めて、それに大指を添えるのです。一説に、左手は降伏される側の大自在天を表し、右手が降三世を表すといいます。

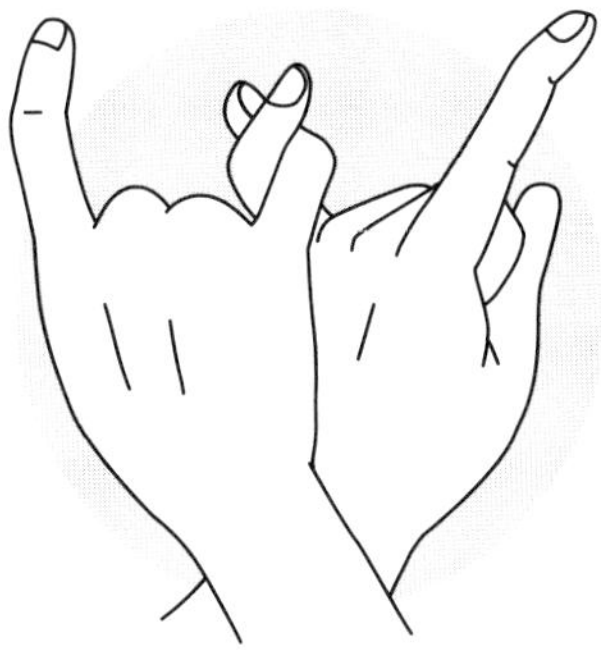

降三世明王印

大日如来の知恵の働きを描き出すこの曼荼羅は、以前は現図曼荼羅に見られる九区分（九会）ではなく、六区分（成身会・三昧耶会・微細会・供養会・四印会・一印会）から成っていました。

そこに三つの区分が加えられて、空海が持ち帰った形式（現図曼荼羅）の九会曼荼羅となったとされていますが、その増補された曼荼羅というのが、降三世羯磨会、降三世三昧耶会、それに降三世明王の菩薩形（正法輪身）である金剛薩埵を中尊とする理趣会なのです（降三世明王も金剛薩埵も五智如来中の一尊である阿閦如来の化身です。阿閦如来の菩薩形が金剛薩埵、明王形が降三世になります。195ページ参照）。

つまり金剛界曼荼羅は、金剛界大日如来の曼荼羅と、金剛薩埵・降三世の曼荼羅が組み合わさって生み出されたといってもよいでしょう。この明王が、密教のなかでいかに重要なポジションに置かれてきたかは、この一事から明らかですが、その重要性は胎蔵界曼荼羅でも一目瞭然です。

降三世は真言をつかさどる呪文の王なので、胎蔵界曼荼羅内の住所も、各明王を集めた区画である持明院です。現図では、般若波羅蜜菩薩を中尊として不動・降三世・大威徳・勝三世の四尊が描かれていますが、降三世と勝三世は異名同体の尊なので、実質的には不動・降三世・大威徳の三明王ということになります。さらに、現図より古い胎蔵界曼荼羅では、持明院は不動と降三世の二尊だけから成っており、そちらが原型とされています。ここにも

三昧耶形
五股杵、箭、索、剣。四魔・三毒を降伏する武器類です。

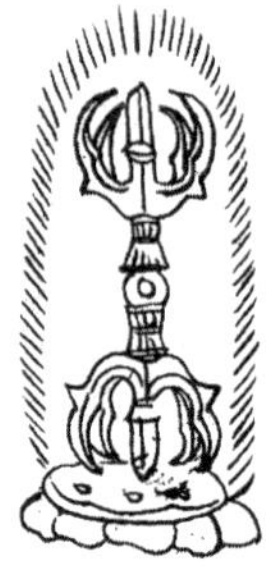
五股杵

不動尊と降三世尊という明王界を代表するセットが出てきました。密教独特の尊格である明王は、まさに不動と降三世から展開していったのです。

シヴァ神との因縁

降三世明王は五大明王の一尊で、阿閦如来と同じく東方をつかさどります。梵名はトライローキャ・ヴィジャヤ。意味は「三つの世界(三世)を降伏する者」です。三つの世界とは、仏界を除く欲界・色界・無色界の三界のことで、その支配者として君臨していたのがシヴァ神(大自在天)です。

シヴァと降三世の因縁は『金剛頂経』などが詳しく説いています。それによると、あるとき金剛薩埵は諸天を仏教に導き入れるために降三世明王に変身し、大忿怒相と明呪の威力をもって諸天を仏教に帰依させました。ところが三世の王を自任するシヴァ神のみは、従うことを拒否しました。

そこで降三世が明呪を唱えると、シヴァ神と妻の烏摩妃がたまらず大地に倒れたので、降三世はシヴァ神の頭部を左足で、烏摩妃の両乳の間を右足で踏みつけ、さらに大明呪を唱えました。ために両神は悶絶したのですが、このとき大日如来が慈悲の明呪を唱えると、夫妻神は猛烈な苦しみから解放され、ついに仏教に帰依することを誓ったというのです。

前項の不動明王がシヴァ神をルーツにしていたのに対し、降三世神話では、シヴァ神が敵役になっています。シヴァ信仰の大きさが反映されて、このよ

踏みつけられているシヴァと烏摩妃（206ページ図の一部）

うにさまざまな形でシヴァ神が登場するのも密教の大きな特色です。

ところで、降三世の名には、もうひとつの伝統的な解釈があります。三世の「世」とは「貪瞋痴の煩悩のことである。この三毒を降すがゆえに、降三世と呼ぶ」（『大日経疏』）という解釈です。

仏教では、三毒の煩悩があるからこそ、衆生は過去・現在・未来の三世にわたって果てしなく輪廻転生をくり返すのだと考えます。降三世は、この三世にわたる三毒を断つ明王です。そこで降三世と呼ぶというのです。

この場合、シヴァと烏摩妃は貪瞋痴三毒の象徴、もしくは煩悩障（心をかき乱す煩悩の障り）と所知障（智を惑わす無知迷妄の障り）の二障の象徴とされます。その姿は、多くは三面六臂（三つの顔と六本腕）ですが、ほかに四臂像や二臂像などもあります。最大の特長は、明王の足下に、いままさに踏みつけられている大自在天と烏摩妃の姿があることです。この二天によって、降三世の断徳の威力の凄まじさが、ありありと示されているのです。

真言　オン・ソンバ・ニソンバ・バザラ・ウン・パッタ

ソンバとニソンバは、シュンバとニシュンバという名の阿修羅族の兄弟神の音写で、一時は三界の王となったものの、シヴァ神妃ドゥルガー（密教では准胝観音）に倒されたという神話があります。

この兄弟が、降三世と勝三世の前身もしくは異名とされており、のちのシヴァ神降伏のとき、ドゥルガーとの因縁によって降三世がソンバ・ニソンバの阿修羅兄弟の相を現じたので、真言も兄弟への呼びかけから始まっているとの説がありますが未詳です。ソンバ・ニソンバはソバ・ニソバと唱える流儀もありますが、同じものです。

なお、右に記したのは降三世の小咒ですが、ほかに根本真言とされる長文の大咒があり、そちらも「オン・ソンバ・ニソンバ……」から始まっています。ウーン（[梵字]）はこの明王の種字ですが、すべての明王に共通の通種字でもあります。

種字 キリク

冥府を支配する明王
大威徳明王
◉だいいとくみょうおう

ヤマの命を断つ者

大威徳明王は五大明王の一尊で、西方をつかさどります。青黒い不気味な体色をしており、顔が六つに手足が六本という六面六臂(ぴ)六脚の異形で知られます。多臂の尊は珍しくありませんが、多脚の尊は非常に珍しいものです。

明王の梵名はヤマーンタカです。この名は「死者の国の王ヤマ(日本名は音写の閻魔(えんま))の命を断つ者」という意味なので、その意をとって降(ごう)閻魔尊とも訳されます。また、六脚という珍しい特徴を強調した六足尊(ろくそく)という呼び名もあります。青い水牛に乗るのも大きな特徴のひとつです。

手印　大威徳明王像の多くは、両手を内縛して中指を立て合わせる檀陀印（大威徳根本印）を結んでいます。また、この形から両方の頭指を立てて伸ばすと、大威徳明王印（大威徳一心印）になります。

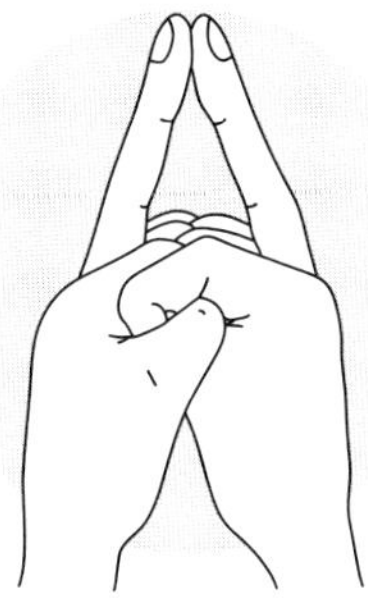

檀陀印

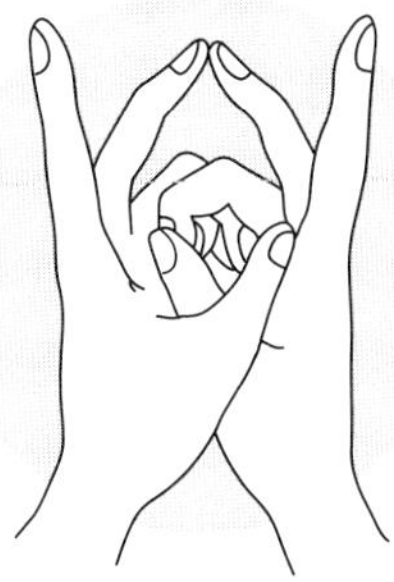

大威徳明王印

顔と手と足で重ねて強調される六には、種々の意義づけがなされています。六つの顔は地獄界から天界までの六道をくまなく見渡すことを表し、六脚は悟りに到るための六種の修行（布施・自戒・忍辱・精進・禅定・知恵の六波羅蜜）のたえまない実践を表すとされており、まとめて「六趣を浄め、六度を満たし、六通を成就する」（『聖閻曼徳迦威怒王立成大神験念誦法』、以下『立成神験法』）と説かれます。六趣は六道、六度は六波羅蜜、六通は六神通で、天眼通・天耳通・他心通・宿命通・身如意通・漏尽通のことです。

このように、多彩な働きをするとされる明王ですが、もっとも重要な働きは、衆生を生死輪廻の繋縛から解放するために死者の王である閻魔を摧殺し、諸魔を治罰・調伏して衆生を救済することです。前記の経典には、この明王に祈って調伏法を修すれば、怨敵は「病を患い、血を吐いて死ぬ」「衰弱死する」「滅亡する」などの、おどろおどろしい呪法が並べられています。

さらに不気味なのは、尊像の描写法です。黒月（満月の欠け始める翌日より月末までの半月）の十四日、あるいは八日に墓場に行って死人の衣を取り、その衣に描けというのです。その際の彩色には血を用い、描くための筆は死人の頭髪を用いよとも指示しています。

三千院で知られる京都大原の口伝では、この明王を明確に「鬼類」としていますが、それも肯けます。『覚禅抄』は、ある抄に云くとして、「この尊は無明妄想の衆生のために大悲の門を出て、極悪瞋怒の姿で現じる。世の中で

三昧耶形 宝棒、六輻輪、八輻輪、独鈷杵、剣など。
宝棒とは先端に如意宝珠のついた如意棒のことで、毘沙門天の三昧耶形として著名です。『密教大辞典』は宝棒の意義について、「衆生の貧苦を悲しみ、この棒を以て彼の慳貪の業を打ち破り、如意宝の楽を与える意を表す」としていますが、この尊の性格からいってやや違和感があるのは否めません。他の武器の類の三昧耶形がよりふさわしく感じられます。

宝棒

八輻輪

働いている魔軍を調伏し、世間の怨敵を滅す」と述べていますが、魔軍と戦ってこれを打ち伏せるためには、猛悪な鬼類の力が必要なのです。

「解衆生縛」の明王

このように、大威徳明王は極悪瞋怒の明王として怖れられてきたのですが、インドの後期密教では、さらに不気味な姿の、壮絶な呪殺神へと発展を遂げていきます。そこでは大威徳明王は三種の姿をとります。赤身で一面二臂のラクタ・ヤマーリ（紅ヤマーリ）、青黒身で六面六臂六足のクリシュナ・ヤマーリ（黒ヤマーリ）、同じく青黒身で九面三十四臂十六足のヴァジュラ・バイラヴァ（金剛怖畏、金剛バイラヴァとも表記されます）です。

これら三尊のうちでも、とくに凄まじい姿をしているのが金剛バイラヴァで、九面のうちの正面の顔は鬼とも龍とも見える水牛面であり、日本の六足尊どころか十六本もの足を踏ん張って、神や人間や動物などあらゆるものを踏みつけているのです。

この金剛バイラヴァは、チベット密教の四大宗派のうちのひとつであるゲルク派（ダライ・ラマが統轄する宗派）を開いたツォンカパの守護尊として著名で、ゲルク派ではとくに重視され、厚く信仰されてきました。

大威徳明王がインドの後期密教で三体の降閻魔尊へと発展していった理由を、高野山大学の奥山直司氏は「ヤマから冥王の座を奪い、生類の生殺与奪の権限を手中にすること、言い換えれば、ヤマになり代わって死を自在に操ることにあったと思われる。というのも、ヤマの破壊者であり、敵であるはずの彼らが、ヤマそのものに似すぎているからである」と解説しています。

　ヤマから冥王の座を奪うという働きは、この明王本来のもので、日本で信仰された大威徳明王にも同様の働きがあります。ヤマの仏教版である閻魔天は「縛」とも訳されます。死者を支配するので縛というのですが、大威徳明王には「解衆生縛」（衆生の縛を解く）の異名もあります。際限のない死生という「縛」の境涯から、衆生を解き放つ明王と見なされたのです。

　阿弥陀如来を自性輪身、文殊菩薩を正法輪身とする明王なので、曼荼羅では阿弥陀浄土のある西方に配当されます。明王単独の大威徳明王曼荼羅では、内院の中尊に大威徳と文殊の二尊を描き、周囲を文殊八大童子で取り囲みます。また、現図曼荼羅より古い胎蔵界曼荼羅では、文殊院に住しています。

　前記『立成神験法』も、釈尊の命を受けた文殊菩薩が、聖閻曼徳威怒王（大威徳明王）の法を説くという形で展開されています。

真言　オン・シュチリ・キャラ・ロハ・ウン・ケン・ソワカ

『立成神験法』に説かれる大威徳真言のうちの心中心呪で、印を結びながらこの真言で自分の身体の五所を加持すると、護身・辟除・結界の作用があるといいます。また、他からの呪詛や悪夢も消除する功徳があると説かれています。シュチリ（　）はこの明王の種子のひとつ（他に阿弥陀仏のキリク（　）や文殊菩薩のマン（　）もこの尊の種字として用いられます）。キャラは黒、ロハは色で、合わせて大威徳の身色を表し、ウンは恐怖すなわち明王そのもの、ケンは幸福の義で、明王の威力によって幸福が成就されることが祈念されています。

種字 ウン

あらゆる法事の守護尊 軍荼利明王

●ぐんだりみょうおう

代表的な弁事明王

五大明王のうちの一尊で、南方の担当です。軍荼利という名は、梵語のクンダリーの音写で、甘露水を入れる瓶（軍持、軍荼）のことだとも、蛇（軍荼攞）を持つ者のことだともいわれていますが、どちらもこの明王の働きや特徴をうまく表現しています。

前者の甘露とは、阿弥陀如来（97ページ）や青頸観音（159ページ）などの項で記した不老不死の霊薬のアムリタを指し、それを容れる水瓶を持つことから、甘露軍荼利や甘露瓶菩薩の異名があります。ほかに吉里吉里明王、大咲金剛の異名もあり、吉里吉里明王は四種法のう

手印　軍荼利明王像は、正面の二手で大瞋印（羯磨印）を結んでいますが、念じる行者も、この印を結びます。両手とも大指で小指の甲を押し、残り三本は三鈷の形に開き伸ばし、胸の前で両手を交差させます（右ページ参照）。なお、この明王の印は、不動明王以上に数多くあります。詳細は『陀羅尼集経』に記載されています。

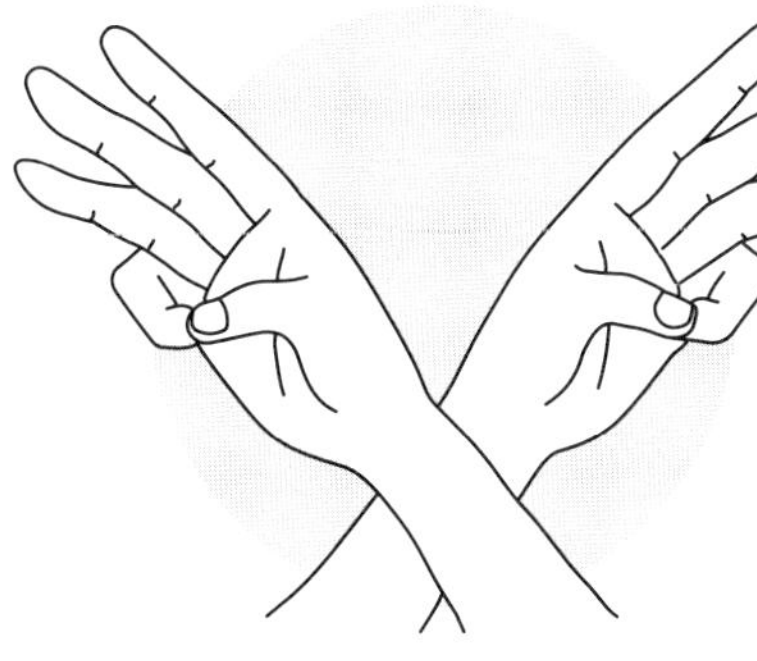

大瞋印

ちの息災法のときの名、軍荼利は増益法のときの名、甘露軍荼利は敬愛法のときの名、大咲（笑）金剛は調伏法のときの名だとする説もあります。

不動明王のところで、不動尊は「僮僕給仕」だと書きました。僮僕給仕とは、奴僕すなわち奉仕者のことで、如来や菩薩のためにもろもろの奉仕を行うのはもちろん、法を修する行者への奉仕もつかさどります。

たとえば、修法にあたって魔の侵入を防ぐために四方の土地や空間を聖別したり、空中に目には見えない防護のバリアを張り巡らせるなどの結界作業や、修法に用いる水や仏神に捧げる供物を浄めるなどの重要な仕事も、明王の奉仕の一部とされています。これらの諸事務を総称して弁事といい、それを行う明王を弁事明王と呼んでいます。

代表的な弁事明王は、もちろん奴僕三昧の仏である不動尊ですが、軍荼利明王もまた、最も代表的な弁事明王の一尊として尊崇・頻用されており、仏部・蓮華部・金剛部の三部に通じて弁事をつかさどるところから、甘露軍荼利（仏部）・蓮華軍荼利（蓮華部）・金剛軍荼利（金剛部）の三種の分身も立てられています。

軍荼利明王が掌っている弁事の詳細を記しているのは『陀羅尼集経』第八巻の「金剛阿蜜哩多軍荼利菩薩自在神力呪印品」です。香炉法、香水法、護身法、結地界法（大地を結界する法）、結四方界法（東西南北の四方を結界する法）、結虚空界法（上空を結界する法）、香華供養法、飲食供養法などの印明が、

三昧耶形 三股杵。または甘露を入れる賢瓶に挿された三股杵。棒や剣も三昧耶形とされています。参考に掲げた三昧耶形は最もシンプルな三股杵です。

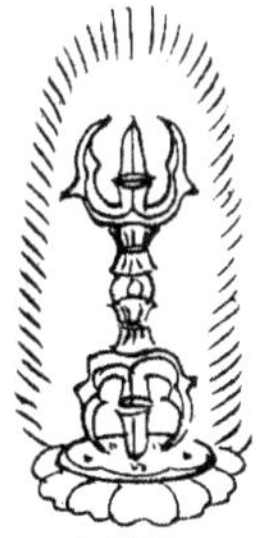

三股杵

効験とともに説かれており、金剛界法を修する場合、一切の法事の事務にこれら軍荼利明王の印明を用いてよいとされているのです。

甘露と蛇

甘露の水瓶を持つことからわかるように、軍荼利明王はとくに息災や延命の修法の本尊として祀られますが、もうひとつの特徴である蛇を装身具とする忿怒猛悪の姿に示されているとおり、もろもろの魔類や夜叉を調伏することにおいても、非常な威力を発揮するとされます。

とりわけ障碍の強烈さで知られる人身象頭の障碍神・毘那夜迦の調伏にこの明王の冥助は欠かすことができないとされ、毘那夜迦衆の首領である聖天（歓喜天。２９４ページ参照）に祈る聖天行者は、必ず軍荼利明王を祭ってきました。『陀羅尼集経』にも「軍荼利辟除毘那夜迦法」が説かれており、「一切の夜叉・毘那夜迦をことごとく辟除」し、怖畏なく諸事を成就することができるとしています。

このように、魔と煩悩と垢穢を破する軍荼利明王の印明には、数々の功徳が挙げられていますが、中でも金輪仏頂の「五百由旬断壊の徳」（五百由旬内で行われている他の仏菩薩等の真言の効力を一切無効にするという驚異的な威力の徳。１０８ページ参照）も、軍荼利明王の印明によって阻止することができるというのは、この明王の偉大さの最たるものでしょう。そこで行

毘那夜迦神
毘那夜迦の隣の猪頭神は閻魔天眷属で同じく障碍神の遮文荼。（『大正蔵図像部』2巻「胎蔵旧図様」）

者は、修法に際して結界するときや本尊に献供するときなどには、必ず軍荼利明王の印明を結誦することになっているのです。

明王像は、青色・一面八臂、もしくは四面四臂などが代表的です。いずれの像も、生きた四疋の蛇を首や腕、足にまとわりつかせて飾りとしていますが、これらの蛇は、我痴（自分というものを把握できない無知）・我見（自我を自分自身とみなす誤認）・我慢（自我による慢心）・我愛（自我への執着）の四根本煩悩の象徴とされます。

これらの根本煩悩は、自我意識の背後で働いているとされる末那識（第七識）における心の活動のことで、現代の心理学でいう無意識と重なる部分が多々あります。末那識における心の働きは、染汚意（汚れに染まっている心）とも呼ばれており、根本煩悩である四種煩悩の活動のフィールドでもあるので、字義通りに理解すると否定されるべきものということになりますが、煩悩即菩提（煩悩はそのまま悟りであるとする大乗仏教の思想）の立場に立つ密教では、煩悩も菩提も究極的には不二平等であると解釈します。つまり軍荼利明王の身体の四蛇は、別の角度から見た悟りの表象でもあるのです。

真言

オン・アミリテイ・ウン・ハッタ（小呪）

アミリテイは甘露で、甘露軍荼利明王のことです。修法においては、この印明によって香水を加持し、加持された香水によって、積み重ねてきた業障など、もろもろの垢穢を除きます。また、ウンは明王の通種字で、

金剛夜叉明王、烏枢沙摩明王などの種字でもあります。なお、経典によっては、帰命句のオンを唱えないものもあります。また、末尾に成就句のソワカを付ける伝もあります。

種字 ウン

すべてを喰らい尽くす明王
金剛夜叉明王

◉こんごうやしゃみょうおう

噉食三昧

五大明王中の一尊で、北方の担当です。ただし、天台宗では北方を担当する明王として後述の烏枢沙摩（うすさま）明王をあてており、金剛夜叉を北方・不空成就（ふくうじょうじゅ）如来の教令輪身（きょうりょうりんじん）（195ページ）とするのは真言宗側の解釈です。

明王の梵名はバジュラ・ヤクシャ。金剛杵（バジュラ）をもつヤクシャ（薬叉）という意味です。薬叉とは毘沙門（びしゃもん）天の眷属とされる鬼族の一種である夜叉のことですが、この明王の場合、薬叉は噉食（だんじき）（貪り喰らうこと）、尽（じん）などとも訳され、金剛噉食、金剛尽、金剛食（じき）などとも呼ばれます。『仁王経疏（にんのうきょうしょ）』に「梵語で薬叉という。薬叉とは威

手印　この明王を念じる行者は金剛夜叉印を結びます。内縛し、両頭指を立てて屈してアーチをつくります。小指も立ててやや屈し、向かい合った牙の形にするのです。

金剛夜叉明王印

徳のことである。また翻訳して尽という。よく諸々の怨を（喰い）尽くすが故に」とある尽です。

『金剛峯楼閣一切瑜伽瑜祇経』（以下『瑜祇経』）もまた、金剛夜叉明王は「一切の悪有情（心の働きが不正・不純のもの）と無情（精神性のない、冷血なもの）、および過去・現在・未来の三世にわたる悪穢触（触は不浄のこと）と欲にまみれた心とを、速やかに呑噉し尽くして、あとかたも残さない」と説いています。

この「噉食」こそが金剛夜叉の働きそのものであり、明王自身の本誓（自身が修行時代に立てた衆生済度の誓願）なので、それを指して一切を喰らい尽くす「噉食三昧の明王」などとも表現されるのです。ほかに大黒（体色の黒から）、大染欲、大楽などの異名もあります。

阿尾奢法の本尊

金剛夜叉法は、誰でもかれでもが修してよいという法ではありません。柔和忍辱の四十歳を越えた行者が修すべきで、それより若い者が修すれば自他を損害し、道を得ずして堕落すると説かれています（『金剛薬叉瞋怒王息災大威神験念誦儀軌』）。

噉食三昧の明王ということで、煩悩を喰らい尽くしてくれるほかに、われわれが口に入れるものを浄化したり、毒を消除するなど、食にまつわる功徳

三昧耶形

金剛牙、磨羯首（貪食とされる磨羯魚の頭部）など。牙は金剛夜叉の口中に生えている鋭利な牙をいいます。見る者一切を甚だしく恐怖させ、よく一切の魔怨を摧滅すると経典に説かれています。牙というと獣のような存在に感じられますが、釈尊などの如来にも四本の白牙が生えているとされており、業魔を噛み砕く仏尊のシンボルのひとつなのです。もうひとつの磨羯首を三昧耶形とするのは弘法大師の説であると『覚禅抄』にあります。

また、図版として掲げた金剛鈴も三昧耶形の一つで、明王の持物のひとつです。

金剛牙

金剛鈴

も説かれています。

食前に明王の真言を七回唱えれば、食物一切は清浄となり、毒物を口にしなければならないような状況に陥ったときには、二十一回真言を唱え、印を結んで毒物を盛った食器を加持すれば、明王が毒を噉食して行者の身を守ってくれるというのです。

その他、さまざまな神験がありますが、『瑜祇経』金剛夜叉の章（「大金剛焔口降伏一切魔怨品」）で最も熱心に説かれているのが阿尾奢法です。

阿尾奢法というのは密教における降神術の一種です。加持台（神霊を依り憑かせる霊媒役）に用いる童男・童女を沐浴によって清めさせ、新しい浄衣を着せて加持し、覆面をかぶせます。

その上で、印明によってさらに加持すること千八十回に至れば、童男・童女が神憑りし、その心身は空に住して、三世三界の一切のことがらや、物事の吉凶など、行者が知りたいと願っていることを教えてくれると説くのです。

阿尾奢とは〝（体内に）入る〟という意味で、入、遍入、占領などの義とされ、摂縛と訳されます。たんに未来の善悪吉凶を知るのみでなく、病人に憑いた悪鬼の類いを加持台に依り憑かせ、呪縛・改心させて、病を除去する法としても修されます。この法を行うときに金剛夜叉の印明を用いると、童男童女を「速やかに阿尾奢（遍入）せしむ」と説かれています。

明王の形像は五眼三面六臂で、全身を燃え盛る火炎が覆っています。

金剛夜叉明王の五眼
（『大正蔵図像部』3巻「別尊雑記」京都仁和寺蔵本）

五眼というのは正面の顔についている眼の数で、左右一対の目が二対と、額中央の縦の一眼の計五眼です。

額の目（俗にいう第三の眼）も合わせて三眼という尊像は多数ありますが、五眼は珍しいもので、他の明王にはなく、金剛夜叉の際だった特徴となっています。

五眼は金剛界五部（金剛界の諸尊を五智如来を教主とする五つのグループに分けたもののことで、仏部・金剛部・宝部・蓮華部・羯磨部）を表したものといわれ、下の一対の眼は「嘘を見抜く目」であるともいわれます。

手にした剣や輪などは、煩悩や魔、怨敵などの調伏の力を表示していますが、恋愛にからむ弓矢も持っているところから、敬愛法でも修されます。

真言

小呪　オン・バザラ・ヤキシャ・ウン

大呪　オン・マカヤキシャ・バザラサトバ・ジャク・ウン・バン・コク・ハラベイシャ・ウン

小呪は尊名と種字ウン（𑖮𑖳𑖽）から成る真言で、金剛夜叉明王を祈るときに用います。『瑜祇経』は種字ウン（𑖮𑖳𑖽）の功徳を大いに強調しており、明王を瞑想する際、また曼荼羅を描く際などには、まずウン字（𑖮𑖳𑖽）一字があるという観から始めるよう説いています。瞑想の場合、そのウン字（𑖮𑖳𑖽）が羯磨輪（三股杵を十字形に組み合わせた法具、羯磨杵）となり、光焔を放って次々と仏尊や明王に変容していくさまをイメージするのです。曼荼羅上に描かれた仏神や事物の一切は「みな吽字より生じる」といい、ウン字（𑖮𑖳𑖽）は「秘中の最勝の密」「諸仏の大悲心」であると称えています。

なお、阿尾奢法などで用いる大呪はこの小呪とは別の真言になります。真言中のマカヤキシャ（大薬叉）が明王です。真言中のウンは、すべての明王に共通して用いられる通種字です。仏が明王の姿をとったときの働きは、ウン一字に集約されるのです。

種字 ウン

穢れを浄化する明王
烏枢沙摩明王
◉うすさまみょうおう

物の不浄を喰う

前項の金剛夜叉明王でも書きましたが、北方をつかさどる不空成就如来の教令輪身（195ページ）は、二説あります。

ひとつは金剛夜叉明王をあてる真言宗の説ですが、天台密教には烏枢沙摩明王をあてる説があり、烏枢沙摩と金剛夜叉とは同体であると説かれています。

同体説が生まれた最大の理由は、両明王の本誓です。「噉食三昧」の金剛夜叉と同じく、烏枢沙摩も一切の不浄を噉食すると誓っており、働きにおいて同じなのです。そこで、「金剛夜叉は心の不浄を喰い、烏枢沙摩は物の不浄を喰う」

手印 この明王を念じる行者は烏枢沙摩身印（烏枢沙摩根本印、普焔印）を結びます。両手を内縛して右の大指を右の無名指の爪先に重ね、左の大指を右の大指にからめます。両頭指は立てて開き、中指は立てて指先を接するのです。ただし、印の形は諸説があります。

烏枢沙摩身印

といった説明が行われてきましたが、烏枢沙摩尊は煩悩など心の不浄も喰らうので、この説明は成立しません。

ちなみに『大威力烏枢瑟摩明王経』は烏枢沙摩尊の功徳として、すべての事業が成就する、事故などによる横死をこうむらない、諸悪事が近づかない、毘那夜迦が寄ってこない、一切衆生から愛される、一切の怨敵が寄りつかない、真言の功徳がことごとく実現する、金剛界の諸法が心のままに成就する、一切の不祥がただちに消除される、などの功徳を列挙しています。

とはいえ、実際に糞尿の浄化を説いた教典もあります。『穢跡金剛説神通大満陀羅尼法術霊要門』がそれです。

同経によれば、入滅の時を迎えた釈迦如来のもとに、世界中から諸菩薩や諸神、天人天女、諸鬼神などの一切者が集まってきたにもかかわらず、蠡髻梵王だけは無視して、自己の歓楽に耽っていました。

王は糞尿などの不浄物でつくりあげた城塹に籠っているため、派遣された使者も近づくことができません。このとき如来が神通力をもって化出したのが烏枢沙摩明王です。

明王は上天して梵王の城に行きました。そして「城塹の一切臭汚の穢物を指させば、かの種々の穢物、変じて大清浄の大地」に一変しました。そこで城内に入り、梵王を教化して釈迦のもとに連れてきたというのです。

おそらくこの経文が、「物の不浄を喰う」噉食明王としての信仰を発展させ、

三昧耶形 三股杵、剣、羂索、棒など。

羂索　剣　三股杵

明王を寺院の東司（トイレ）の守護神として祀る慣習も生まれたのでしょう。密教行者は、東司に入るに際して烏枢沙摩明王の解穢真言と印によって身を浄めました。入浴の際も事前に解穢の印明を行い、病人加持で病人の体を浄めるときも解穢真言によって明王の加護を念じたのです。

穢跡真言の霊験

末尾に挙げた解穢真言は短文ですが、『穢跡金剛説神通大満陀羅尼法術霊要門』の説く穢跡真言はもう少し長文で、種々の功徳が列挙されています。とくに治病の験は詳細で、頓病、死病、邪病、蠱毒病、精魅病、伏屍病など鬼類霊怪が原因で起こる諸病への対処法が列挙されています。

植物に対するユニークな呪法も挙げられています。たとえば枯木を蘇らせるには、白膠香を樹心に塗り、楊枝によって枯木を加持すること百遍、これを日に三回三日間行えば、三日目には花が咲いて実を結ぶとか、枯れ山に草木を生えさせるには、賓鉄刀を用いて呪すること三千遍、七日に至れば草木が生えるといった呪法が説かれています。

ほかにも、涸れた泉から水を涌出させる法、野獣を帰伏させる法、夜叉・羅刹などの鬼類を使者にする法、蛇や虫やサソリなど一切の毒を封じる法、思う相手からの愛を獲得する法など、呪術経典ならではの法が列挙されており、人々が明王という存在に何を期待していたのかが、手に取るようにわかります。これは烏枢沙摩明王に限ったことではなく、5章の明王はいずれもこうした強大な現世利益の力があると信じられてきたのです。

明王の梵名はウッチュシュマといいます。穢れを浄める（不浄潔・浄穢）、穢れを除く（除穢）の意とされていますが、『密教大辞典』は適切な訳ではないとし、正しくは混雑・錯乱の義なので、「浄穢を差別せざる故に混雑と名けられたるか」と推定しています。異名が多く、穢跡金剛、受触金剛、不浄潔金剛、火頭金剛などとも呼ばれます。尊容は多種多様です。

ルーツはバラモン教の火神アグニといわれており、明王の身色はアグニの赤色にするのが原則のようですが、実際には黒色や青色など雑多です。『首楞厳経』によれば、非常に貪欲・多婬だった烏枢沙摩は、空王如来のときに多婬の者は猛火聚になるという説法を聞いて発心し、修行の末に多婬心を化して智慧火に変えたといいます。

あらゆる穢れ祓いに烏枢沙摩明王の真言が用いられますが、日本では安産祈祷でも重用されてきた歴史があります。産穢や血穢を忌む日本の陋習と結びつき、それらの穢れを浄化するために明王の解穢が用いられたものでしょう。また、胎児の性別を変える修法の本尊としても著名です。

真言

オン・シュリマリ・ママリマリ・シュシュリ・ソワカ

シュリマリは吉祥保持、ママリマリは幸福保持、シュシュリは華麗吉祥の意で、解穢真言の一種です。また、オン・クロダノウ・ウン・ジャクという解穢真言もよく用いられます。クロダノウは忿怒者の意で、明王を指しています。ウン・ジャクはともに種字です。

種字 ウン

煩悩即菩提の明王
愛染明王

◉あいぜんみょうおう

金剛薩埵と愛染明王

愛染明王は金剛薩埵が明王に変化した姿で、本質は金剛薩埵と同じなので、金剛薩埵の項（166ページ）も参照してください。

この尊の梵名はラーガ（羅我）、またはラーガ・ラージャといいます。ラーガは、赤色や愛欲・情欲、ラージャは王を意味するので、訳して愛染明王とし（愛染王、大愛などとも呼ばれます）、図像で表すときはラーガの象徴色である赤い身体に、この明王が住んでいるとされている「熾盛輪（日輪＝燃え盛る太陽）」の光背を背負った姿で描きます。

金剛薩埵が「煩悩即菩提」の仏だったように、

手印　愛染明王を念じる行者は、外五股印を結びます。二手を外縛して、大指・中指・小指を立て合わせ、二頭指を鉤形のように屈して開き、五股杵の形につくるのです。この印は三昧耶印とも呼ばれています。本文でも述べたとおり、五股杵は愛染明王のシンボル（三昧耶形）なのです。

外五股印

同菩薩の忿怒身である愛染明王も煩悩即菩提の明王です。愛欲煩悩は決して穢れたものではなく、そのままで悟りの世界に通じているということを、この明王にまつわる経は教えています。そうした経典のひとつに、『金剛峯楼閣一切瑜伽瑜祇経』（以下『瑜祇経』）があります。

十二品（章）から成る『瑜祇経』のうち、二、五、六、七の各品は愛染明王にかかわる章で、二品では金剛薩埵があらゆる「瑜伽」のうちでも「最尊最勝」の真言を持っているといい、真言の名は「一切如来金剛最勝王義利堅固染愛王心真言」だとして、手印と真言と功徳を説いています。

瑜伽とはヨーガのことで、密教では本尊との冥合融会を指します。密教の三密行（本尊の身口意と行者の身口意をひとつにする行）は、瑜伽に入ることで成就するとされるのですが、その瑜伽における最尊最勝の真言の保持者が金剛薩埵であり、その真言が愛染明王の真言だというのです。

根本輪としての煩悩

さらに、釈迦如来が煩悩即菩提につながる深秘の教えを説く第七品では、愛染明王の境地の秘密が明らかにされています。

この章の一節に、「諸法自性なし、願もなく、染浄もなし」という言葉があります。

諸法とは、一切の有形・無形の事物のすべてであり、現象しているものの

三昧耶形 五股杵。左ページの人形五股杵も三昧耶形として用いられます。『密教大辞典』は、「是れ理知定恵冥合して本有五智に帰したる形にして、この尊の大欲大染の内証に相応せり」と説明しています。ほかに五股鉤（先端が五股で鉤がついている棒）や弓箭も三昧耶として用いられます。

五股杵

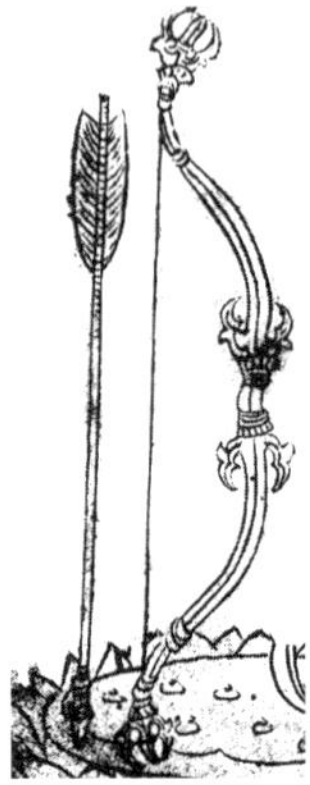
弓箭

すべてです。それらの諸法には、本来そのものに具っている固有の性質（自性）もなければ、こうなろう、こうしようという願もなく、穢れもなければ特別に浄いというものもないというのです。

その上で釈尊は、説法の意味を示すために一人の「障者」を忽然と出現させます。障という言葉は、仏教では煩悩・欲望・魔障など仏道の成就を妨げるもの一切を指すので、いわば仏敵仏魔の総体のような人物です。

その障者の障について、釈尊はこう説きます。

この障は「一切衆生が本来具えている障であり、無始無覚の中から来たものである。もとからあり、もとからあるものとともに生じている自我所生の障であって、地輪・水輪・火輪・風輪・空輪の五大五輪より根源的な、根本輪（根本元素）である」と。

つまりここで釈迦如来は、煩悩を「根本輪」とすることで、煩悩は穢れであり、煩悩を捨てなければ成仏できないという仏教の通念を否定して、根本輪である煩悩をもったままで解脱できるということ、言葉を換えれば煩悩がそのまま菩提（悟り）につながるということを説いているのです。

釈迦如来がこう説いたところ、その説法に応えるかのように、「障者は忽然として身を現じて金剛薩埵形に」なったと経典は説きます。この金剛薩埵形の尊、すなわち障者の受肉尊が、愛染明王なのです。

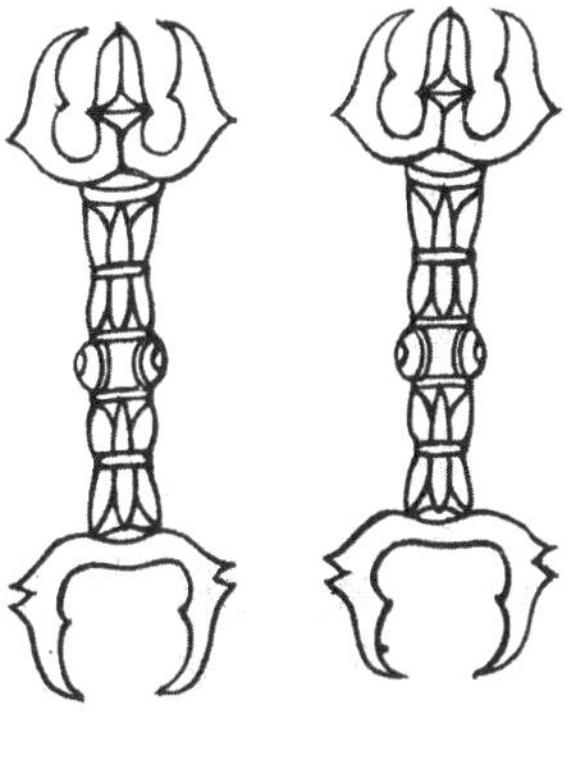

人形杵
上部の三股が頭部と両手、下部の二股が両脚に見立てられ、２本の股杵を上下逆さまに重ね合わせると1本の五股杵になります。この一対で男女和合の姿が象徴されます（231ページ参照）。三昧耶形の人形五股杵とはこれのことです。（『大正蔵図像部』3巻「別尊雑記」）

愛染明王の秘密修法

愛染明王は、このように愛欲・煩悩を大胆に肯定しています。そのため、男女和合や縁結び、秘められた愛の祈りなどの本尊として用いられ、昔は遊女などがこの明王を厚く信仰しました。今でも水商売の女性には帰依者が多いといわれています。

愛染明王の法は、息災・増益・敬愛・調伏などすべての修法の本尊となります。頭に獅子冠をかぶったラージャ（王）の明王なので、他の明王のような奴僕三昧の奉仕者とは異なり、愛民に恵みをもたらす王者の三昧境に座しています。歴史上、この明王に祈って皇位につこうとした親王も実在したくらいで、俗世の権力も愛染明王の管轄になります。俗世と出世間の双方にかかわる福力において、愛染明王は最勝最強なのです。

形像にはバリエーションがありますが、多くは一面六臂の忿怒形で、三眼を具え、金剛鈴や金剛杵、弓箭などを手にしています。

その中に、何を持たない空手があり(左の第三手で、『瑜祇経』は「彼の手」と呼んでいます)、秘密修法においては、この手に愛染明王に祈る者の所願の象徴物を持たせることになっています。

息災では輪宝、増益では珠、降伏では金剛杵、延命では甲冑などが一般的ですが、他にもいろいろとあったらしく、呪殺がらみの危ない法も伝えられ

両頭愛染王

ています。行者は、こうして空手に持たせた象徴物を、蓮華（未敷蓮華）を持った明王の右の第三手で打つと観じるのです。打つ所作は、所願成就の呪法を意味します。

両頭愛染という秘仏

このほか、敬愛法や和合法において用いられる特殊な愛染明王があります。ひとつの体に両頭がついた両頭愛染がそれで、男尊の染愛明王と女尊の愛染明王の合体を表しているとされます。この場合、染愛が定を表し、愛染が慧を表すと口伝されています。

また、通常の一面六臂の愛染明王は金剛手（金剛薩埵）の化身で、二面二臂の両頭愛染は大日如来の化身だとも伝えられています。

これらは日本で生まれた信仰で、経典や儀軌の所説はありません。

愛染明王は、大胆な愛欲肯定により淫祠邪教として宗門から排撃された真言立川流でも篤く

三昧耶形 真言立川流本尊。三股杵と五股杵を独鈷杵でつなぎ、その上の蓮台に万法の根源である阿字が載せられた「五色阿字」です。阿字の五画は彩色されて金剛界五智如来（大日・阿閦・宝生・阿弥陀・釈迦）にあてられており、立川流の阿字観（阿字による瞑想法）に用いられました。

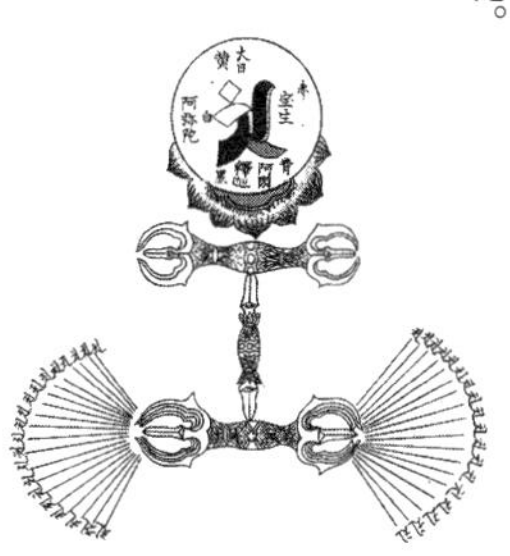

真言立川流本尊
（水原堯栄『邪教立川流の研究』）

信仰されました。愛染明王の三昧耶形（シンボル）は五股杵ですが、真言宗の一部では「人形五股」という特殊な法具を創出し、立川流もこれを用いて性愛理論を立て、秘密修法に用いました。

人形五股とは、一端が三股、一端が二股の金剛杵で、三股が頭部と両手、二股が両足を表し、全体で一個の人体を象ります。この人形杵を互い違いになるように二本重ね合わせて、男女の冥合の表示としたのです。

『柿袋（かきぶくろ）』という立川流の口決（くけつ）書は、「合すれば二根交会（にこんこうえ）して大仏事を成ずと『理趣釈（りしゅしゃく）』にあるはこれなり」と述べています。また『覚源抄』も「人形杵、二（本）を上下して和合するは男女冥合の一体になる事を表すなり……男の五大（地水火風空）、女の五大、一体無二なり、金剛薩埵・愛染明王、慈悲・忿怒形の不同こそはあれど、皆同じく五大所成の身、明王は金剛薩埵の妻ゆえ忿怒形にかくなり」と述べています。

このように、愛染明王にはさまざまな秘説が案出されてきたのです。

真言　ウン・タキ・ウン・ジャク

この真言を愛染王一字心明といいます。印は前記の外五股印です。「無量の罪を滅し、よく無量の福を生ず」と説かれています。

タキはタッキで、愛染明王を指し、ウン（[梵字]・[梵字]）は菩提心を表す明王の種字です。両頭愛染の場合は吽（ウン[梵字]）を重ねた重吽（[梵字]）が種字となります。タキを唱える愛染明王真言は多く、タキ・ジャク、タキ・ウン、オン・タキ・ウン・ジャクなどの真言もあります。

本文解説中に引いた『瑜祇経』の「一切如来金剛最勝王義利堅固愛染王心真言」は、オン・マカラギャ・バゾロシャニシャ・バザラ・サトバ・ジャク・ウン・バン・コク、と唱えます。

「なす処の業みな成就する事を得、持する処の諸々の余の真言、もしくは仏頂部および諸々の如来部・蓮華部・金剛部・宝部・羯磨部等、みな能く彼等の真言を持誦して速やかに成就せしむ」と説かれています。

種字 マ

孔雀明王

明王中の美麗な女尊

◉くじゃくみょうおう

明呪の女尊

明王のなかでももっとも早くに成立した明王といわれるのが、この孔雀明王です。梵名をマハー・マーユーリーといい、摩訶摩瑜利（まかまゆり）と音写します。偉大な孔雀の意味です。

孔雀仏母（ぶつも）、孔雀王母、仏母大孔雀明王などとも呼ばれますが、これらの異名からわかるように、この明王は女尊です。他の明王は、いずれも激しい忿怒（ふんぬ）の形相をしていますが、孔雀明王だけは、愛に満ちた慈悲の相をしています。金色の孔雀の背に乗り、蓮華や孔雀の羽根で荘厳している彼女は、姿も華麗で、身につけているアクセサリーも菩薩のものです。

手印　この明王を念じる行者は、外縛して両方の大指と小指を立て合わせる孔雀明王印（孔雀経印、羽打印）を結びます。両大指は孔雀の頭部、両小指は尾、残りの指は翼を表します。印を結んで真言を誦すとき、大指と小指を除く六本の指を扇ぐように上下します。これによって孔雀の飛ぶさまを表し（羽打）、不祥を払うのです。なお、外縛ではなく内縛して結印するという口伝があります。

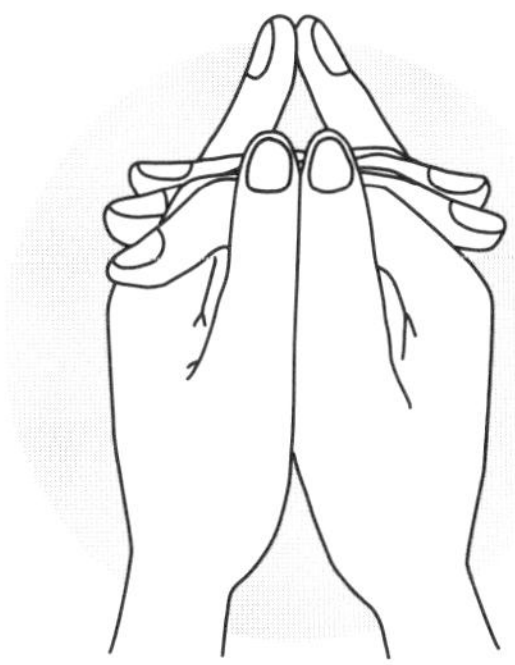

孔雀明王印

そこでこの尊を明王とはせず、孔雀王母菩薩などのように菩薩の名で呼ぶ経典もあります。『密教大辞典』も、「明王と称すれども常の忿怒明王と異なり、明呪（引用者注・真言）の徳の勝れたるにより明王と名づく」としており、仏を生じる働きを持つ仏母中の一尊としています。

孔雀が猛毒の蛇を捕食するところから、インドでは虫や蛇など世の中の一切の毒を消除し、貧・瞋・痴の三毒まで食い尽くして衆生に安楽を施し、悟りに導く女尊として信仰されました。また、とくに雨をもたらす力が傑出しているとして、請雨法の本尊に用いられてきた歴史があります。

明王に勝れた明呪の徳があるという信仰は古く、修験道の祖とされる役小角も、慧灌という渡来僧から孔雀明王の法を授かって修行を重ね、ついに超越的な力を獲得したと伝えられます。

孔雀明王の縁起

女尊の明呪の力をたっぷりと説いているのが『仏母大孔雀明王経』（以下『孔雀経』）です。同経には、孔雀明王にまつわる縁起と種々の法、とりわけ数多くの真言陀羅尼が収められていますが、それらのうちの縁起部分を紹介しておきます。

あるとき、莎底という名の出家まもない僧が、洗浴に使う薪を用意していたところ、木の下にいた黒蛇に足指を咬まれ、毒にあたって悶絶しました。

三昧耶形

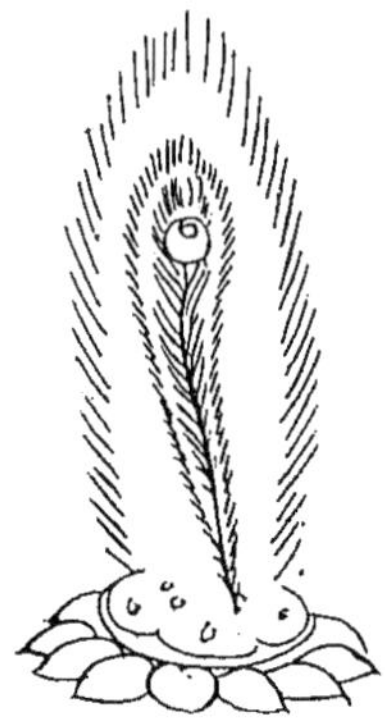

孔雀尾。孔雀尾の上に月（半月ないし満月）を置く形もあります。

そこで仏弟子の阿難が釈迦仏に救いを求めたところ、釈迦は一切の諸毒と怖畏と災悩を滅し、安楽をもたらす「摩訶摩瑜利仏母明王大陀羅尼」を授けたというのです。ここに毒と孔雀呪の因縁説話が出てきます。

また同経は、雪山（梵語のヒマーラヤ）における縁起も説いています。昔、雪山に金曜大孔雀王という名の孔雀の王が住んでおり、日々孔雀王陀羅尼を誦すことで安楽を得ていました。ところがあるとき、ふと陀羅尼を忘れてしまい、あまたの孔雀采女らと山林を巡っては遊戯貪欲愛着に耽るようになりました。そしてとうとう猟師に捕縛されてしまったのです。

このとき王は正念に立ち帰り、かの陀羅尼を思い出して唱えました。すると繋縛から脱することができたのですが、その金曜孔雀王とは、ほかでもないこの私（釈尊）だというのです。

右の説話は、過去世において雪山で修行していた時代の釈迦（当時の名は雪山童子）の前世譚をふまえています。この修行時代、釈迦はかの有名な雪山偈――「諸行無常、是生滅法、生滅滅已、寂滅為楽」を帝釈天から授かったと伝えられているのですが、『孔雀経』によれば、雪山時代の釈迦は、金曜大孔雀王としての前世も過ごしたことになります。

孔雀明王呪の功徳はこれだけではありません。一切の鬼魅や害敵を防ぎ、龍を駆使して雨をもたらし、刀杖などの害を除け、病を治すなど、さながら現世利益の目録の観があります。

鎮護国家の大法

空海以来、真言宗では『孔雀経』を最も重要な経典のひとつとして尊重してきました。『奉為国家請修法表』（国家の奉為に修法せんと請う表）という文書の中で、空海は、仏がとくに国王のために説いた経として『仁王経』『守護国界主経』および『孔雀経』を挙げ、これらの経にもとづいて修される経法は「七難を摧滅し、四時（春夏秋冬）を調和させ、国と家を護り、自他を安んじる」ものだと主張しています。

以来『孔雀経』は、わが国では代表的な鎮護国家の経典と見なされ、尊崇されてきました。中でも真言宗二大流派のひとつである広沢方では、孔雀経法を最大最秘の法として重んじてきた歴史があり、宗門全体でも、孔雀経法は四箇大法のひとつに数えられています（他の三法は、仁王経法、守護経法、請雨経法）。

孔雀経法は息災の法ですが、とくに祈雨の法としてたびたび修されており、本尊である孔雀明王の感応を得て雨が降ったという記録が多数残されています。これは経文中に、この経を読誦すれば諸龍が歓喜して滂沱の雨をもたらすとあることによります。

真言

オン・マユラギランテイ・ソワカ

印のところで解説した羽打のときに唱える真言です。マユラギランテイは孔雀の救済の力を表しています。マユラのマ（𑖦）が種字です。

種字 ア

猛悪の曠野鬼神大将

大元帥明王

◉たいげんすいみょうおう

大元帥明王の由来

入唐僧の常暁が八百四十年（承和六）に日本に持ち帰って山城国宇治の法琳寺に祀り、宮中でも鎮護国家の大法として修されるようになった大元帥御修法の本尊で、梵名は曠野の鬼神を意味するアータヴァカ（阿吒婆拘）。曠野鬼神大将とも呼ばれています。訳名中の曠野という言葉には、鬼神などがうろついて血肉をあさる場所と怖れられたインドの尸陀林（マカダ地方にあった死体捨て場、屍陀林）という意味合いも含まれています。

その名のとおり、大元帥明王はもともとは猛悪な暗黒の夜叉神とされ、八大薬叉大将の異名

手印　この明王を念じる行者は大元帥明王印を結びます。真言に応じて五種ないし七種、あるいは八種の秘印が伝えられていますが、一般に知られているのは智拳印（62ページ）、もしくは内縛三股印（106ページ）です。智拳印が用いられるのは、この明王が大日如来の変化身と考えられてきたからです。

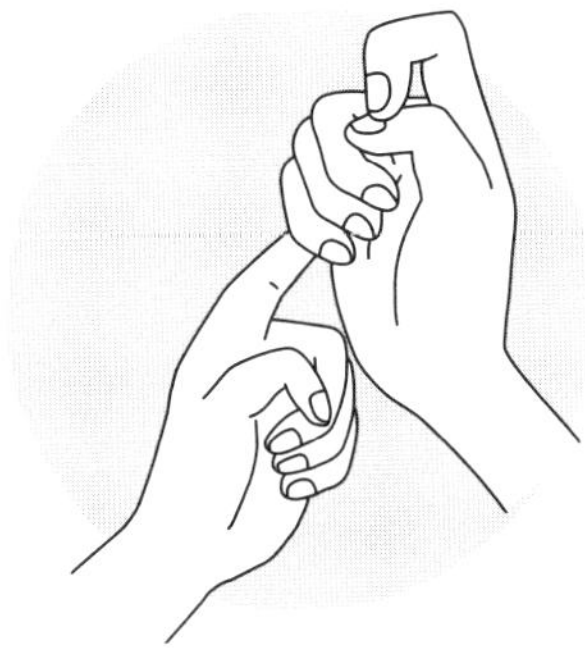

智拳印

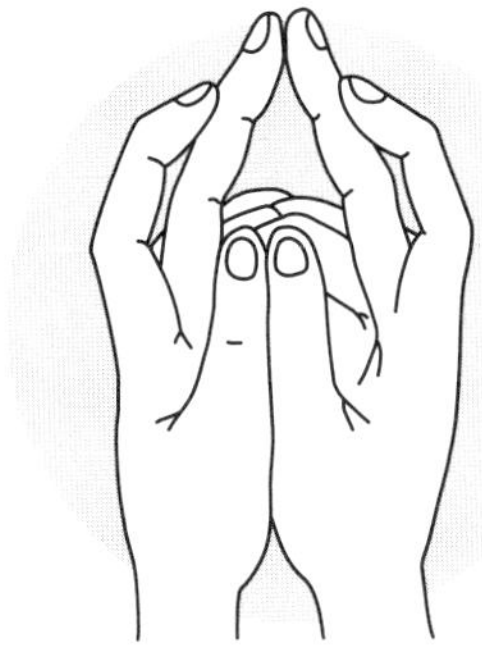

内縛三股印

をもつ毘沙門天の配下でした。その夜叉が、仏教にとりこまれて明王になったもののようです。

すべての明王の総帥ともいうべき絶大な威力をもっているため、大元帥の名がありますが、真言宗では大元帥御修法の場合には「たいげん」と読んで、帥の字は発音しないのが普通です。

『阿吒婆拘鬼神大将上仏陀羅尼神呪経』（阿吒婆拘神呪経）には、この明王の真言陀羅尼の威力がいかに凄まじいものであるかが説かれています。

同経によると、かつて釈迦が王舎城の竹林精舎（最初の仏教寺院）に滞在していたとき、城内に住む出家修行者が賊のふるまいをし、蛇に咬まれて鬼と化しました。

そのため大苦悩を受けて苦しんでいるのを見た鬼神大将の阿吒婆拘（大元帥明王）は、彼を哀れんで一切の極悪諸鬼神と一切の悪人と悪毒等を降伏する「極厳悪呪」を説くことを、釈尊に願い出ました。

当初、釈尊は「須ず」として許しを与えなかったといいます。けれども阿吒婆拘は「後の悪世においては悪鬼・悪人がますます増え、悪毒虫獣が衆生を侵害し、戦乱や天変地異の被害もいや増します」と訴えて重ねて許しを求め、ついに釈尊から、黙認という形での許しを得えました。

釈尊が沈黙によって許しを与えたというところに、この明王の法の恐ろしさ、一種の外道性がそれとなく暗示されています。

三昧耶形　剣、もしくは千輻剣輪。参考図は輪のスポーク部分が剣になっている千輻剣輪です。

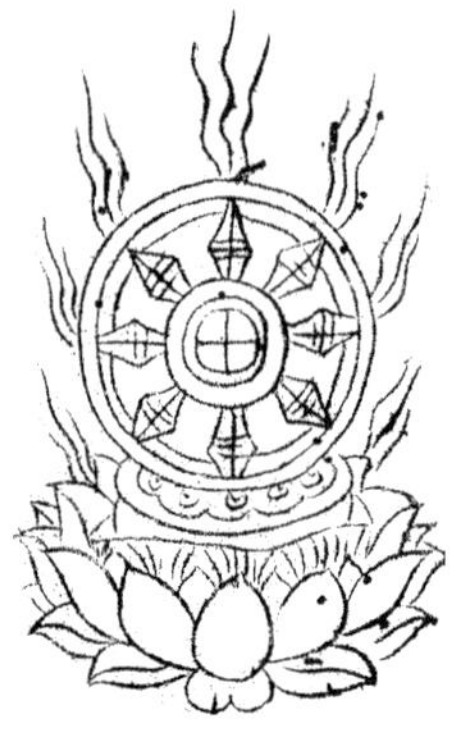

千輻剣輪

黙許を得た鬼神大将は、その場で三種の陀羅尼を説きました。その説くところによると、それらもっとも凄まじい神力のある「極厳悪呪」には、持誦者のいるところを結界して、「衆悪がその界を越えることはできず、持誦者を侵すこともできなくする」働きがあると説き、また、あまたの鬼神を率いて自身が昼夜を問わず守護すると宣言しています。

また、もし持誦者を悩害するようなものがあれば、明王の持物のひとつである千輻輪で悩害者の頭を砕き、配下の鬼神に命じて衰害させるというのです。かりに密呪を唱えることができないなら、ふさわしい紙に神呪を書写し、種々の香とともに身につけていれば、同じ功徳が得られるとも説いています。

「極厳悪呪」の威力

先にも述べたとおり、大元帥法は鎮護国家・皇家守護の大法として、文徳天皇の八五一年（仁寿元年）以来、宮中の神道行事が終えた正月八日から一週間、宮中内で厳修されてきた長い歴史があります。通常は天皇の心身を守護し、国家の安穏を祈るために、天皇の御衣を箱に収めて緋の綱で結んだ形代を対象に、阿闍梨が加持祈祷を行い、一週間後の結願の日に天皇のもとに御衣を返上するのです。

けれども、大元帥御修法の役割はこれにとどまりません。国家的な危機に際しても、臨時の大元帥御修法が修されました。平将門の乱や元冠のときにも行われており、鬼神大将の霊験によって将門が倒され、蒙古軍は神風で追い散らされと伝えられています。

　こうして鎮護国家の法として用いられるようになった理由は、経文にあります。「もし国王・大臣でこの呪を誦す者があれば、その者が支配している境土に悪賊怖・災横・疾疫・水旱（洪水と干魃）・風害や雪害の難が生じることはない」という『阿吒婆拘神呪経』の一節が根拠となっているのです。

　大元帥明王は、天皇の許し（勅許）がなければ用いることの許されない本尊として、国家が厳重な管理を行いました。明王の威力が、それだけ畏れられたことを物語っています。

　像は多種多様で、顔が一つのものから十八のものまで、腕も四本から三十六本までとまちまちですが、いずれも不気味な青黒い身色をしており、髑髏の首飾りをして体中に蛇をまとい、頭部の髻には赤龍が絡みつくなど、いかにも恐ろしげな姿をしています。

真言

ノウボウ・タリツ・タボリツ・ハラボリツ・タキメイタキメイ・タラサンタン・ウエンビ・ソワカ

先に引いた『阿吒婆拘神呪経』所収中の最後に説かれている大神力があるという「極厳悪呪」を、音写のまま挙げておきます。

留牟・留牟・留牟・留牟・留摩留摩・留摩留摩・唏梨唏梨・唏梨唏梨・唏梨唏梨・仇那仇那・仇那・仇那・仇那・仇㲋仇㲋・仇㲋・仇㲋・仇留仇留・仇留・仇留・休妻・休妻・休妻・休妻・唏梨・暮休・暮休・暮休暮休・暮唏梨暮唏梨・暮唏梨暮唏梨・休牟・休牟・休牟休摩・休咩提・摩咩思摩阿提迦羅咩兜・莎訶

なお、梵名冒頭のア（[梵字]）のほかに、本体とされる大日如来のバン（[梵字]）も種字です。

6章

仏教を護る神々（天部）と印明

仏教を代表する護法神
四天王
◉してんのう

持国天（東方・提頭頼吒）

増長天（南方・毘楼勒叉）

『仏説四天王経』に描かれた四天王

仏教では、この世界の中心は須弥山という巨大な山で、その山をぐるりととり囲む海のなかに、人類の住む贍部洲（海に浮かぶ大陸）など、四つの大陸が浮かんでいると考えます。

それら諸洲を見下ろして聳えている須弥山は、仏教守護をつかさどる神々の世界で、頂上には帝釈天（バラモン教の主神インドラ）の大神が住み、その下に広がる忉利天と呼ばれる地域には、東西南北に目を光らせる四人の神が住んでいます。

それが、持国天、増長天、広目天、多聞天（毘沙門天）の四天王で、四方を監督しているところから四鎮王とも呼ばれます。

広目天（西方・毘楼博叉（びるばくしゃ））ビ

多聞天（北方・毘沙門）ベイ

『仏説四天王経』によれば、四天王は毎月八日には使者を、十四日には太子を天界から下界に遣わし、十五日には四天王自身が下界に下り、二十三日にはふたたび使者、二十九日には太子、三十日には四天王自身が下るというローテーション（これを六斎日（ろくさいにち）といいます）で、諸人をはじめ、鬼や龍やその他の生物全般が、仏教の教えにかなった正しい生き方をしているかどうかをチェックします。

　その上で、正しく生きている者には寿命を付け足すなどの福を与え、善神を派遣してその身を守護し、死に際しては彼の魂を天上の七宝宮殿に迎えるというのです

　一方、衆生の命を救わなかったり、盗みを働いたり、他人の妻を姪犯したり、二枚舌を使い、悪口・妄言などで他者を害したり、厭魅呪詛（えんみじゅそ）を行ったり、嫉妬猜疑の炎を燃やしたり、外道の世界に迷いこんで不孝者となったり、法を犯したり、出家者を誹謗するなどの過ちを犯した者

手印 四天王それぞれに印明がありますが、四尊全体を表象する印も複数あります。そのうちのひとつは、内縛して二頭指と二中指を立てます。立てられた四本を四天王と観じるのです。

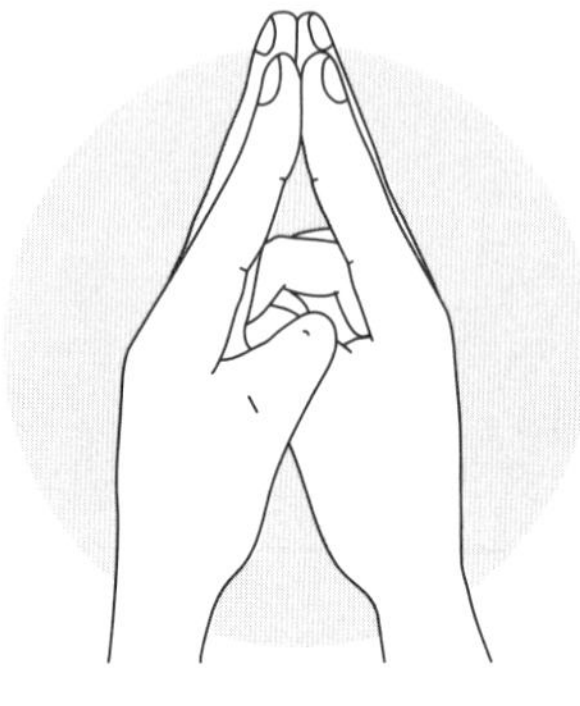

四天王総印

真言 **オン・ジリ・ビ・ビ・ベイ・ソワカ**

ジリ・ビ・ビ・ベイは四天王の種字で、ジリが持国天、ビが増長天と広目天（増長天は日本語の発音表記ではヴィ（[梵字]）、広目天はヴィー（[梵字]）の長音ですが、一般にはともにビと表記されています）、ベイが多聞天です。修験道にはまた別種の四天王総呪の伝があります。オン・ア・ウン・ラン・ケン・ソワカ、といいます。また、四天王を含む普世天の一切に通用する真言は、オン・ロカロカ・ギャラヤ・ソワカです。

のうち、悔い改めた者以外には天佑は与えません。そのため彼は、疫鬼に侵害され、常に災いや怪異がつきまとい、死してのちは地獄・餓鬼・畜生の三悪道に落ちると説いています。

形像と信仰

このように、四天王は仏に仕えて、仏の教えが正しく踏み行われるよう衆生を守護・監督することを仕事としています。

もともとは古代インドで信仰されていた方位神が、仏教にとりこまれて四天王となったもので、仏教の説話では、外道の神が釈迦仏の説法を聞いて改心し、仏が滅してのちは仏法の守護神（護法善神）になると誓ったと伝えられます。

こうした神々のことを、仏教では天部、天等部、普世天などと呼んでいます。

ここでいう天は、空中の意味ではなく清浄や光明の世界、およびその住人のことをいいます。

仏尊を「第一義天」と呼ぶのに対して、仏尊ほどではないけれど、人間などと比べると光明清浄の神力がある霊的な存在者を「世天」といい、全宇宙の世天を総称して「普世天」（普き世天）と呼ぶのです。

諸天の分類のひとつに、五類諸天説があります。

①上界天（色界と無色界の諸天）、②虚空天（夜摩天より上の天）、③地居

三昧耶形 本章から天部（神々）になりますが、仏菩薩と天部では三昧耶形を載せる台座が異なります。仏菩薩の三昧耶形は「蓮華座」の上に置くのが通常ですが、天部の三昧耶形は「荷葉座」です（荷は蓮のこと、51ページ参照）。参考として掲げた左の三昧耶形は、荷葉上の刀です。

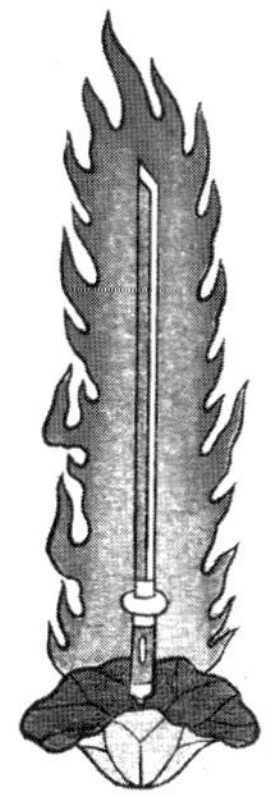

天（須弥山にある四天王や忉利天の諸天）、④遊虚空天（日月星）、⑤地下天（海や山川などの地上世界に住む龍や阿修羅などの諸天）がそれで、この分類による場合は、四天王は地居天の一種になります（ただし他の分類もあり、神の位置付けは多様です）。

その姿は、鎧や兜を身にまとい、剣や刀（剣は両刃、刀は片刃）、戟などの武器を手にした武将形で、怒ったような恐ろしい顔つきをして、邪鬼などの鬼神を踏みつけています。

この武将形は中国でつくられたもので、発祥地のインドでは、四天王は優雅な貴族の姿をしていました。日本は中国を経由した仏教が輸入されているので、中国と同じ武将形の四天王になっているのです。

四天王への信仰は古く、飛鳥時代にさかのぼります。仏教の受け入れをめぐる蘇我氏と物部氏の戦いのとき、蘇我氏側についていた聖徳太子が四天王に戦勝を祈って参戦し、その助けによって勝利をえたので、お礼として建てたのが、大阪の四天王寺だと伝えられているのは、四天王信仰の表れのひとつです。

密教では曼荼羅の四門もしくは四隅に配する形式が広く行われており、胎蔵界曼荼羅ではいちばん外側（外院）の四方の門を守護しています。

種字

ヂリ

①東方守護の四天王

持国天

●じこくてん

手印

持国天印を結びます。両手を軽く握り、頭指のみを少し曲げた形で立て、右手を手前にして両手を胸前で鉤のように交差させるのです。

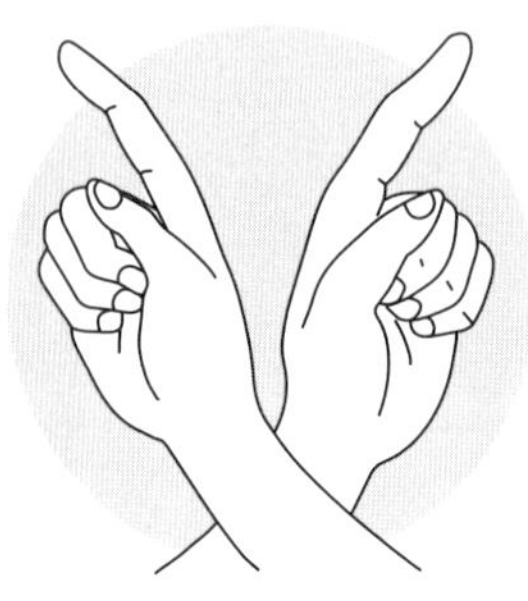

持国天印

真言

オン・ヂリタラシュタラ・ララ・ハラバダナ・ソワカ

三昧耶形

刀。

持国天という名は、梵名のドゥリタ・ラーシュトラ（国を支える者）に由来します。帝釈天（たいしゃく）の本体である雷神インドラにつかえたヒンドゥー神が、仏教にとりこまれて守護神になったもので、須弥山（しゅみせん）世界では東方および東方の諸国の守護と監視をつかさどります。

また、多聞天とともに『法華経』や法華行者、法華信者らの守護神ともなっており、両神をあわせて二天とも呼んでいます。仏閣の二天門は、この両神が守る門という意味です。『孔雀明王経』（くじゃくみょうおうきょう）ではケンダッバ（彦達縛）の王で、無量の眷属を率いて東方を守護すると説かれています。ケンダッバは帝釈天に仕える楽神（がくしん）なので、持国天はケンダッバの一族郎党を率いて帝釈天に仕えていることになります（ケンダッバ→乾闥婆 271ページ）。

形像は、胎蔵界曼荼羅では赤色忿怒（ふんぬ）形。鎧を着し、左手に大刀、右手は伏せて股にあてています。他に宝珠を持つ像や、塔を持つ像もあります。

種字　ビ

②南方守護の四天王

増長天

◉ぞうじょうてん

手印　増長天印を結びます。手の甲を合わせるようにして左右の手を交差させ、中指を曲げて互いにフックさせます。大指、頭指、小指は曲げ、両無名指のみ、まっすぐに立てるのです。

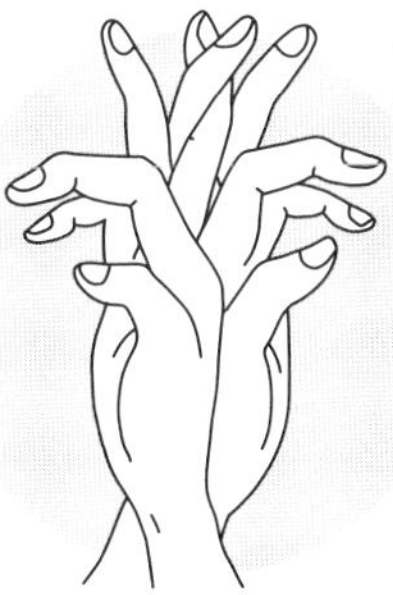

増長天印

真言　**オン・ビロダキャ・ヤキシャ・ヂハタエイ・ソワカ**

ビロダキャ・ヤキシャは増長夜叉、ヂハタエイは領主です。

三昧耶形　刀・剣、または戟。

剣

戟

増長天の名は、梵名ヴィルーダカ（発芽し始めた穀物）に由来します。発芽した穀物は、次第に大きく育っていくところから、増長と訳されました。

仏法信者の守護のほか、五穀豊穣などもつかさどります。

他の四天王同様、鬼神のボスの一人で、須弥山世界では南方および南贍部洲（人間世界）を守護します。『孔雀明王経』ではクバンダ（鳩槃荼）族の王で、無量百千のクバンダを率いて南方を守護すると説かれています。

クバンダは、もとは人の睡眠を妨害するとされた厭魅鬼で、名の意味は陰嚢です。その陰嚢が、形も大きさも冬瓜のように巨大なのでかく呼ばれ、移動の際には陰嚢を肩にかけ、座すときは凭りかかるクッションにするといいます。ほかに薜荔多（餓鬼）も増長天の支配下です。

形像は赤色忿怒形。甲冑の上に天衣（身にまとう細長い布で、天人・天女の衣装）を着し、右手に剣を持ちます。弓矢を持つ像などもあります。

種字　ビ

③西方守護の四天王
広目天
◉こうもくてん

手印　広目天印を結びます。手の甲を合わせるようにして左右の手を交差させ、頭指を曲げて互いにフックさせます。大指は中指の甲を押すようにして輪にし、無名指と小指は離して伸ばすのです。

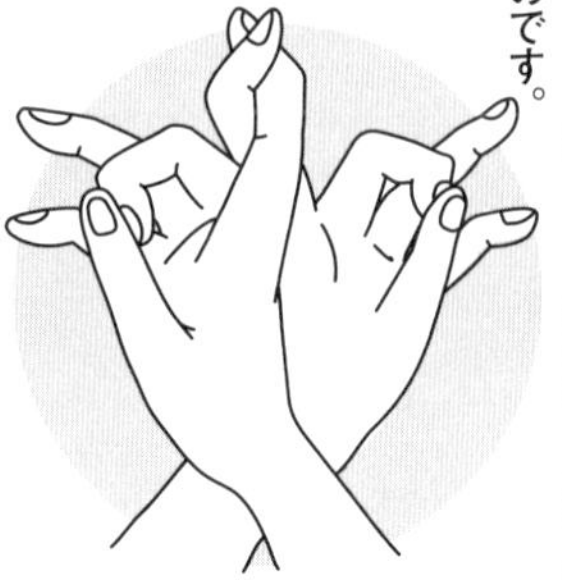

広目天印

真言　**オン・ビロバクシャ・ノウギャ・ヂハタエイ・ソワカ**

ビロバクシャが尊名で、ノウギャはナーガ（龍）の訛音、ヂハタエイは領主です。

三昧耶形　三股戟、または索。

戟

尊名は「通常ならざる目をもつ者」を意味するヴィルパークシャに由来します。もと大自在天（シヴァ神）の化身で、前額に第三の眼があるところからこの名がついたもののようですが、現存尊像は二眼で、三眼は見当たりません。『密教大辞典』は、ヴィルパークシャを「醜目・悪目・不具目の義」としており、異形性を表したもののようです。ただしのちの信仰では、この目はすべてを見通す千里眼の目のことと解釈されています。

『孔雀明王経』によれば、広目天は龍族の王として諸龍を率い、西方および西方の洲である西牛貨洲を守護しています。また、富単那の支配者でもあります。富単那はブータナの音写で、死肉を喰らい血を吸う恐ろしい死霊鬼の一種とされ、臭餓鬼中の勝者とも呼ばれています。

形像は赤色忿怒形。甲冑の上に天衣を着し、三股戟を執りますが、東大寺戒壇院の国宝四天王像中の広目天像は、巻物と筆を手にしています。

種字　ベイ

④北方守護の四天王
多聞天
◉たもんてん

多聞天の名は梵名ヴァイシュラヴァナ（一切のことを聞きもらさない知恵者）に由来します。この梵名を多聞と義訳しているわけですが、音写名の毘沙門天のほうが広く知られています。

この神は、四天王の一員として扱うときは多聞天と呼び、単独で祀るときは毘沙門天と呼ぶのが通例です。七福神には単独で加わっているので、多聞天ではなく毘沙門天と呼び習わしているのがその例です。

『孔雀明王経』は、「北方の大天王で名を多聞という。薬叉（夜叉）の王」と説いています。帝釈天のもと、鬼族の代表である夜叉を率いて北方および北倶盧洲を管轄します。財宝神クビラ（金比羅）と同体説があり、毘沙門倶尾羅とか倶吠羅護方神毘沙門と呼ばれることもあります。

形像は甲冑姿で、手に宝塔と宝棒を持ちます。形像や働きなどについては毘沙門天（258・278ページ）を参照してください。

手印　多聞天印（毘沙門天印）を結びます。虚心合掌し、小指のみ内縛します。大指は並べて立て、頭指は立てて開いて、第一関節部分を屈します。残る無名指と中指は立てて合わせるのです。

多聞天印

真言　**オン・ベイシラマンダヤ・ソワカ**

ベイシラマンダヤが尊名です。ベイシラマナヤとも唱えられます。

三昧耶形　宝棒。

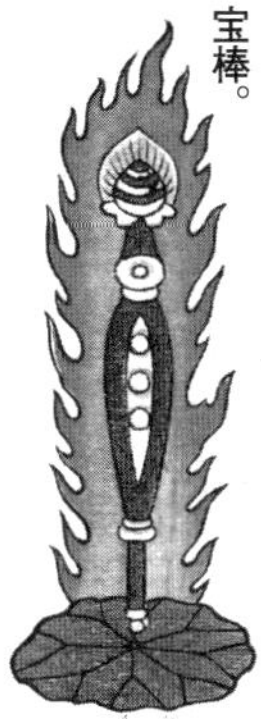

種字 イー

①東方守護の十二天

帝釈天

◉たいしゃくてん

十二天

四天王とならぶ仏教の守護神を、十二天といいます。方位の八方（東西南北の四方と東北・東南・西北・西南の四維を合わせた八方）に、天と地の神、太陽と月の神の四神を加えて十二天としたもので、主に密教で厚く信仰され、弟子の頭に水をそそぎかける灌頂という儀式や、毎年正月、天皇のために宮中真言院で修された後七日御修法など、重要な修法や法会が行われる際には、この十二天が必ず道場の守護神として召請され、祭祀供養されてきたのです。

十二天の縁起と供養法を説いた経典に『供養十二大威徳天報恩品』（略称『十二天儀軌』）があります。普賢菩薩が教えを説くのですが、そ

手印 帝釈天を念じる行者は、左手の無名指と小指を折り曲げ、ほかの指は伸ばして頭指を中指の背につける帝釈天印を結びます。ほかに、内縛して二頭指と二大指をまっすぐに立てる印もあります。

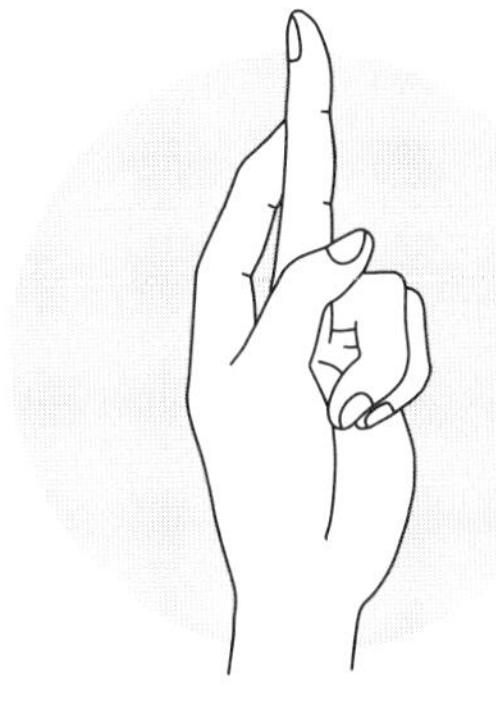

帝釈天印

真言 **ナウマク・サマンダボダナン・インダラヤ・ソワカ**

神名のインダラヤに帰命句と成就句の真言です。

三昧耶形 独鈷杵。

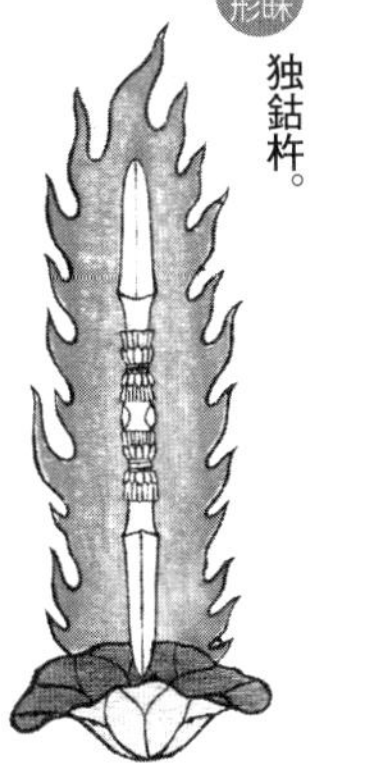

こで普賢は、十二天がなぜ諸神の中でも特別に供養を捧げられるのかの理由を明らかにしています。世界には無数の天神や鬼神が活動しているけれど、それら「一切の天・龍・鬼神・星宿・冥官を総摂しているのが十二天だから」だというのです。

また同書の中で、釈迦が「十二天は往古の諸仏であって、衆生を救済するために神（天部）の姿をとって来現しているのだ」とも説いています。

その十二天の中でも、もっとも大きな威勢を保持し、世界中の山々を住処とする鬼神鬼類を従えているとされてきたのが帝釈天です。

バラモンの主神から護法神へ

帝釈天は東方の守護神で、甲冑を身につけ、手には金剛杵をもち、白い象に乗って、五色雲のなかに住んでいます。須弥山頂上の忉利天（三十三天）にあるとされる善見城（喜見城）が帝釈天の王城で、全世界をなにものにも妨げられずに見通すことができるので善見の名があります。

帝釈天のルーツはインドの神々の中でも最古に属するインドラです。白い象、または天馬に乗り、ソーマ酒を愛する神ともされているインドラは、さまざまな属性を帯びていますが、雷雨や暴風などを支配する天空の雷神としての性格が濃厚で、手にしている武器のヴァジュラ（金剛杵）も雷霆を象徴しています。また、インド神話を代表する軍神・英雄神でもあります。インド最古の聖典は『リグ・ヴェーダ』という讃歌集ですが、同書の中でもインドラは最高最大の神として礼賛されており、収録された詩篇のじつに四分の一が、インドラに捧げられています。

このインドラが仏教にとりこまれて、後述する梵天（260ページ）と双璧の護法神となりました。修行時代の釈迦を陰から守護し、成道後も釈迦が法を広めるのを助けたとされているのが帝釈天です。

仏教では、憍尺迦（きょうしか）を姓とするバラモンの出自で、名を摩伽（まか）といい、人間時代に積み上げた修行の功徳で忉利天に転生し、その王になったと伝えています。このとき三十二人の知友とともに転生したので、摩伽もふくめた三十三人の天という意味で忉利天のことを三十三天とも呼ぶのです。

❖十二天表

東	帝釈天（インドラ）
南	閻魔天（ヤマ）
西	水天（ヴァルナ）
北	毘沙門天（バイシュラバナ）
天	梵天（ブラフマー）
天	日天（スーリヤ）
東南	火天（アグニ）
西南	羅刹天（ラークシャサ）
西北	風天（バーユ）
東北	伊舎那天（イーシャーナ）
地	地天（プリティビー）
天	月天（チャンドラ）

②東南守護の十二天
火天
◉かてん

種字　　ア

手印　火天印を結びます。左手は腰につけ、右の手のひらを開き、大指を屈して掌につけます。また、頭指は第二関節から折り曲げるのです。

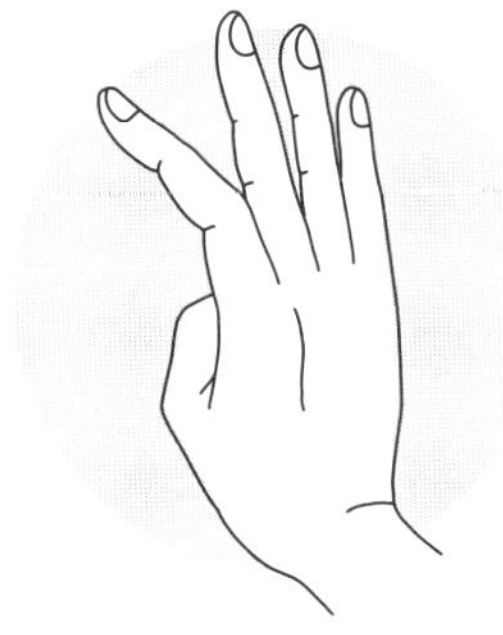
火天印

真言　**オン・アギャナウエイ・ソワカ**

三昧耶形　三角印。三角は五大のうちの火輪の象徴で、印とは三昧耶形のことです。

東南の守護神で、全身を火炎でつつみ、青い牛（羊）に乗った髭ぼうぼうの老人の姿で描かれます。手は四本あり、左の一手で施無畏印（せむい）を組むほかは、苦行のシンボルである数珠（じゅず）、わが身を鞭打つための仙杖（せんじょう）、わずかな水の入った水瓶（すいびょう）をもっています。

ルーツはバラモン教の火神アグニです。天上の神々への供物は祭火に形を変えたアグニに投じられ、煙となって天界に届けられます。つまりアグニは、人間と神との仲介者でもあるのです。

また、火は浄化の力であり、知恵の光でもあります。それらさまざまな働きを体現するアグニは、密教では呪文を保持する神仙（リシ）たちの主として崇敬され、苦行者のシンボルとも見なされます。

なお、アグニの妻は、真言の結句に頻用されているソワカ（スヴァーハー）です。ソワカの原義は「火上に好く置かれたる物」で、神への供物を意味します。それが密教にとりこまれて真言の成就句となったのです。

種字 バイ

③南方守護の十二天
焔魔天
●えんまてん

南方の守護神で、きらびやかな菩薩の姿をし、水牛に座しています。手には、半月形の上に人の頭がついた人頭幢と呼ばれる棒をもっています。

焔魔はヤマの音写で、夜摩、閻摩、閻魔なども表記します。インド神話によれば、ヤマは世界で最初に死んだ人間で、冥界の王として死者の賞罰をつかさどるといいます（210ページ「大威徳明王」参照）。

このヤマが仏教に取りこまれて閻魔天となり、中国で道教とまじりあって地獄の閻魔王になりました。訳して「縛」「殺」などといいます。焔魔、焔摩、閻羅など種々の文字が充てられますが、いずれも同尊です。科罪忿怒王という異名もあり、この尊の特徴をよく表しています。本願は「殺」ですが、その意味は衆生の「無始無終の諸煩悩」を断つのであって、実際に殺すという意味ではない（『大日経疏』）というのが密教の解釈です。

手印 両方の大指・中指・無名指を伸ばしてつけ、頭指と小指は折り曲げて、第一関節部分の背を合わせる焔魔天印を結びます。

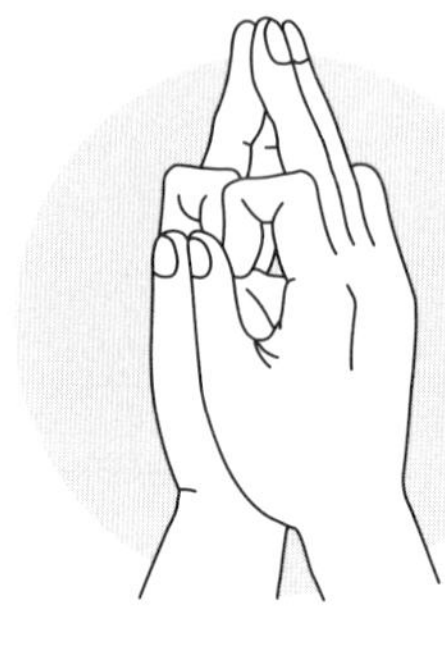

焔魔天印

真言 **ノウマク・サンマンダ・ボダナン・バイバソバタヤ・ソワカ**

バイバソバタヤは太陽神としての焔摩の異名ビバスバットの意味で、『大日経』に説かれる真言です。

三昧耶形 人頭幢。

種字

ラー

④西南方守護の十二天
羅刹天
◉らせってん

手印

左手で剣印を結びます。無名指と小指を折り曲げ、大指の腹で無名指を押さえ、頭指と中指はまっすぐに立てて並べるのです。

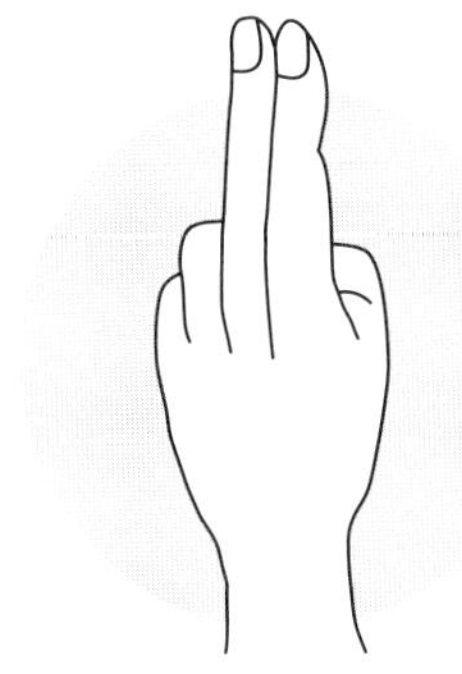

剣印

真言

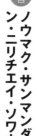

ノウマク・サンマンダ・ボダナン・ニリチエイ・ソワカ

三昧耶形

大刀、棓（棒）。

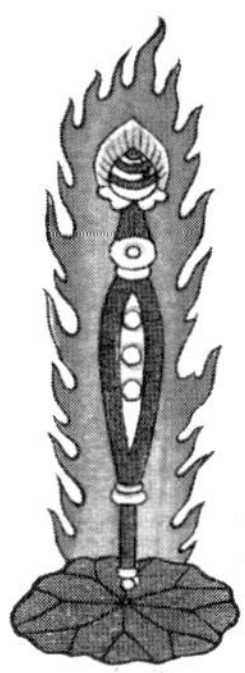

棓

西南の守護神で、甲冑をつけて刀をもち、白い獅子に乗っています。『密教大辞典』は羅刹に三階級があるとして、①夜叉と同列に見られる鬼神の類、②神々に対して無信仰なる敵、③夜間、墓場などをうろつき、死屍を立たせたり人肉を喰らう悪鬼を挙げていますが、区分は必ずしも明確ではありません。

ルーツはアーリア人侵入以前に遡る精霊といわれ、それが悪鬼化して鬼神となったラクシャスで、夜間に墓地などに出没して人肉や血を漁るなど、破壊と滅亡をつかさどるとされます。仏教にとりこまれて以後は毘沙門天の眷属として夜叉とともに仕え、衆生の煩悩を食い尽く護法の善神と見なされるようになりました。

羅刹族には男女の別があり、男鬼は醜い羅刹娑（ラクシャサ）、女鬼は非常に美しいといわれる羅刹斯（ラクシャシ）で、ともに羅刹天の眷属です。

種字 バ

⑤西方守護の十二天 水天

◉すいてん

手印 水天印ないし龍索印を結びます。水天印は左手を拳にして、立てた頭指をやや曲げます。龍索印は、内縛して両頭指を立て合わせ、環のようにします。

水天印

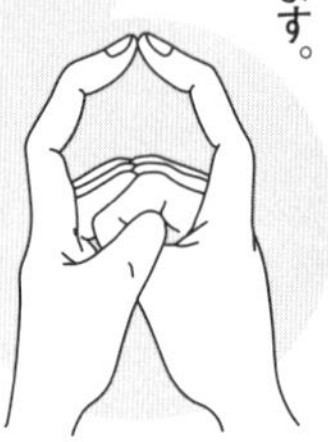

龍索印

真言 **ノウマク・サンマンダ・ボダナン・アハン・ハタエイ・ソワカ**

またはノウマク・サンマンダ・ボダナン・バロダヤ・ソワカ。

三昧耶形 羂索、または龍索。

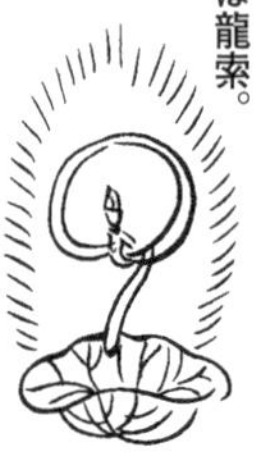

龍索

西方を守護する水天は、頭上に五匹の龍を表す五龍冠という冠をかぶり（髪に龍が巻きつく形もあります）、右手には剣、左手には投げ縄（羂索もしくは龍索）をもつ姿が一般的です。また、水中で浅緑色の亀にまたがった姿もポピュラーです。

どこから見ても水の神の水天ですが、元来は雷神インドラ（帝釈天）、火神アグニ（火天）とならび称された天空神のヴァルナで、卓越した英知によって天空の秩序や法律などをつかさどり、「天地を保持する神」と呼ばれて崇敬されました。

この天空神が、のちに水の神、海洋や河川の神に変わり、水をつかさどるところから龍族の王（ヴァルナ龍王）となったのです。

「ヴァルナはこれ水龍。水をつかさどるがゆえに大悲の水を具し、よく一切に遍く慈悲の水を灑ぐ」（『大日経疏』）といわれます。密教では祈雨の修法などに水天が勧請されます。

種字　バー

⑥西北方守護の十二天
風天
◉ふうてん

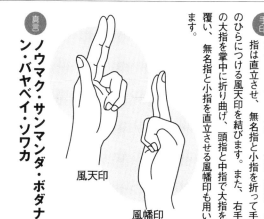

手印　左手をまっすぐに立て、大指・頭指・中指は直立させ、無名指と小指を折って手のひらにつける風天印を結びます。また、右手の大指を掌中に折り曲げ、頭指と中指で大指を覆い、無名指と小指を直立させる風幡印も用います。

真言　**ノウマク・サンマンダ・ボダナン・バヤベイ・ソワカ**

三昧耶形　風幡。

西北の守護神です。白髪・白髭の甲冑姿の老人で、天衣（てんね）をまとい、右手に風天のシンボルである風幡（ふうばん）という槍、もしくは風幢（ふうどう）という荘厳具（しょうごんぐ）の一種の幢（はた）をもち、左手を腰にあてて、クジカという鹿に似た神獣に乗っています。身色は赤です。

もとは風を意味するヴァーユという名のバラモン教の風神で、人間に福徳や名誉、長寿、子孫繁栄をもたらす福の神として信仰されました。ヴェータ時代には、アグニ（火天）、アーディティヤ（日天）とともに最高神の一柱と仰められてきました。ヒンドゥーの神話では原人プルシャの胸から生まれたとされ、プラーナ（気息）とも呼ばれるので、呼吸と深く関連した神のようです。

仏教では、風のように自由自在でとらわれのない悟りの境地を象徴し、衆生を悟りに導く天として崇められ、釈迦の化身ともされています。眷属に風天妃と風天童子を従えています。

種字 ベイ

⑦北方守護の十二天

毘沙門天

◉びしゃもんてん

手印 毘沙門天を念じる行者は毘沙門天印（夜叉印）を結びます。内縛して無名指を立て合わせ、二頭指は指先を屈して鉤のようにして立てます。指は着けません。この印が毘沙門天の根本印で、夜叉印の名は、毘沙門天が夜叉の王であることに由来します。

毘沙門天印

三昧耶形 宝塔。

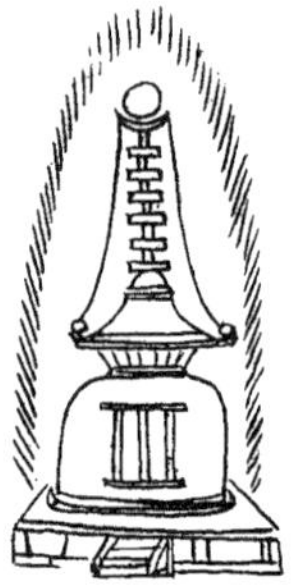

毘沙門天は北方を担当します。天部が守護するとされる方位は必ずしも確定しているわけではなく、曼荼羅によって異なった方位に配当されているケースもあるのですが、毘沙門天の場合は、十二天の配属でも四天王の配属でも、守護の方位は北方となっています。

古代大和王権が、徐々に支配下におさめていった北方奥羽方面（現在の福島から青森にかけての地域）に、毘沙門天を祀る寺社が点々と存在しているのは、毘沙門天による北方守護が期待されてのことです。密教でも、毘沙門方、あるいは夜叉方といえば、北方の意味になります。京都の鞍馬寺は毘沙門天が本尊ですが、やはり京都を護るために北方に鎮座しています。

なお、毘沙門天については多聞天（２４９ページ）、および毘沙門天（その２）（２７８ページ）の両項で説明しているので、詳細についてはそちらを参照してください。

種字

イ

⑧東北方守護の十二天
伊舎那天
◉いしゃなてん

手印

左手の無名指・小指を曲げ、大指・頭指・中指を少し離してまっすぐに立てる伊舎那天印を結びます。

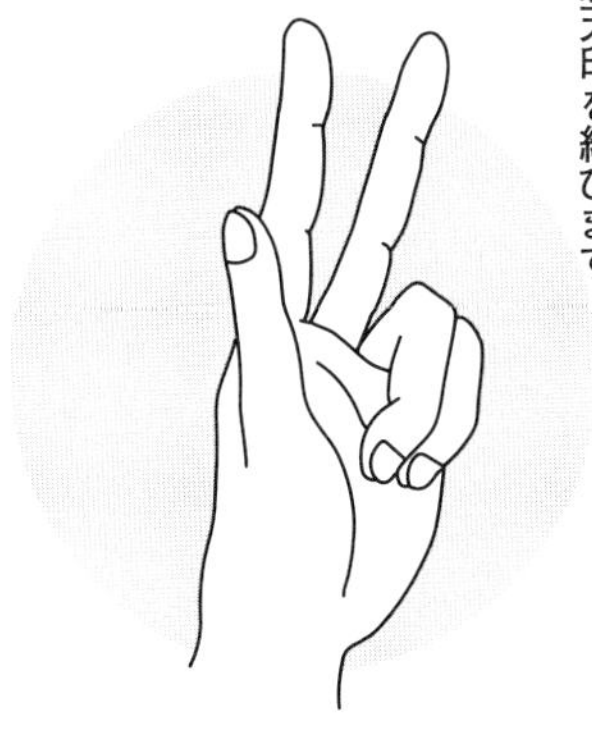

伊舎那天印

真言

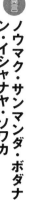

ノウマク・サンマンダ・ボダナン・イシャナヤ・ソワカ

三昧耶形

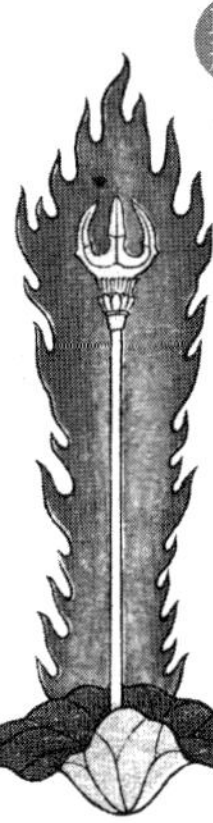

三股戟。

鬼門にあたる東北の守護神です。忿怒（ふんぬ）の形相をした三つ目の神で、胸には髑髏のアクセサリーをつけ、手には三つ又の戟（ほこ）（三股戟（さんこげき））と、血で満たされた髑髏杯（どくろはい）をもち、黄色い肥った牛に乗っています。

伊舎那天は、ルーツをたどると暴風などをつかさどる暴悪神のルドラにいきつきます。ルドラはかの破壊神シヴァ大神の化身のひとつでもあるので、この天も、十二天中、最凶最強の鬼神の性格をそなえています。髑髏の瓔珞（ようらく）や髑髏杯、忿怒相などがその象徴です。ただし仏教では、杯に盛られた血は、衆生の生死流転の血を飲み尽くすことを表すとしています。

この神は、欲界最高天の支配者である摩醯首羅天（まけいしゅら）（大自在天、第六天、第六天魔王とも呼ばれます）の変化身とも説かれており、破壊神シヴァが仏教に及ぼした影響の大きさがうかがわれます（4章、5章参照）。名のイシャナは、自在を意味する梵語イーシュバラの音写です。

種字

プラ

⑨上方守護の十二天 梵天

◉ぼんてん

梵天は、バラモン教が天地宇宙の創造原理とする梵（ブラフマン）を人格化した神で、梵名をブラフマーといいます。

バラモン教では、世界はブラフマーが創造し、ヴィシュヌが維持し、シヴァが破壊することで成り立っており、三神は一体であると教えていますが（この三神一体説をトリムルティーといいます。290ページ参照）、これら三神のうちのブラフマーが梵天のルーツです。

仏教では上方世界（天界）の守護神とされます。四つの顔と四本の腕を持ち（三面四臂の像もあります）、各面には三眼を具え、手に蓮華を持ち、三羽ないし四羽のガチョウに乗っている姿がポピュラーです。

天尊の四面は、古代インドの聖典『ヴェーダ』に由来するといわれています。神々が、はるか太古の聖賢たちに授けた天啓文書と位置付けられてきた

手印

左手の大指と頭指で丸をつくり、残りは立ててそろえる梵天印を結びます。

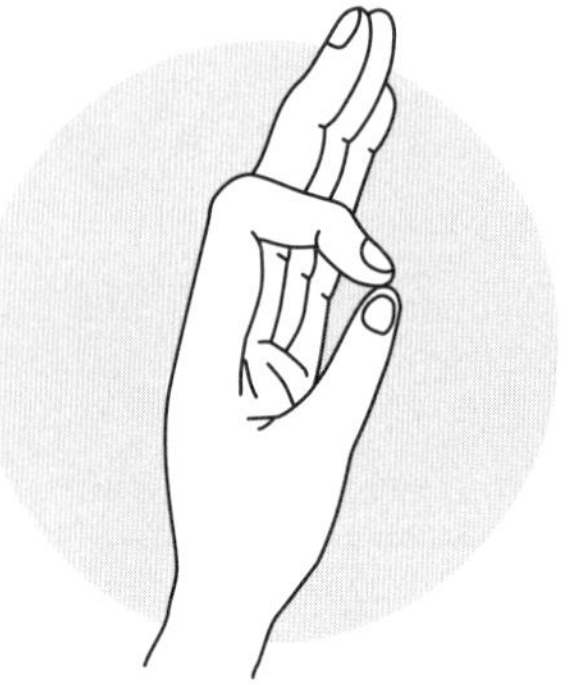

梵天印

真言 **ノウマク・サンマンダ・ボダナン・ボラカンマネイ・ソワカ**
ボラカンマネイが梵天（ブラフマー）です。

三昧耶形 **紅蓮華**。紅蓮華はパドマと呼ばれる蓮華の種類で、観音などのシンボルとなっているプンダリーカ（白蓮華）とは別種です。また、施無畏手も三昧耶形です。施無畏手は曼荼羅で梵天がつくっている手印です。

紅蓮華

のが『ヴェーダ』で、四つのジャンルに分類されます。神々への讃歌などを集めたサンヒター（本集）、バラモンの儀式次第などを説いたブラーフマナ（梵書）、森林における秘儀を説くアーラニヤカ（森林書）、深遠な哲学を展開しているウパニシャッド（奥義書）です。この四部が、梵天の四つの面によって表されているというのです。

梵天が手にしている蓮華も、この尊の特徴のひとつです。2章で書いたとおり、仏教の護法善神は胎蔵界曼荼羅の最外院に集められています。それら神々のうち、蓮華を手にしているのは梵天や日天などですが、梵天の場合、蓮華のモチーフは、ビシュヌ神のへそから生えた蓮華の中にブラフマーが生じたとする古代神話に由来するものと考えられています。

バラモン教では、世界はブラフマーが創造し、ヴィシュヌが維持し、シヴァが破壊することで無限に循環すると教えていますが、これら三大神は、仏教にそっくりとりこまれました。ただし、シヴァ神（大自在天）と比べると、梵天単独の信仰は、さほど大きなものではありません。

この神が比較的よく知られているのは、菩提樹下で悟りを開き、そのまま入滅しようとした釈尊に、仏法を広めるよう説得したという「梵天勧請」の伝説が、広く知られているからでしょう。

日本仏教は中国・朝鮮経由の北伝仏教ですが、東南アジアに広まった南伝仏教の『聖求経』には、梵天勧請のエピソードが詳しく説かれています。

種字 ヒリ

⑩下方守護の十二天

地天

●じてん

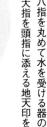

手印 大指以外の八指を丸めて水を受ける器のようにし、大指を頭指に添える地天印を結びます。

地天印

地天は下方世界（大地）の守護神です。もともとは大地を守護し、万物を育み繁栄させるヒンドゥー教の地の女神（地母神）プリティヴィーだったものが、仏教にとりこまれて地天となりました。

仏教では堅牢神とも堅牢地神とも呼ばれており、本来女神だった神を男神に変えて、地天后とセットの配偶神としています。

釈尊が悟りを開いたとき、地から涌き出て成道を証明したと伝えられているのが、この地天です（35ページ参照）。

経典では仏教流布を冥助する護法神としての働きが強調されており、たとえば『金光明最勝王経』の「堅牢地神品」では、釈尊の前に現れた地天が、こう宣言しています。

真言 **ノウマク・サンマンダ・ボダナン・ビリチビエイ・ソワカ**

三昧耶形 宝瓶。各種修法の際、仏菩薩などに捧げる供物の中に、二十種物があります。五宝（五種の宝玉）・五穀・五薬・五香の計20種の供物です。これらを入れて浄水で満たした香水瓶のことを、宝瓶といいます。賢瓶、如意瓶、閼伽瓶など多くの呼称がありますが、いずれも同じものです。

右ページの神像は上下とも地天ですが、下の地天が手にしているのが宝瓶で、成道した釈尊に供養物を献じているシーンを描いています。宝瓶の瓶口に「水陸諸華」を挿すのが決まりになっており（『大日経疏』）、右ページの地天は妙華を挿しています。

左図の三昧耶形では華の上に三股が載せられています。

宝瓶

「世尊よ。現世であれ未来世であれ、この『金光明最勝王経』が広く伝えられようとしている場所なら、いかなる所でも私はそこに行き、供養・恭敬・擁護して、流通せしめよう。もし流通のために説法が行われるのなら、私は説法の法師のためにわが神力をもって高座をしつらえ、姿は現さずに高座の足元で説法を聴聞し、深い歓喜にひたろう。わが無量の喜びのゆえに、大地の地味は金輪際まで豊かに肥え、四海の大陸も常に倍する肥沃の大地となるだろう」（大意）

このように、地天には大地と密接に結びついた衆生利益の大功徳があるのですが、大地の「精気充溢」の神であるがゆえに、行者を守護して力や知恵や弁才や六種の神通（神足通・天眼通・天耳通・他心通・宿命通・漏尽通）を授けるとも説かれています（『堅牢地天儀軌』）。

地天が土地や建築と密接に関係するところから、密教だけでなく陰陽道でもこの神を非常に重視し、祭祀してきました。家の建築や築壇（密教の修法壇の築造）、墓碑などの建立の際に行われる地鎮法の本尊が地天なので、大工など建設関係者も篤く信仰してきた歴史があります。

身は白色ないし肉色（肌色）ですが、男女で異なった神像法を説いている経典もあります。それによると、男天（地天）は肉色で左手に花を入れた鉢をもち、女天（地天后）は白肉色で、右手を心臓、左手を股にあてるとしています。持物は鉢、もしくは宝瓶です。

種字 ア

⑪天地守護の十二天

日天

◉にちてん

手印 まず地天印を結び、二大指を並べて掌中に入れ、無名指のつけ根を押さえる福地顕現印を結びます。また、太陽をかたどった日天印も用いられます。

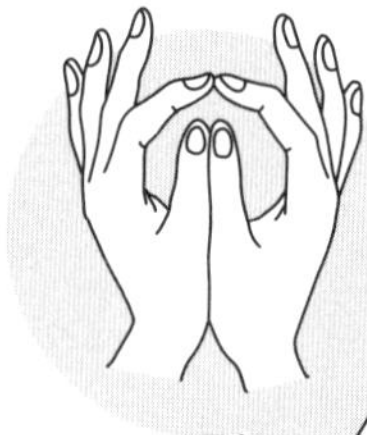

日天印

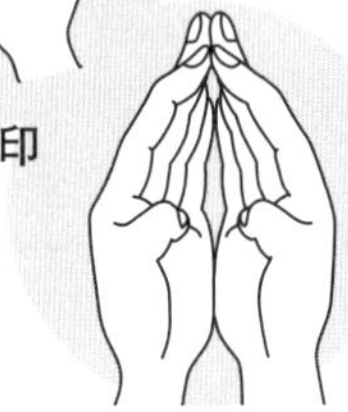

福智顕現印

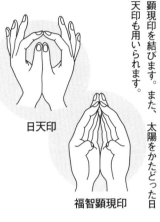

真言 **ノウマク・サンマンダ・ボダナン・アヂチャ・ソワカ**

三昧耶形 金剛輪、ないし日輪。

日輪

本来の名はアーディティヤ(創造力)で、女神アディティ(創造)から生じた神群の通称です。

アーディティヤ神群は、最高神のミトラやヴァルナなどの属する有力神群でしたが、後に太陽(スーリヤ)の別称となり、日天の呼称となったとされています。イランのミトラが太陽戦車に乗っているなど、アーディティヤと太陽には元々つながりがあったようです(ミトラはインドでは阿修羅族の長になっています)。

木火土金水の五星、計都・羅睺、流星、天狗星、剣婆(地震をつかさどるとされる震動神で日本の三宝荒神)などを眷属とし、ジャヤとビジャヤの二后を従え、月天とともに星々の運行や自然の摂理をつかさどります。

身色は赤で、右手に開敷蓮華をもっており、蓮華の上に三本足の鳥がとまる日輪のある図像がポピュラーです。太陽神であることを示す馬車には、八頭立て、七頭立て、五頭立ての三種があります。

種字　サン

⑫天地守護の十二天

月天

◉がってん

月の神で、杖の先に半月がついた杖をもち、鵞鳥の上に乗った姿で表されます。月や光明、快楽などを意味するチャンドラが梵名ですが、その清澄な光が「よく毒熱煩悩（ぼんのう）を除く」（『大日経疏（だいにちきょうしょ）』）ところから、不死の霊薬として知られるソーマ酒の神ともみなされています。

父殺しの罪の意識で全身皮膚病となり、激しく苦悩していた阿闍世（あじゃせ）王のために釈尊が行った瞑想が、月天の瞑想である月愛（がつあい）三昧で、このとき釈尊の身体から発せられた清涼な光が、王の苦悩と皮膚病を癒やしたといいます（『涅槃経（ねはんぎょう）』）。このように、月天は清浄・浄化・寂静などの徳を体現し、瞑想、不死、愛などをつかさどる神でもあります。

また、日天とペアになって星々の運行や自然の摂理をつかさどっており、二十八宿の恒星天と、オリエントの十二宮占星術からとりこんだ十二宮神を配下にしたがえています。

手印　左手の五指を伸ばし、かすかに屈する月天印（半蓮華印）を結びます。また、右手は大指を頭指の横腹に軽くつけてゆるい拳にし、左手は大指と無名指で輪をつくって、ほかの指は伸ばし立てる月天印も用いられます。

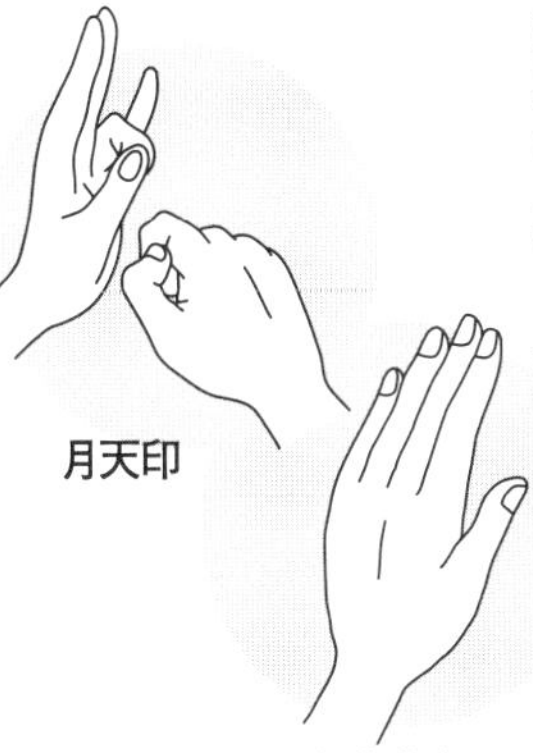

月天印

半蓮華印

真言　**ノウマク・サンマンダ・ボダナン・センダラヤ・ソワカ**

三昧耶形　白瓶、半月。

半月

種字 メ

釈迦如来の八大眷属

天龍八部衆と龍衆（ナーガ）

◉てんりゅうはちぶしゅ
りゅうしゅ

八部衆とは

釈尊の説法のとき、必ず駆けつけて聴衆となっているのが、釈迦如来の眷属の八部衆（天龍八部衆）です。護法善神として天地で活動している諸神・諸鬼神群を八つのジャンルに大別したもので、①天衆、②龍衆、③夜叉衆、④乾闥婆衆、⑤阿修羅衆、⑥迦楼羅衆、⑦緊那羅衆、⑧摩睺羅伽衆の八者をいいます。

八部のうち、①の天衆（デーバ）とは、生まれながらに神の身を得て活動している神（生天）のことで、仏菩薩が仮に神の姿をとって出現している権験（垂迹神）ではありません。具体的には仏教以前からインドで崇拝されて

龍衆

天衆（デーバ）

きた神々の総称で、梵天、帝釈天、摩醯首羅天、毘沙門天、日天、月天、火天など多数の天が①に属しています。これら神々については、各神の項で概要・印明等を記してあるので、そちらを参照してください。

以下、天衆を除く八部衆を順に紹介していきます。

『法華経』の八大龍王

龍衆は、八部衆の中でも最勝といわれます。最も勝れた力を持つので、八部衆の総称として天龍八部衆と呼ばれることもあります。

龍族は、一般には河海や湖沼、瀧壺などの水辺に棲息しており、降雨や宝物の守護などをつかさどるとされています。その善悪両面の働きは、顕密諸経に非常に数多く説かれていますが、最もよく知られているのが『法華経』序品などに説かれる八大龍王です。その顔ぶれは、難陀・跋難陀・沙伽羅・和修吉・徳叉迦・阿那婆達多・摩那斯・優鉢羅の各龍王です（これは仏典に登場する龍衆のほんの一部です）。

これら諸龍のうち、とくに傑出した威力を讃えられてきたのが、難陀龍王と跋難陀龍王の兄弟龍神です。密教でも深く重んじられており、胎蔵界曼荼羅にも描かれています。難陀は歓喜、跋難陀の跋は小さいという意味で、難陀よりやや小さいのが弟の跋難陀です。その本誓は、「如来の歓喜の徳をもって衆生を歓喜せしむ」こととされます。

手印 ①内縛して両頭指を立て合わせ、輪のようにする龍索印を結びます。また、一切諸龍に通用するという諸龍印もあります。

②諸龍印は、両手の五指を開いて伸ばし、両大指を交差させます。この形で、蛇の腹行のように動かしながら胸の前に回すのです。具体的な作法については師について習うべきです。この諸龍印で大指を重ね合わせる際、右の大指を上にすれば難陀龍王、左の大指を上にすれば跋難陀龍王の印になります。

③修験道に伝わる倶利迦羅龍王印は、左右の手とも忿怒拳（32ページ）にし、両肩の上に挙げます。

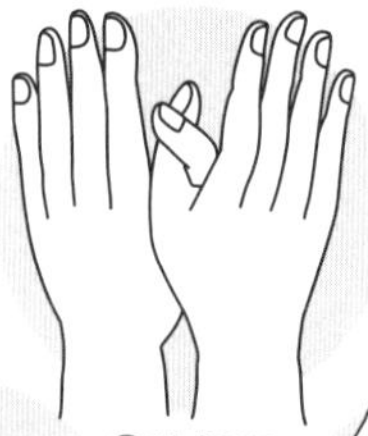
②諸龍印

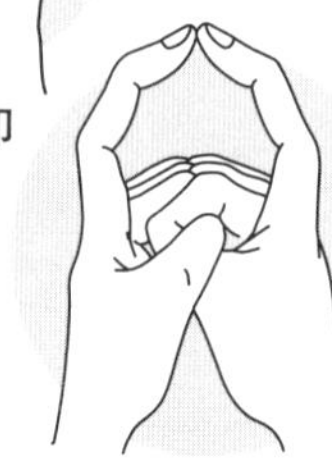
①龍索印

③忿怒拳

請雨を祈る際に用いる請雨経曼荼羅では、七宝水池の海龍王宮に座す釈迦如来を拝むようにして、この兄弟龍王が描かれます（他の龍も描かれますが、龍族のメインはこの兄弟龍王、および『覚禅抄』に「三千大千世界主」と説かれている輪蓋龍王の三龍です）。その姿は菩薩形で、水中から涌出して如来に合掌敬礼しています。

沙伽羅龍王は海を統べる龍王で、龍宮の王として君臨しています。釈迦の遺骨が龍宮に秘蔵されているという伝説を駄都のコラム（114ページ）で紹介していますが、その龍宮とは沙伽羅龍王の龍宮です。また、王の八歳になる三女も、史上最も有名な龍族の一人です。『法華経』提婆達多品（第十二品）の龍女成仏の主人公・善女が彼女なのです。

女性の成仏を信じない仏弟子の舎利弗が、「女身は垢穢にして、これ法器に非ず」などと否定する中、善女龍王が聴衆の眼前でたちまち成仏の相を現じて見せたシーンは、『法華経』の中でも最もドラマチックなシーンのひとつとして、古来、文芸や絵画などで頻繁にとりあげられてきたものです。

和修吉については、青頸観音のところでこの龍が活躍する乳海攪拌神話について詳しく書いておいたので（158ページ）、そちらをごらんください。

和修吉は巨大毒龍ヴァースキの音写で、婆素鶏とも音写されます。この龍神は、日本では九頭龍大神となって各地で信仰されています。

徳叉迦は訶梨帝母を妻として吉祥天を儲けたと伝えられる龍王、阿那婆達

真言　**ノウマク・サンマンダ・ボダナン・メイギャシャニエイ・ソワカ**

メイギャシャニエイは「雲雷のために」の意で、龍族全般を表します。これを諸龍真言と呼んでいます。どの龍に対しても用いてよいとされる真言です。

また、倶利迦羅龍王の真言は、オン・アカーンヤ・ウン・ソワカ、です。

三昧耶形　剣（難陀・跋難陀の三昧耶形）、龍索。龍索は龍蛇でできた縄です。

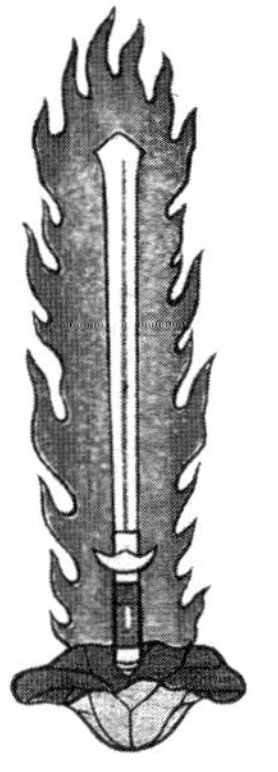
剣

龍索

多は雪山頂上（ヒマラヤ）の阿耨達池に住しており、そこでとれる香はゴマ粒ほどを焚いただけで全世界に香りが充満し、衆生は一切の罪から離れて清浄になるとされる高徳の龍王、摩那斯は大身大力でよく阿修羅と対抗するとされる龍王、優鉢羅は青蓮華に喩えられる仏眼を象徴する龍王です。

不動尊のシンボル、倶利迦羅龍王

以上の八大龍王のほかにも、仏教ではさまざまな龍神が活動しています。たとえば『孔雀明王経』には百七十九種、『請雨経』には百八十五種の龍が挙げられているといいますし、『大方等大集経』の巻十四には、釈尊による「一切龍による悪業と果報の不可思議」についての説法が、個々の龍名などとともに詳しく説き明かされています。

龍は日本の諸宗にも大きな影響を与えてきました。不動明王のシンボルのひとつになっている倶利迦羅龍王もそのうちの一尊で、クリカは黒の義、つまり黒龍です。和製偽経とされる『倶利迦羅大龍勝外道伏陀羅尼経』（『倶利迦羅龍王経』）によれば、色界の頂点で不動明王が外道魔王と対論して智火の剣と化すと、外道の王も智火の剣に姿を変えて対抗しました。このとき明王の剣が倶利迦羅大龍（真っ黒な巨大な龍）と化し、猛烈な勢いで外道王の剣を呑み込もうとしたので、外道王は降参し、邪執を捨てたといいます。この偽経は修験道でも重用されてきたものです。

種字 ヤ

八部衆
夜叉衆

●やしゃしゅ

手印 内縛して無名指を立て合わせ、二頭指を屈して鉤形にします。

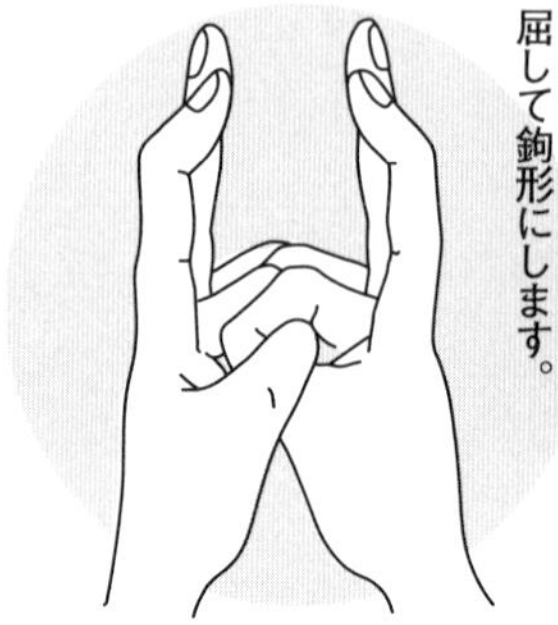

諸薬叉印

真言 **ノウマク・サンマンダ・ボダナン・ヤキシャジンバラ・ソワカ**

これは諸薬叉真言です。諸夜叉女（ヤクシー）の真言は、ヤキシャジンバラ（夜叉自在天）の部分を、ヤキシャ・ビヂャ・ダリ（夜叉の持明者）に変えます。

三昧耶形 独鈷杵。

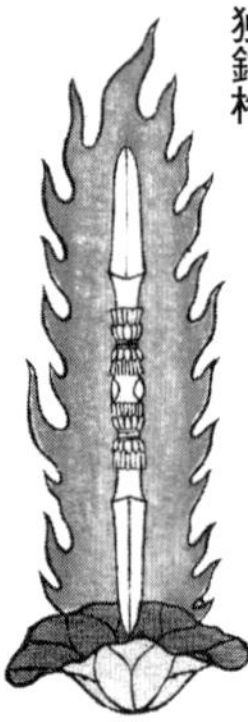

毘沙門天の眷属として、天の保持している財宝を護る鬼類の一種で、梵名ヤクシャの音写です。夜叉とも薬叉とも表記され、その働きから、能噉鬼、傷者、捷疾鬼、勇健などとも訳されます。

能噉鬼や傷者は、仏教の守護神になる以前は人を襲ってその肉を喰らい、生血を啜るなどしていたところからきた名でしょう。夜叉に属する鬼子母神や荼枳尼天が、まさしく能噉鬼です。また、勇健は「飛行者」の義のようです。天夜叉や虚空夜叉が自在に空中を飛び回るとされます。仏教の守護者になって以降、噉食の対象は血肉ではなく衆生の煩悩となっています。また、ヒマラヤ山中に住して、行者を加持擁護するともいわれています。

数多くの種類があり、諸経軌に説かれていますが、有名なのは、①摩尼跋陀羅、②布嚕那跋陀羅、③半支迦、④娑多祁哩、⑤醯摩縛多、⑥毘灑迦、⑦阿吒縛迦、⑧半遮羅の、毘沙門天眷属の夜叉八大将です。

種字　ビ

八部衆
乾闥婆衆

◉けんだっばしゅ

　東方世界を守護する持国天の眷属と説かれ、また帝釈天眷属として帝釈天とともに釈尊を恭敬供養したとも説かれています。いずれの場合も器楽演奏を担当しており、持国天の世界では「歌舞作唱」して聴衆に快楽を与え、帝釈天とともに釈尊のもとに詣でたときには「箜篌」（弦楽器の一種で、琴に似た臥箜篌、ハープに似た竪箜篌などがあります）を持っていたと説かれています。また、胎蔵界曼荼羅では笛や法螺貝（螺）を奏しています。

ルーツはインドラ神（帝釈天）の侍者のガンダルヴァで、器楽演奏によって神々を歓ばせるほか、神酒ソーマの管理者でもあり、ソーマを用いて人を癒やす良医とされることもあります。

　乾闥婆の大きな特色は主食が香だという点です。香を求めて尋ね回ることから尋香、香神、食香などとも呼ばれ、香を食べているので、その身体から香気を発するといわれます。鳥の翼と下半身をもった半獣神の姿です。

手印　内縛して無名指を伸ばします。

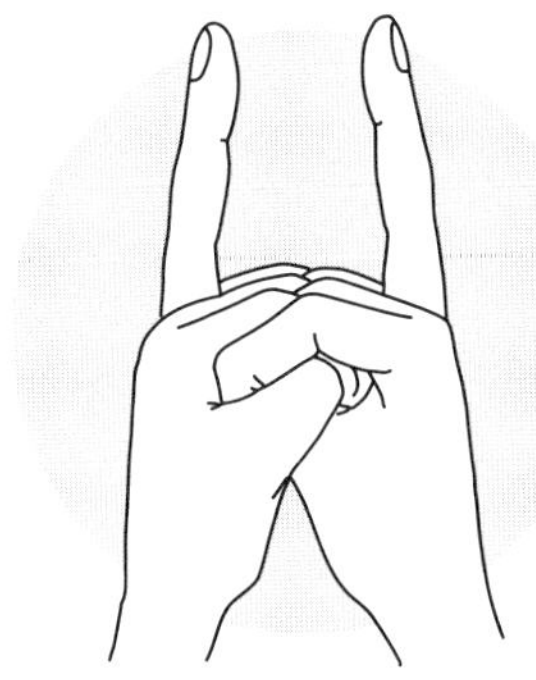

乾闥婆王印

真言　**ノウマク・サンマンダ・ボダナン・ビシュダ・サバラ・バケイニ・ソワカ**

帰命句と成就句にはさまれた「ビシュダ・サバラ・バケイニ」は「清浄なる音楽を運ぶもの」と訳されています。

種字　ア

八部衆 阿修羅衆

◉あしゅらしゅ

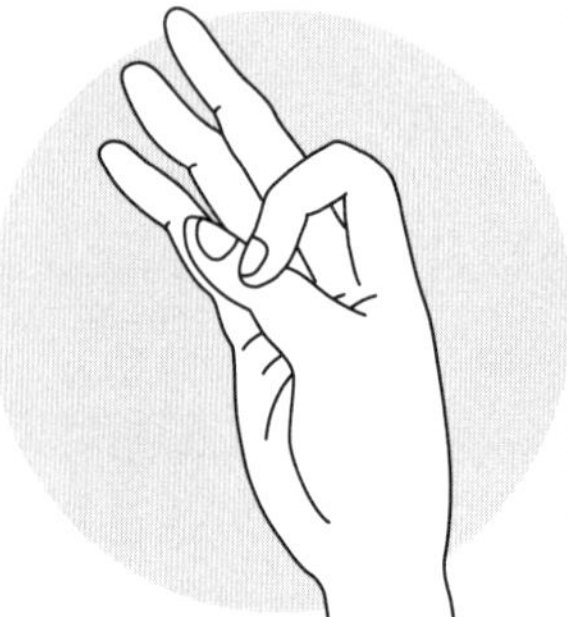

手印　左手は横たえて胸の前に仰向けに置き、右手は頭指を屈して大指の甲の上に置き、他の指は散らして伸ばす諸阿修羅印を結びます。

諸阿修羅王印

興福寺の国宝阿修羅像でおなじみの阿修羅には、善神と悪神、まったく正反対の顔があります。

阿修羅衆の王（ヴァルナ）は、もともとはインド・イラン共通時代の神話における最高神の一柱であり、ゾロアスター教の主神アフラ・マズダーのアフラと、阿修羅の梵音のアスラは語源を同じくするとされています。

問題はこの「アスラ」の解釈で、本来は「生命（ａｓｕ）を与える（ｒａ）者」という意味の創造者としての神名だったものが、「非（ａ）天（ｓｕｒａ）」、つまり神ならざる者と解釈されたことによって、次第に悪神の代表のように見なされるに至ったと考えられています。『密教大辞典』の説明が、この間の事情を簡潔に要約しているので引用します。カッコ内は引用者注です。

「不端正・無酒・非天などと古来訳せり。素洛（スラ＝ｓｕｒａ）は天の義、阿（ａ）は非の義（否定の接頭語）、この神は果報勝れて天に隣次すれども、

真言　**オン・アスラ・ガララヤン・ソワカ**

八田幸雄氏は「アスラ・ガララヤン」を「阿修羅の破壊力に」と訳しています。また、ノウマク・サンマンダ・ボダナン・ラタン・ラタン・ドバナタン・モラ・パラという真言もあります。ラタンは叫喚、ドバナタンは暗黒の意で、この神の暗黒面が強調されています。

三昧耶形　華棒（先端に花がついた棒）。

諂詐（へつらい欺くこと）多く天の実徳なき故に非天と名く。また阿素洛は不端正の義、女は端正なれども男は瞋妬（怒りと嫉妬）多くして醜陋なる故に、男に就いて不端正と名く。……劫初の時、極光浄天（色界四禅天中の第二禅天の最高天で、光音天ともいいます）に住せしが、果報尽きて漸次に退下し、遂に忉利天にも住する能わざるに至る、諸天呼んで我が同類に非ずとなす、故に非同類と名く。……仏教にては阿修羅を悪神とすれども、本来は生命生気（asu）を与うる善神なりしと云う」

　阿修羅は、しばしば帝釈天と壮絶な戦闘を繰り広げており、『正法念処経』は、その様子を詳細に説き明かしています。同経では、阿修羅は三悪道（地獄・餓鬼・畜生）中の畜生道に収められており、餓鬼道所属の阿修羅と畜生道所属の阿修羅の二種があり、餓鬼道のそれは餓鬼形で神通力があり、畜生道のそれは大海の底の須弥山の根本に住んでいると説いています。

　また、世界を地獄・餓鬼・畜生・人間・天上の五道（界）に分類するときは、餓鬼・畜生・人間・天上の四界に分散して住むとし、世界を六道に分類するときは、独立した阿修羅道を立てて天界・人界とともに三善道の一つとするなど、阿修羅観は善悪両面に分裂しているといえるでしょう。

　胎蔵界曼荼羅では、甲冑を着て手に華棒を持つ阿修羅王の姿が描かれていますが、興福寺の国宝像と同じ三面六臂像が一般的です。六手中の二手に太陽と月が置かれているのは、この神の本来の功徳の象徴のように思われます。

種字 ガ

八部衆 迦楼羅衆

◉かるらしゅ

手印 合掌し、両方の無名指を外にはさんで中指の背に付け、両大指は並べてやや屈し、両頭指を無名指にひっかける金翅鳥印（通光印、驚怖諸龍印）を結びます。この印は迦楼羅の顔を象ったものです。

また、二大指をからめあわせ、二手を拡げ伸ばして翼の形につくる印も用います。これは本文で引いた『金翅鳥王品』の説く印です。

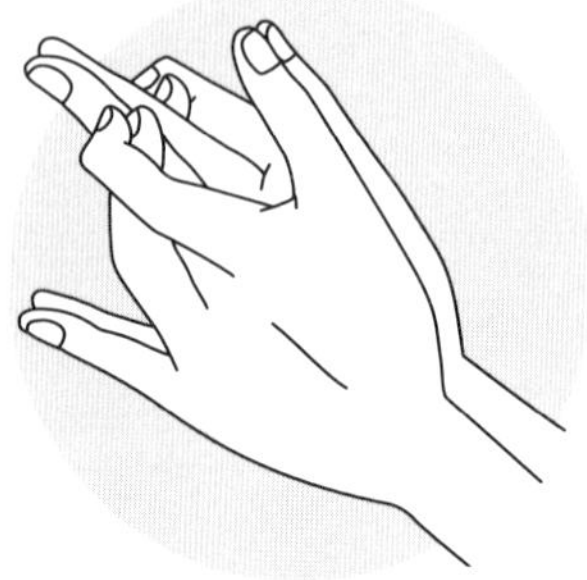

金翅鳥印

迦楼羅はインド神話の火の鳥ガルダの音写です。羽が金色に輝いているところから金翅鳥と訳され、伝説の瑞鳥である鳳凰や、『荘子』の説く一飛びで九万里の大鵬とも同一視されました。ただし、迦楼羅は翼を広げれば三百三十六万里といいますから、大きさは大鵬の比ではありません。

猛烈な光熱を発する迦楼羅は、太陽と同一視され、誕生時には火神アグニと間違われました。火の神中の火の神だけに、水神の王ともいうべき龍族にとっては恐怖の天敵で、迦楼羅に捕食され、噉食されると説かれます。

見た目は鳥そのものですが、鳥と同じ卵生の迦楼羅のほかに、獣類などと同じ胎生、虫類などと同じ湿生、天人などと同じ化生の迦楼羅がおり、胎生の迦楼羅は胎生の龍のみを喰い、卵生は卵生・胎生の龍を喰い、湿生は卵生・胎生・湿生の龍を喰い、化生の迦楼羅は四者すべて喰うといいます。

真言

オン・キシハ・ソワカ・オン・ハキシ・ソワカ

キシハは搏撃者（羽を打ちたたく者）、ハキシは翼ある者の意です。

三昧耶形

篳篥、法螺、その他の楽器など。参考図は管楽器（縦笛）の一種である篳篥です。竹製の管に舌と呼ばれるリードが差し込まれています。

篳篥

インド神話では、ヴィシュヌ（那羅延天）と交渉して不老不死の法を授かったかわりに、彼の乗り物となっています。迦楼羅は、このヴィシュヌやブラフマー、シヴァの化身ともいわれており、インドの至高神のセットであるトリムルティー（290ページ）のすべてと密接につながっています。それだけ絶大な力を保持する神として信仰されたのです。

仏教には、迦楼羅を文殊菩薩の化身とする説があります。この説の元となった『文殊師利菩薩根本大教王経金翅鳥王品』には、金翅鳥王曼荼羅の描き方や、金翅鳥を本尊とする護摩法などが説かれていますが、同神の百種法の筆頭に「召龍・調龍・捉龍」が挙げられ、龍を用いた降神法、蛇毒など一切毒の消除などの功徳が挙げられています。龍神は請雨に勧請されますが、迦楼羅は風雨を止める止風雨法の本尊になっているのです。

前記の経典によれば、金翅鳥王曼荼羅は、中央に説法相の釈尊、右に合掌姿の文殊菩薩、左に那羅延天を描くとしています。迦楼羅がヴィシュヌの乗り物だった因縁から、ここに那羅延天が登場しているのです。金翅鳥は、那羅延天のそばに描きます。その姿は恐怖形の極地にしなければなりません。

迦楼羅の形像としては、翼と嘴をもち、鳥の下半身をもった異形神の姿がよく知られています。日本の烏天狗は、迦楼羅のこの姿からとられたともいわれています。千頭千臂で、大龍王を首飾りにしている像もあります。また、胎蔵界曼荼羅では翼と鳥頭以外は人身で、法螺貝と篳篥を奏しています。

種字 **キ**

八部衆

緊那羅衆

◉きんならしゅ

仏教を代表する音楽の神には、妙音楽天とも呼ばれる弁才天や、卓越した演奏者として知られる乾闥婆などがいますが、それらの楽神を凌駕する大楽神（音楽天）が、この緊那羅です。

『大樹緊那羅王所問経』には、王舎城に在していた釈尊に詣でた大樹大緊那羅王が、眷属とともに自ら瑠璃の琴を弾じたところ、三千大千世界に響きわたって欲界で演奏されていたすべての音楽はかき消され、世界が激しく揺れ動き、不退転菩薩を除くすべての菩薩や天部の神々その他、一切衆生が泥酔したようになり、子どものように浮かれ舞いだして、自分を保つことができなくなったと説かれています。

緊那羅は梵名キンナラの音写で、人非人、疑神などと訳されます。男は馬頭人身で歌をよくし、女は端正な美形で舞の名手であり、名演奏家の乾闥婆の妻となる者が多いとされています（『玄応音義』）。

手印 諸尊に通用する普印（金剛合掌26ページ）です。

金剛合掌

真言 **ノウマク・サンマンダ・ボダナン・カサナン・ビカサナン**

カサナンは笑で歓喜の義、ビカサナンは微笑で人と歓喜しあうの義。緊那羅の歌舞が聴衆を歓喜に導くことを称えているのです。

三昧耶形 鈸。シンバル状の打楽器で、打ち合わせて音を出します。

種字 マ

八部衆 摩睺羅伽衆

◉まごらがしゅ

手印 経軌に説かれていないため、『密教大辞典』は手印を省いていますが、通常は緊那羅と同じく普印（金剛合掌）を用いるとされています。

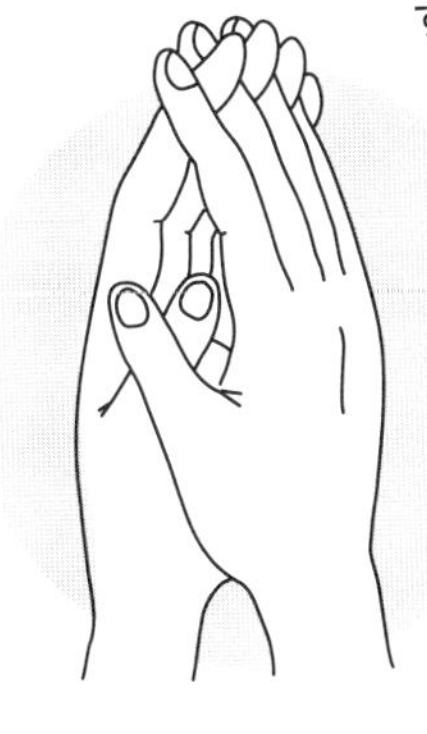

金剛合掌

真言 **ノウマク・サンマンダ・ボダナン・ギャララン・ビララン**

ギャララン・ビラランは「毒蛇の希薄なるものよ」と訳されています。

三昧耶形 鼓など持物の楽器。

前項で音楽天の緊那羅を紹介しましたが、摩睺羅伽も音楽天とされており、曼荼羅では横笛や太鼓、鼓を奏する姿で描かれます（胎蔵界の旧図様）。仏教における音楽・声音・説法は極めて重要な要素となっており、これによって衆生を菩提に導きます。音楽中の至高のものが宇宙に鳴り渡る如来の明音説法、次が菩薩の説法で、音楽天たちはそれを補佐演出し、歓喜して称え、遍く喜びをわかつ役割を受け持っているのです。

摩睺羅伽はマホーラガの音写で、マホー（マハー）が大、ラガが蛇です。蟒神と訳されますが、蟒はウワバミ（大蛇）です。『大方広仏新華厳経合論』によると、摩睺羅伽は精進波羅蜜（ひたすら仏道修行に努め励んで全うすること）をつかさどるといい、その「胷腹行」（這って進むこと）は、慢心を離れ、謙虚になって匍匐前進する姿、精進の姿だと説いています。名の通りの蛇神で、頭部が蛇形、それ以外は人身に造形されます。

種字

ベイ

毘沙門天

財宝を掌る代表的な福神

●びしゃもんてん

毘沙門天の功徳

多聞天の項（249ページ）で記したとおり、毘沙門天は多聞天のことですが、四天王の一員としてではなく単独で信仰されることが多く、『毘沙門天王経』や『毘沙門天王功徳経』など、この天の功徳と印明・修法を説いた経もつくられています。また単独の尊像も数多く造られ、信仰されてきました。これは日本のみの現象ではなく、中央アジアでも中国でも同じです。それだけ人気が飛び抜けて高いのです。

毘沙門天の功徳というと、まず第一に挙げねばならないのが財福です。『毘沙門天王経』の冒頭で、毘沙門天は「私は未来の衆生を利益し、安楽を与え、財宝をふんだんにもたらし、国界

手印 毘沙門天を念じる行者は毘沙門天印（夜叉印）を結びます。内縛して無名指を立て合わせ、二頭指は指先を屈して鉤のようにして立てます。指は着けません。この印が毘沙門天の根本印で、夜叉印の名は、毘沙門天が夜叉の王であることに由来します。

毘沙門天印

真言 **オン・ベイシラマンダヤ・ソワカ**

ベイシラマンダヤが尊名です。ベイシラマナヤとも唱えられます。

を護持せんがために、わが真言を説かんとす」と宣言しています。また、同経の偈文でも、自分の真言をよく持誦する者は「諸願ことごとく成就」「無尽の宝を獲得せん」などと謳っています。

『毘沙門天王功徳経』も同様で、この天の信者は十種の福を得るとして、①得無尽福、②得衆人愛敬福、③得智慧福、④得長命福、⑤得眷属衆多福、⑥得勝軍福、⑦得田畠能成福、⑧得蚕養如意福、⑨得善識福、⑩得仏果大菩提福を挙げています。この天は、精神的な財福と物質的な財福の双方を、無尽蔵に与えるというのです。

ただし、毘沙門天に対する福神信仰は中世からさかんになったもので、より古くは「国界護持」の武神として信仰されました。毘沙門天信仰のメッカとして知られる鞍馬寺の毘沙門天は、王城鎮護が第一の役割ですし、大和の朝護孫子寺の毘沙門天は、のちに聖徳太子が物部守屋を討つ際に祈って戦勝をもたらしたという縁起がつくられています。また、北方蝦夷地を征討した坂上田村麻呂が毘沙門天の化身として信仰されたのも、やはり武神としての毘沙門天信仰に由来したものです。

不空伝と兜跋毘沙門天

こうした信仰は唐代の中国で生み出されてさかんになったもののようで、数々の経典を翻訳して仏教流布のために絶大な貢献をした不空三蔵が、玄宗

三昧耶形 宝棒。先に宝珠が付けられた棒で、如意棒とも呼ばれます。この宝珠が一切の福を流出するのです。278ページの尊像が右手で持っているのが宝棒、左手掌に載せているのが、やはり三昧耶形のひとつである宝塔です。宝塔には舎利（仏陀の教え）が蔵されています。

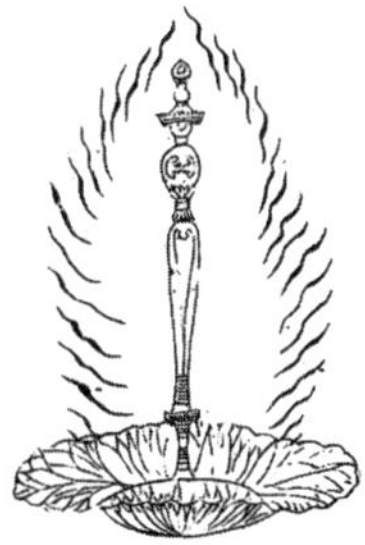

宝棒

皇帝のために毘沙門天法を修し、西蕃の大石康の率いる軍を鎮定した故事に由来します（『宋高僧伝』中の不空伝）。

不空が宮廷の道場で香炉を手に「仁王密語」（毘沙門天の真言）を唱えたところ、毘沙門天配下の五百人の神兵が出現し、玄宗を驚かせました。彼ら神兵が西蕃を亡ぼしたので、以来玄宗は城楼に毘沙門天像を祀ったと不空伝は述べています。『今昔物語』でも語られている著名な説話です。

右の武神としての毘沙門天は、後述する兜跋毘沙門天という別種の類型の尊像として各地に祀られています。

このように、武神として篤く信仰されてきた毘沙門天ですが、日本では施福の神としての信仰のほうが、時代とともに優勢になりました。毘沙門天は、日本では観音菩薩の化身と考えられ、福神の大黒天とも同体と見なされました。インドでは財富神として知られたクビラが毘沙門天と同体と見なされており、古来この神の周辺には財福にまつわる神々が多数関係しています。

その端的な例が、三尊形式の毘沙門天です。

毘沙門天のバリエーション

鞍馬寺の国宝毘沙門天三尊像の場合、中尊が毘沙門天、左が妻神とされる吉祥天女（吉祥天 282ページ）、右が子の善膩師童子ですが、吉祥天は「一切の貧窮・業障を除き、大富貴・豊饒財宝を授ける」天女とされていますし

双身毘沙門天（左が毘沙門天、右が吉祥天）と三昧耶形。毘沙門天は独鈷杵、吉祥天は輪を持ちます。

（『大吉祥天女十二名号経』）、子の善膩師童子も、貧窮に苦しむ篤信者に日々百銭のお金をもたらすと説かれています（『最勝王経』）。

こうした信仰が背景にあって、毘沙門天は甲冑姿といういかつい姿のまま、仙人や弁才天ら七福神グループの中に加えられたのです。

密教における毘沙門天は甲冑をまとった金色で、左手掌に宝塔を載せ、右手には宝棒を持ち、二匹の鬼を踏みつけた姿で描かれます。宝塔と宝棒は仏道成就に不可欠の定と恵（禅定と智慧）を表しているとも、世俗の財福（宝棒）と、出家者によっての福（宝塔）を象徴しているとも伝えられます。

他方、いかつい武神として造像されたのが兜跋毘沙門天です。兜跋は先に引いた説話の西蕃の国名で、現在のトルファンと推定されています。大地から出現した地天女が天尊の両足を支え、その両脇に鬼が控えるという変わった形式の像で、天尊は金鎖甲を着し、剛直な姿で直立しています。

また、日本でつくりだされたと思われる双身毘沙門天という特殊な尊像があります。毘沙門天と吉祥天を合体させた像で、両尊が背中合わせで立つ姿で造形されます。吉祥天といっても優雅な女天の姿ではなく、甲冑を着して忿怒の形相をした恐ろしい姿をしています。両尊とも合掌していますが、合掌を下に向けているのが毘沙門天、上に向けているのが吉祥天です。尊像に油を灌ぐ浴油供という修法により、増益や息災を念じます。

種字

シリー

毘沙門天の妻神
吉祥天

●きっしょうてん

吉祥天は、ヒンドゥー教の美と富と豊穣の女神ラクシュミー（創造神ビシュヌの妃）が仏教にとりこまれて誕生した偉大な女天で、徳叉迦(とくしゃか)龍王を父、鬼子母神を母にもち、仏教では毘沙(びしゃ)門(もん)天の妃として信仰されました。

梵名は大吉祥を意味するマハーシュリー。ラクシュミーと同じく美と富と豊穣をつかさどるほか、仏教守護の天部として、護国の働きや、信者たちを仏道に導き、守護する働きもつかさどっています。

日本での信仰はきわめて篤く、七六七年には畿内七道諸国の国分寺で、毎年、吉祥天悔過(けか)之法を恒例とするようにとの詔(みことのり)が出され、数年後には宮中でも吉祥天悔過が行われるようになりました。吉祥天悔過とは、この女天におのれ

手印　吉祥天を念ずる行者は、被甲護身印、もしくは八葉印（120ページ）を結びます。被甲護身印は、両手の無名指と小指を交差させて掌中に入れ、中指は立てて指先を付け合わせ、二頭指は立てて二中指の第一節あたりを押さえ、二大指を立て合わせます。八葉印を組む場合は、八葉印の上に宝珠があると観じます。

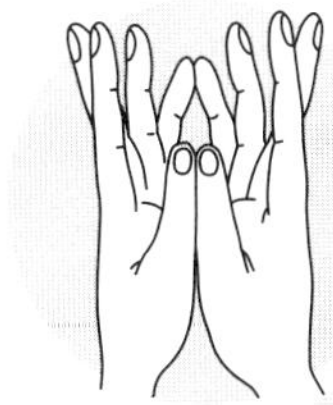
八葉印

被甲護身印

真言　**オン・マカシリエイ・ソワカ**

尊名のマカ（大）シリエイ（シュリー）に帰命句と成就句を加えたものです。

三昧耶形　宝珠。福をもたらす女尊にふさわしい三昧耶形です。

の犯した罪を懺悔する儀式です。

吉祥天の一般的な読みは「きっしょうてん」ですが、正しくは「きちじょうてん」です。非常に多くの異名があり、吉慶、吉祥、蓮華、厳飾、具財、白色、大名称、蓮華眼、大光曜、施食者、施飲者、宝光、大吉祥とも呼ばれます。また一切如来母、一切天母、十方過現未来一切諸仏功徳母などの異名もあり、いかに篤く崇敬されたかがわかります。

これら数々の名号は『大吉祥天女十二名号経』や『大吉祥天女十二契一百八名無垢大乗経（大吉祥天女経）』に説かれており、それら一々の名号の真言とその功徳が挙げられています。

後者の『大吉祥天女経』には、吉祥天が観音菩薩とともに大安楽世界に住んでいると説かれており、日本では吉祥天を観音の化身とする説も生まれました。また、前者の『十二名号経』によれば、彼女は一切如来（＝五智如来）から、未来において吉祥宝荘厳世界で悟りを開いて如来になると予言されており（授記といいます）、成仏後の名は吉祥摩尼宝生如来であると説かれています。この名から、宝生如来との同体説も生まれています。

かくも崇敬された吉祥天ですが、中世以降は弁才天人気におされてかつての人気を失い、施福の神としての地位も弁才天に譲ることになりました。

よく見かける形像は、寂静相の端正な天女形で、左手に宝珠を持ち、右手を施願印にしています。蓮華を手にした像も多数です。

サ

弁才天

音楽と弁舌と財福の女神

◉べんざいてん

河神サラスヴァティー

古来、非常に高い人気を誇り、今も多くの信者を惹きつけてやまない女天が、七福神中の紅一点として知られる弁才天です。日本では平安時代の中期頃から信仰が高まり始め、室町以降、大流行するようになりました。それとともに、古代日本で女天信仰を一手に担っていた吉祥天の人気が後退し、弁才天がその地位にとってかわったのです。

小祠も含めた数からいえば、日本最多といわれるのは稲荷社ですが、歴史学者の喜田貞吉氏によれば、関西ではその稲荷社より弁才天祠のほうが多かったといいます(宝文館出版『福神』「弁才天女考」)。

手印 著名なのは琵琶を意味する費拏を印名とした弁才天費拏印です。左の五指を伸ばして手を仰向け、へそに置きます。右手は大指と頭指で輪をつくり、ほかの三指は開いて伸ばします。この右手を左手上で回転させて、琵琶を弾くさまにするのです。

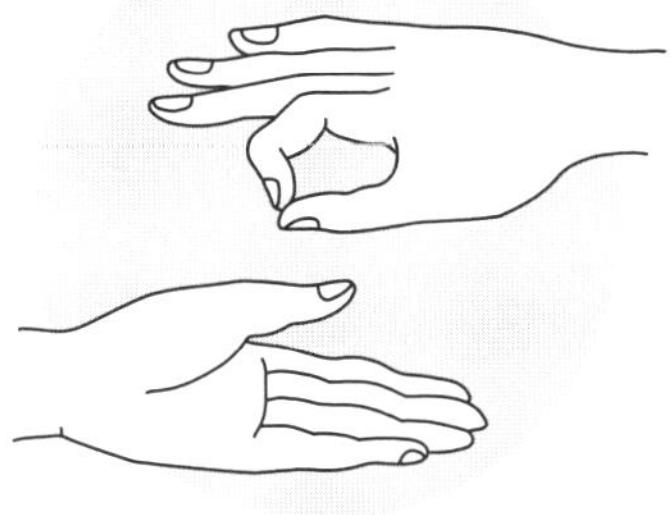

弁才天費拏印

真言 **ノウマク・サンマンダ・ボダナン・ソラソバチエイ・ソワカ**

ソラソバチエイはサラスバティの訛音で、「弁才天に帰依し奉る」という意味の真言です。種字は多くス（𑖭𑖲）が用いられていますが、正しくはサ（𑖭）で、『密教大辞典』もサ（𑖭）としています。

弁才天のルーツは、古代インドのサラスヴァティー河の女神です。豊饒をつかさどるほか、音楽、弁舌、富、技芸などを授けてくれる神として、厚く信仰されてきました。梵名も川の名そのままのサラスヴァティーで、妙音天、美音天、妙音楽天、大弁才天、大聖弁才天女、大弁功徳天などとも呼ばれます（弁才天を弁「財」天と書くようになったのは、福神信仰が盛んになって以降で、弁財天は和製の異名です）。

とくに有名なのが音楽と弁舌の功徳です。これは川の流れのようによどみなく弁舌し、歌をうたうというところからきています。弁才天というと、琵琶を持ったあでやかな姿が著名のため、器楽演奏の神と思われていますが、器楽奏の担当には乾闥婆などほかに専任の神々が多数おり、弁才天ではありません。彼女は「大顕詠美者」（『大日経疏』）、つまり卓越した声楽家なのです。

弁才天の功徳は、『金光明最勝王経』の大弁才天女品に説かれています。

「世尊よ、もし法師がこの『金光明最勝王経』を説くなら、私は彼の知恵を益し、荘厳流麗なる弁舌の才を具えさせましょう。彼の苦患のことごとくを消除し、貧しく拙い言葉しか話せない者の弁舌を、貧しさや拙さから解き放ちましょう。四方の星辰と日月という力の大きな神の擁護により、彼の寿命を延ばしめましょう。……もし財を求めるなら財を得、名声を求めるなら名声を得るでしょう。出家を求める者は解脱を得るでしょう。これらは必ず成就します。疑いを生じてはなりません」

三昧耶形

琵琶。

弁才天男天説

弁才天には、大別して二種の神像があります。一面二臂と一面八臂です。

二臂像は左手で琵琶を握り、右手の撥で四絃を弾じており、三昧耶形も琵琶になっていますが、これは後世の図様です。『金光明最勝王経』が説く弁才天は八臂の多臂像で、持物は弓・刀・斧・羂索（左四手）、箭・三股戟・独鈷杵・輪（右四手）の武具となっており、琵琶はありません。

非常に美しい女神とされており、「面貌容儀、人観るを楽しむ」「満月のごとし」（『金光明最勝王経』）などと形容されます。ところが密教には、弁才天を男天とする説があり、妃を配しています。「（曼荼羅の）北に薩囉薩伐底（サラスヴァティー）を置く。訳して妙音楽天という。あるいは弁才天という。次に北に（弁才天と）並べてその妃を置く」（『大日経疏』）というのです。

密教の場合、他のほとんどの天部が男天と女天（妃神）のセットなので、それに合わせたものでしょうが、この異端説が受け入れられることはなく、弁才天は本来の美しい女天として信仰されました。密教でも同様です。

日本では、弁才天は宇賀神と習合しました。宇賀神はインドの神とも日本の神ともいわれた中世の流行神で、白蛇を梵語でウカ、ないしウカヤというといった説も盛んに流布されており、密教家と神道家が奇怪な習合説の数々を編み出しています。たとえば伊勢神宮の成立にまつわる中世の偽書『御鎮

宇賀弁才天

宝冠に白蛇姿の宇賀神を載いた八臂弁才天を中尊として、頭上左右に福神の大黒天と荼枳尼天、下方に眷属の十五童子などを配した典型的な宇賀弁才天曼荼羅。

（写真は著者蔵の「宇賀弁才天」部分図）

座本紀（ざほんぎ）』は、「大国魂（おおくにたま）を名づけて宇賀神という。大弁才天のことである。すなわち御饌霊神（みけのみたま）である」と述べています。御饌霊神は五穀をつかさどる穀霊で、稲荷神とも考えられていたので、稲荷眷属の狐霊と弁才天とが密接に結びつき、宇賀神の化身と考えられた白蛇も弁才天の眷属となりました。狐（稲荷）や白蛇は典型的な財福神でもあったため、この習合によって弁才天から弁財天へという神格の変化が起こってきたようです。

また、弁才天がらみの異神の数々も、中世には創作されています。その代表が、歓喜天・荼枳尼（だきに）天・弁才天を合体させた異形神で、天台宗では三面大黒、真言宗では夜叉神と呼ばれて畏怖され、また破格の福をもたらす神として信仰されました。さらに弁才天は、和製の弁才天偽経の中で、天照大神と同体の神と見なされるに至っています（『最勝護国宇賀耶頓得陀羅尼経』）。

先に、弁才天は琵琶をもつ二臂像と武器を持つ八臂像に大別できると書きましたが、それとは別に、和製弁才天の像も、中世から近世にかけて大量につくられています。女天の宝冠中に、顔が老爺で体が白蛇の神が鎮座しているものがそれで、白蛇身の老爺は宇賀神です。

また、弁才天が眷属の十五童子とともに描かれる和製偽経にもとづく図様もみかけますが、そこでも宝珠を持つ童子や、稲荷神のように稲束をかつぐ童子など、財福関連の童子が多数含まれており、弁〝財〟天信仰の深さをうかがうことができます。

種字 マ

大黒天

◉だいこくてん

戦闘神から財福神へ

大黒天というと、日本では恵比須(えびす)・大黒のペアで祭られる代表的な福神のように思われていますが、もともとはマハーカーラと呼ばれる恐怖の暗黒神で、大破壊神シヴァ、もしくはシヴァ妃ドゥルガーの化身とされています。

梵名のマハーカーラは、大いなる（マハー）暗黒（カーラ）という意味で、この天の属性を表しており、黒もしくは青黒をした身色の、三面六臂(ぴ)の猛悪神の姿で描かれます。六臂のうちの前一対の腕は剣を水平に持ち、中の一対は左手に人身、右手に牝羊をぶらさげており、後ろの一対で象の皮をマントのように張りかぶり、頸には髑髏の瓔珞(ようらく)をかけています。

この神の恐ろしい性格が、日本でつくられた『大黒天神法』に描かれています。

手印 この天を念じる行者は、内縛して無名指と小指を立てる大黒天神印を結びます。

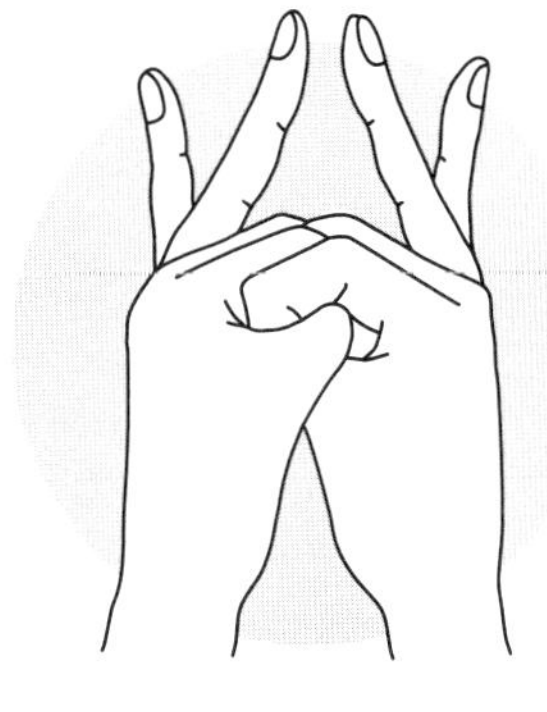

大黒天神印

真言 **オン・マカキャラヤ・ソワカ**

三昧耶形 荷葉座に横たえられた剣、もしくは刀。打ち出の小槌や袋は経軌に説かれていませんが、『大黒天神法』にもとづく和製大黒天の三昧耶形です。

剣

袋

「烏尸尼国の城の東に奢摩奢那という名の尸林（都城に隣接する遺体捨て場、葬場）がある。摩醯首羅天（シヴァ）の化身である大黒天神は、夜間、諸鬼神と無量の眷属を率いて、常にこの尸林を遊行している。大神力の所有者で、さまざまな珍宝、隠形薬、長年薬を持ち、空中を飛びまわっては交易相手を探し、自分が所有している諸々の幻術薬と、生きた人間の血肉とを交易するのだ。交易を欲する者は、陀羅尼によって自身を加持しておかなければならない。加持せずに尸林に行けば、目に見えない眷属の鬼神らに血肉を盗まれ、薬は手に入らない。首尾よく交易できれば、大黒天の加護を得て欲するところはみな成就し、戦闘すれば必ず勝つ」（大意）

大黒天には戦闘神・財福神・冥府神の三つの性格があるとされていますが、右は戦闘神と福神の要素がくっきりと表れています。

ただしこうした暗黒の大黒天信仰は、本家のインドや中国で次第に行われなくなり、寺院の厨房に祀る財福神としての信仰のほうがさかんになりました。本来はシヴァ神の化身ですが、後には福徳のビシュヌ神の化身説や、地の宝の所持者である地天の化身という説も生まれました。

福神としての大黒天は、三面六臂の忿怒形ではなく、一面二臂の穏やかな長者形です。食物や財物をいれる金の袋をもっており、日本では記紀神話の大国主命とも習合し、七福神にも加えられています。

種字 マ

宇宙を統べる最高神
摩醯首羅天（大自在天）

◉まけいしゅらてん（だいじざいてん）

天地宇宙の最高神

ヒンドゥー教では、ブラフマーとヴィシュヌとシヴァを三神一体の神（トリムルティー）と呼んで、特別に崇敬してきました。トリムルティーは宇宙の根源神ですが、働きの面から分けると、ブラフマー（仏教でいう梵天260ページ）が創造を、ヴィシュヌ（仏教でいう那羅延天300ページ）が維持を、シヴァ（仏教でいう大自在天）が破壊を掌ると考えられたのです。

ヴィシュヌはヒンドゥー教の中のヴィシュヌ派の最高神、シヴァはシヴァ派の最高神として信者たちの上に君臨しており、それぞれの派では、一神でトリムルティーの働き（創造・維持・

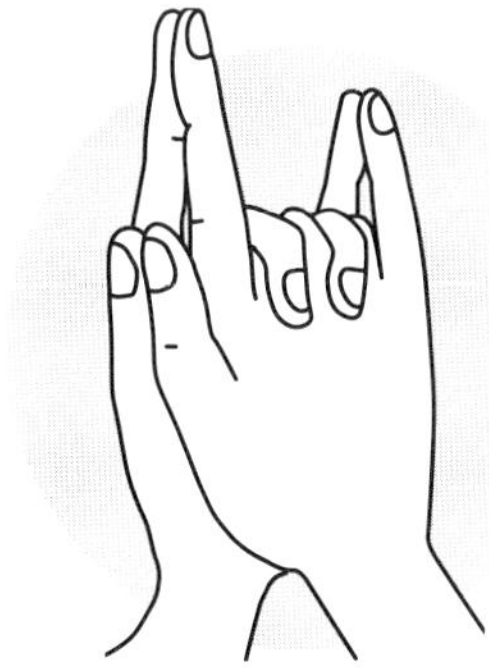

摩醯首羅天王印

手印　外縛して大指・頭指・小指をまっすぐに立て合わす摩醯首羅印を結びます。これは天尊の持物である三叉戟の形を表しています。

破壊）をしていると信じられています。それだけ絶大な信仰を集めてきた神なのです。

この三神のうち、シヴァは仏教に取りこまれて大自在天になりました。梵名のマヘーシュバラは、マカ（大）イーシュヴァラ（自在天）の意です。仏典では梵名を音写した摩醯首羅天のほか、大自在天、自在天、魯達羅（ルドラ）、伊舎那天などと呼ばれており、千の名を持つ神とされています。

その絶大な威光と影響力は、仏教の随所に痕跡を残しています。本書でも関連する諸尊の項目で触れていますが、菩薩ではアヴァローキテーシュヴァラを梵名とする観音（アヴァローキタ＋イーシュバラ）、千手千眼観音、十一面観音、青頸観音などがシヴァを前身とするか、シヴァの性格・特徴を色濃く反映していますし、すべての明王を代表する不動明王も前身はシヴァです。天部にも多数のシヴァ系が含まれおり、帝釈天、広目天、火天、聖天、大黒天などはいずれもシヴァと切り離せない関係にあります。

過去世の因縁

このシヴァ＝大自在天を、仏教は二種に分けました。一尊は毘舎摩醯首羅天、もう一尊は浄居摩醯首羅天です。

毘舎摩醯首羅天は、世界を破壊するシヴァの暗黒面を体現した神です。鬼神中の鬼神と見なされており、自在天外道（ヒンドゥー教シヴァ派）の主神

真言 **ノウマク・サンマンダ・ボダナン・オン・マケイジンバラヤ・ソワカ**

マケイジンバラヤが尊名です。なお、妻の烏摩妃はしばしば大自在天とともに活動しているので、その真言も挙げておきます。烏摩妃の真言は、ノウマク・サンマンダ・ボダナン・ウマヂビ・ソワカ、です。

で、世間の人々のいう大自在天は、この毘舎摩醯首羅天だといいます。

一方、浄居摩醯首羅天は、三界中の色界と呼ばれる高級天界のうちの頂点に位置する浄居天の神で、三目八臂の高級神と位置付けられています。三目(三眼)は、シヴァの典型的な表象です。

『大日経疏』や『底哩三昧耶不動尊聖者念誦秘密法』などの密教経典は、摩醯首羅天を「三千世界の主」と呼び、その支配領域の絶無の大きさを強調しています。三千世界は、正式には三千大千世界といいます。須弥山から六欲天までを含めた世界を一世界、その千倍を小千世界、小千世界の千倍を中千世界、中千世界の千倍を大千世界とも三千大千世界ともいうのですが、摩醯首羅天はその「主」だというのです。

また『大自在天因地経』は、大自在天の過去世を、釈迦仏が弟子の目蓮尊者の問いに答えるという形で説き示しています。

それによると、過去八万四千劫の過去に、功徳海という名の仏が出現して教化を行っていました。この仏の時代、商迦と魯支という名の二人の婆羅門の息子がおり、長じて後、二人はともに生死輪廻から逃れられないわが身を厭うようになり、修行のために山に籠もりました。

山には仙人の法を修行する老婆羅門と、三界の主をめざして同じく仙人の道の自修に励む修行者がおり、商迦と魯支は、彼らとともに修行を積み重ねました。その彼らの前に功徳海仏が現れたので、四人の修行者はそれぞれの

三昧耶形

三叉戟（さんさげき）、または金剛杵。本文で紹介した『大自在天因地経』は、商迦が仏に燈を三台、針を三本供養したところ、三燈が三叉戟に、三針が三眼になったと述べています。

三叉戟

供物をもって仏を供養礼拝し、おのれの所願を述べました。

老婆羅門は、梵天となって無数の衆生の願いをかなえたいと願い出、もう一人の仙人修行者は、那羅延天（ならえん）の身を得て三界の主宰者になりたいと願い出ました。商迦は三眼と三股（みつまた）の戟（ほこ）を具し、八種の自在身を獲得して世間の主宰者になりたいといい、魯支は仏道を成就して輪廻世界の一切衆生を救済したいと所願を述べました。

仏は願いを聞き届け、四人はそれぞれの修行の功徳によって所願を成就しました。すなわち、老婆羅門は梵天身（ブラフマー）を、次の修行者は那羅延天身（ヴィシュヌ）を得、商迦は世界を自在に生滅させることのできる三眼具足の世間主宰者の身を獲得し、魯支は煩悩から離れて三界から解脱し、一切智々を成就して天中天と号したというのです。

この商迦が大自在天（大自在天の異名のひとつに商羯羅天（しょうから）があります）、すなわち摩醯首羅天で、魯支が後の釈尊です。

同経によれば、その後、大自在天は梵天から人間界に降って寒林中の飢えた鬼女と交わり、鬼女の腹から出生したといい、三眼を具えてその身から光明を放っていたことから、母の鬼女は怖れて逃げ出し、寒林中の一切鬼は大自在天が放つ太陽のような光明を見て礼拝したとあります。

尊像は一面三眼八臂。天冠を戴き、白牛に乗る姿が一般的です。

種字 ギャク

聖天(歓喜天)
財と和合をもたらす象頭人身の異形神

◉しょうてん(かんぎてん)

十一面観音との因縁

聖天は象頭人身のヒンドゥー神ガネーシャ、ないしガナパティが仏教にとりこまれて生まれた神で、前身はシヴァ神(大自在天)と妃のパールヴァティー(烏摩妃)の長男です。

ガネーシャはガナ+イーシャ、ガナパティはガナ+パティで、ガナが群集、イーシャやパティは主や所有者を表します。群集の主(集主)、あるいは大自在天軍を統帥する軍団の大将ということです。そこで『密教大辞典』は、広く行われてきた歓喜天という訳は「適訳にあらず」としています。

もうひとつの著名な尊称である聖天は、権実(ごんじつ)二類説にもとづきます。

手印 内縛して両中指を立て合わせ、頭指は中指の背に付け、両大指は開いて左右の頭指に付ける聖天根本印を結びます。この印は箕の形を表すとされており、箕印とも呼ばれます。箕は中に入れた穀物をふるって、殻やごみをふり分けるための農具ですが、真言を唱えるときもこのふるう所作を行うと伝えられています。箕の形が象の耳に似ていることから、聖天の秘められたシンボルになっているのです。

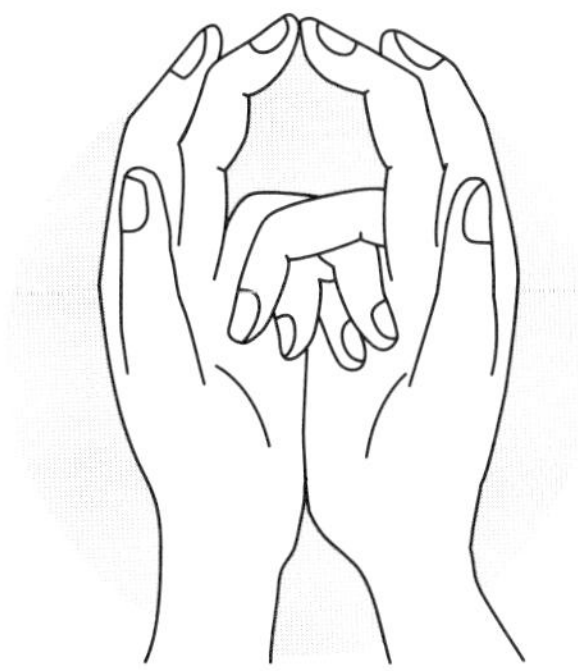

聖天印

仏教では神を二種に大別します。仏や菩薩が衆生済度のために仮に神の姿をとって現れたものを権化（権現、垂迹神）、見た目のままの姿で実在している神を実類と呼び、これを権実二類説と呼んでいるのですが、聖天は権実二類のうちの権化神とされ、本体は仏菩薩と考えられてきたのです。

空海の師の恵果とは兄弟弟子だった唐僧の含光が、経軌から聖天関連の法と縁起をまとめた『毘那夜迦誐那鉢底瑜伽悉地品秘要』（通称『含光記』）という著名な経典があります。この『含光記』によれば、実類の魔類である毘那夜迦たちを束ねている毘那夜迦王は、大日如来もしくは観音菩薩の化身、つまり権化の神だというのです。そこで毘那夜迦王は、天部の中でもとりわけ聖なる天部という意味で、聖天と尊称されたのです。

双身歓喜天の由来

聖天といえば、男女二神が抱き合った双身歓喜天が有名です。さまざまな伝説が語られていますが、著名なものを引いておきます。

「大聖自在天（聖天）とは、摩醯首羅大自在天王（シヴァ神）のことである。大自在天王は烏摩女を妻として三千人の子をなした。そのうちの左の千五百人は毘那夜迦王を首領とする。諸々の悪事を行じ、十万七千の諸毘那夜迦類を支配している。また、右の千五百人は扇那夜迦持善天を首領とする。勝れた利益がもたらされる一切の仏道修行に精進しており、十七万八千の諸々の

真言　オン・キリク（キリ）・ギャク・ウン・ソワカ

キリク（）は権類の観音、ギャク（）は実類の毘那夜迦の種字です。キリク・ギャクで権実二類の双身を表し、ウン（）の軍荼利明王の種字を加えています。聖天関連の法を修して成就しないとき、実類の毘那夜迦類の害を調伏してくれるのが軍荼利明王だとされているため、真言中に軍荼利の加護が念じられているのです。

なお、聖天信仰のメッカである生駒聖天では、オン・キリ・ギャク・ウン・ソワカと唱えるよう信者に教えています。キリクのクを抜くことで抜苦与楽を表すのだと説明しています。

聖天双身像

福伎善持衆を束ねている。

扇那夜迦王とは、すなわち観音の化身である。かの毘那夜迦王の悪行を鎮めるために、大自在天の子として彼とともに生まれ、兄弟や夫婦となって、抱き合った一体の姿で示現するのである。……もしこの法（聖天供養念誦の法）を知らないなら、他尊の法を修しても成就するのは難しい。（眷属の毘那夜迦たちによる）障礙が多いからである」（『大聖歓喜双身大自在天毘那夜迦王帰依念誦供養法』）

この伝説では、大破壊神のシヴァが聖天で、悪事を事とする子の毘那夜迦王とともに生まれ、王と夫婦になった扇那夜迦王が観音の化身とされています。毘那夜迦王と扇那夜迦王の権実一体となったものが双身歓喜天で、和合尊中の和合尊とみなされているのです。

毘那夜迦王の暴虐心を鎮め、護法の善神とするために、あえて夫婦となった観音とは、十一面観音のことです。この双身歓喜天信仰は日本でも深く根付いており、聖天を祀る密教寺院では、聖天とともに必ず十一面観音を祀っています。

また、在家信者が聖天像を単独で祀ることを戒めており、日々の聖天供養においても、十一面観音の真言を唱えるよう指導しています。これは十一面観音の加護なしで聖天と結縁しようとすると、必ずや毘那夜迦の障礙をこうむるからだと説明されています。

三昧耶形 大根（蘿蔔根）、または歓喜団。後者はインドの丸い甘味菓子で、歓喜天への供物です。各種図像集で参考図のように円で表現されているものが歓喜団と思われます。また、一部の聖天図像が手にしている斧鉞（左側の図）や戟、穀物をふるって籾殻などを除去する箕も聖天の三昧耶形です。

歓喜団

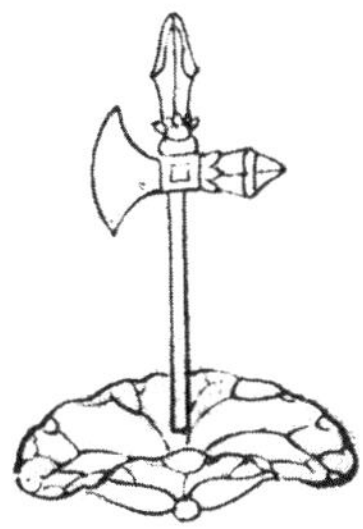
斧鉞

無類の財福神

聖天の象頭についても、種々の伝説が語られています。ヒンドゥー神話では、息子とは知らずにガネーシャの首を刎ねたシヴァが、失われた首の代わりに切り取った象の首を息子の身体に付けたといいますが、密教では仏教流の解釈をしています。「象は瞋恚（怒り恨む心）強力ではあるけれど、よく飼育者や調教師に随う。それと同じく、聖天も瞋恚強力の恐い神だが、おのれに帰依する人や仏教信者に随う」から象頭だというのです（『含光記』）。

二臂、四臂、六臂など、形像はさまざまで、単独像のほかに双身像も広く祀られていますが、多くは秘仏です。この尊の持物中、とくに目をひくのが蘿蔔根（大根）です。これは見た目のとおりの男根の象徴とされます。

聖天は現代に至るまで非常に人気の高い神で、ヒンドゥー教でも日本の密教においても、生きた信仰が脈々とつづいています。利益が速疾で、あらゆる現世利益がかなえられるというのが最大の理由ですが、インドではとくに財福の神としての信仰が篤く、商売繁盛・招福・招財の神として、とくに商人がガネーシャを尊信祭祀しているといいます。

日本でも生駒聖天や待乳山聖天など聖天信仰のメッカが信者で賑わっており、富貴栄達・夫婦和合・恋愛成就・除病除厄など、あらゆる現世利益の功徳をもたらしてくれると信じられています。

種字 𑖦 マ

戦国武将の人気を集めた隠形神
摩利支天

◉まりしてん

ヴェーダ神話に登場する暁の女神ウシャスが、摩利支天のルーツとされます。太陽神スーリヤの母、あるいは恋人とされ、スーリヤが彼女を求めて後ろから追いかけるのですが、つかまえて抱きしめると消えてしまい、とらえることができません。この神話が、摩利支天にそっくり受け継がれていることは、『陀羅尼集経（だらにじっきょう）』の次の一節によく表れています。

「太陽の前に天がいる。名を摩利支天という。大神通自在の法を身につけており、常に太陽の前を行く。太陽は彼女を見ることができないが、彼女は太陽を見ることができる。人もまた彼女をはっきりと見ることはできない。彼女をよく知ることも、捉えることも、害することもできないのだ」

手印 摩利支天隠形印（宝瓶印、甲冑印）を結びます。左手の大指を残りの指でつつみこんで掌中に穴ができるようにし、右の手のひらを左手の上にかざして覆うのです。わが身が右手の穴の中（摩利支天の身体）に隠れると観じながら結印します。行者が結ぶ著名な摩利支天の印は、もうひとつあります。摩利支天根本印（身印）です。まず内縛し、両手の大指・頭指を立てて、中指を図のように頭指にからめます。この印を組んだ状態で、心臓・額・左右の肩・頭頂の五カ所を加持することにより、一切の障害や問題を消し去ることができるとされます。

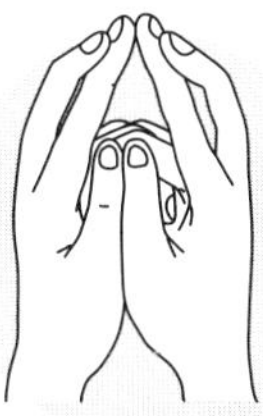
摩利支天根本印

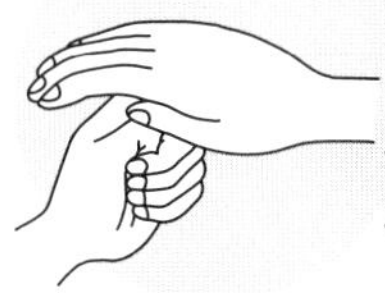
摩利支天隠形印

真言 **オン・マリシエイ・ソワカ**

三昧耶形 天扇。本文にも書いたとおり、この扇は隠形のシンボルです。扇の中央には「卍」字が書かれています。

こうした捉え所のなさから、摩利支天は陽炎の神格化とも見なされるようになり、隠形の神として信仰されることにもなりました。

摩利支天の梵名はマーリーチで、陽炎と訳されます。ウシャス同様、仏教でも天女信仰が先ですが、後には男天の摩利支天も生み出されました。

女天としての摩利支天の多くは三面三眼六臂、または八臂で、三面中の正面は微笑を浮かべた円満柔和な金色の善相、左面は黒色の猪面で忿怒の醜悪相、右面が白色の円満清浄相というパターンや、三面とも柔和な善相、三面とも忿怒相などバリエーションがあります。猪の上、あるいは猪の背の三日月の上に乗る像もポピュラーです。天女形の一面二臂像もありますが、こちらは天扇を握っています。この天扇は身を隠す具と説明されており、魔利支天の隠形性（陽炎性）のシンボルとなっています。

よく身を隠し、自分からは見えるが相手からは見えず害されないということから戦国武将の信仰を集め、摩利支天を守護神とする武将が多く出ました。楠木正成が、兜のなかに摩利支天の小像を入れていたことは有名です。また、戦陣に加わって呪法や占いを担当した修験者も、摩利支天の法を常用していました。これらの場合の尊像は、忿怒形の男天像です。

密教や修験道のほか、日蓮宗でも摩利支天信仰がさかんに行われ、法華経信者の守護神として、また蓄財、福徳の神として祀られてきました。

種字　ビ

金翅鳥に乗る強力の力士神
那羅延天

◉ならえんてん

那羅延天はヒンドゥー教の最高神の一人であるヴィシュヌ神のことで、毘紐天、違細天とも表記されます。仏教名は「原初人の子」を意味するナーラーヤナで、那羅延天が音写名です。

ヴィシュヌ神話は中世日本の神仏習合書にもとりこまれており、鎌倉時代の『大和葛城宝山記』には、こんな神話が出てきます。

「水気が変じて天地となった。……水上に神聖が化生して、千の頭と二千の手足があった。常住慈悲神王とも、違細天とも呼ばれた神である。この人神のへその中に、千の葉をつけた金色の妙法蓮華が生え出た。その光は非常に明らかであり、万の月を一斉に照らしたようであった。花の中に人神がいて、結跏趺坐をしていた。この人神にも、無量の光明があった。名づけて梵

手印　左手の指を伸ばして開く那羅延天の印を用います。この手を伏せて、三度旋回させることにより、金翅鳥に乗って空中を行く那羅延天を現すとされます。また、左の大指と頭指で輪形をつくり、ほかの三指を伸ばすのも、この天の印です。印名はとくにありませんが、輪形は日輪を象るので仮に光輪印としておきます。金剛光菩薩、日光菩薩もこの印です。

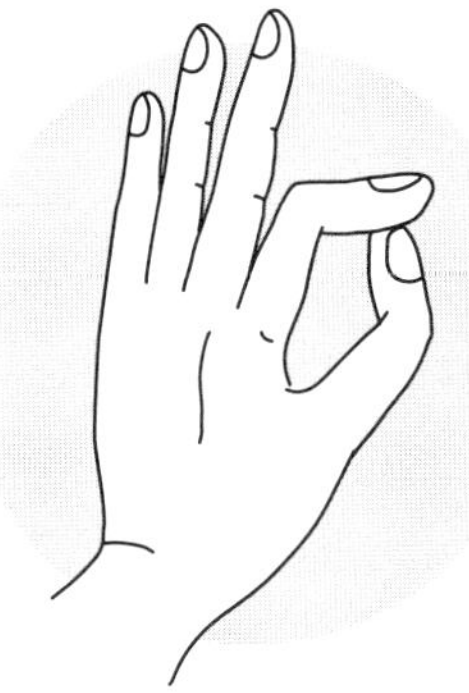

光輪印

真言　**ノウマク・サンマンダ・ボダナン・ビシュダベイ・ソワカ**

ビシュダベイが尊名です。ビシュダベイをビシュダベにすると妻である那羅延后の真言になります。

三昧耶形　輪（チャクラ）。

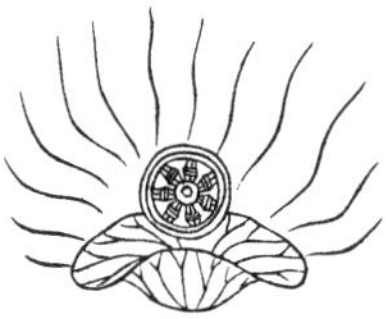

天王という」

右の神話は仏典の『雑譬喩経』から材を得たとされていますが、『大乗荘厳宝王経』でも、釈迦の説法の席にやってきた三十二諸天子の上首として「大自在天および那羅延天」の名が挙げられ、帝釈天（インドラ神）と「索訶世界主」（娑婆世界の主）の大梵天王がそれに続くなど、ヒンドゥー教の最高神たちは、仏教天部の世界で大いに幅をきかせています。

とはいえ、別項でその威勢の大きさを詳述した大自在天＝シヴァ神と比べると、那羅延天の活躍の場は、なぜかほとんど設けられていません。天部の上首に数えあげられる神であるにもかかわらず、実際にはその他大勢の神の扱いといってよいほどなのです。

仏教における那羅延天の最大の特長は、その強大な力です。大変な強力の持ち主とされ（力士の異名があります）、密迹金剛とともに、おなじみの仁王尊としてお寺の門を守っているのが、この那羅延天なのです。

形像は身色が青黒で、一面二臂、もしくは三面二臂。三面の場合は正面が菩薩相、右面が猪相、左面が獅子相です。手に武器の輪（チャクラ）を持っていることと、迦楼羅鳥（金翅鳥）に乗っていることが、この尊の最大の特長です。『那羅延天共阿修羅王闘戦法』という経には、那羅延天が金輪を投じて甘露の妙薬を盗みにきた阿修羅王の身体を分断した説話が出ています。

后神は吉祥天（282ページ）です。

種字 ク

シヴァの子スカンダの分身
倶摩羅天・韋駄天

◉くまらてん いだてん

倶摩羅天

黄色い身体で少年の顔を六面つけ、孔雀に乗るという異形な姿をしているのが倶摩羅天、甲冑を着た武神の姿で合掌した両手の上に剣または宝棒を載せているのが韋駄天です。

両者は、ともにシヴァ神の息子の一人である戦闘神スカンダ（塞建陀）から派生したもので、ルーツは同一の神のようです。韋駄天は、ルーツである塞建陀の略称の建駄に、道教の韋(い)将軍信仰が習合して生まれたと考えられており、無執着の徳を表す倶摩羅天のほうは、童子神スカンダの異名であるクマーラ（意味は童子）から派生したとされています。スカンダも孔雀に乗っており、形像的によりスカンダに近いのは倶摩羅天です。

韋駄天は主に顕教(けんきょう)で信仰された天で、密教経典ではほとんど説かれません。顕教では伽藍の守護神として信仰されており、とくに中国の禅宗関連の説話に韋駄天の名が見え、託宣を下した説話も見られます。他方、倶摩羅天は金胎両部の曼荼羅に、その姿が描かれます。ただし単独信仰は希薄です。

手印 韋駄天には確たる経軌がなく手印も不明ですが、像はおおむね堅実合掌印のようです。

倶摩羅天の印明も経軌に記載がありません。『密教大辞典』は、胎蔵界法では金剛合掌、金剛界法では鈴印としています。鈴印とは、大指を他の四指で握りこんで鈴に擬し、これを振る所作をする印です。

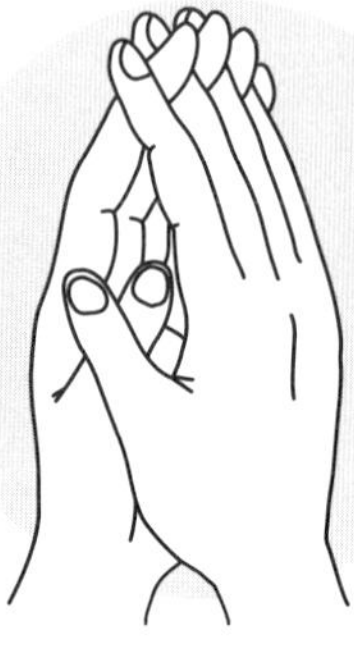

金剛合掌

真言

倶摩羅天 **オン・バザラ・ゲンダ・ソワカ**

韋駄天 **オン・ケンダヤ・ソワカ**

三昧耶形 槊(さく)、または鈴。槊は柄の長い矛をいいます。

鈴

種字　ロ

子と法華行者の守り神
鬼子母神（訶梨帝母）

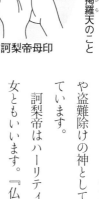

◉きしもじん（かりていも）

夜叉（やしゃ）神の娘ハーリティーが、釈迦に諭されて仏教守護の善神となったもので、安産・子育てや盗難除けの神として信仰されています。

訶梨帝はハーリティーの音写で、漢訳して鬼子母神といい、悪女、大薬叉女ともいいます。『仏説鬼子母経（きしもきょう）』によると、彼女には千人の子があり、うち五百人は天界、五百人は地上で鬼王となって悪事の限りを尽くしていました。母の鬼子母神も「性極悪」の神で、地に降っては他人の子を喰らっていましたが、わが子を釈迦に隠されて狂わんばかりに嘆き悲しみ、おのれの行いの非を悟って仏道に帰依し、仏教の守護神となったとされます。

日蓮は、鬼子母神と羅刹女（らせつにょ）は母娘関係で、ともに法華の守護神だと説きました。そのため日蓮宗寺院の多くは鬼子母神を祭っています。

左右に侍女を従えてわが子を抱き、右手に吉祥果（きっしょうか）（ザクロ）を持った天女形の姿が広く行われています。

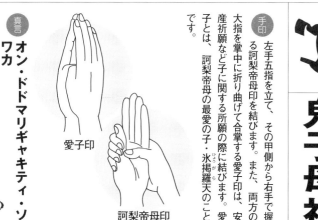

手印　左手五指を立て、その甲側から右手で握る訶梨帝母印を結びます。また、両方の大指を掌中に折り曲げて合掌する愛子印は、安産祈願など子に関する所願の際に結びます。愛子とは、訶梨帝母の最愛の子・氷掲羅（ひょうがら）天のことです。

愛子印

訶梨帝母印

真言　**オン・ドドマリギャキティ・ソワカ**

三昧耶形　吉祥果。

種字 ダ

生肉生血を喰らう夜叉女
荼枳尼天 ◉だきにてん

シヴァ神の妃の一人で、「黒き女神」と恐れられている暗黒の女神カーリーにつかえる侍女で、荼枳尼は梵音ダーキニーの音写です。本来、天部の神ではなく、大黒天眷属の夜叉(やしゃ)族の一種で、経軌(きょうき)では「荼枳尼鬼」と表現されています。この神を天部の神とする信仰は、日本で広まったものです。

『大日経疏(だいにちきょうしょ)』によれば、荼枳尼らは生きている人間の心肝を喰らう夜叉でした。ただ、彼らには人を殺すことは許されていなかったため、奪った心肝の代わりに余物を入れて存命させ、臨終の期がくると代替物がおのずと壊れて死に至るという術を使っていました。

この悪行をやめさせるべく、大日如来は大黒天(だいこく)に化して荼枳尼らを呑み込み、激しく呵責しました。荼枳尼は降参し、以後はやめると誓いましたが、肉を食って生きる自分たちは、これから先なにを食べて生きていけばよいの

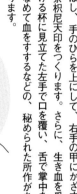

手印 右手は大指を頭指の横腹につけるようにして軽く結び、左手は五指をそろえて伸ばし、手のひらを上にして、右手の甲にかざす荼枳尼天印をつくります。さらに、生き血を受ける杯に見立てた左手で口を覆い、舌で掌中をなめて血をすするなどの、秘められた所作があります。

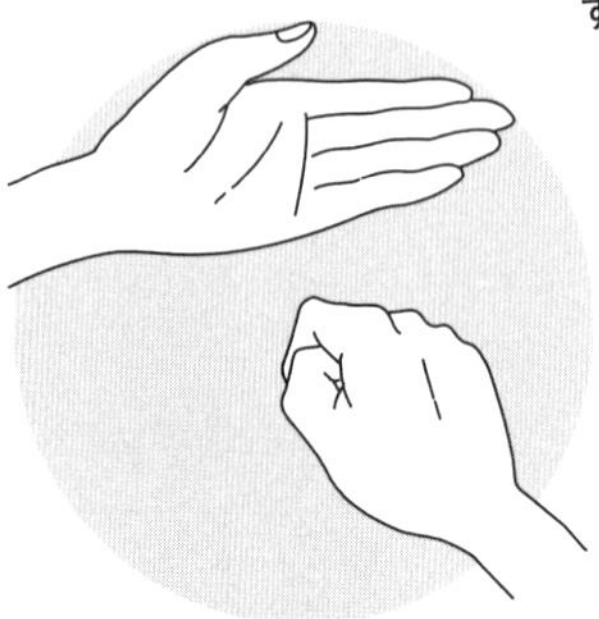

荼枳尼天印

真言

ノウマク・サンマンダ・ボダナン・キリ・カク

キリは仏教に帰依する前の、心肝を喰らうという荼枳尼の邪行を表し、カクは仏教に帰依して以前の邪術の垢を除く行を表しているとされます。本文で述べた大日如来が荼枳尼衆に授けた真言とは、このキリ・カクです。

三昧耶形

劫波羅（髑髏杯）。荼枳尼が血を飲むときに用いるとされる鉢皿（カパーラ）で、胎蔵界曼荼羅の外金剛院に描かれた荼枳尼女の一人が手にしているものです。

かと愁訴しました。そこで大日如来は、死んだ人間の心臓なら取って食ってよいと許しを与えたのですが、それでは強力な他の大夜叉らに死肉を奪われて自分たちまで回ってこないと訴えました。そこで臨終を六カ月以前に知るための真言の法を荼枳尼に授け、臨終まではその人を守護し、六カ月経って亡くなると同時に心臓を取って食うことを許したといいます。

仏教における荼枳尼が臨終者の心臓を喰らうというのは、死に際してその人の一切の執着や欲望を食らい尽くすという一種の浄化を表したものですが、日本では血を満たした杯（劫波羅（こうはら））や手足の肉に食らいつく姿で描かれる鬼女として恐れられました。またその一方で、霊狐信仰や稲荷（いなり）信仰とも結びついて現世利益の神とも見なされ、後には白狐にまたがる天女形の女神としても信仰されるに至りました。荼枳尼を辰狐王（しんこおう）菩薩や貴狐（きこ）天王などとする偽経も、日本でつくられています。

人黄（にんのう）を喰らう者は、欲するもの一切の大成就を得ると『大日経疏』が説いており、荼枳尼を奉じることで地位・権力・財産を得ようとした伝説が、中世日本でいくつもつくられています。また、セックスを用いた外道として知られる真言立川流も大いに荼枳尼信仰を広めており、立川流の流れを汲む鎌倉称名寺の聖教中には、荼枳尼の功徳と法を記した『吒枳尼王別行儀軌（だきにおうべつぎょうぎき）』や、不空三蔵から空海に伝えられたと称する『荼枳尼血脈（けちみゃく）』、種々の荼枳尼を本尊とする呪法をまとめた『吒枳尼法』などが伝えられています。

薬師眷属の十二支守護神

十二神将

◉じゅうにしんしょう

十二神将とは、『薬師本願経』などに説かれる薬師如来眷属の武神で、十二夜叉大将、薬師十二神将などともいいます。各々七千人の夜叉を率い、一日のうちでは二時間ごと、一年では一カ月ごと、十二年では一年ごとに交替で衆生を守護するとされ、古来信仰されてきた神です。

これとは別に、『大方等大集経』にも昼夜の別なく閻浮提（人間世界）を巡っているとされる十二獣のことが説かれています。南方海中の琉璃山に棲む蛇・馬・羊、西方海中の頗璃山に棲む猿猴・雞・犬、北方海中の銀山に住む猪・鼠・牛、東方海中の金山に棲む獅子・兎・龍がそれです。

この昼夜常行の十二獣と、薬師十二神将が結び合わされて、亥＝宮毘羅、戌＝伐折羅、酉＝迷企羅、申＝安底羅、未＝頞儞羅、午＝珊底羅、巳＝因達羅、辰＝波夷羅、卯＝摩虎羅、寅＝真達羅、丑＝招杜羅、子＝毗羯羅という配当が創作されています。また、中国では天文暦数家や陰陽家が十二神将と西洋占星術の黄道十二宮にあたる十二月将を合体させており（子＝神后、丑＝大吉、寅＝功曹、卯＝大衝、辰＝天罡、巳＝太一、午＝勝先、未＝小吉、申＝伝送、酉＝従魁、戌＝河魁、亥＝微明）、日本でも活用されています。

手印 右手を金剛拳にし、立てた頭指の第一・第二関節を曲げて鉤状にする十二神将総印を結びます。

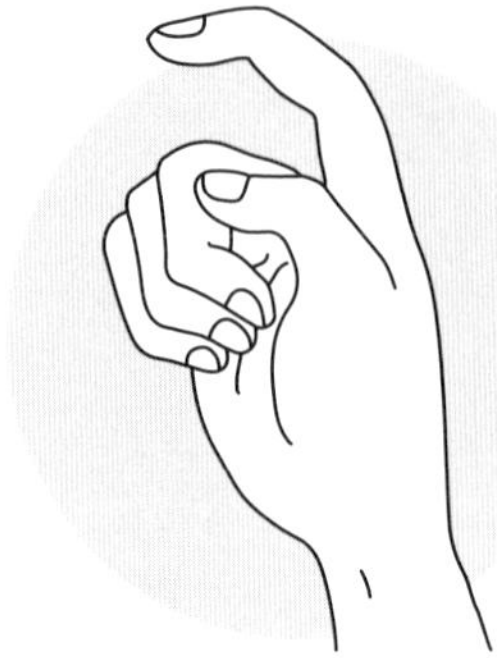

十二神将総印

真言 十二神将とも、尊名を帰命句のオンと成就句のソワカにはさむと、十二神将それぞれの真言になります。たとえば宮毘羅神将ならオン・クビラ・ソワカ、伐折羅神将ならオン・バサラ・ソワカといった要領です。他の神将もこれに準じます。

7章

星神・道教神・和神と印明

種字 ロ

北斗七星

寿命と一切の現世利益を掌る星神

◉ほくとしちせい

貧狼星

現世利益の総元締め

北斗七星の信仰は古く、その功徳を説く『北斗七星延命経』は、早くも奈良時代には『北辰菩薩経』の名で輸入されていました。

「この経の所説……能く一切衆生の重罪を救い、一切業障を滅す。……貴賤も寿命の長短も、すべて北斗七星の所管」と説く同経は、よく受持して信敬供養することで、現世では福を獲得し、来世には天上に生まれ、地獄で苦しむ先祖らは地獄を離れて極楽世界に転生し、鬼魅・悪夢・怪異などの難は去って魂魄の安寧を得、仕官・立身の希望はかない、病は癒え、財貨を掴み、妊婦は安産で母子ともに健やかであり、子はみな端正長命で果報を得ると説いています。

巨門星

文曲星

武曲星

禄存星

廉貞星

破軍星

こうした現世利益は密教（奈良時代は空海の純密ではなく呪術系の雑密です）ではごくありふれたものですが、北斗の場合は他の諸尊・諸経にまして熱烈に信仰され、加熱化していきました。

人々が職を捨て、なりわいを忘れて北斗の星祭りに集まり、攘災招福を祈って風紀を乱すというので、民間の北辰祭祀に対する禁制が、平安時代に入った直後に朝廷から発せられているほどです（七九六年）。

右に引いた経の一節に「貴賤も寿命の長短も、すべて北斗七星の所管」とあるとおり、人間は生まれたときに北斗七星のどれかの一星（これを属星といいます）に帰属し、運命が定まるという信仰は、やがて朝野に深く浸透していき、平安中期から後期になると、朝目覚めたらまず最初に属星の名を唱えることをルーティンとする貴族まで出てきています。

北斗七星の信仰と祭祀は、おもに陰陽道と密教・宿曜道（密教占星術）が競って広めていきました。密教では北斗供が十世紀頃から盛行し、修法者自身、もしくは依頼者の本命星（生年にあたる北斗中の一星）を供養する本命星供や、七星すべてを供養する北斗供などが修されました。北斗七星の法に用

手印　自分の本命星に祈る場合、まず七星共通に用いる金剛合掌（26ページ）をつくり、貪狼星は合掌印を額に、巨門星は面部全体に、禄存星は左目に、文曲星は鼻に、廉貞星は右目に、武曲星は口に、破軍星は頭にあてます。北斗七星全体を表す北斗総印は、両中指と両大指の先を付けてつくった輪が図のように交差するようにし、無名指は指先の腹を付け合わせ、二小指と二頭指をピンと張るように立てます。また、北斗を召す印を結ぶ場合は、右手を施無畏印（37ページ）にして大指を屈し、自分のほうに向けるようにして三度招き、左手は金剛拳につくって腰におきます。ほかにも種々の印が伝えられており、八葉印（120ページ）を北斗の総印とする伝もあります。

北斗総印

真言　オン・ダラニダラニ・ウン（貪狼星）
オン・クロラダ・ウン（巨門星）
オン・ハラタキャ・ウン（禄存星）
オン・イリダラタ・ウン（文曲星）

いるための北斗曼荼羅がつくられ始めたのもこの時期です。

七星の権能

北斗曼荼羅には、釈迦金輪（110ページ）を中尊として、北斗七星、九曜（五惑星・太陽・月・計都星・羅睺星。314ページ）、十二宮（西洋占星術でいう十二星座）、二十八宿という膨大な数の星神が描かれますが、それらのなかでも中心となるのが北斗七星です。『北斗護摩秘要儀軌』は、こう説いています。

「北斗七星は日月と五星（木火土金水）の精である。これら七曜を束ねて八方に照臨する。天なるこれら七星神が地に降って個々人を担当し、その善悪を司り、禍福を分ける。他の群星が詣でて崇め奉り、万霊が仰ぎみるのが北斗七星なのである」

以下、同経は、北斗がとくに寿命の増減や、死者の記録簿である死籍と存命者の記録簿である生籍を差配する権能をもつことを強調し、曼荼羅を製して供養すれば北斗が歓喜して擁護すると説くのですが、こうした経説が深く人々の心に根をおろし、熱烈な北斗信仰を生みだしていったのです。

北斗七星の名称と配属される年支、中国名と属性、星神の持物等は左の表のとおりです。

なお、北斗七星を眷属とする七星如意輪観音という観音も立てられており、

オン・ドタラニ・ウン（廉貞星）
オン・ギャトロ・ウン（武曲星）
オン・バサミダカン・ウン（破軍星）
以上の真言は和製のもので、読みは宗派・流派の所伝による違いがあります。たとえば末尾のウンを、天台寺門宗ではムと唱えているようです。

北斗と観音には密接な関係があります。七星如意輪観音の曼荼羅は、八輻輪の中尊である如意輪観音を、北斗七星および訶梨帝母（303ページ）が取り囲む形です。訶梨帝母は、七星が天から降るときに地から涌き出て、七星如意輪の大法を守護すると誓ったと説く『七星如意輪経』に由来します。

①貪狼星	子年生まれ人の本命星。左手に太陽を持つ。唐名は天枢、陽徳を掌り、男天とする。日曜ないし月曜の精。本地は最勝世界の運意通証仏、または大白衣観音・千手観音・聖観音など。
②巨門星	丑年・亥年生まれの人の本命星。右手に月を持つ。唐名は天璇、陰徳を掌る地女で、女主の位とする。月曜ないし火曜の精。本地は妙宝世界の光音自在仏、または馬頭観音。
③禄存星	寅年・戌年生まれの人の本命星。左手に焔を発する火珠を持つ。唐名は天璣、伐害を掌る。火曜ないし水曜の精。本地は円満世界の金色成就仏、または不空羂索観音。
④文曲星	卯年・酉年生まれの人の本命星。垂らした左手から水を流出する。唐名は天権、天理を掌る。水曜ないし木曜の精。本地は無憂世界の最勝吉祥仏、または十一面観音。
⑤廉貞星	辰年・申年生まれの人の本命星。右手に玉を持つ。唐名は玉衡、殺星で五方を掌る。金曜ないし土曜の精。本地は浄住世界の広達智弁仏、または水面観音。
⑥武曲星	巳年・未年生まれの人の本命星。左手に柳枝を持つ。唐名は開陽、天食五穀を掌る。木曜ないし土曜の精。本地は法意世界の法海遊戯如来、または阿魯利伽観音。
⑦破軍星	午年生まれの人の本命星。右手に刀を持つ。唐名は揺光、将軍の象で、兵を掌る。金曜ないし日曜の精。本地は瑠璃世界の薬師瑠璃光仏、または虚空蔵菩薩。

種字 ソ

衆星中の最勝尊
妙見菩薩
◉みょうけんぼさつ

妙見菩薩は北極星（北辰）を神格化した神で、北極星の本地とされますが、北斗七星の神格化とも、北斗七星の中の武曲星のかたわらにある輔星の神格化ともいわれており、素性が明確ではありません。

『密教大辞典』も、妙見北極星説や妙見北斗説などを挙げた上で、「要するに妙見は諸星の上首、北斗は眷属にして、妙見・北斗及び諸星の関係は、大日・四仏・自余諸尊の如しとす」と、曖昧な表記にとどめています。大日如来が展開して、阿閦如来以下の五智如来や諸菩薩・諸明王・諸天部などとなる一方、これら一切諸尊の働きは大日如来一仏に集約されるという関係が、妙見と北斗・諸星との関係だということです。

なぜこのように素性がはっきりしないのかというと、妙見信仰そのものが、中国道教の北辰（北極紫微大帝）信仰と習合して生み出されたものだからです。日本は、道教と

手印 右手の大指の第一関節を曲げて頭指の根元につけ、ほかの四指は伸ばして開く妙見菩薩根本印を結びます。また、八葉印（120ページ）によって、妙見と七星を表すという所伝もあります。

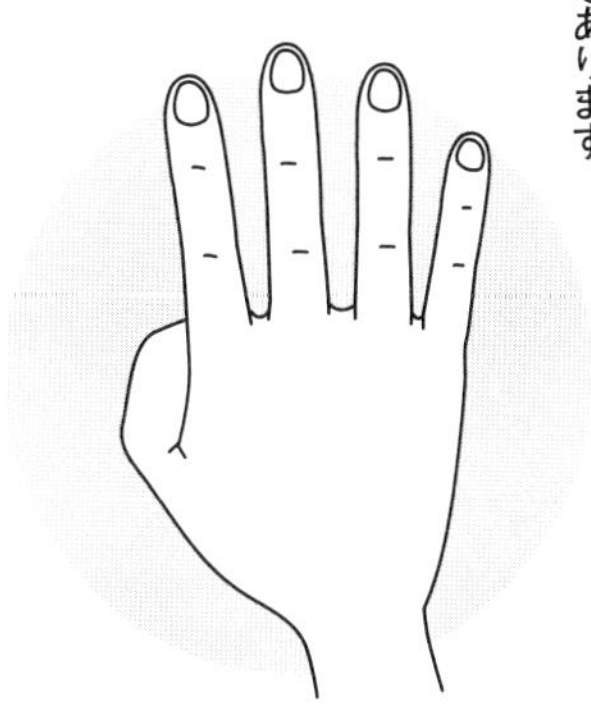

妙見菩薩根本印

真言 **オン・ソチリシュタ・ソワカ**

ソチリシュタは妙見の意です。

三昧耶形 蓮上星、または如意宝珠。

蓮上星

如意宝珠

習合した中国式の妙見信仰や北斗信仰を輸入しているため、本家の中国と同様、尊格が不明瞭になっているのです。そのことは、妙見「菩薩」という名であるにもかかわらず、修法など実践面では菩薩としては扱わず、天部中の一尊、つまり神として扱うという事実にも表れています。

とはいえ、北斗信仰が盛行してきたように（北斗七星の項308ページ参照）、北斗の上首である妙見信仰も、広く行われてきました。『七仏八菩薩所説大陀羅尼神呪経』など数種の陀羅尼経を集めて編集した『陀羅尼集経』の第二巻に「北辰菩薩」の陀羅尼が出てきますが、そこで北辰菩薩はこう述べています。

「私は北辰菩薩、名を妙見という。いま諸々の国土を擁護するために、神呪を説こうと思う。私の作すことは、はなはだ奇特である。ゆえに妙見の名がある。私は閻浮提（須弥山南方にある人類の暮らす大陸）にかかる諸々の星の中で最も勝れた者、神仙中の神仙、菩薩の大将である」

星々の中で最勝ということで、尊星王、妙見尊星王、妙見大士などとも呼ばれます。天台密教ではとくにこの神を重んじ、国家安泰のために修する尊星王法は、天台宗寺門派の最大秘法のひとつに数えられています。

妙見を単独で祭祀供養する場合は、北斗供と同様、天変・災害・疫病などの災いを除く息災法を修しますが、見ることに妙という名からの連想で、眼病祈禱の本尊としても、よく用いられてきた神です。

占星術由来の神々

七曜・九執（九曜）

◉しちよう・くしゅう（くよう）

多くの経軌は曜日のルーツである七つの天体（火星・水星・木星・金星・土星の五惑星と日・月）を七曜とし、七曜に計都星（ケートゥ）と羅睺星（ラーフ）を加えたものを九執（九曜）と呼んでいます。一方『孔雀経』は、火星・水星・木星・金星・土星・計都星・羅睺星を七曜とし、それに日と月を加えた九星を九執とします。天体の中でも特別な輝きと重要性を帯びている太陽・月を別枠として扱うのです。

インドでは、計都は彗星、羅睺は日食・月食をひきおこす天の魔物と見なし、惑星の仲間と考えてきました。九執もこの考え方と関連しています。九執の執は捕捉者を意味するグラハの訳語で、日食や月食を引き起こす者を意味するというのです（計都と羅睺は、実際は地球から見たときの太陽の通り道である黄道と、月の通り道である白道の交点と考えられています）。

日本では、九執は、大は天変地異や国家の盛衰から、小は個々人の運勢まで、自然と人間社会の全般に大きな影響をおよぼすと考えられました。そこで陰陽道や密教では、さまざまな星祭りや、星の災いを祓うための修法などを、平安時代からさかんに行ってきたのです。

手印 虚心合掌して両大指を頭指から離して並び立て、胸にあてます。この印は七曜総印（七曜九執十二宮総印）で、一切の星宿に用います。個々の印もありますが、それについては左ページを参照してください。

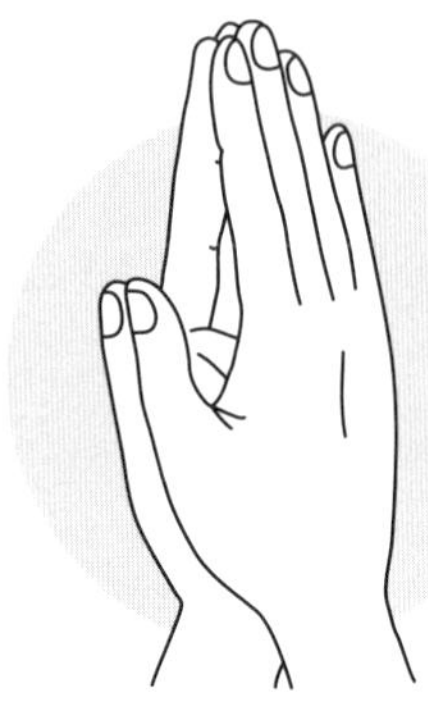

七曜総印

真言 **ノウマク・サンマンダ・ボダナン・ギャラケイジンバリヤ・ハラハタ・ジュチラマヤ・ソワカ**

七曜九執十二宮のすべての星に通用する真言です。この真言と右に紹介した手印とを合わせて、七曜九執十二宮総印明といいます。八田幸雄氏の訳は「帰命、遍き諸仏に。運命執持の自在を獲得したるものよ、輝ける（量多き）ものより成れるものよ、スヴァーハー」です。

日曜 ア
月曜 シャ
火曜 ア
水曜 ボ
木曜 バラ
金曜 シリー
土曜 シャ
計都 ケイ
羅睺 ラー

種字 ロ

人の運命を支配する宿神
二十七(八)宿

◉にじゅうななしゅく(にじゅうはっしゅく)

手印 頭指と中指を伸ばし立て、ほかの三指を握りこむ二十八宿総印を結びます。また、虚心合掌して二中指と二大指を深く交える二十八宿印や、虚心合掌して二大指のみを立てる二十八宿印も用いられます。

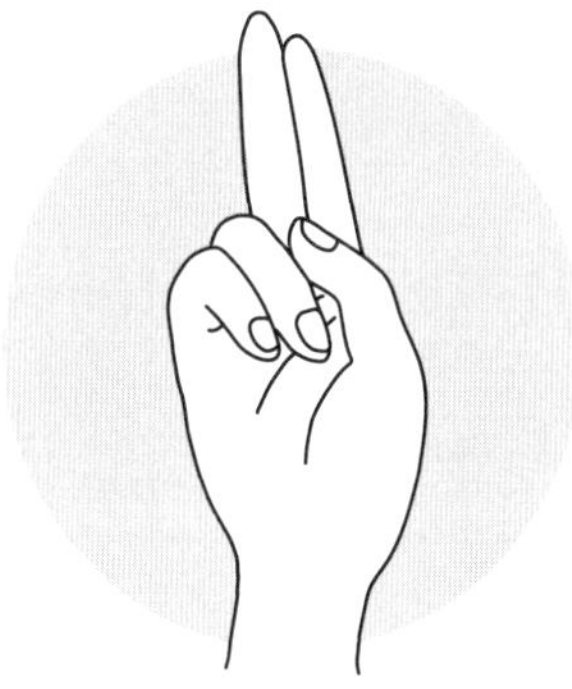

二十八宿総印

二十七宿と二十八宿

月の見かけの通り道である白道を均等に二十七分割したものを、二十七宿といいます。月の公転周期は二十七・三二日なので、白道を二十七分割すると、月はひとつのエリア(宿)に約一日とどまり、翌日は隣のエリアに宿替えするというようにして、ほぼ二十七日で白道をひと巡りします。この、月が白道を一巡する間に宿っていく二十七エリアを、二十七宿というのです。

月がどのエリアに入っているかでさまざまな運命を占うのが宿曜道(密教占星術)で、その根本テキストである『宿曜経』は、空海がさまざまな経典や曼荼羅などとともに、唐からもち帰りました。『宿曜経』は文殊菩薩が説いたことになっているため(正式経名は『文殊師利菩薩及諸仙所説吉凶時日善悪宿曜経』)、文殊はとくに星の秘密をつかさどる仏としても尊崇され、同じく星占いや星祭りを行う陰陽道でも重んじられました(陰陽道大家の安倍晴明は文殊の生まれ変わりと伝えられています)。

宿曜道では、西洋占星術と同様、ホロスコープをつくり、黄道十二宮やハ

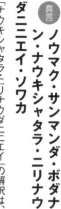

真言　**ノウマク・サンマンダ・ボダナン・ナウキシャタラ・ニリナウダニニエイ・ソワカ**

「ナウキシャタラ・ニリナウダニニエイ」の解釈は、『密教大辞典』では「諸宿の孤独の富者に」、八田幸雄氏の『真言事典』（平河出版社）では「宿星の声なきものに」となっています。

三昧耶形　**蓮上星。**

ウス、アスペクト（座相）などを用いて個々の運勢を占います。今日の宿曜占星術は、こうした作業を行わない中国流に改編された宿曜占星術であり、平安時代から鎌倉時代にかけて活躍した宿曜師の占星術とは別物です。

この二十七宿とよく似た占星術の体系に、二十八宿があります。こちらは白道を二十七分割ではなく二十八分割して吉凶を占うので、宿の配置もエリアの広さも異なる、いわば別系統の星占いということになります。

インド占星術では、先の二十七宿体系と二十八宿体系、両様の占星術が行われていました。これが中国に入ると、中国流に改められた二十八宿体系がもっぱら用いられ、日本の陰陽道でもこちらが主流になりました。他方、もうひとつの占星術の拠点である密教（宿曜道）は、空海請来の『宿曜経』を重んじて二十七宿を主流としたため、ここに混乱の種が生じたのです。

両宿の違いはいろいろありますが、最もわかりやすい違いは、二十七宿体系にふくまれない「牛宿」が、二十八宿にはあるということです。

この分野の大家として知られた森田龍僊氏によると、二十七宿体系による『宿曜経』や『大智度論』のほかに、『大集経日蔵分』『摩登伽経』『文殊根本儀軌経』『瑜祇経』など、実修面で非常に重要な役割を果たしてきた二十八宿体系の諸経典があり、適宜双方が用いられてきたようです。

ただし、日本で主流となってきたのは空海以来の二十七宿体系で、国家が管理し陰陽寮の天文博士らが毎年製作してきた暦も、貞享の改暦（一六八四年）までは二十七宿体系でした。それが貞享の改暦以後、二十八宿体系に切り替えられたのです。

牛頭天王縁起

宿星は胎蔵界曼荼羅の最外郭の東西南北に描かれており、牛宿の姿も見えます。いずれも菩薩形で、星を載せた蓮華を持って座しています。

安倍晴明に仮託された『簠簋内伝（ほきないでん）』の第五巻は宿曜道の巻で、中世あたりから以降の密教占星術の内容が知られますが、そこでは二十七宿と二十八宿という二つの体系に整合性をつけるための縁起説が展開されています。

それによると、七曜とは過去七仏（釈迦仏までの間にわれわれの世界に表れた七人の仏）のことで、二十八宿とはこの七仏がかつて行ってきた修行の階梯であり、『法華経』の二十八品のことだというのです。

また、牛宿については、昔は牛宿を除かず二十八宿を用いていたが、その結果、牛宿を支配する牛頭天王（ごずてんのう）の祟りで天下に疫病が蔓延した。そこで牛頭天王を供養したところ、天王が出現し、牛宿を日の配当から除き、日々の午（うま）の刻のはじめに牛宿を充てるなら、もはや大きな疫病は起こらないと託宣したので、以後、牛宿を日に配当することはやめ、時刻中の午刻に配当するようになったと。これは『宿曜経』の「天竺は牛宿を吉祥の宿とする。毎日午時を牛宿に充てる」という文章の説明のために考案された縁起です。

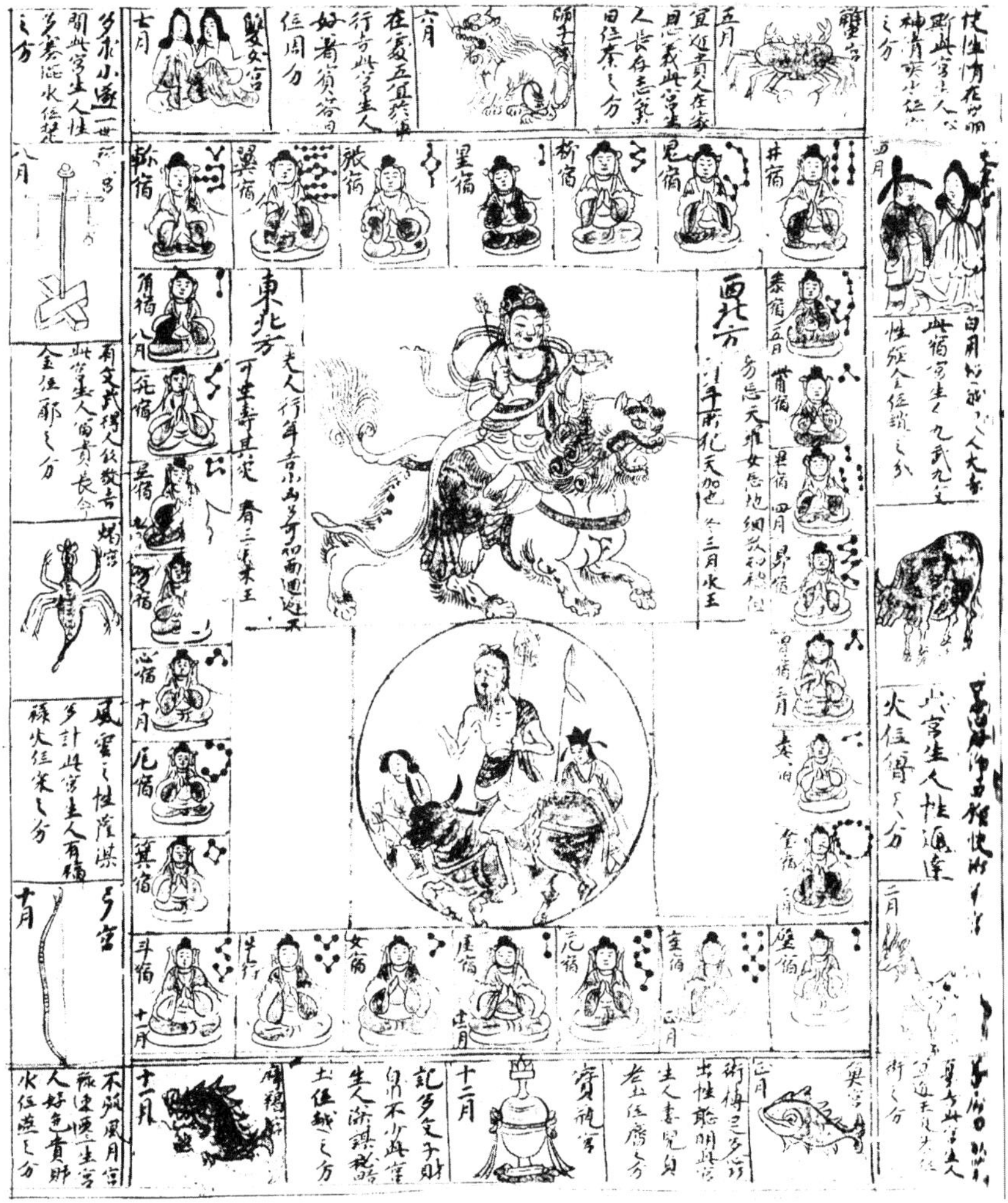

火羅図（から）

宿曜道や陰陽道で祭祀し、修法の本尊とした星神を網羅した密教の「火羅図」です。上図は全体ではなく、中央部分です。センターに大きく描かれているのは、一切の星宿を掌ると考えられた文殊菩薩で、その下に置かれているのが鎮星（土星）、両神の周囲をぐるりと取り囲んでいるのが二十八宿です。東西南北に七宿ずつが配当されており、東方（画面左）は角宿・亢宿・氐宿・房宿・心宿・尾宿・箕宿、北方（下）は斗宿・牛宿・女宿・虚宿・危宿・室宿・壁宿、西方（右）は奎宿・婁宿・胃宿・昴宿・畢宿・觜宿・参宿、南方（上）は井宿・鬼宿・柳宿・星宿・張宿・翼宿・軫宿です。この二十八宿の外側に描かれているのが西洋占星術でいう十二宮で、今日の十二星座とほとんど同じ呼称になっています。これらのさらに外側には、鎮星を除く八曜などが描かれ、最上部には北斗七星が置かれています。（『大正蔵図像部』7巻「火羅図」京都教王護国寺蔵本）

二十八宿の神名・特徴

*各宿の梵名・種字は『諸説不同記』に従い、漢訳の宿名は前者が空海請来の「現図曼荼羅」（胎蔵界）、後者は『舎頭諫太子二十八宿経』の記載に従った。

*主神の名および供物、該当宿日生まれの者の性格特徴は『宿曜経』から特徴的と思われる部分を引いた。その際、読み下しでは多く意味が通じないので、適宜意訳した。

*牛宿日生まれの性格等は二十七宿体系の『宿曜経』には記載がないので、この宿のみ『密教占星法』（森田龍僊著、臨川書店）によって補った。

*各宿の種字は梵字宿名の初字である。

1 昴宿

漢訳名は作者、あるいは名称宿。主神は火神（アグニ＝十二天の火天253ページ）。神への供物は乳酪。有徳名誉の吉祥宿とされる。昴宿日生まれの者はよく善を念じ、多くの子宝に恵まれる。学問を好み、顔貌や体躯は端正で、弁舌にすぐれるが、ケチな一面があり決断を迷いが入る。

2 畢宿

漢訳名は木者、あるいは長養宿。主神は鉢闍鉢底神（プラジャーパティ＝梵天を含む複数の造物主の総称）。神への供物は鹿肉。畢宿日生まれの者は事務繁多で忙しいが、興産に巧みで財産を築き、子宝にも恵まれる。聡明果断の質であり、口数は少なく、威厳があり、人助けを好む。

3 觜宿

漢訳名は鳥頭、あるいは鹿首宿。主神は月神（ソーマ＝神々の飲料の神格化）。神への供物は鹿肉。觜宿日生まれの者は衆に敬愛される声望家で、容貌は美しく、沈着・清廉の質である。口数は少ない。医事や養生法に関心が深く、服薬を好む。軽挙妄動はせず、規律・礼節を重んじる。

4 参宿

漢訳名は米湿、あるいは生養宿。主神は魯達羅（ルドラ＝暴風雨神、十二天の伊舎那天259ページ）。神への供物は血（暴悪神や鬼神の中には飲血の性の神が多数いる）。参宿日生まれの者は短気・粗暴で反抗的であり、不平不満や恨みの念が強い。剛強なので軍事・征伐等に適性がある。

5 井宿

漢訳名は服財、あるいは増財宿。主神は日神（アディティヤ＝地母神アディティの子神、アディティヤ神群）。神への供物は蘇餅（牛乳加工品の一種）。井宿日生まれの者は、名声評価を求めて活発に活動し、金銭財物の出入りや浮沈が激しい。議論を好む。生まれつきの持病がある。

6	鬼(き)宿　フシャ	漢訳名は増益、あるいは熾盛(しじょう)宿。主神は苾利訶駁撥底神（ヒリカサハチ＝ブリハスパティ、木星の支配神で祈祷の神）。神への供物は蜜砂糖など。鬼宿日生まれの者は端正な姿をしており、気力横溢。よく人の話を聞き、行いは適切で、交友多く、財も豊かで公事に力を発揮する。
7	柳(りゅう)宿　アセイリヤセイ	漢訳名は不染(ふぜん)、あるいは不觀(ふきん)宿。主神は毘舎神（ビシャ＝未詳だが龍蛇と深い関係があるごとく思われる）。神への供物は大蛇肉。柳宿日生まれの者は知性は優れているが、性格が屈折しており孤独。素直さや親和性に欠け、不正や横暴も辞さずに利益をとる。性愛への執着が強い。
8	星(せい)宿　マギャ	漢訳名は摩伽、あるいは土地宿。主神は薄伽神（バガ＝富神）。神への供物は六十日稲（未熟な米）。星宿日生まれの者は剛情・短気。不平不満を抱きやすく、忍耐が苦手で争いが多い。孝心はあるが親存命中はかなわず、死後厚く供養する。現世利益の信仰心が強く家産は多い。
9	張(ちょう)宿　ミタラ	漢訳名は闇錯(かんさく)、あるいは前徳宿。主神は婆藪神（ヴァス＝富神）。神への供物は乳粥(にゅうしゅく)。張宿日生まれの者は人を喜ばせる会話が巧みで、衆人から愛され、贔屓(ひいき)を受けて仕事や利益につなげる。ただ、深謀遠慮とは無縁のたちで智策に乏しく、財産も少ない。妻妾や実子は多い。
10	翼(よく)宿　ハララギャニャ	漢訳名は果徳、あるいは北徳宿。主神は利耶摩神（リヤマー＝未詳）。神への供物は粟と酥(そ)（牛乳加工品の一種）。翼宿日生まれの者は性質・言葉遣いが穏やかで音楽を愛する。旅行や遊行を好み、思い立つと迷わず出立する。車馬など乗り物と縁が深い。折にふれて布施を行う。
11	軫(しん)宿　カサタ	漢訳名は訶悉多(かしった)、あるいは象宿。主神は娑毘怛利神（サヴィトリ＝隠れている状態の太陽神）。神への供物は乳粥。軫宿日生まれの者は非常な財をなす。善悪共に強く、悪に走れば大賊となるが、善を修すれば布施など種々の功徳を積む。諸国遍歴の仕事に適す。病は少なく嫉妬心が強い。
12	角(かく)宿　シッタラ	漢訳名は質多羅(しったら)、あるいは彩画宿。主神は埵瑟怛利神（トヴァシュトリ＝諸神の器具を造る神）。神への供物は蘇蜜（乳製の蜜）。角宿日生まれの者は聡明多智。手先が器用で技芸に優れるが、軽躁で重厚さを欠く。歌舞音楽を好み、自らも創作する。子は男子で女子には恵まれない。
13	亢(こう)宿　ソバチシャ	漢訳名は自記、あるいは善元宿。主神は風神（ヴァーユ＝風天 257ページ）。神への供物は大麦飯、青豆。亢宿日生まれの者は人の上に立って衆を率いる人物で、威勢がある。弁舌にも優れている。ただ、怒りや恨みの念が強く、物惜しみの心があり、大いに財を築くが施しはしない。

14 氐宿（てい） ビシャキャ

漢訳名は尾舎佉、あるいは善格宿。主神は因伽陀羅祇尼神（インドラーグニ＝インドラ〈帝釈天〉とアグニ〈火天〉の合一神）。神への供物は胡麻や草木花。氐宿日生まれの者は端正多智。信仰心が篤く善良で、上位者から寵愛される。財産家だが物惜しみがあり、多淫で浮気性である。

15 房宿（ぼう） アドラダ

漢訳名は随事、あるいは悦可宿。主神は密多羅神（ミトラ＝イラン神話の英雄神、インド神話のミスラ）。神への供物は酒肉。房宿日生まれの者は威徳があり、子女に恵まれ、金銭面でも潤う。販売業に向いており、本家を超えて家を栄えさせる。ただ偏屈さがあり横難の恐れがある。

16 心宿（しん） セイシュタ

漢訳名は尊長。主神は因陀羅神（インドラ＝帝釈天）。神への供物は粳米・野菜・牛乳。心宿日生まれの者は親族を束ねて尊敬を受け、よく君王に仕えて礼遇される。悪をくじき善を奨め、地位を得て所願成就の天運がある。ただし怒りや恨みの念が強い。自戒と浄行を必要とする。

17 尾宿（び） モラ

漢訳名は辰、あるいは根元宿。主神は你律神（ニルルティ＝羅刹天、梵名は羅刹天の別名・涅哩底の音写）。神への供物は牛乳・果実・花草。尾宿日生まれの者は心が狭く物惜しみするたちで、無理押しして他を圧倒し、財を得る。衣食は足り、財物も豊かだが、失うときは早い。

18 箕宿（き） アシャダ

漢訳名は杏、あるいは前魚宿。主神は水神（アーパス＝『リグ・ヴェーダ』に出る水の女神、水天とは別神格）。神への供物は尼拘陀の苦味汁（イチジクの一種の皮汁）。箕宿日生まれの者はよく辛苦に耐えるたちで、山川を旅して利潤をあげる。妻には恵まれず、病多く、飲酒を好む。

19 斗宿（と） マカテイジャ

漢訳名は大光、あるいは北魚宿。主神は毘説神（ヴィシュバ＝聖仙のヴィシュバ・ミトラか、未詳）。神への供物は蜂蜜・稲花。斗宿日生まれの者は乗馬を好んで山林を遊歴する。祈祷・祭祀に熱心であり、賢良な友人と交友を結ぶ。技芸技能に優れて豊かだが闘争好きの一面がある。

20 牛宿（ぎゅう） アビジク

漢訳名は対主、あるいは無容宿。主神は梵摩神（ブラフマー＝梵天２６０ページ）。神への供物は乳粥・香花薬。剛毅で無畏怖。彼に敵する者はなく、大いに富み栄える。幼くして名をあげ、その勇猛さにかなう者はない。常に爵禄豊かで無病息災、人々から愛され、死後は天に生まれる。

21 女宿（じょ） シャラマダク

漢訳名は寂、あるいは耳聡宿。主神は毘藪紐神（ヴィシュヌ＝那羅延天３００ページ）。神への供物は新しい酥（牛乳加工品の一種）。女宿日生まれの者は聡明で孝心があり従順。祖先を崇敬し、信仰心が厚い。よく法律や戒律を守り、利他を行う。ただし爵禄はない。空海の本命宿。

22	虚宿（きょ）  ダニシュタ	漢訳名は愛財、あるいは貪財宿。主神は婆娑神（ヴァス＝天体や大地など自然界を神格化したヴァス神群）。神への供物は大豆喩沙（大豆の水煮の一種）。虚宿日生まれの者は長命・裕福で財物の蓄えが多い。上位者の寵愛をこうむる。先祖の祭祀に熱心だが、貪りや瞋りの念が強い。
23	危宿（き）  シャタビシャ	漢訳名は百薬、あるいは百毒宿。主神は婆嚕拏神（ヴァルナ＝水天256ページ）。神への供物は羝羊肉。危宿日生まれの者は酒と房事を好む。忍耐心があり、主義主張が明確で、情に流されることなく仕事等を処理する。人との交わりは濃いが、断交も速やかで永続しない。医薬に明るい。
24	室宿（しつ）  バダラハダウ	漢訳名は賢鉤、あるいは前賢迹宿。主神は阿醯多陀難神（アジャ・パーダ＝未詳）。神への供物は一切の肉。室宿日生まれの者は剛猛峻酷、怒りを発しやすく、何事にも恐れを知らない激しい気質で、罪状の糾問、犯罪者や敵対者の捕縛、劫奪などの分野に適性がある。ときに無慈悲。
25	壁宿（へき）  シャタ	漢訳名は百、あるいは北賢迹宿。主神は尼陀羅神（アヒルブドニヤ＝未詳）。神への供物は大麦飯・酥乳。壁宿日生まれの者は円満の質で、上位者からの引き立てを受ける。細部まで心配りが行き届き、男女の性別を問わず愛される。布施を好み、天仙を供養し、教典の習学を愛する。
26	奎宿（けい）  レイバチ	漢訳名は多羅、あるいは流灌宿。主神は甫渉神（プシャ＝養育の神）。神への供物は肉・飦（不明）。奎宿日生まれの者は父祖の商売や事業を受け継ぐほか、自ら事業を興して発展させ、多くの子女を得て財を成す。遊びも盛んだが度を超すことはない。よく戒律を守り教典にも明るい。
27	婁宿（ろう）  アシュビニ	漢訳名は阿湿毘儞、あるいは馬師宿。主神は乾闥婆神（ガンダルヴァ＝乾闥婆271ページ）。神への供物は烏歴雑苽（不明）。婁宿日生まれの者は多芸多才。歌舞をよくする。医方に通じ、病は少ない。剛武の人でもある。十分な田畑と多くの使用人を抱え、君子に仕えて誠実に働く。
28	胃宿（い）  バラニ	漢訳名は満者、あるいは長息宿。主神は閻魔神（ヤマ＝焔魔天254ページ）。神への供物は胡麻・稲米・蜜肉（不明）。胃宿日生まれの者は依怙地で激しやすく、道徳心に欠ける。剛毅だが殺伐としており、強奪、虚言、詐術などの破戒悪行に手を染めやすい。酒に耽り、肉食を好む。

死者を裁く神々

十王

◉じゅうおう

中国製の冥府神

インドで生まれた仏教は、周辺諸国に広まる間に、その国の宗教や民間信仰と結びついて、独自の信仰を編み出しました。その典型例のひとつが、中国で道教信仰と結びついて生み出された十王信仰です。

インドでは、死者を裁くのは焔魔天の役割であり、死後どのような世界にいくのかは、その人が積み上げたカルマ（業）によって決まってくるとされていました。けれども中国では、仏教は現世利益的な道教の信仰と深くまじりあい、死後の運命は十人の裁判官（十王）による、最長十回の裁判で定まることになるとともに、道教色の濃い偽経の数々や、死者の供養法、罪をまぬがれて、よりよい世界に転生するための法などが編み出されました。

十王は日本にも移入されて平安末頃からさかんに信仰されるようになり、遺族の追善供養（追福、追善回向などともいいます）次第で死後の行き先が決まるという考え方が浸透していき、今日に至っています。

追善とは、故人の関係者（主に親族）が読経や法要、造塔、造仏などの善

手印 中国製の信仰で本拠となる経軌が存在しないため、十王の印明はありません。祈る場合はそれぞれの本地仏の印明を用いればよいでしょう。

十王（『大正蔵図像部』7巻「預修十王生七経」高野山寶壽院蔵本）

根を積み、その功徳を故人にふり向ける（＝回向）ことです。これにより、故人が地獄・餓鬼・畜生の三悪道などに堕ちて苦しまずに済むようにできるということが、さまざまな経典に説かれているのです。

この追善信仰と深く結びついて発展してきたのが十王信仰です。中国で撰述された民俗仏典の『仏説預修十王生七経』によれば、十王は黒馬に乗り、黒い幡を持ち、黒い衣を着て喪家に行き、死者が生前どのような功徳を積み、罪をつくったのかを調べた上で、罪人を抽出すると説いています。

死者は次の転生先が決まるまで、中有という状態で待機します。その間に裁判が行われます。回数は最大十回で、それぞれの裁判を十王の一人ひとりが担当することになっています。

十王による審判

初七日の裁判は秦広王が担当します。死者は、最初に訪れる死天山で、王の呵責に遭います。

二七日（十四日目）は初江王が担当します。その王庁に入る前に、死者は奪衣婆によって衣服を剥がれ、衣服は懸衣翁によって罪の軽重を量る樹枝に掛けられます。罪が重ければ枝は大きくしなります。ここでは殺人・強盗の罪が裁かれます。

三七日（二十一日目）は宋帝王が担当します。王庁の前には悪猫大蛇がおり、死者に襲いかかって邪淫の罪を責め立てます。

四七日（二十八日目）は伍官王が担当します。罪を量る秤量幢を用いて身口の七罪（殺生・偸盗・邪淫・妄語・綺語・悪口・両舌）の重さを記録し、それを閻魔庁に報告します。

五七日（三十五日目）は閻魔王が担当します。王庁には善悪を記録する双童神が控えており、三世の一切が映し出される浄玻璃の鏡と、前世の善業・悪業の一切を映し出す業鏡が設置されています。閻魔王は、双童神が提出した記録と、業鏡の映像などから、亡者を審判します。

ついで六七日（四十二日目）には変成王、七七日（四十九日目）に太山王、百カ日に平等王、一周忌に都市王、三回忌に五道転輪王が担当裁判を行い（詳細は略）、最終的に死者の転生先が決まります。しかもこの間の追善供養の多少が、審判結果を大きく左右するというのです。

十王は、中国や朝鮮で熱心に信仰され、道教寺院でも祭祀されました。さらに日本では、十王それぞれの本地仏が定められるに至り、七回忌、十三回忌、三十三回忌の王と本地仏まで継ぎ足されて、故人のために年忌法要を営む慣習が定着したのです。

十王の本地仏に追加の本地仏を加えた仏を十三仏といい、その信仰を十三仏信仰といいます。内訳は左記の表を参照してください。

＊十三仏

十王（十三仏）	年忌法要	本地仏
①秦広王（しんこう）	初七日（しょなのか）	不動明王
②初江王（しょこう）	二七日（ふたなのか）	釈迦如来
③宋帝王（そうたい）	三七日（みなのか）	文殊菩薩
④伍官王（ごかん）	四七日（よなのか）	普賢菩薩
⑤閻魔王（えんま）	五七日（いつなのか）	地蔵菩薩
⑥変成王（へんじょう）	六七日（むなのか）	弥勒菩薩
⑦太山王（たいせん）	七七日（なななのか）＝しじゅうくにち	薬師如来
⑧平等王（びょうどう）	百カ日（ひゃっかにち）	観音菩薩
⑨都市王（とし）	一周忌	勢至菩薩
⑩五道転輪王（ごどうてんりん）	三回忌	阿弥陀如来
⑪蓮華王（れんげ）	七回忌	阿閦如来
⑫祇園王（ぎおん）	十三回忌	大日如来
⑬法界王（ほっかい）	三十三回忌	虚空蔵菩薩

種字

シ

閻魔天の眷属から冥府の王へ

太山府君 ◉たいせんぶくん

太山府君は、元来は閻魔天の眷属で、冥府神の一種です。閻魔天法をまとめた雑密経典『焔羅王供行法次第』にも、閻魔天供で勧請供養する一尊として登場しており、「木所の病」（疫病）をもたらす神と説かれています。この冥府神が、中国では死者がおもむく冥府の山として信仰された東岳泰山の神と習合し、泰山府君とも呼ばれるようになりました。

諸天王が四方天下を巡察するとされる日が月のうちに十日間あり、その日に配当された仏菩薩を念じると消災招福を得るという信仰があり、十斎日と呼んでいますが、ここにも太山府君は顔を出しています。地蔵菩薩の斎日である二十四日は太山府君が天降る日なので、この日、地蔵菩薩を念ずると斬斫地獄に堕ちることはないというのです（『地蔵菩薩十斎日』）。

地蔵菩薩が冥府信仰と深く結びついてきたことは、地蔵の項で書いたとおりです。その地蔵の斎日に太山府君が降っているとされたのは、冥府と太山

手印

印は諸天部に共通の金剛合掌（26ページ）です。

金剛合掌

真言 **ノウマク・サンマンダ・ボダナン・シタラグハタヤ・ソワカ**

「シタラグハタヤ」はこの神の梵名で、種字シ（[illegible]）は神名の頭字です。

三昧耶形 **人頭棒**。棒の先端に輪があり、輪の中に人頭がある棒です。髑髏杖、人頭幢などともいいます。閻魔天の三昧耶形と同じです。

府君の強いつながりを示すものです。

また、慧詳という唐僧が撰述した『弘賛法華伝』には、十五歳で亡くなった最愛の弟子に会いたい一心で、師の釈道超が泰山府君の廟所を訪れ、府君のとりなしで愛しい弟子との再会を果たし、その願いをかなえてやったという説話が載っています。この説話でも、「人が死せば、その魂はまず最初に太山府君のところにおもむき、その後、しかるべき場所に転生すると聞いている」という道超のセリフが出てきます。

前項で記した十王のうち、七七日を担当する太山王というのは、この太山府君のことです。十王信仰の中では、亡者のためによい転生先を探す判官として登場します。本地は薬師如来です。

太山府君は、日本ではもっぱら泰山府君の名で著名になりました。陰陽道宗家の安倍氏（土御門家）が主神として祭り、天皇や公卿らのために大がかりな泰山府君祭を修してきたことや、晴明伝説と泰山府君が結びついていたことが大きな理由でしょう。泰山府君は、延命益算・富貴栄達・消災度厄をつかさどる大神として、朝野で信仰されてきたのです。

太山府君は胎蔵界曼荼羅にも描かれています。右手に筆をもち、紙に向かって何かを書きつけている姿ですが、これは冥府の判官として亡者の生前の行いを記録しているのでしょう。府君の前には餓鬼形の亡者がひざまづき、合掌しています。冥府の神に何かを懇請しているのかもしれません。

種字

カ

道教と習合した庚申待ちの本尊
青面金剛
◉しょうめんこんごう

天帝に仕えて実務を担当する天界の事務官の一人に、司命と呼ばれる道教神がいます。元来は北斗七星中の魁星の上方にある星の名で、天帝（北極星）のそば近くに仕えて、人間の寿命を掌る神と信じられてきました。

この司命が、庚申の日、人々の罪状を天帝に報告していると考えられ（罪状によって寿命に長短が生じたり、死後の行き先が違ってくるのです）、さらには冥府の閻魔王に仕えて、亡者の罪状を記した巻物を読みあげる役人だと信じられるようになりました。

他方、道教には、三尸の信仰がありました。人体内に棲むとされる三匹の虫（上尸澎姑・中尸白姑・下尸血姑）で、この虫が庚申の日になると、憑いている人間が眠った隙に体内から抜けだし、彼の罪状を冥府の役人に報告するというのです。そこで庚申の日に三尸虫が抜け出ないよう、人々がうちそ

手印 民間信仰の神ではありますが、密教中の一尊として祭祀供養することも行われます。印は夜叉の諸印で、『陀羅尼集経』には十四種の印が説かれていますが、真言宗ではほとんど修されないようです。諸尊通用の金剛合掌（26ページ）は、司命神の印としても用いられるので、本尊にお参りするならこの印が適当です。

金剛合掌

真言

オン・デイバヤキシャ・バンダ・バンダ・カカカカ・ソワカ

立身呪と呼ばれる真言で、「強き鬼神に帰命し奉る。捕縛せよ、捕縛せよ、カカカカ（種字）、成就」といった意味になります。

ろって神に供物を捧げ、遊び興じて夜を徹する法会が行われました。これを庚申待ちとも庚申会（え）ともいいます。

この三尸と司命が結びつき、さらに仏教と結びついて庚申待ちの本尊となったのが青面金剛です。青面金剛は夜叉の一人で、東方を担当しているところから東方青帝夜叉（薬叉）神とも呼ばれます。彼の主人は帝釈天（たいしゃくてん）ですが、この帝釈天が道教の天帝と同一視された結果、帝釈天に仕える青面金剛も司命神と習合したと考えられるのです。

青面金剛自体に、三尸にかかわる信仰は見当たりません。『陀羅尼集経（だらにじっきょう）』の烏枢沙摩（うすさま）明王の呪法中に「大青面金剛呪法」がありますが、ほぼ病気治しの呪法で埋めつくされています。ただ、その中に「伝尸病（でんしびょう）」（肺結核）を癒やすという一文があり、この「尸」を三尸と見なしたのが、青面金剛と司命・三尸の習合の本拠だろうというのが『密教大辞典』の見解です。

庚申待ちには、本尊・青面金剛のほかに、見ざる聞かざる言わざるの三猿も同時に祭るのが慣例です。この猿は、庚申（カノエサル＝金兄猿）の中に由来し、三匹は三尸を表します。三尸の職務は天帝ないし閻魔王への罪状報告ですが、その職務を封じるために、見ざる聞かざる言わざるの三緘（さんかん）状態にさせているわけで、つまりこれは三尸封じの民間呪法なのです。

庚申待ちも、その本尊が青面金剛であることも、仏典中に典拠はありません。青面金剛はあくまで民間信仰の神です。

種字 ウン

蔵王権現 ◉ざおうごんげん

役小角が感得した忿怒の修験道神

伝説では修験道開祖の役小角が祷り出した権現神とされます。小角が大和の金峰山に籠り、末世の衆生済度にふさわしい守護尊を求めて祈ったところ、最初に釈尊、次に千手観音、次に弥勒菩薩が相次いで出現しましたが、いずれも願いとは異なる温和な仏菩薩であったため、より末世にふさわしい降魔の神を祈ったところ、青黒い身色で忿怒の表情を浮かべた蔵王権現が顕現したので、歓喜して守護尊としたと伝えられます。

この伝説からもわかるとおり、蔵王権現は純和製の垂迹神で、本地は釈迦・千手・弥勒の三尊といわれます。権現と名づけられているのは、仏菩薩の化身（権化）と見なされてきたからです。小角伝のひとつである『役行者本記』では、「金峰山に在ます神は名づけて蔵王菩薩という。昔、霊山に於て一乗の妙法を説き、衆生を化度す。今は権に奇身を現じて国土を鎮護し、慈氏（弥勒）の下生を待つ」と説明しています。

手印 両方の無名指のみ外縛し、大指・中指・小指は立て合わせ、頭指を三股杵先端の爪のように開いて曲げる三股印を結びます。蔵王権現が手にしている持物で、三昧耶形でもあります。

三股印

真言

オン・バキリウ・ソワカ

和製の神なので、真言も和製です。バキリウは、釈迦種字バク（）のバ、千手観音種字キリク（）のキリ、弥勒菩薩種字ユ（）を合わせたもので、蔵王権現の本地仏を表しています。

また、金峰山修験本宗では、オン・バサクシャ・アランジャ・ソワカを蔵王権現の真言としています。密教のほうでは、仏頂尊小陀羅尼（107ページ）、もしくは金剛童子の真言を用いるとしています。オン・カニドマ・ウン・パッタがそれです。

三昧耶形

三股杵。

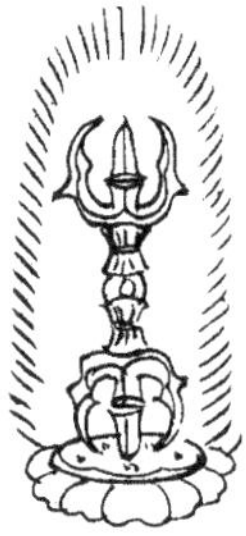

この蔵王菩薩（正式には金剛蔵王菩薩）を蔵王権現の本地とする説もありますが、両者は無関係とするのが定説で、『密教大辞典』も明確に「同体に非ず」とし、「古来金峰山に御鎮座せし少彦名命を、後世、両部説に付会し垂迹神として案出」したものだろうと推定しています。また、形像その他から、案出に際しては、金剛杵を持つ執金剛神、もしくは金剛童子の影響が濃いと考えられています。

蔵王権現を感得した後、小角は山を下って麓の吉野に蔵王権現三体を祭ったと伝えられ、それが今日、世界遺産の一部に組みこまれている吉野金峯山寺の蔵王堂とされます。役行者との因縁の神なので、修験道で尊崇されるのは当然ですが、蔵王権現が実際の修法等で本尊とされるケースはほぼ見られず、儀軌に修法の詳細が明らかな不動明王、および諸天部の法が修験の法の中心になっています。蔵王権現は、もっぱら小角との関係で崇敬されてきた神といってよいでしょう。

形像は一面三目二臂。左手を剣印にして腰に置き、右手は三股杵を握ります。また、左足で盤石を踏み、右足を大きく振り上げる独特の姿で描かれます。この姿は、悪魔降伏を表しています。

なお、蔵王権現を釈迦如来の教令輪身（194ページ）とする説があり、この説に従うなら権現は明王の一種ということになります。そのためか、種字は明王に共通の通種字ウン（）が充てられています。

種字

ウン

役小角が感得したとされる異形神
荒神
◉こうじん

荒神はいまだ素性が明らかでない謎だらけの神で、生活に密着した民俗神としての要素、仏教・修験道と関連している要素、神道と関連している要素などが渾然とまじりあって、複雑な神格を形成しています。ここでは仏教・修験道と関係することのみを記します。

荒神をインドの神とする説がありますが、これには根拠がなく、中国の神とするのも困難で、『修験故事便覧』は「支那の典籍に三宝荒神と記せるは無し」と明言しています。荒神のルーツについては、夢窓疎石の『谷響集』に記されている以下の記述が比較的よく知られている説です。

「旧記によって考えるに、荒神は本朝に示現した神である。（インド・中国を経てやってきた）三国伝来の神ではない。昔、役優婆塞（役小角）が葛城峯に座して東北の山を望んでいると、紫雲がたなびいてきた。往って謁見し、

手印

印は前項の蔵王権現と同じ三股印です。ただし他にも諸説があります。

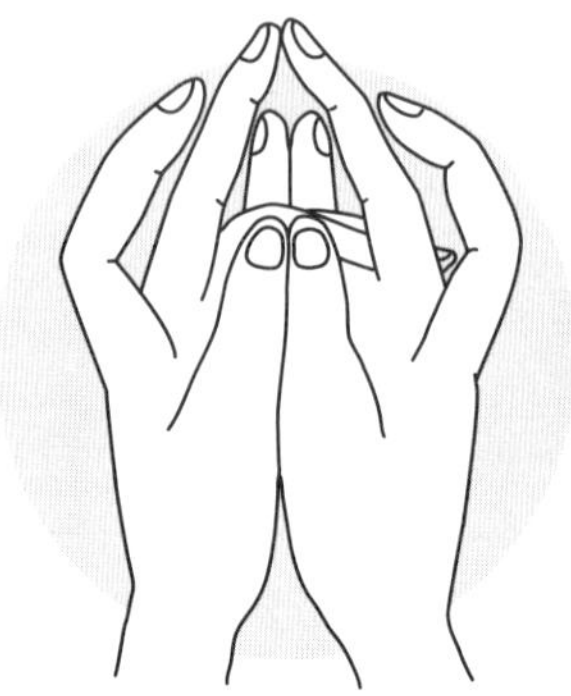

三股印

真言

オン・ケンバヤ・ケンバヤ・ソワカ

『修験常用秘法集』などの修験次第書（修法の手順や印明等を記した文書）や、『仏説大荒神経』（江戸時代につくられた偽経）などでくり返し説かれている真言がこれです。オン・ケンバヤ・ソワカとも唱えます。ケンバヤは荒神と習合したインドの地震の神・剣婆の名ですが、剣婆と荒神は本来は別神です。八田幸雄氏はケンバヤ・ケンバヤを「かまどは乾かしぬらすなよ」と訳しています。

なお、種字は『梵字講話』（川勝政太郎、河原書店）に従ってウン（[梵字]）としていますが、『諸宗仏像図彙3』（梶川辰二）は金剛界大日のバン（[梵字]）を充てています。

神と言葉を交わしたが、そのとき神自らが語ったことはこうである。『（私は）悪人を治罰する神である。ゆえに麁乱荒神（荒ぶる粗暴な神の意）と号する。また、（仏法僧の）三宝を衛護する。ゆえに三宝荒神という。九万八千の夜叉眷属がいる』と。……かつて私は法務寛済僧正に質問したことがあるが、僧正は『醍醐流にこの法（荒神供）はない』と答えられた。……また、頼瑜阿闍梨の『真俗雑記問答鈔』十三に荒神のことが書かれているが、そこには、『憲深僧正に問うに、答えて曰く、陰陽家にかの神を祭る法あり、報恩院流に荒神供の法なし』と記されている」

真言宗の中核をなす法流のひとつである醍醐三宝院流や、その系譜につらなる報恩院流に荒神供はないというのですから、荒神が正統密教で祭られてきた天部でないことは確かです。文中、修験開祖の小角が荒神に出会ったという説話や、陰陽師の法だとする憲深僧正の説が出ており、修験山伏や民間陰陽師らとともに呪術宗教者として活躍していた法華行者も荒神を流布していましたから（日蓮は荒神を法華守護神の十羅刹女としています）、荒神信仰はこれら民間呪術者によって広められた可能性が高いと思われます。

荒神を竈神、火の神として祭るのは近世に広まった習俗で、もともとの荒神の属性かどうか定かではありません。竈神としての荒神は、一般に三宝荒神と呼ばれます。またこれとは別に、屋外に祭られる地荒神があり、こちらは屋敷神や共同体の守護神などとして崇敬されました。

天照大神の童子神
雨宝童子
◉うほうどうじ

手印 印は左記の真言と対応して結びます。まず最初に無所不至印（86ページ）、次も無所不至印、最後に八葉印（120ページ）です。空海に仮託された雨宝童子の印明を含む啓白文は、私（空海）が天照大神から授かったもので、「入定自在の力」もこれに由来しているとし、弥勒出世のときまで入定窟において、日々「この啓白を勤行し奉らん」と誓っています。

無所不至印

金剛界・胎蔵界両部の曼荼羅諸尊と日本の神々を結びつけて編み出された、特異な神仏習合の神道を、両部神道といいます。真言宗の内部で生み出された神道なので、真言神道とも呼ばれます。その両部神道において、天照大神の本体とも、天照大神が日向に下生したときの姿ともされているのが、この雨宝童子です。童子については、ほとんど書かれることがないので、やや詳しく紹介します。

童子の正式な名は金剛赤精善神雨宝童子です。空海に仮託された『雨宝童子啓白』という偽文に、由来や功徳、形像などが詳しく説かれています。

それによると、童子はまず最初に「八百万の鎮魂不尽の仏と衆生の種字の主」で、三界のありとあらゆる造物と生命の「形魂」、一切の天部の神々と仏陀と神変童子の「大魂」であると位置付けられます。

この童子が、五つの本性（菩薩定性・独覚定性・声聞定性・三乗不定性・

真言

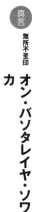

無所不至印　**オン・バソタレイヤ・ソワカ**
無所不至印　**オン・シリバソ・ソワカ**
八葉印　**オン・バクウン・ソワカ**

最初の真言のバソタレイヤは宝持、次のシリバソは吉祥宝で、仏典の『雨宝陀羅尼経』が出典です。天から雨が降り注ぐように宝を降らす陀羅尼なので雨宝陀羅尼といいますが、経そのものは雨宝童子とは無関係です。

無性有情の五性）を宇宙に表現するために天狭霧地狭霧と化して顕れ、次に国常立、次に夫婦神の面足と惶根、次に泥土煑と沙土煑、次に大戸道と大戸間辺と顕れて天地万物を実現し、成就具足の姿である伊弉諾・伊弉冊の二神と顕れて天地宇宙が完成したのだけれど、その一切は「大日霊貴尊五十鈴の尊皇、大梵宮太主語」神であり、諸神は雨宝童子の分身だというのです。

さらに童子は、「清浄発心毘盧遮那」仏と、「円満報身毘盧遮那」仏の本地であるといい、童子の教えが釈尊の仏法などさまざまな形で世に広められてはいるが、「いずれの行、いずれの法も、神道より出たものでないというものはない」として、神道こそが本源だと主張します。

ついで童子の尊像を祀れば、七回の転生で積み上げてきたカルマは消滅し、智福自在の身となって新たに仏果を証する（成仏を実現すること）とし、童子の姿にこめられた意義の解説に移ります。

童子像は、左手に赤い宝珠、右手に金剛宝棒を持ち、白衣をまとい、額に白宝珠、頭上には五輪塔という姿で描かれます。

赤色宝珠は万物が具える愛敬の根種、宝棒は仏神所有の力と骨脈等を表し、白衣は法身不変の表示、白宝珠は「衣服・福録・弁才・美色・美食を出生して万事如意」の功徳、五輪塔は五行の展開である五色や、四季土用、植物の根茎枝花葉の五態などの表示だとして意義を説き終わり、尊像を恭敬供養する印明を記して、「遍照金剛（空海）啓白」と結ぶのです。

あとがき

密教の仏神には、膨大な数のシンボルがある。それらシンボルの体系が、密教を魅力的なものにする一方で、容易に接近しがたく、難解なものにしていた。経典を集成した『大正新脩大蔵経』や、名著として読み継がれている法蔵館の『密教大辞典』のようなすばらしい著作があるにはあるが、漢文や密教独特の言葉遣いになじみのない一般の読者には、ちょっと敷居が高すぎる。一般読者が利用しやすく、使い勝手のよい仏神シンボルの本をということで企画され、まとめあげたのが本書だ。

僧侶でも専門学者でもない筆者には荷の重い大仕事だったが、密教や仏神に興味をもっている方のための道案内の本といえる内容を確保することを第一に心がけ、関連経典やこれまで本棚の肥やしとなっていた『大蔵経図像部』

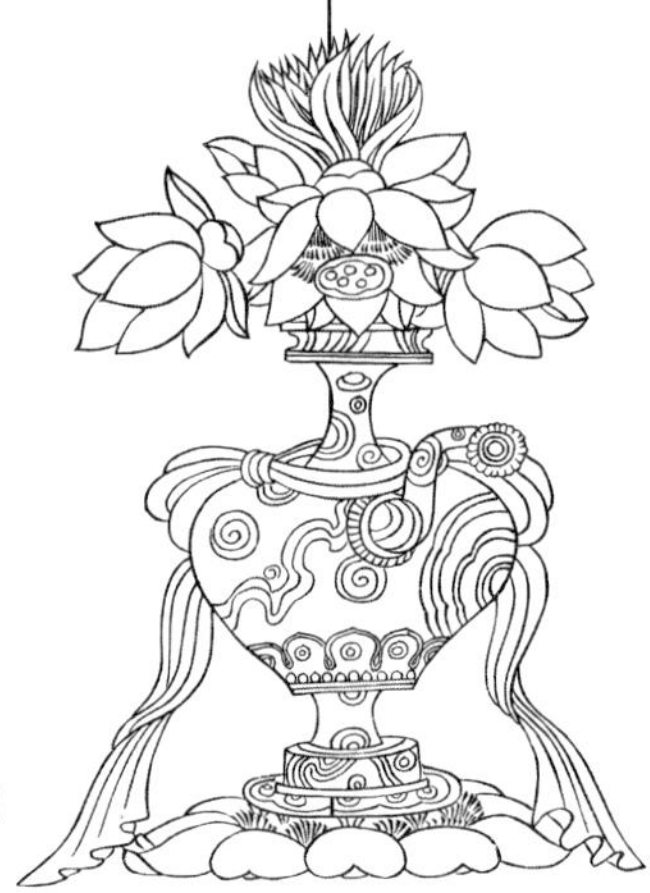

賢瓶図
(『大正蔵図像部』1巻「金剛界九会大曼荼羅 仁和寺版」)

のページを何度も繰り直して、数年がかりでどうにか形にするところまでたどりつくことができた。とくに、従来あまりとりあげられることのなかった三昧耶形を紹介できたことには満足している。

本文にも書いておいたが、ここに挙げている印・真言・種字・三昧耶形は、数あるもののうちのほんの一部にすぎない。これらは修法によって次々と変化していくし、流派による違いや、宗派による違いもある。そのことを念頭において利用していただければ幸いだ。

本書をまとめるにあたっては、太玄社の今井社長と編集担当の田中氏、来馬氏にたいへんお世話になった。とくに巻末の索引等は、すべて来馬氏の実務作業のおかげによる。また、学研『ブックス・エソテリカ』シリーズ以来のお付き合いであるデザイナーの堀立明氏が、今回も素晴らしい装幀をあげてくださった。関係者の皆様に、心より感謝申しあげる。

藤巻一保

二〇二一年三月

手印図集

*手印の分類は複雑なので、ここでは本書に掲載した手印について、合掌印系、拳印系、片手でつくる半印、その他に分類して配列しています。丸数字は巻末左開きの「仏神名・手印・三昧耶形索引」（357～366ページ）の表に対応しています。

A 合掌印系の手印

1

虚心合掌
Ⓟ 25, 115

2

堅実心合掌（堅実合掌）
Ⓟ 25,302

3
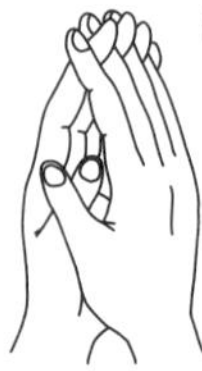
金剛合掌（金合, 帰命合掌, 普印, 普通印, 一切供養最勝出生印, 一切仏三昧耶印）
Ⓟ 25,276,277,302,310,328, 330

4

未敷蓮合掌（未開蓮合掌,〈未敷〉蓮華合掌）
Ⓟ 25, 205

5
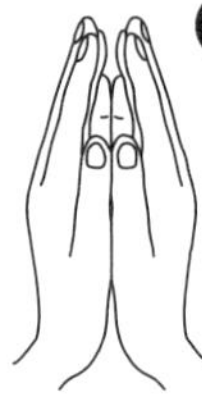
初割蓮合掌
Ⓟ 28

6
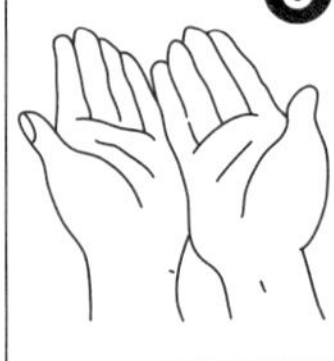
顕露合掌
Ⓟ 28

7

反背互相著合掌
Ⓟ 28

8
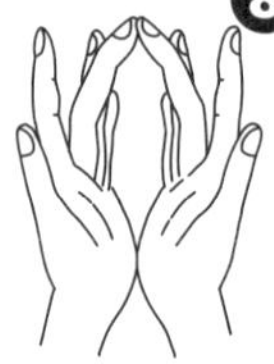
横拄指合掌
Ⓟ 28

9

反叉合掌
Ⓟ 28

10

覆手向下合掌
Ⓟ 28

11
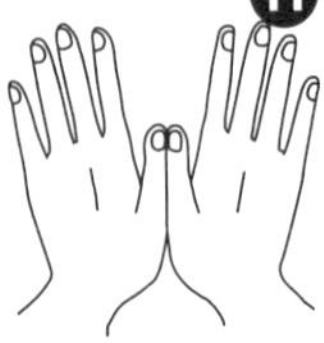
覆手合掌
Ⓟ 28

12

持水合掌
Ⓟ 28

13
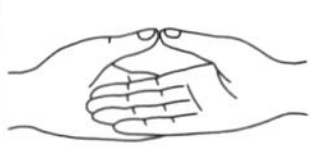
定印（法界定印, 薬師法界定印）
Ⓟ 34,67,102, 109,115

15
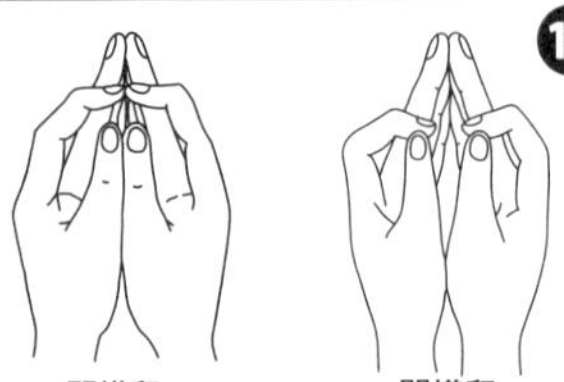
閉塔印　開塔印
無所不至印（大卒都婆印, 大卒塔婆印, 毘盧遮那印, 無所不至塔印, 遍法界〈無所不至〉印, 大日剣印, 諸仏総印, 如如如如〈智〉印, 大慧刀印, 円塔印, 三弁宝珠印, 三密三弁宝印など）　Ⓟ67,87,115,173,336

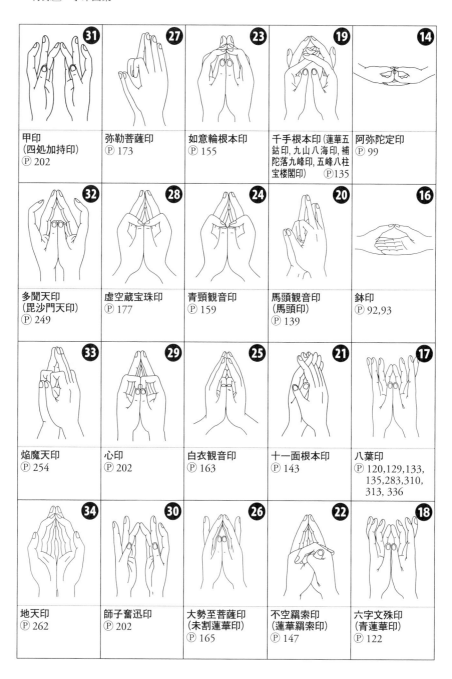

31 	27 	23 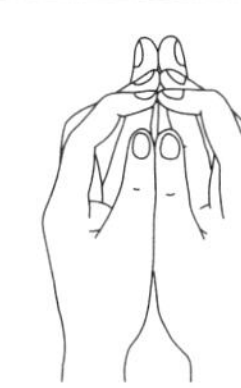	19 	14 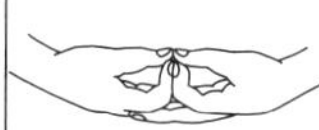
甲印 (四処加持印) Ⓟ 202	弥勒菩薩印 Ⓟ 173	如意輪根本印 Ⓟ 155	千手根本印(蓮華五鈷印, 九山八海印, 補陀落九峰印, 五峰八柱宝楼閣印)　Ⓟ135	阿弥陀定印 Ⓟ 99
32 	28 	24 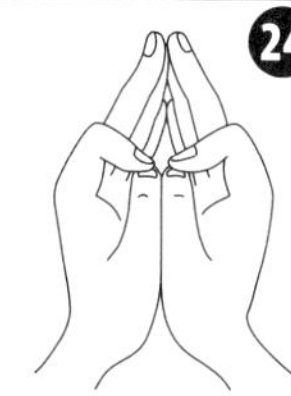	20 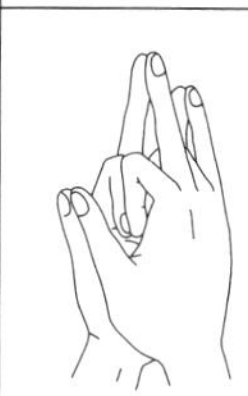	16 
多聞天印 (毘沙門天印) Ⓟ 249	虚空蔵宝珠印 Ⓟ 177	青頸観音印 Ⓟ 159	馬頭観音印 (馬頭印) Ⓟ 139	鉢印 Ⓟ 92,93
33 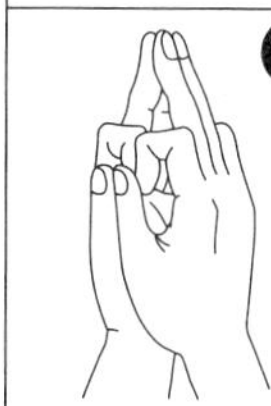	29 	25 	21 	17 
焔魔天印 Ⓟ 254	心印 Ⓟ 202	白衣観音印 Ⓟ 163	十一面根本印 Ⓟ 143	八葉印 Ⓟ 120,129,133, 135,283,310, 313, 336
34 	30 	26 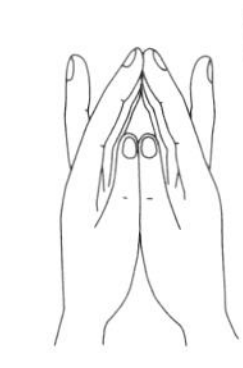	22 	18 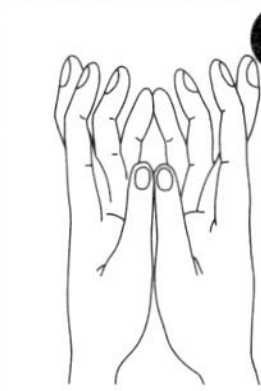
地天印 Ⓟ 262	師子奮迅印 Ⓟ 202	大勢至菩薩印 (未割蓮華印) Ⓟ 165	不空羂索印 (蓮華羂索印) Ⓟ 147	六字文殊印 (青蓮華印) Ⓟ 122

35
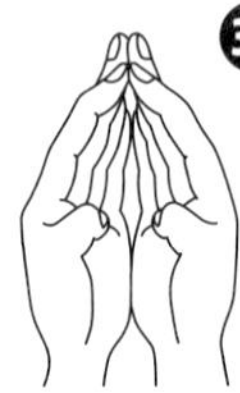
福智顕現印
Ⓟ 264

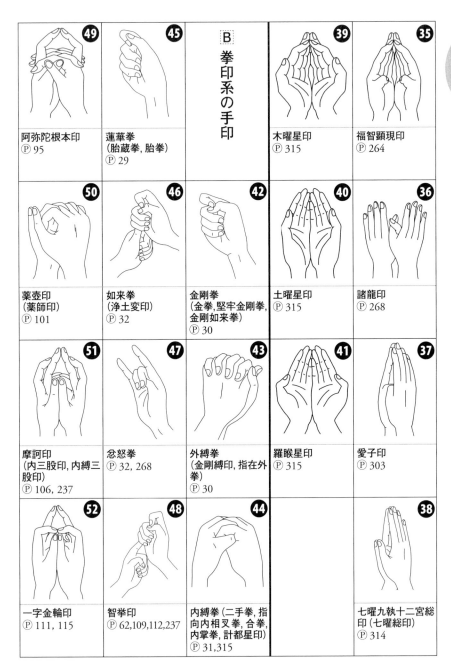

36
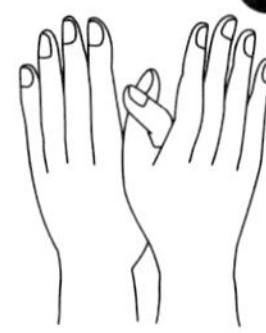
諸龍印
Ⓟ 268

37

愛子印
Ⓟ 303

38
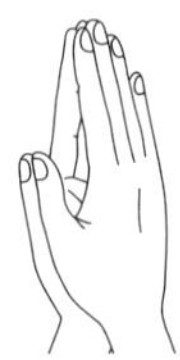
七曜九執十二宮総印（七曜総印）
Ⓟ 314

39

木曜星印
Ⓟ 315

40

土曜星印
Ⓟ 315

41

羅睺星印
Ⓟ 315

B 拳印系の手印

42
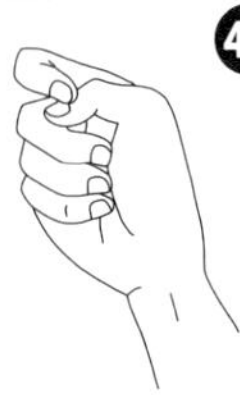
金剛拳
（金拳,堅牢金剛拳,金剛如来拳）
Ⓟ 30

43
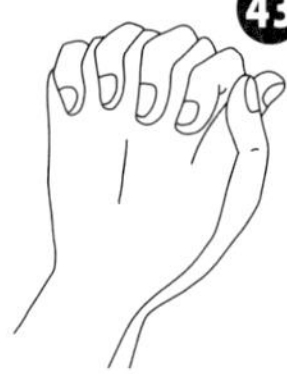
外縛拳
（金剛縛印, 指在外拳）
Ⓟ 30

44

内縛拳（二手拳, 指向内相叉拳, 合拳, 内掌拳, 計都星印）
Ⓟ 31,315

45
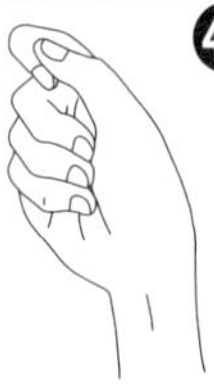
蓮華拳
（胎蔵拳, 胎拳）
Ⓟ 29

46

如来拳
（浄土変印）
Ⓟ 32

47

忿怒拳
Ⓟ 32, 268

48

智拳印
Ⓟ 62,109,112,237

49
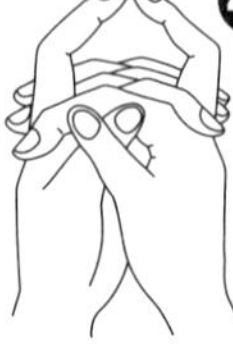
阿弥陀根本印
Ⓟ 95

50
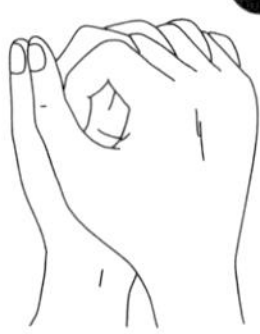
薬壺印
（薬師印）
Ⓟ 101

51

摩訶印
（内三股印, 内縛三股印）
Ⓟ 106, 237

52

一字金輪印
Ⓟ 111, 115

53

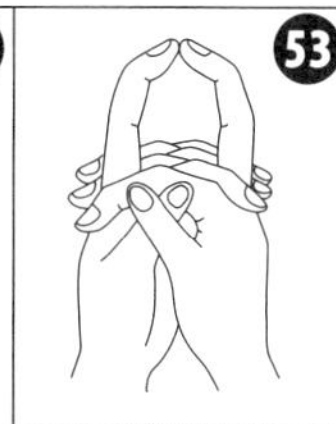

文殊剣印
Ⓟ 119

54

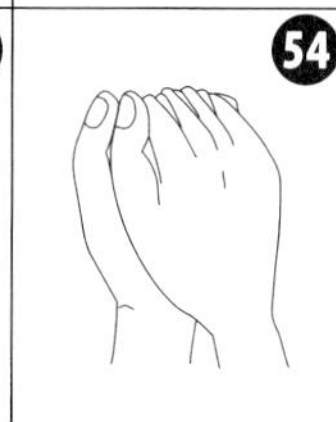

獅子口印
（大精進印）
Ⓟ 123

55

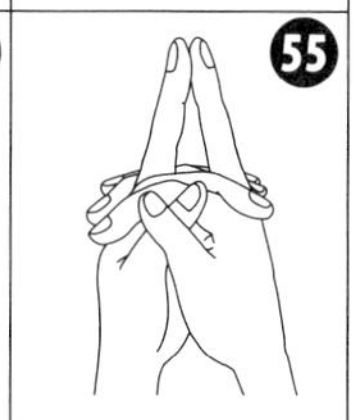

普賢三昧耶印
（普賢印,三昧耶印）
Ⓟ 125

56

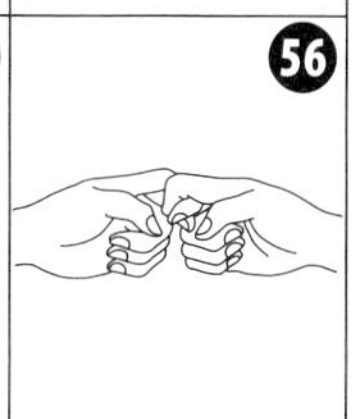

普賢延命印
Ⓟ 126

57

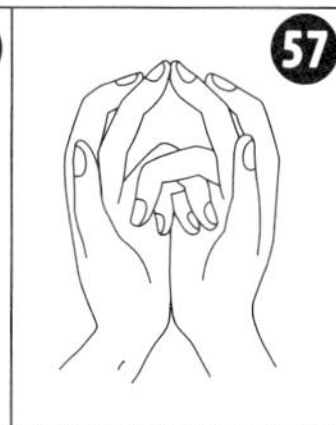

准胝観音印
（三股印）
Ⓟ 151

58

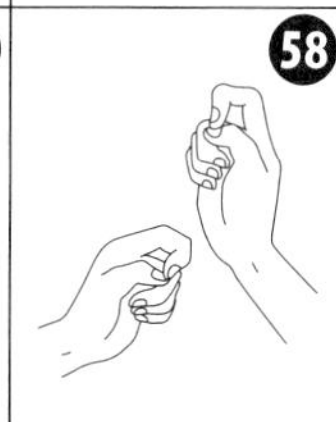

金剛薩埵印
（大智印, 大印）
Ⓟ 168

59

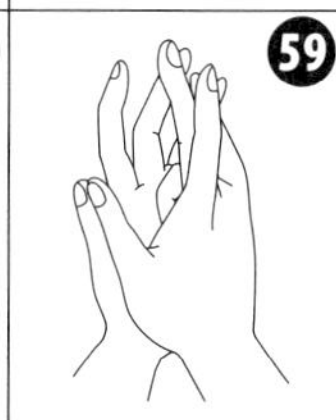

金剛薩埵鈴智杵印
（金剛薩埵印, 内五股印）
Ⓟ 168

60

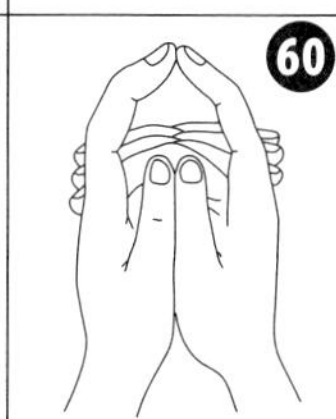

虚空蔵三昧耶印
Ⓟ 177

61

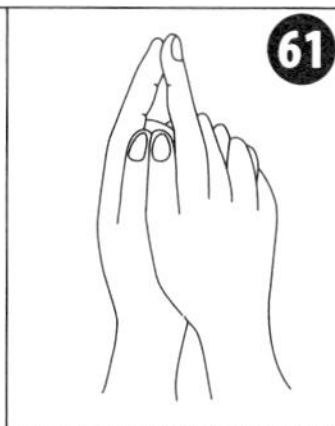

多羅尊印
Ⓟ 183

62

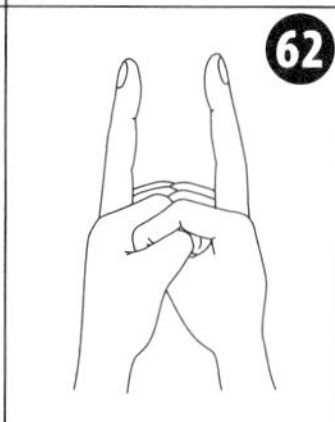

地蔵院印
（地蔵根本印）
Ⓟ 186

63

不動根本印
Ⓟ 201

64

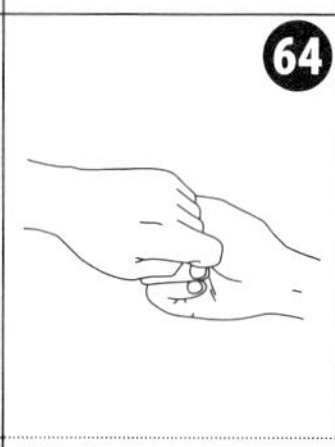

頭印
Ⓟ 201

65

宝山印
Ⓟ 201

66

眼印
Ⓟ 201

67

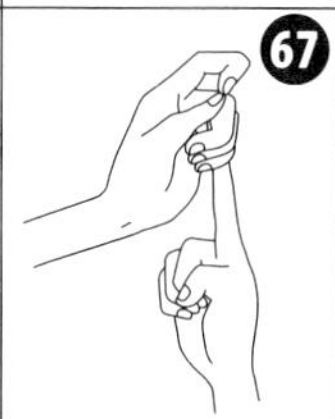

羂索印
Ⓟ 203

68

法螺印
Ⓟ 203

69

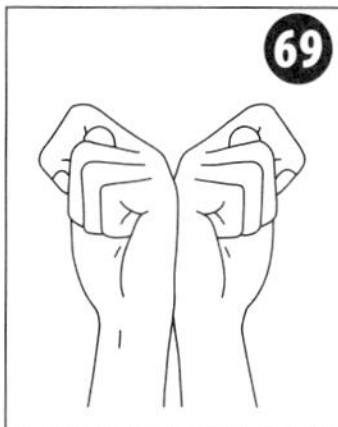

火炎輪止印
（制火印, 遮火印）
Ⓟ 203

70

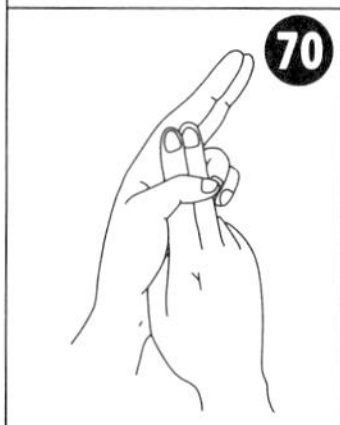

剣印
Ⓟ 203

71

外五股印
（三昧耶印）
Ⓟ 205, 227

72

降三世明王印
（大印, 三界威力契勝契）
Ⓟ 207

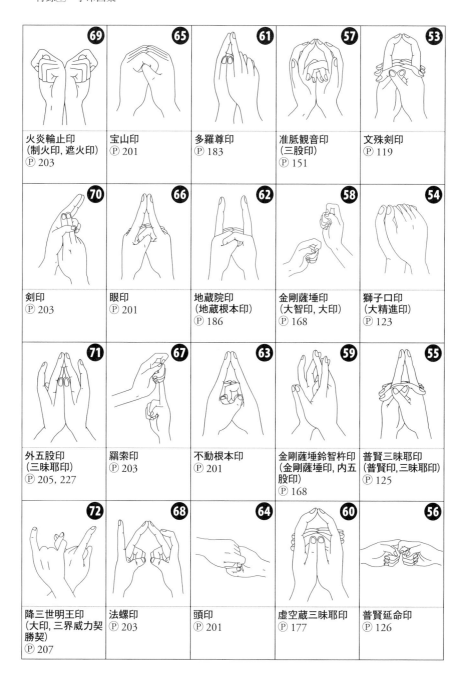

73

檀陀印
(大威徳根本印)
Ⓟ 211

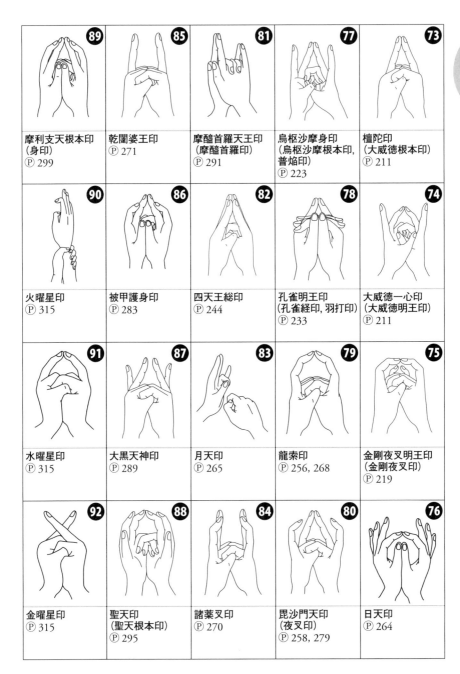

74

大威徳一心印
(大威徳明王印)
Ⓟ 211

75

金剛夜叉明王印
(金剛夜叉印)
Ⓟ 219

76

日天印
Ⓟ 264

77

烏枢沙摩身印
(烏枢沙摩根本印, 普焔印)
Ⓟ 223

78
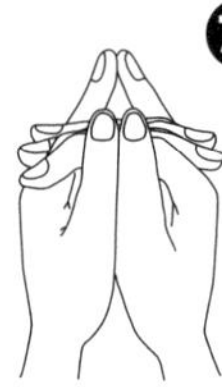
孔雀明王印
(孔雀経印, 羽打印)
Ⓟ 233

79

龍索印
Ⓟ 256, 268

80

毘沙門天印
(夜叉印)
Ⓟ 258, 279

81

摩醯首羅天王印
(摩醯首羅印)
Ⓟ 291

82

四天王総印
Ⓟ 244

83

月天印
Ⓟ 265

84

諸薬叉印
Ⓟ 270

85
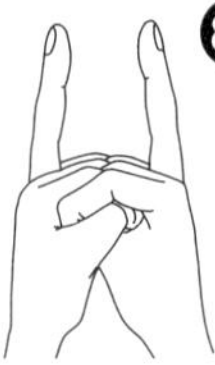
乾闥婆王印
Ⓟ 271

86
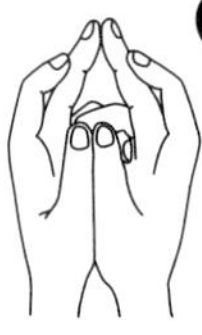
被甲護身印
Ⓟ 283

87

大黒天神印
Ⓟ 289

88

聖天印
(聖天根本印)
Ⓟ 295

89
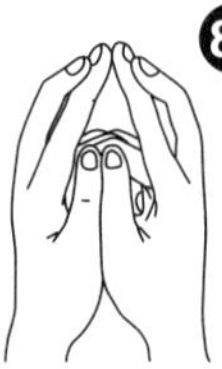
摩利支天根本印
(身印)
Ⓟ 299

90

火曜星印
Ⓟ 315

91

水曜星印
Ⓟ 315

92
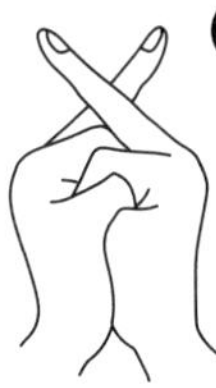
金曜星印
Ⓟ 315

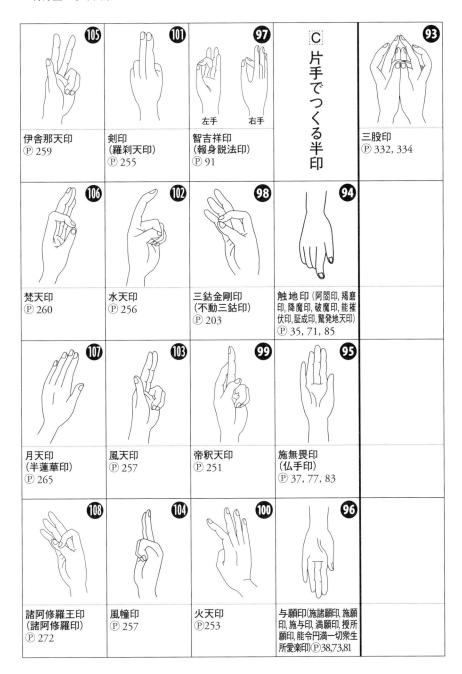

93

三股印
Ⓟ 332, 334

C 片手でつくる半印

94

触地印（阿閦印, 羯磨印, 降魔印, 破魔印, 能摧伏印, 証成印, 驚発地天印）
Ⓟ 35, 71, 85

95

施無畏印
（仏手印）
Ⓟ 37, 77, 83

96

与願印（施諸願印, 施願印, 施与印, 満願印, 授所願印, 能令円満一切衆生所愛楽印）Ⓟ38,73,81

97

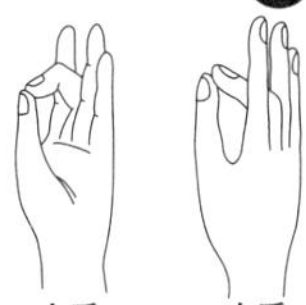

智吉祥印
（報身説法印）
Ⓟ 91

98

三鈷金剛印
（不動三鈷印）
Ⓟ 203

99

帝釈天印
Ⓟ 251

100

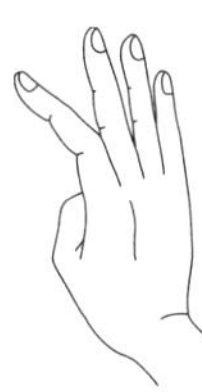

火天印
Ⓟ253

101

剣印
（羅刹天印）
Ⓟ 255

102

水天印
Ⓟ 256

103

風天印
Ⓟ 257

104

風幢印
Ⓟ 257

105

伊舎那天印
Ⓟ 259

106

梵天印
Ⓟ 260

107

月天印
（半蓮華印）
Ⓟ 265

108

諸阿修羅王印
（諸阿修羅印）
Ⓟ 272

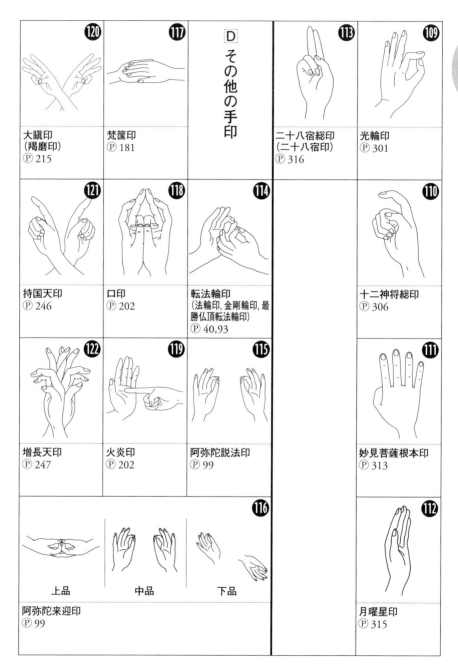

109

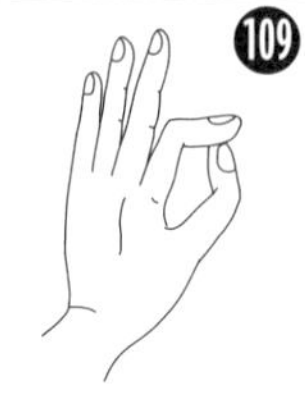

光輪印
Ⓟ 301

110

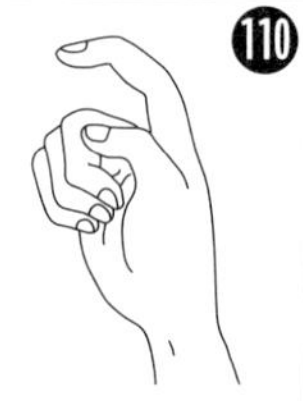

十二神将総印
Ⓟ 306

111

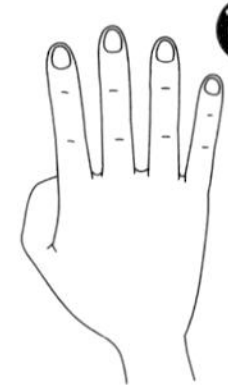

妙見菩薩根本印
Ⓟ 313

112

月曜星印
Ⓟ 315

113

二十八宿総印
（二十八宿印）
Ⓟ 316

D その他の手印

114

転法輪印
（法輪印，金剛輪印，最勝仏頂転法輪印）
Ⓟ 40,93

115

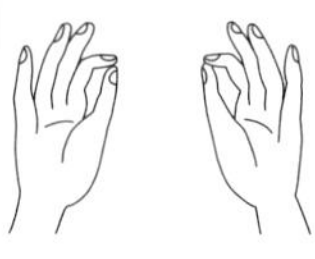

阿弥陀説法印
Ⓟ 99

116

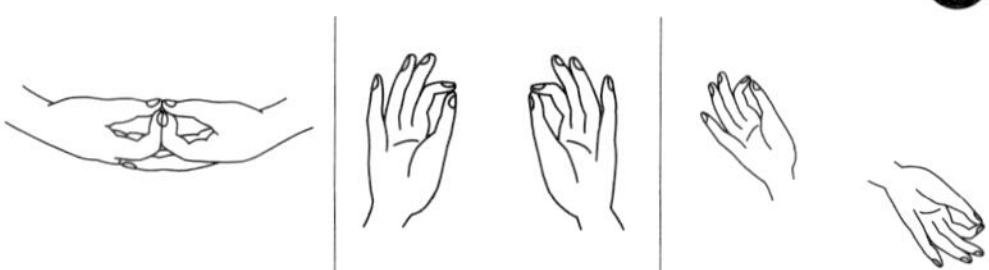

上品　中品　下品

阿弥陀来迎印
Ⓟ 99

117

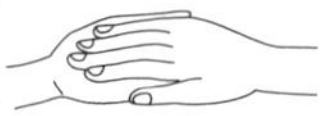

梵篋印
Ⓟ 181

118

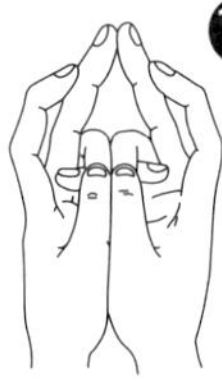

口印
Ⓟ 202

119

火炎印
Ⓟ 202

120

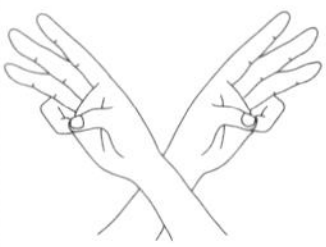

大瞋印
（羯磨印）
Ⓟ 215

121

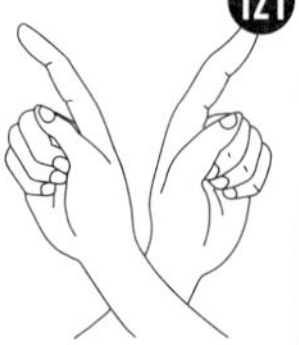

持国天印
Ⓟ 246

122

増長天印
Ⓟ 247

123

広目天印
Ⓟ 248

124

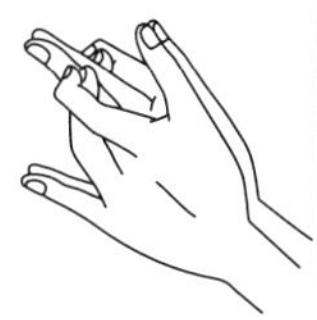

金翅鳥印
(通光印, 驚怖諸龍印)
Ⓟ 274

125

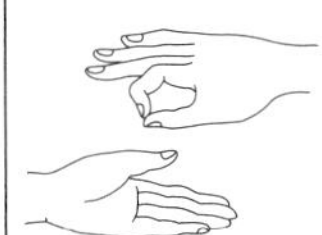

弁才天費拏印
Ⓟ 285

126

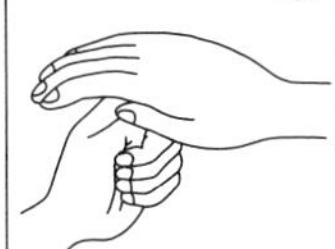

摩利支天隠形印
(宝瓶印, 甲冑印)
Ⓟ 299

127

訶梨帝母印
Ⓟ 303

128

荼枳尼天印
Ⓟ 304

129

北斗総印
Ⓟ 310

130

日曜星印
Ⓟ 315

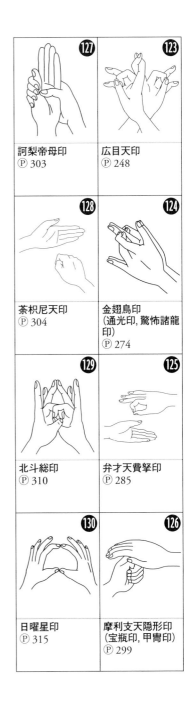

三昧耶形分類

＊三昧耶形には多くの意義解釈があり、同じ名称でも儀軌や流派の秘口伝などにより、さまざまなバリエーションがあります。本書掲載の図は『大正新脩大蔵経図像部』および『大日本仏教全書44巻』（佛書刊行会）から引用し、以下のように分類しています。四角数字は巻末左開きの「仏神名・手印・三昧耶形索引」（357～366ページ）の表に対応しています。

A 如来の徳の表示

B 武器由来の三昧耶形

C 蓮華由来の三昧耶形

D 施福・除障の三昧耶形

E 諸尊供養の三昧耶形

F その他の三昧耶形

使用梵字書体

＊種字などに使用した梵字の書体にはさまざまな異字体があります。本書では、梵遊朴筆フォント（昭和書体）を使用しました。使用にあたっては、「梵字悉曇字母表」を参考に左表の通り分類し、不足分は作字などで補いました。

字母表の分類（番号・梵字・読み）	本書で使用した梵字と読み
1 ア	ア
	アー
2 アー	ア
3 イ	イ
4 イー	イー
5 ウ	
6 ウー	
7 エー	エイ
8 アイ	
9 オー	オン
10 アウ	
11 アン	
12 アク	アク
	アーク
13 リ	
14 リ	
15 リヨ	
16 リヨ	
17 キャ	キャ
	カン
	キリ
	キ
	ク
18 キャ	キャ
19 ギャ	ギャ・ガ
	ギャク
	カ
20 ギャ	キャ
	ギャ
21 ギャウ	
22 シャ	シャ
	シロキエン
	サン
	シ・シツ
23 シャ	
24 ザ・ジャ	ジャ
	セイ
	ジク
	ジラ
	ジャク
25 ジャ	
26 ジャ	
27 タ	タ
28 タ	
29 ダ	
30 ダ	ダ
31 ダウ	ニ
	ナン
	ニ
	ニャ
	ダク
32 タ	タ
	タラ・ダ・バラ
	タラ
	タ・ター
	タラク・タラーク
	タロ
	チ
	テイ
33 タ	
34 ダ	ダク
	ダラ

ダラン

35 ダ

ダ　ダ　ダン　チリ

36 ナウ

ナウ・ノウ　ニ・チ　ド

37 ハ

ハラ・プラ　ハン　フ　フ

38 ハ

39 バ

バ　ヒリ　バン

40 バ

バ　バク　ベイ　ボロン

41 マウ

マ・モ　マン　マン　ミ　メ　ボリ　ポ

42 ヤ

ヤ　ユ　ユ　ユク

43 ラ

ラ　ラ・ラー　ラン　レイ　ロ　ラ　ラギャ

44 ラ

45 バ

バ

バー　バン　ベイ・バイ　ビ・ヴィー　ビ・ヴィ　ポ・ボ

46 シャ

シャ　シャ　シャラ　シュビ　シリ・シリー

47 シャ

シャ・ハ　シャ　セイ　シュタ　シュチリ　セイリヤ

48 サ

サ　サク　サン

シリ　ソ・ス　ソバ　サタ

49 カ

カ　カ　カン　ウン　ウン　ウン・ウーン　ウン　カンマン　ケイ　ビ　キリク・キリーク　ジュウウン

50 ラン

51 キシャ

仏尊図出典

大正蔵＝『大正新脩大蔵経 図像部』（四角数字は巻数）
『国史大辞典』（吉川弘文館）、『諸宗仏像図彙 3』（梶川辰二）

掲載ページ	仏尊名	出典
P.36.71	阿閦如来	大正蔵1
P.38.77	不空成就如来	大正蔵1
P.39.73	宝生如来	大正蔵1
P.62	金剛界大日如来	大正蔵1
P.66	胎蔵界大日如来	大正蔵1
P.81	宝幢如来	大正蔵2
P.83	開敷華王如来	大正蔵2
P.85	天鼓雷音如来	大正蔵2
P.90	釈迦如来	大正蔵1
P.94	阿弥陀如来	大正蔵1
P.100	薬師如来	大正蔵3
P.104	白傘蓋仏頂	大正蔵1
P.104	勝仏頂	大正蔵1
P.104	光聚仏頂	大正蔵1
P.104	最勝仏頂	大正蔵1
P.105	摧砕仏頂	大正蔵1
P.105	広生仏頂	大正蔵1
P.105	高仏頂	大正蔵1
P.105	無量声仏頂	大正蔵1
P.108	一字金輪仏頂	大正蔵4
P.118	五字文殊	大正蔵3
P.121	一字文殊	大正蔵6
P.122	六字文殊	大正蔵6
P.123	八字文殊	大正蔵3
P.124	普賢菩薩	大正蔵1
P.127	普賢延命菩薩	大正蔵1
P.128	観音菩薩	大正蔵1
P.132	聖観音菩薩	大正蔵1
P.134	千手千眼観音菩薩	大正蔵1
P.138	馬頭観音菩薩	大正蔵3
P.142	十一面観音	大正蔵1
P.145	十一面観音①	大正蔵4
P.145	十一面観音②	大正蔵4
P.145	十一面観音③	大正蔵3
P.145	十一面観音④	大正蔵4
P.146	不空羂索観音	大正蔵1
P.150	准胝観音	大正蔵1
P.154	如意輪観音菩薩	大正蔵1
P.158	青頸観音	大正蔵3
P.162	白衣観音菩薩	大正蔵1
P.164	大勢至菩薩	大正蔵1
P.166	金剛薩埵	大正蔵1
P.171	五秘密	大正蔵3
P.172	弥勒菩薩	大正蔵1
P.176	虚空蔵菩薩	大正蔵1
P.180	大随求菩薩	大正蔵1
P.182	多羅菩薩	大正蔵1
P.185	地蔵菩薩	大正蔵6
P.189	金剛界大日如来	大正蔵2
P.189.190	金剛波羅蜜菩薩	大正蔵2
P.189.190	宝波羅蜜菩薩	大正蔵2
P.189.191	法波羅蜜菩薩	大正蔵2
P.189.191	業波羅蜜菩薩	大正蔵2
P.194	不動明王	大正蔵1
P.204	矜羯羅童子	大正蔵6
P.204	制吒迦童子	大正蔵6
P.206	降三世明王	大正蔵3
P.210	大威徳明王	大正蔵3
P.214	軍荼利明王	大正蔵3
P.218	金剛夜叉明王	大正蔵3
P.222	烏枢沙摩明王	大正蔵3
P.226	愛染明王	大正蔵3
P.230	両頭愛染王	大正蔵3
P.232	孔雀明王	大正蔵3
P.236	大元帥明王	大正蔵3
P.242	持国天	大正蔵3
P.242	増長天	大正蔵3
P.243	広目天	大正蔵3
P.243	多聞天	大正蔵3
P.246	持国天	大正蔵1
P.247	増長天	大正蔵1
P.248	広目天	大正蔵1
P.249	多聞天	大正蔵1
P.250	帝釈天	大正蔵3
P.253	火天	大正蔵1
P.254	焔魔天	大正蔵3
P.255	羅刹天	大正蔵1
P.256	水天	大正蔵1
P.257	風天	大正蔵1
P.258	毘沙門天	大正蔵1
P.259	伊舎那天	大正蔵3
P.260	梵天	大正蔵1
P.262	地天	大正蔵3
P.264	日天	大正蔵1
P.265	月天	大正蔵1
P.266	龍衆	大正蔵3
P.267	天衆	大正蔵1
P.270	夜叉衆	大正蔵1
P.271	乾闥婆衆	大正蔵2
P.272	阿修羅衆	大正蔵1
P.274	迦楼羅衆	大正蔵1
P.276	緊那羅衆	大正蔵2
P.277	摩睺羅伽衆	大正蔵2
P.278	毘沙門天	大正蔵3
P.281	双身毘沙門天	大正蔵9
P.282	吉祥天	大正蔵7
P.284	弁才天	大正蔵1
P.288	大黒天	大正蔵1
P.290	摩醯首羅天	大正蔵3
P.294	聖天	大正蔵1
P.296	聖天双身像	大正蔵9
P.298	摩利支天	大正蔵9
P.300	那羅延天	大正蔵1
P.302	倶摩羅天	大正蔵1
P.303	鬼子母神	大正蔵3
P.304	荼枳尼天	大正蔵1
P.308	貪狼星	大正蔵7
P.309	巨門星	大正蔵7
P.309	破軍星	大正蔵7
P.309	文曲星	大正蔵7
P.309	武曲星	大正蔵7
P.309	廉貞星	大正蔵7
P.309	禄存星	大正蔵7
P.312	妙見菩薩	大正蔵3
P.315	日曜	大正蔵7
P.315	月曜	大正蔵7
P.315	火曜	大正蔵7
P.315	水曜	大正蔵7
P.315	木曜	大正蔵7
P.315	金曜	大正蔵7
P.315	土曜	大正蔵7
P.315	計都	大正蔵7
P.315	羅睺	大正蔵7
P.328	太山府君	大正蔵1
P.330	青面金剛	国史大辞典 7
P.332	蔵王権現	国史大辞典 6
P.334	荒神	諸宗仏像図彙 3
P.336	雨宝童子	国史大辞典 2

ま行

やらわ行

な行

は行

さ行

た行

仏書索引

（　）は正式名称・異名・略称、または所蔵。
仏説など冒頭の装飾の言葉は外して配列しています。

あ行

か行

仏神名・手印・三昧耶形索引

仏神名：〈　〉内は省略あり
掲載ページ：各仏神項は見出しページ
➡は同体異名の項参照
㊔は同体異名の例
[関]は関連する仏神用語

手印欄：付録[1]手印図集（340～347ページ）、丸数字に対応
三昧耶形欄：付録[2]三昧耶形分類（348～349ページ）、四角数字に対応

【著者紹介】

藤巻一保（ふじまき・かずほ）

1952年北海道生まれ。中央大学文学部卒。作家、宗教研究家。

宗教における神秘主義と歴史とのかかわりをテーマに、雑誌・書籍等で幅広く執筆活動を行っている。

著書に『真言立川流』（学習研究社、1999年）、『安倍晴明』（同、1997年）、『日本秘教全書』（同、2007年）、『アマテラス』（原書房、2016年）、『秘説陰陽道』（戎光祥出版、2019年）など多数。最新刊に『偽史の帝国』（アルタープレス、2021年）がある。

密教仏神印明・象徴大全　多種多様な標幟（ひょうじ）の世界

2021年5月17日　初版発行
2023年9月9日　第3刷発行

著　者———藤巻一保

装　幀———堀 立明
編集・DTP——来馬里美

発行者——今井博揮
発行所——株式会社太玄社
電話：03-6427-9268　FAX：03-6450-5978
E-mail：info@taigensha.com　HP：https://www.taigensha.com/
発売所——株式会社ナチュラルスピリット
〒101-0051　東京都千代田区神田神保町3-2　高橋ビル2階
電話：03-6450-5938　FAX：03-6450-5978
印　刷——創栄図書印刷株式会社

ISBN 978-4-906724-67-3 C0014